高等学校新文科经管类课程思政系列教材

公司财务管理学

主编 ◎ 杨海燕
副主编 ◎ 罗鑫鑫　张荣艳　潘柳芸

中国财经出版传媒集团
中国财政经济出版社

图书在版编目（CIP）数据

公司财务管理学 / 杨海燕主编. -- 北京 : 中国财政经济出版社, 2023.8

高等学校新文科经管类课程思政系列教材

ISBN 978-7-5223-2273-5

Ⅰ. ①公… Ⅱ. ①杨… Ⅲ. ①公司-财务管理-高等学校-教材 Ⅳ. ①F276.6

中国国家版本馆 CIP 数据核字（2023）第 100059 号

责任编辑：温彦君　　责任校对：张　凡

封面设计：陈宇琰　　责任印制：党　辉

公司财务管理学

GONGSI CAIWU GUANLIXUE

中国财政经济出版社 出版

URL：http：//www.cfeph.cn

E-mail：cfeph@ cfeph.cn

社址：北京市海淀区阜成路甲 28 号　邮政编码：100142

营销中心电话：010-88191522

天猫网店：中国财政经济出版社旗舰店

网址：https：//zgczjjcbs.tmall.com

北京富生印刷厂印刷　各地新华书店经销

成品尺寸：185mm×260mm　16 开　21.75 印张　526 000 字

2023 年 8 月第 1 版　2023 年 8 月北京第 1 次印刷

定价：69.00 元

ISBN 978-7-5223-2273-5

（图书出现印装问题，本社负责调换，电话：010-88190548）

本社质量投诉电话：010-88190744

打击盗版举报热线：010-88191661　QQ：2242791300

前言 Foreword

在图书市场上，与公司财务管理相关的教材真可谓是琳琅满目、异彩纷呈，要想再编写一本具有自己特色的《公司财务管理学》教材，不是一件很容易的事情。在学校的大力支持、编写人员的共同努力和中国财政经济出版社的鼎力相助下，我们终于完成了这本稍有特色的《公司财务管理学》教材的出版任务。此时此刻的我，终于如释重负，同时又满心期待，希望这本书能够得到广大读者的认可和厚爱。

一、本书的特色

（一）以筹资、投资、经营三项活动的管理作为本书内容的主体框架

实践中，公司财务管理活动通常都是从筹资活动开始，经历投资活动之后才进入经营活动。因此，本书就按照这个逻辑来编排内容的主体框架，全书内容分为四篇，依次为公司财务管理基础、公司筹资活动管理、公司投资活动管理和公司经营活动管理。其中，公司财务管理基础包括公司财务管理概述、资金时间价值，共两章；公司筹资活动管理包括公司筹资渠道和筹资方式、公司资金成本计算、公司筹资风险分析、公司资金结构分析，共四章；公司投资活动管理包括公司投资活动概述、公司投资项目现金流量、公司投资效益评估指标及其运用、公司投资风险分析、公司资产结构分析，共五章；公司经营活动管理包括公司采购活动管理、公司生产活动管理、公司销售活动管理、公司财务分配管理、公司现金管理，共五章。在阐述公司财务管理基本框架和资金时间价值原理的基础上，全面阐述了公司筹资活动管理、公司投资活动管理和公司经营活动管理的基本理论和方法。

（二）把课程思政教育融入本书的学习中来

课程思政指以构建全员、全程、全课程育人格局的形式将各类课程与思想政治理论课同向同行，形成协同效应，把“立德树人”作为教育的根本任务的一种综合教育理念。教育部在2020年5月28日印发的《高等学校课程思政建设指导纲要》（以下简称《纲要》）中指出，“课程思政建设内容要紧紧围绕坚定学生理想信念，以爱党、爱国、爱社会主义、爱人民、爱集体为主线，围绕政治认同、家国情怀、文化素养、宪法法治意识、道德修养等重点优化课程思政内容供给，系统进行中国特色社会主义和中国梦教育、社会主义核心价值观教育、法治教育、劳动教育、心理健康教育、中华优秀传统文化教育。”“专业教育课程要根据不同学科专业的特色和优势，深入研究不同专业的育人目标，深度挖掘提炼专业知识体

系中所蕴含的思想价值和精神内涵，科学合理拓展专业课程的广度、深度和温度，从课程所涉专业、行业、国家、国际、文化、历史等角度，增加课程的知识性、人文性，提升引领性、时代性和开放性。”为了贯彻落实《纲要》的精神，本书在部分章的章末设计了思政思辨题或思政案例题，引导学生结合本书内容思考、讨论相关思想政治问题。

（三）每一章的章首都有导学内容、章末都有固学内容

本书每一章的章首都统一编写了内容简介、学习目标，作为本章的导学内容；每一章的章末都设计了复习思考题、课外作业题（思政思辨题）作为本章的固学（巩固所学知识）内容，既便于读者快速了解本章的主要内容和明确本章的学习目标，又能够让读者学完本章后有明确的复习思考问题和课外练习作业（集体、分组讨论的思政题），使本书在结构或体例上能够更好地服务于教学活动。

二、本书的编写分工

本书由杨海燕（广西大学）担任主编，策划并设计各章节的内容，罗鑫鑫（云南中医药大学）、张荣艳（广西大学）、潘柳芸（广西大学）担任副主编。具体编写分工如下：杨海燕编写第一章公司财务管理概述、第二章资金时间价值、第三章公司筹资渠道和筹资方式、第七章公司投资活动概述、第十五章公司财务分配管理、第十六章公司现金管理；罗鑫鑫编写第八章公司投资项目现金流量、第九章公司投资效益评估指标及其运用、第十章公司投资风险分析、第十一章公司资产结构分析；张荣艳编写第四章公司资金成本计算、第五章公司筹资风险分析、第六章公司资金结构分析；潘柳芸编写第十二章公司采购活动管理、第十三章公司生产活动管理、第十四章公司销售活动管理。最后由杨海燕对全书进行总纂、审核和定稿。

三、对选用本书作为教材者的建议

如果有高等学校选择本书作为财务管理学相关课程的教材，则作者有如下几点建议供参考。

（一）适用的专业

本书既适合高等学校经管类财会专业使用，也适合高等学校经管类非财会专业使用。经管类财会专业使用时，建议每一章节都详细讲授；经管类非财会专业使用时，建议部分章节详细讲授、其余章节简单讲授或不讲授。

（二）适用的课程

本书适合高等学校经管类各个专业的“财务管理学”“公司财务管理学”“企业财务管理学”“财务管理”“公司理财”等相关课程使用。

（三）学时的安排

根据各个学校培养目标、课程设置、学分分配、学时安排的差异，使用本书时的学时安排可以有32学时（2学分）、40学时（2.5学分）、48学时（3学分）、56学时（3.5学

分)、64 学时（4 学分）共五个档次。不同学时档次下的教学内容由任课教师或教师团队根据专业的培养要求自主选择。

由于作者的能力和水平有限，书中观点有的可能表达不到位，文字和数字也可能会有错漏，敬请读者批评指正。此外，本书参考了大量的纸质文献和网络电子文献，在此，特向文献的作者致以诚挚的感谢！本书的出版得到了中国财政经济出版社樊清玉老师以及社内相关人员的鼎力相助，在此一并致以真诚的感谢！

杨海燕

2023 年 6 月

目录
Contents

第一篇　公司财务管理基础

第二篇　公司筹资活动管理

第四篇　公司经营活动管理

第一篇　公司财务管理基础

第一章

公司财务管理概述

内容简介

本章主要介绍公司的概念、公司的基本权利和责任、公司设立的一般规定、有限责任公司的设立和治理结构、股份有限公司的设立和治理结构、公司财务管理的客体和行为、公司财务管理的观念和口诀等。

学习目标

通过本章的学习，要求了解公司的概念、公司的基本权利和责任、公司设立的一般规定、有限责任公司的设立和治理结构、股份有限公司的设立和治理结构、公司财务管理的客体和行为、公司财务管理的观念和口诀等。

第一节　公司及其治理结构

一、公司及其权利和责任

（一）公司的概念

《现代汉语词典》（第7版，商务印书馆，2016，下同）认为，公司是指依法设立，以营利为目的，独立承担民事责任的从事生产或服务性业务的经济实体，分为有限责任公司和股份有限公司。《中华人民共和国公司法》（以下简称《公司法》）所称的公司，是指依照《公司法》在中国境内设立的有限责任公司和股份有限公司。

（二）公司的基本权利和责任

《公司法》规定，公司是企业法人，有独立的法人财产，享有法人财产权。公司以其全部财产对公司的债务承担责任。其中，有限责任公司的股东以其认缴的出资额为限对公司承担责任；股份有限公司的股东以其认购的股份为限对公司承担责任。公司股东依法享有资产收益、参与重大决策和选择管理者等权利。公司从事经营活动，必须遵守法律、行政法规，遵守社会公德、商业道德，诚实守信，接受政府和社会公众的监督，承担社会责任。公司的合法权益受法律保护，不受侵犯。

二、公司设立的一般规定

《公司法》规定，设立公司，应当依法向公司登记机关申请设立登记。符合《公司法》规定的设立条件的，由公司登记机关分别登记为有限责任公司或者股份有限公司；不符合《公司法》规定的设立条件的，不得登记为有限责任公司或者股份有限公司。法律、行政法规规定设立公司必须报经批准的，应当在公司登记前依法办理批准手续。公众可以向公司登记机关申请查询公司登记事项，公司登记机关应当提供查询服务。

依法设立的公司，由公司登记机关发给公司营业执照。公司营业执照签发日期为公司成立日期。公司营业执照应当载明公司的名称、住所、注册资本、经营范围、法定代表人姓名等事项。公司营业执照记载的事项发生变更的，公司应当依法办理变更登记，由公司登记机关换发营业执照。

依照《公司法》设立的有限责任公司，必须在公司名称中标明有限责任公司或者有限公司字样。依照《公司法》设立的股份有限公司，必须在公司名称中标明股份有限公司或者股份公司字样。

有限责任公司变更为股份有限公司，应当符合《公司法》规定的股份有限公司的条件。股份有限公司变更为有限责任公司，应当符合《公司法》规定的有限责任公司的条件。有限责任公司变更为股份有限公司的，或者股份有限公司变更为有限责任公司的，公司变更前的债权、债务由变更后的公司承继。

公司以其主要办事机构所在地为住所。设立公司必须依法制定公司章程。公司章程对公司、股东、董事、监事、高级管理人员具有约束力。公司的经营范围由公司章程规定，并依法登记。公司可以修改公司章程，改变经营范围，但是应当办理变更登记。公司的经营范围中属于法律、行政法规规定须经批准的项目，应当依法经过批准。

公司法定代表人依照公司章程的规定，由董事长、执行董事或者经理担任，并依法登记。公司法定代表人变更，应当办理变更登记。

公司可以设立分公司。设立分公司，应当向公司登记机关申请登记，领取营业执照。分公司不具有法人资格，其民事责任由公司承担。公司可以设立子公司，子公司具有法人资格，依法独立承担民事责任。

公司可以向其他企业投资；但是，除法律另有规定外，不得成为对所投资企业的债务承担连带责任的出资人。

公司向其他企业投资或者为他人提供担保，依照公司章程的规定，由董事会或者股东会、股东大会决议；公司章程对投资或者担保的总额及单项投资或者担保的数额有限额规定的，不得超过规定的限额。公司为公司股东或者实际控制人提供担保的，必须经股东会或者股东大会决议。

公司必须保护职工的合法权益，依法与职工签订劳动合同，参加社会保险，加强劳动保护，实现安全生产。公司应当采用多种形式，加强公司职工的职业教育和岗位培训，提高职工素质。

公司职工依照《中华人民共和国工会法》组织工会，开展工会活动，维护职工合法权益。公司应当为本公司工会提供必要的活动条件。公司工会代表职工就职工的劳动报酬、工作时间、福利、保险和劳动安全卫生等事项依法与公司签订集体合同。公司依照宪法和有关法律的规定，通过职工代表大会或者其他形式，实行民主管理。公司研究决定改制以及经营方面的重大问题、制定重要的规章制度时，应当听取公司工会的意见，并通过职工代表大会或者其他形式听取职工的意见和建议。

在公司中，根据中国共产党章程的规定，设立中国共产党的组织，开展党的活动。公司应当为党组织的活动提供必要条件。

公司股东应当遵守法律、行政法规和公司章程，依法行使股东权利，不得滥用股东权利损害公司或者其他股东的利益；不得滥用公司法人独立地位和股东有限责任损害公司债权人的利益。公司股东滥用股东权利给公司或者其他股东造成损失的，应当依法承担赔偿责任。公司股东滥用公司法人独立地位和股东有限责任，逃避债务，严重损害公司债权人利益的，应当对公司债务承担连带责任。

公司的控股股东、实际控制人、董事、监事、高级管理人员不得利用其关联关系损害公司利益。违反该规定，给公司造成损失的，应当承担赔偿责任。

公司股东会或者股东大会、董事会的决议内容违反法律、行政法规的无效。股东会或者股东大会、董事会的会议召集程序、表决方式违反法律、行政法规或者公司章程，或者决议内容违反公司章程的，股东可以自决议作出之日起60日内，请求人民法院撤销。股东依照上述规定提起诉讼的，人民法院可以应公司的请求，要求股东提供相应担保。公司根据股东会或者股东大会、董事会决议已办理变更登记的，人民法院宣告该决议无效或者撤销该决议后，公司应当向公司登记机关申请撤销变更登记。

三、有限责任公司的设立和治理结构

（一）有限责任公司的设立

1. 设立有限责任公司，应当具备下列条件：（1）股东符合法定人数；（2）有符合公司章程规定的全体股东认缴的出资额；（3）股东共同制定公司章程；（4）有公司名称，建立符合有限责任公司要求的组织机构；（5）有公司住所。

2. 有限责任公司由50个以下股东出资设立。

3. 有限责任公司章程应当载明下列事项：（1）公司名称和住所；（2）公司经营范围；（3）公司注册资本；（4）股东的姓名或者名称；（5）股东的出资方式、出资额和出资时间；（6）公司的机构及其产生办法、职权、议事规则；（7）公司法定代表人；（8）股东会会议认为需要规定的其他事项。股东应当在公司章程上签名、盖章。

4. 有限责任公司的注册资本为在公司登记机关登记的全体股东认缴的出资额。但法律、行政法规以及国务院决定对有限责任公司注册资本实缴、注册资本最低限额另有规定的，从其规定。

5. 股东可以用货币出资，也可以用实物、知识产权、土地使用权等可以用货币估价并可以依法转让的非货币财产作价出资；但是，法律、行政法规规定不得作为出资的财产除外。对作为出资的非货币财产应当评估作价，核实财产，不得高估或者低估作价。法律、行政法规对评估作价有规定的，从其规定。

6. 股东应当按期足额缴纳公司章程中规定的各自所认缴的出资额。股东以货币出资的，应当将货币出资足额存入有限责任公司在银行开设的账户；以非货币财产出资的，应当依法办理其财产权的转移手续。股东不按照以上规定缴纳出资的，除应当向公司足额缴纳外，还应当向已按期足额缴纳出资的股东承担违约责任。

7. 股东认足公司章程规定的出资后，由全体股东指定的代表或者共同委托的代理人向公司登记机关报送公司登记申请书、公司章程等文件，申请设立登记。

8. 有限责任公司成立后，发现作为设立公司出资的非货币财产的实际价额显著低于公司章程所定价额的，应当由交付该出资的股东补足其差额；公司设立时的其他股东承担连带责任。

9. 有限责任公司成立后，应当向股东签发出资证明书。出资证明书应当载明下列事项：（1）公司名称；（2）公司成立日期；（3）公司注册资本；（4）股东的姓名或者名称、缴纳的出资额和出资日期；（5）出资证明书的编号和核发日期。出资证明书由公司盖章。

10. 有限责任公司应当置备股东名册，记载下列事项：（1）股东的姓名或者名称及住所；（2）股东的出资额；（3）出资证明书编号。记载于股东名册的股东，可以依股东名册主张行使股东权利。公司应当将股东的姓名或者名称向公司登记机关登记；登记事项发生变更的，应当办理变更登记。未经登记或者变更登记的，不得对抗第三人。

11. 股东有权查阅、复制公司章程、股东会会议记录、董事会会议决议、监事会会议决议和财务会计报告。股东可以要求查阅公司会计账簿。股东要求查阅公司会计账簿的，应当向公司提出书面请求，说明目的。公司有合理根据认为股东查阅会计账簿有不正当目的，可能损害公司合法利益的，可以拒绝提供查阅，并应当自股东提出书面请求之日起 15 日内书面答复股东并说明理由。公司拒绝提供查阅的，股东可以请求人民法院要求公司提供查阅。

12. 股东按照实缴的出资比例分取红利；公司新增资本时，股东有权优先按照实缴的出资比例认缴出资。但是，全体股东约定不按照出资比例分取红利或者不按照出资比例优先认缴出资的除外。

13. 公司成立后，股东不得抽逃出资。

（二）有限责任公司的治理结构

有限责任公司的治理结构主要包括股东会、董事会（执行董事）、经理层和监事会（监事）等。

1. 股东会

（1）有限责任公司股东会由全体股东组成。股东会是公司的权力机构，依照《公司法》行使职权。股东会行使下列职权：决定公司的经营方针和投资计划；选举和更换非由职工代表担任的董事、监事，决定有关董事、监事的报酬事项；审议批准董事会的报告；审议批准监事会或者监事的报告；审议批准公司的年度财务预算方案、决算方案；审议批准公司的利润分配方案和弥补亏损方案；对公司增加或者减少注册资本作出决议；对发行公司债券作出决议；对公司合并、分立、解散、清算或者变更公司形式作出决议；修改公司章程；公司章程规定的其他职权。对上述所列事项股东以书面形式一致表示同意的，可以不召开股东会会议，直接作出决定，并由全体股东在决定文件上签名、盖章。

（2）首次股东会会议由出资最多的股东召集和主持，依照《公司法》规定行使职权。

（3）股东会会议分为定期会议和临时会议。定期会议应当依照公司章程的规定按时召开。代表 1/10 以上表决权的股东，1/3 以上的董事，监事会或者不设监事会的公司的监事提议召开临时会议的，应当召开临时会议。

（4）有限责任公司设立董事会的，股东会会议由董事会召集，董事长主持；董事长不能履行职务或者不履行职务的，由副董事长主持；副董事长不能履行职务或者不履行职务的，由半数以上董事共同推举一名董事主持。有限责任公司不设董事会的，股东会会议由执行董事召集和主持。

董事会或者执行董事不能履行或者不履行召集股东会会议职责的，由监事会或者不设监事会的公司的监事召集和主持；监事会或者监事不召集和主持的，代表 1/10 以上表决权的股东可以自行召集和主持。

（5）召开股东会会议，应当于会议召开 15 日前通知全体股东；但是，公司章程另有规定或者全体股东另有约定的除外。股东会应当对所议事项的决定作成会议记录，出席会议的股东应当在会议记录上签名。股东会会议由股东按照出资比例行使表决权；但是，公司章程另有规定的除外。股东会的议事方式和表决程序，除《公司法》有规定的外，由公司章程规定。

（6）股东会会议作出修改公司章程、增加或者减少注册资本的决议，以及公司合并、分立、解散或者变更公司形式的决议，必须经代表 2/3 以上表决权的股东通过。

2. 董事会（执行董事）

（1）有限责任公司设董事会，其成员为 3 人至 13 人；但是，股东人数较少或者规模较小的有限责任公司，可以设一名执行董事，不设董事会。执行董事可以兼任公司经理。执行董事的职权由公司章程规定。

（2）两个以上的国有企业或者两个以上的其他国有投资主体投资设立的有限责任公司，其董事会成员中应当有公司职工代表；其他有限责任公司董事会成员中可以有公司职工代表。董事会中的职工代表由公司职工通过职工代表大会、职工大会或者其他形式民主选举产生。

（3）董事会设董事长一人，可以设副董事长。董事长、副董事长的产生办法由公司章程规定。董事任期由公司章程规定，但每届任期不得超过 3 年。董事任期届满，连选可以连任。董事任期届满未及时改选，或者董事在任期内辞职导致董事会成员低于法定人数的，在改选出的董事就任前，原董事仍应当依照法律、行政法规和公司章程的规定，履行董事职务。

（4）董事会对股东会负责，行使下列职权：召集股东会会议，并向股东会报告工作；执行股东会的决议；决定公司的经营计划和投资方案；制订公司的年度财务预算方案、决算方案；制订公司的利润分配方案和弥补亏损方案；制订公司增加或者减少注册资本以及发行公司债券的方案；制订公司合并、分立、解散或者变更公司形式的方案；决定公司内部管理机构的设置；决定聘任或者解聘公司经理及其报酬事项，并根据经理的提名决定聘任或者解聘公司副经理、财务负责人及其报酬事项；制定公司的基本管理制度；公司章程规定的其他职权。

（5）董事会会议由董事长召集和主持；董事长不能履行职务或者不履行职务的，由副董事长召集和主持；副董事长不能履行职务或者不履行职务的，由半数以上董事共同推举一名董事召集和主持。董事会的议事方式和表决程序，除《公司法》有规定的外，由公司章程规定。董事会应当对所议事项的决定作成会议记录，出席会议的董事应当在会议记录上签名。董事会决议的表决，实行一人一票。

3. 经理层

（1）有限责任公司可以设经理，由董事会决定聘任或者解聘。

（2）经理对董事会负责，行使下列职权：主持公司的生产经营管理工作，组织实施董事会决议；组织实施公司年度经营计划和投资方案；拟订公司内部管理机构设置方案；拟订公司的基本管理制度；制定公司的具体规章；提请聘任或者解聘公司副经理、财务负责人；决定聘任或者解聘除应由董事会决定聘任或者解聘以外的负责管理人员；董事会授予的其他职权。

（3）公司章程对经理职权另有规定的，从其规定。

（4）经理列席董事会会议。

4. 监事会（监事）

（1）有限责任公司设监事会，其成员不得少于 3 人。股东人数较少或者规模较小的有限责任公司，可以设一至二名监事，不设监事会。

（2）监事会应当包括股东代表和适当比例的公司职工代表，其中职工代表的比例不得低于 1/3，具体比例由公司章程规定。监事会中的职工代表由公司职工通过职工代表大会、职工大会或者其他形式民主选举产生。

（3）监事会设主席一人，由全体监事过半数选举产生。监事会主席召集和主持监事会会议；监事会主席不能履行职务或者不履行职务的，由半数以上监事共同推举一名监事召集和主持监事会会议。

（4）董事、高级管理人员不得兼任监事。

（5）监事的任期每届为 3 年。监事任期届满，连选可以连任。监事任期届满未及时改选，或者监事在任期内辞职导致监事会成员低于法定人数的，在改选出的监事就任前，原监事仍应当依照法律、行政法规和公司章程的规定，履行监事职务。

（6）监事会、不设监事会的公司的监事行使下列职权：检查公司财务；对董事、高级管理人员执行公司职务的行为进行监督，对违反法律、行政法规、公司章程或者股东会决议的董事、高级管理人员提出罢免的建议；当董事、高级管理人员的行为损害公司的利益时，要求董事、高级管理人员予以纠正；提议召开临时股东会会议，在董事会不履行《公司法》规定的召集和主持股东会会议职责时召集和主持股东会会议；向股东会会议提出提案；依照《公司法》第 151 条的规定，对董事、高级管理人员提起诉讼；公司章程规定的其他职权。

（7）监事可以列席董事会会议，并对董事会决议事项提出质询或者建议。监事会、不设监事会的公司的监事发现公司经营情况异常，可以进行调查；必要时，可以聘请会计师事务所等协助其工作，费用由公司承担。

（8）监事会每年度至少召开一次会议，监事可以提议召开临时监事会会议。监事会的议事方式和表决程序，除《公司法》有规定的外，由公司章程规定。监事会决议应当经半数以上监事通过。监事会应当对所议事项的决定作成会议记录，出席会议的监事应当在会议记录上签名。

（9）监事会、不设监事会的公司的监事行使职权所必需的费用，由公司承担。

四、股份有限公司的设立和治理结构

（一）股份有限公司的设立

1. 设立股份有限公司，应当具备下列条件：（1）发起人符合法定人数；（2）有符合公司章程规定的全体发起人认购的股本总额或者募集的实收股本总额；（3）股份发行、筹办事项符合法律规定；（4）发起人制订公司章程，采用募集方式设立的经创立大会通过；（5）有公司名称，建立符合股份有限公司要求的组织机构；（6）有公司住所。

2. 股份有限公司的设立，可以采取发起设立或者募集设立的方式。发起设立，是指由发起人认购公司应发行的全部股份而设立公司。募集设立，是指由发起人认购公司应发行股份的一部分，其余股份向社会公开募集或者向特定对象募集而设立公司。

3. 设立股份有限公司，应当有 2 人以上 200 人以下为发起人，其中须有半数以上的发起人在中国境内有住所。股份有限公司发起人承担公司筹办事务。发起人应当签订发起人协议，明确各自在公司设立过程中的权利和义务。

4. 股份有限公司采取发起设立方式设立的，注册资本为在公司登记机关登记的全体发起人认购的股本总额。在发起人认购的股份缴足前，不得向他人募集股份。股份有限公司采取募集方式设立的，注册资本为在公司登记机关登记的实收股本总额。法律、行政法规以及国务院决定对股份有限公司注册资本实缴、注册资本最低限额另有规定的，从其规定。

5. 股份有限公司章程应当载明下列事项：（1）公司名称和住所；（2）公司经营范围；（3）公司设立方式；（4）公司股份总数、每股金额和注册资本；（5）发起人的姓名或者名称、认购的股份数、出资方式和出资时间；（6）董事会的组成、职权和议事规则；（7）公司法定代表人；（8）监事会的组成、职权和议事规则；（9）公司利润分配办法；（10）公司的解散事由与清算办法；（11）公司的通知和公告办法；（12）股东大会会议认为需要规定的其他事项。

6. 发起人可以用货币出资，也可以用实物、知识产权、土地使用权等可以用货币估价并可以依法转让的非货币财产作价出资；但是，法律、行政法规规定不得作为出资的财产除外。对作为出资的非货币财产应当评估作价，核实财产，不得高估或者低估作价。法律、行政法规对评估作价有规定的，从其规定。

7. 以发起设立方式设立股份有限公司的，发起人应当书面认足公司章程规定其认购的股份，并按照公司章程规定缴纳出资。以非货币财产出资的，应当依法办理其财产权的转移手续。发起人不依照上述规定缴纳出资的，应当按照发起人协议承担违约责任。发起人认足公司章程规定的出资后，应当选举董事会和监事会，由董事会向公司登记机关报送公司章程以及法律、行政法规规定的其他文件，申请设立登记。

8. 以募集设立方式设立股份有限公司的，发起人认购的股份不得少于公司股份总数的 35%；但是，法律、行政法规另有规定的，从其规定。

9. 发起人向社会公开募集股份，必须公告招股说明书，并制作认股书。招股说明书应当附有发起人制订的公司章程。招股说明书和认股书都必须载明下列事项：（1）发起人认购的股份数；（2）每股的票面金额和发行价格；（3）无记名股票的发行总数；（4）募集资金的用途；（5）认股人的权利、义务；（6）本次募股的起止期限及逾期未募足时认股人可以撤回所认股份的说明。认股书由认股人填写认购股数、金额、住所，并签名、盖章。认股人按照所认购股数缴纳股款。

10. 发起人向社会公开募集股份，应当由依法设立的证券公司承销，签订承销协议。发起人向社会公开募集股份，应当同银行签订代收股款协议。代收股款的银行应当按照协议代收和保存股款，向缴纳股款的认股人出具收款单据，并负有向有关部门出具收款证明的义务。

11. 发行股份的股款缴足后，必须经依法设立的验资机构验资并出具证明。发起人应当自股款缴足之日起 30 日内主持召开公司创立大会。创立大会由发起人、认股人组成。

12. 发行的股份超过招股说明书规定的截止期限尚未募足的，或者发行股份的股款缴足后，发起人在 30 日内未召开创立大会的，认股人可以按照所缴股款并加算银行同期存款利息，要求发起人返还。

13. 发起人应当在创立大会召开 15 日前将会议日期通知各认股人或者予以公告。创立大会应有代表股份总数过半数的发起人、认股人出席，方可举行。创立大会行使下列职权：(1) 审议发起人关于公司筹办情况的报告；(2) 通过公司章程；(3) 选举董事会成员；(4) 选举监事会成员；(5) 对公司的设立费用进行审核；(6) 对发起人用于抵作股款的财产的作价进行审核；(7) 发生不可抗力或者经营条件发生重大变化直接影响公司设立的，可以作出不设立公司的决议。创立大会对上述所列事项作出决议，必须经出席会议的认股人所持表决权过半数通过。

14. 发起人、认股人缴纳股款或者交付抵作股款的出资后，除未按期募足股份、发起人未按期召开创立大会或者创立大会决议不设立公司的情形外，不得抽回其股本。

15. 董事会应于创立大会结束后 30 日内，向公司登记机关报送下列文件，申请设立登记：(1) 公司登记申请书；(2) 创立大会的会议记录；(3) 公司章程；(4) 验资证明；(5) 法定代表人、董事、监事的任职文件及其身份证明；(6) 发起人的法人资格证明或者自然人身份证明；(7) 公司住所证明。

16. 以募集方式设立股份有限公司公开发行股票的，还应当向公司登记机关报送国务院证券监督管理机构的核准文件。

17. 股份有限公司成立后，发起人未按照公司章程的规定缴足出资的，应当补缴；其他发起人承担连带责任。股份有限公司成立后，发现作为设立公司出资的非货币财产的实际价额显著低于公司章程所定价额的，应当由交付该出资的发起人补足其差额；其他发起人承担连带责任。

18. 股份有限公司的发起人应当承担下列责任：(1) 公司不能成立时，对设立行为所产生的债务和费用负连带责任；(2) 公司不能成立时，对认股人已缴纳的股款，负返还股款并加算银行同期存款利息的连带责任；(3) 在公司设立过程中，由于发起人的过失致使公司利益受到损害的，应当对公司承担赔偿责任。

19. 有限责任公司变更为股份有限公司时，折合的实收股本总额不得高于公司净资产额。有限责任公司变更为股份有限公司，为增加资本公开发行股份时，应当依法办理。

20. 股份有限公司应当将公司章程、股东名册、公司债券存根、股东大会会议记录、董事会会议记录、监事会会议记录、财务会计报告置备于本公司。股东有权查阅公司章程、股东名册、公司债券存根、股东大会会议记录、董事会会议决议、监事会会议决议、财务会计报告，对公司的经营提出建议或者质询。

（二）股份有限公司的治理结构

股份有限公司的治理结构主要包括股东大会、董事会、经理层和监事会等。

1. 股东大会

(1) 股份有限公司股东大会由全体股东组成。股东大会是公司的权力机构，依照《公司法》行使职权。股东大会行使下列职权：决定公司的经营方针和投资计划；选举和更换非由职工代表担任的董事、监事，决定有关董事、监事的报酬事项；审议批准董事会的报告；审议批准监事会或者监事的报告；审议批准公司的年度财务预算方案、决算方案；审议批准公司的利润分配方案和弥补亏损方案；对公司增加或者减少注册资本作出决议；对发行公司债券作出决议；对公司合并、分立、解散、清算或者变更公司形式作出决议；修改公司章程；公司章程规定的其他职权。对上述所列事项股东以书面形式一致表示同意的，可以不召开股东大会会议，直接作出决定，并由全体股东在决定文件上签名、盖章。

(2) 股东大会应当每年召开一次年会。有下列情形之一的，应当在两个月内召开临时股东大会：董事人数不足《公司法》规定人数或者公司章程所定人数的2/3时；公司未弥补的亏损达实收股本总额1/3时；单独或者合计持有公司10%以上股份的股东请求时；董事会认为必要时；监事会提议召开时；公司章程规定的其他情形。

(3) 股东大会会议由董事会召集，董事长主持；董事长不能履行职务或者不履行职务的，由副董事长主持；副董事长不能履行职务或者不履行职务的，由半数以上董事共同推举一名董事主持。

董事会不能履行或者不履行召集股东大会会议职责的，监事会应当及时召集和主持；监事会不召集和主持的，连续90日以上单独或者合计持有公司10%以上股份的股东可以自行召集和主持。

(4) 召开股东大会会议，应当将会议召开的时间、地点和审议的事项于会议召开20日前通知各股东；临时股东大会应当于会议召开15日前通知各股东；发行无记名股票的，应当于会议召开30日前公告会议召开的时间、地点和审议事项。

单独或者合计持有公司3%以上股份的股东，可以在股东大会召开10日前提出临时提案并书面提交董事会；董事会应当在收到提案后两日内通知其他股东，并将该临时提案提交股东大会审议。临时提案的内容应当属于股东大会职权范围，并有明确议题和具体决议事项。

股东大会不得对上述通知中未列明的事项作出决议。

无记名股票持有人出席股东大会会议的，应当于会议召开5日前至股东大会闭会时将股票交存于公司。

(5) 股东出席股东大会会议，所持每一股份有一表决权。但是，公司持有的本公司股份没有表决权。

(6) 股东大会作出决议，必须经出席会议的股东所持表决权过半数通过。但是，股东大会作出修改公司章程、增加或者减少注册资本的决议，以及公司合并、分立、解散或者变更公司形式的决议，必须经出席会议的股东所持表决权的2/3以上通过。

(7)《公司法》和公司章程规定公司转让、受让重大资产或者对外提供担保等事项必须经股东大会作出决议的，董事会应当及时召集股东大会会议，由股东大会就上述事项进行表决。

(8) 股东大会选举董事、监事，可以依照公司章程的规定或者股东大会的决议，实行累积投票制。所谓累积投票制，是指股东大会选举董事或者监事时，每一股份拥有与应选董事或者监事人数相同的表决权，股东拥有的表决权可以集中使用。

(9) 股东可以委托代理人出席股东大会会议，代理人应当向公司提交股东授权委托书，并在授权范围内行使表决权。

（10）股东大会应当对所议事项的决定作成会议记录，主持人、出席会议的董事应当在会议记录上签名。会议记录应当与出席股东的签名册及代理出席的委托书一并保存。

2. 董事会、经理

（1）股份有限公司设董事会，其成员为5人至19人。董事会成员中可以有公司职工代表。董事会中的职工代表由公司职工通过职工代表大会、职工大会或者其他形式民主选举产生。董事任期由公司章程规定，但每届任期不得超过3年。董事任期届满，连选可以连任。董事任期届满未及时改选，或者董事在任期内辞职导致董事会成员低于法定人数的，在改选出的董事就任前，原董事仍应当依照法律、行政法规和公司章程的规定，履行董事职务。

（2）董事会对股东大会负责，行使下列职权：召集股东大会会议，并向股东大会报告工作；执行股东大会的决议；决定公司的经营计划和投资方案；制订公司的年度财务预算方案、决算方案；制订公司的利润分配方案和弥补亏损方案；制订公司增加或者减少注册资本以及发行公司债券的方案；制订公司合并、分立、解散或者变更公司形式的方案；决定公司内部管理机构的设置；决定聘任或者解聘公司经理及其报酬事项，并根据经理的提名决定聘任或者解聘公司副经理、财务负责人及其报酬事项；制定公司的基本管理制度；公司章程规定的其他职权。

（3）董事会设董事长一人，可以设副董事长。董事长和副董事长由董事会以全体董事的过半数选举产生。董事长召集和主持董事会会议，检查董事会决议的实施情况。副董事长协助董事长工作，董事长不能履行职务或者不履行职务的，由副董事长履行职务；副董事长不能履行职务或者不履行职务的，由半数以上董事共同推举一名董事履行职务。

（4）董事会每年度至少召开两次会议，每次会议应当于会议召开10日前通知全体董事和监事。代表1/10以上表决权的股东、1/3以上董事或者监事会，可以提议召开董事会临时会议。董事长应当自接到提议后10日内，召集和主持董事会会议。董事会召开临时会议，可以另定召集董事会的通知方式和通知时限。董事会会议应有过半数的董事出席方可举行。董事会作出决议，必须经全体董事的过半数通过。董事会决议的表决，实行一人一票。

（5）董事会会议，应由董事本人出席；董事因故不能出席，可以书面委托其他董事代为出席，委托书中应载明授权范围。董事会应当对会议所议事项的决定作成会议记录，出席会议的董事应当在会议记录上签名。董事应当对董事会的决议承担责任。董事会的决议违反法律、行政法规或者公司章程、股东大会决议，致使公司遭受严重损失的，参与决议的董事对公司负赔偿责任。但经证明在表决时曾表明异议并记载于会议记录的，该董事可以免除责任。

（6）股份有限公司设经理，由董事会决定聘任或者解聘。经理对董事会负责，行使下列职权：主持公司的生产经营管理工作，组织实施董事会决议；组织实施公司年度经营计划和投资方案；拟订公司内部管理机构设置方案；拟订公司的基本管理制度；制定公司的具体规章；提请聘任或者解聘公司副经理、财务负责人；决定聘任或者解聘除应由董事会决定聘任或者解聘以外的负责管理人员；董事会授予的其他职权。公司章程对经理职权另有规定的，从其规定。经理列席董事会会议。公司董事会可以决定由董事会成员兼任经理。

3. 监事会

（1）股份有限公司设监事会，其成员不得少于3人。监事会应当包括股东代表和适当比例的公司职工代表，其中职工代表的比例不得低于1/3，具体比例由公司章程规定。监事会中的职工代表由公司职工通过职工代表大会、职工大会或者其他形式民主选举产生。

（2）监事会设主席一人，可以设副主席。监事会主席和副主席由全体监事过半数选举产生。监事会主席召集和主持监事会会议；监事会主席不能履行职务或者不履行职务的，由监事会副主席召集和主持监事会会议；监事会副主席不能履行职务或者不履行职务的，由半数以上监事共同推举一名监事召集和主持监事会会议。

（3）董事、高级管理人员不得兼任监事。

（4）监事的任期每届为3年。监事任期届满，连选可以连任。监事任期届满未及时改选，或者监事在任期内辞职导致监事会成员低于法定人数的，在改选出的监事就任前，原监事仍应当依照法律、行政法规和公司章程的规定，履行监事职务。

（5）监事会行使下列职权：检查公司财务；对董事、高级管理人员执行公司职务的行为进行监督，对违反法律、行政法规、公司章程或者股东大会决议的董事、高级管理人员提出罢免的建议；当董事、高级管理人员的行为损害公司的利益时，要求董事、高级管理人员予以纠正；提议召开临时股东大会会议，在董事会不履行《公司法》规定的召集和主持股东大会会议职责时召集和主持股东大会会议；向股东大会会议提出提案；依照《公司法》第151条的规定，对董事、高级管理人员提起诉讼；公司章程规定的其他职权。监事会行使职权所必需的费用，由公司承担。

（6）监事可以列席董事会会议，并对董事会决议事项提出质询或者建议。监事会发现公司经营情况异常，可以进行调查；必要时，可以聘请会计师事务所等协助其工作，费用由公司承担。

（7）监事会每6个月至少召开一次会议。监事可以提议召开临时监事会会议。监事会的议事方式和表决程序，除《公司法》有规定的外，由公司章程规定。监事会决议应当经半数以上监事通过。监事会应当对所议事项的决定作成会议记录，出席会议的监事应当在会议记录上签名。

4. 上市公司治理结构的特别规定

（1）上市公司，是指其股票在证券交易所上市交易的股份有限公司。上市公司在一年内购买、出售重大资产或者担保金额超过公司资产总额30%的，应当由股东大会作出决议，并经出席会议的股东所持表决权的2/3以上通过。

（2）上市公司设立独立董事，具体办法由国务院规定。上市公司设董事会秘书，负责公司股东大会和董事会会议的筹备、文件保管以及公司股东资料的管理，办理信息披露事务等事宜。

（3）上市公司董事与董事会会议决议事项所涉及的企业有关联关系的，不得对该项决议行使表决权，也不得代理其他董事行使表决权。该董事会会议由过半数的无关联关系董事出席即可举行，董事会会议所作决议须经无关联关系董事过半数通过。出席董事会的无关联关系董事人数不足3人的，应将该事项提交上市公司股东大会审议。

第二节 公司财务管理的客体和行为

一、公司财务管理的客体

顾名思义，公司财务管理的客体就是公司财务。什么是公司财务？这里需要先知道什么是财务。根据《现代汉语词典》的解释，“财”字有两种字义：一种是钱和物资的总称，另一种是姓；“务”字有五种字义：第一种是从事、致力，第二种是事情，第三种是旧时收税的关卡，第四种是务必，第五种是姓。根据《现代汉语词典》对“财”和“务”这两个汉字的解释，本书认为，财务就是“跟钱和物资有关的事情”。因此，公司财务就是公司里发生的那些“跟钱和物资有关的事情”。此外，《现代汉语词典》给“财务”这个词所做的解释是“机关、企业、团体等单位中，有关财产的管理或经营以及现金的出纳、保管、计算等事务”。这个解释中有三个关键词值得关注，一是“事务”，说明《现代汉语词典》也认为财务是一种事情；二是“财产”，可以理解为“钱和物资的总称”中的“物资”；三是“现金”，可以理解为“钱和物资的总称”中的“钱”。可见，从汉字的字义、词义出发，应该把财务看作是“跟钱和物资有关的事情”。“钱”属于货币性资产，“物资”属于非货币性资产，货币性资产和非货币性资产合称为资产，而资产是资金的外在实物形态，资金是资产的内在价值形态，据此，可以更为简洁地把财务看作是跟资产（资金，下同）有关的事情，财务管理管的就是那些跟资产有关的事情，财务管理的客体就是跟资产有关的事情。而资产的价值形态是资金，资金的实物形态是资产，资产总额和资金总额永远是相等的，因此，也可以认为，财务是跟资金有关的事情，财务管理管的就是那些跟资金有关的事情，财务管理的客体就是跟资金有关的事情。综上所述，公司财务管理的客体就是公司里发生的那些跟资产（资金）有关的事情。

那么，公司里发生的那些跟资产（资金）有关的事情都有哪些呢？主要有三类，即资产取得、资产使用和资产保全的事情。因此，公司财务管理管的就是公司里发生的那些跟资产取得、资产使用和资产保全有关的事情。公司里发生的那些跟资产取得、资产使用和资产保全有关的事情所引发的活动通常称为财务活动，主要包括筹资活动、投资活动和经营活动。从公司的生命周期来看，一般是先进行资金筹集，然后用筹集到的资金进行投资，投资完成后才开始经营。经营过程中还要不断地筹集资金和进行投资。所以，公司财务管理管的就是公司在筹资活动、投资活动和经营活动中发生的关于资产取得、资产使用和资产保全的事情。

（一）公司在筹资活动中发生的关于资产取得、资产使用和资产保全的事情

1. 资产取得：公司定向募集资本金、发行股票、发行债券、借款等筹资活动通常会取得货币性资产。如果投资人是以固定资产、无形资产等出资，则会取得固定资产、无形资产等非货币性资产。

2. 资产使用：公司定向募集资本金、发行股票、发行债券、借款等筹资活动过程中一般会发生筹资费用，这个时候通常会使用货币资金来支付。此外，公司向债权人还本付息、

向股东分红通常也会使用货币资金来支付。

3. 资产保全：公司在取得和使用资产的过程中要采取各种措施来保证资产的安全完整。比如采取签订合同、购买财产保险、授权审批、限制接触等措施。

（二）公司在投资活动中发生的关于资产取得、资产使用和资产保全的事情

1. 资产取得：公司在投资活动中通常会取得房屋建筑物、机器设备、土地使用权等长期资产。如果是对外投资，则会取得长期股权投资、持有至到期投资、可供出售金融资产、交易性金融资产等长期或短期资产。

2. 资产使用：公司在投资活动中无论是对内投资还是对外投资，都有可能会使用货币资金、固定资产、工程物资、无形资产、存货等资产中的一种或若干种。

3. 资产保全：公司在投资活动中无论是取得资产还是使用资产，都会采取各种措施来保证资产的安全完整。比如采取签订合同、购买财产保险、授权审批、限制接触等措施。

（三）公司在经营活动中发生的关于资产取得、资产使用和资产保全的事情

1. 资产取得：公司在经营活动中的采购环节通常会取得固定资产、原材料、辅助材料、低值易耗品等资产或服务，在生产环节通常会取得商品、在产品、半成品等资产，在销售环节通常会取得货币资金、应收账款、应收票据等资产。

2. 资产使用：公司在经营活动中的采购环节通常会使用货币资金、固定资产等资产，在生产环节通常会使用货币资金、固定资产、原材料、辅助材料、低值易耗品等资产，在销售环节通常会使用货币资金、商品、半成品、固定资产等资产。

3. 资产保全：公司在经营活动中的采购、生产、销售等环节都会采取各种措施来保证资产的安全完整。比如采取签订合同、购买财产保险、授权审批、限制接触等措施。

以上所列的这些事情，都是公司财务管理要管的事情，都是公司财务管理的客体。

二、公司财务管理的行为

在公司财务管理实践中，财务管理主要是通过实施预测、决策、预算、核算、控制、分配、分析、审计、沟通和协调这10种行为来管理那些在筹资活动、投资活动和经营活动中发生的关于资产取得、资产使用和资产保全的事情，其中核算是指会计确认、计量、记录和报告，是公司财务管理的十大行为之一。

财务预测主要包括资金需求量预测、收入预测、成本预测、利润预测、现金流量预测等。财务决策主要包括筹资决策、投资决策、经营决策等。财务预算主要包括筹资预算、投资预算、经营预算、财务状况预算、经营成果预算和现金流量预算等。财务核算主要包括会计确认、计量、记录和报告等。财务控制主要包括筹资活动控制、投资活动控制、经营活动控制等。财务分析主要包括筹资活动分析、投资活动分析、经营活动分析等。财务分配主要包括薪酬分配、息税前利润分配、税前利润分配、税后利润分配等。财务审计主要包括财务收支审计、经济效益审计、经济责任审计、社会责任审计、环境资源审计等。财务沟通和协调主要是通过与公司内部和外部的各个利益相关者进行沟通，进而协调各自的利益关系，属于财务管理过程中对各个利益相关者的利益进行妥善处理的一种行为。

第三节 公司财务管理的环境和目标

一、公司财务管理的环境

公司财务管理环境可以划分为外部环境和内部环境。其中，外部环境亦可称为宏观环境，主要包括政治环境、法律环境、经济环境、金融环境、科技环境、文化环境等；内部环境亦可称为微观环境，主要包括法人性质、机构设置、业务类型和特点、人员构成等。

（一）公司财务管理的外部环境

1. 政治环境

财务管理的政治环境主要包括社会安定程度、政府制定的各种经济政策的稳定性及政府机构的管理水平、办事效率等。一个国家的政治环境会对公司财务管理活动产生至关重要的影响，和平稳定的政治环境有利于公司开展各种财务管理活动。

2. 法律环境

财务管理的法律环境是指公司在开展财务管理活动时应遵守的各种法律、法规和规章，如公司法、证券法、金融法、证券交易法、经济合同法、会计法、审计法、财务管理制度、会计准则、税法等。国家管理公司开展财务管理活动的手段主要包括行政手段、经济手段和法律手段三种。随着改革开放的不断深化和中国特色社会主义的纵深推进，行政手段逐步减少，而经济手段，特别是法律手段日益增多。通过法律手段把越来越多的财务管理活动的行为规范用法律的形式固定下来，以便于公司遵守。

3. 经济环境

财务管理的经济环境是指公司在开展财务管理活动时所面临的宏观经济状况，主要包括经济发展状况、政府的经济政策、通货膨胀和通货紧缩、金融市场、商品市场、技术市场、经理和劳动力市场等。经济环境对公司开展财务管理活动有着重大的影响。比如经济发展状况良好，公司财务管理活动就会很活跃，效果也会很好；政府的经济政策是利好的，公司的财务管理活动就会取得较大的经济效益；金融市场、商品市场、技术市场、经理和劳动力市场很有效，公司就可以充分地、高效地获取各种财务管理资源。

4. 金融环境

财务管理的金融环境是指公司在开展财务管理活动时所面临的资金筹集和资金投放的外部环境，主要包括股票市场环境、债券市场环境、基金市场环境、信贷市场环境、期货市场环境等。金融环境严重地影响着公司的财务管理活动。比如股票市场环境、债券市场环境、基金市场环境、信贷市场环境、期货市场环境都很好的话，公司就可以拥有很多个筹资渠道、通过很多种筹资方式去筹集所需的资金，也可以拥有很多个投资类型、采取很多种投资方式把所筹集到的资金投放出去以获取资金增值。

5. 科技环境

财务管理的科技环境是指公司在开展财务管理活动时所面临的科学技术条件和水平。科学技术环境是对公司开展财务管理活动有着极为重要影响的因素之一。科学技术的发展，一方面为管理理论的发展提供了强有力的支持，另一方面为管理技术的更新提供了新的工具。管理从经验走向科学，科学技术的发展起到极大的推动作用。例如，行为科学的发展为管理者分析员工的行为特点以及运用合适的管理方法进行管理提供了重要的理论基础。运筹学的出现，为人们在有限的资源下实现最优的目标提供了决策的依据。而大数据、人工智能、移动互联网、云计算、物联网、区块链等新兴技术的出现和推广应用，则为智能财务管理、智慧财务管理的产生提供了技术支撑。

6. 文化环境

财务管理的文化环境是指公司在开展财务管理活动时所面临的在一种社会形态下已形成的信念、价值观念、宗教信仰、道德规范、审美观念以及世代相传的风俗习惯等被社会所公认的各种行为规范。文化环境所蕴含的因素主要有社会阶层、家庭结构、风俗习惯、宗教信仰、价值观念、消费习俗、审美观念等。在财务管理活动所面临的诸方面环境中，社会文化环境是较为特殊的，它不像其他环境因素那样显而易见与易于理解，却又无时不在地深刻影响着财务管理活动的发生。无数事例说明，无视社会文化环境的财务管理活动必然会归于被动甚至失败。例如，由于价值观念不同，使人们对周围事物的是非、善恶和重要性的评价不同；同一种款式的商品，甲民族认为是美的，乙民族也许认为是丑的；同一种色彩的商品，农村居民十分喜爱，城市居民却可能很少问津；同一种消费行为，在这方土地上是习以为常的，在另一方土地上则可能认为是不可思议的。再如，由于民风习俗、礼仪交往等方面的差异，往往影响到销售促进的内容与形式（如广告内容的设计），致使商务谈判的风格与技巧呈现出不同的特点。如此等等，无一不在深刻地影响着公司的财务管理活动。

（二）公司财务管理的内部环境

1. 法人性质

法人性质是指公司是股份有限公司还是一般的有限责任公司或其他性质的公司，如果是股份有限公司，是上市公司还是非上市公司；或者公司是国有独资公司、国有控股公司还是民营公司等。法人性质深刻影响着公司的财务管理活动。

2. 机构设置

机构设置是指公司内部的组织机构设置，比如是单一法人制的公司还是总分公司制或母子公司制的公司，单一法人制的公司或者总分公司制、母子公司制的公司内部都设置有哪些职能部门。机构设置关系到公司内部财务管理资源（含财权）的分配，也深刻影响着公司的财务管理活动。

3. 业务类型和特点

业务类型是指公司所开展的业务活动的类型，业务特点是指公司所开展的业务活动的特点，比如工业公司与农业公司所开展的业务活动就属于不同的类型，同样是工业公司，化工公司和钢铁公司所开展的业务活动就具有不同的特点等。业务类型和特点也深刻影响着公司的财务管理活动。

4. 人员构成

人员构成是指公司内部的人员构成，包括性别构成、年龄构成、学历构成、职称构成、籍贯构成等。财务管理工作最终是靠人去完成的，所以，人员构成对公司的财务管理活动也产生着深刻的影响。

二、公司财务管理的目标

公司财务管理的目标可以分为总体目标、分部目标和具体目标。总体目标是指公司财务管理总体上要实现的目标。分部目标是指公司的各个分部（如某事业部制的公司中的能源事业部、铝业事业部、新材料事业部、医药健康事业部）要实现的目标。具体目标是指某一个具体的财务管理活动要实现的目标（如筹资活动管理目标等）。本书主要介绍公司财务管理的总体目标。

公司财务管理的总体目标比较多元。常见的有净利润最大化、每股收益最大化、股东财富最大化、公司价值最大化、利益相关者利益最大化等。

（一）净利润最大化

净利润是收入减去成本费用（含所得税费用）后的余额，其所有权归属于股东，是股东财富的重要来源和组成部分。净利润最大化有利于实现股东财富最大化。但净利润最大化不等于现金流入最大化，因为净利润是根据权责发生制确认收入和成本费用之后计算出来的，有收入不一定能带来现金流入，有现金流入也不一定能确认收入。公司能够持续经营并发展壮大的基本前提是有充足的现金用于购买所需物资、支付薪酬、支付期间费用、归还债务、分红、投资等。因此，如果片面追求净利润最大化，就有可能忽视现金的流入，最终导致净利润最大化的公司也会发生经营困难甚至倒闭。

（二）每股收益最大化

每股收益是净利润除以流通在外的普通股股数所得的商数，是净利润的相对值，是股东每投入一股股本所赚得的净利润。每股收益反映了股东的投入产出水平，因此，每股收益最大化也是股东投入产出最大化，这一点比净利润最大化好。但与净利润最大化一样，每股收益最大化也不等于现金流入最大化，它也有着净利润最大化同样的缺点。

（三）股东财富最大化

股东财富，顾名思义，就是指公司总的财富中归属于股东所有的那部分财富。公司总的财富又称公司价值，它包括归属于债权人的财富（价值）和归属于股东的财富（价值）。股东财富等于公司总的财富（价值）减去归属于债权人的财富（价值）后的余额。股东财富的计量主要有账面价值法、市场价值法、未来现金流量折现法等。在账面价值法计量下，股东财富等于账面上的净资产总额。在市场价值法计量下，股东财富等于账面上净资产总额的市场价值，在上市公司中，股东财富等于公司股票的总市值。在未来现金流量折现法计量下，股东财富等于公司未来各年的营业现金净流量按照一个合适的折现率折算到现在所得的价值乘以（1－资产负债率）。追求股东财富最大化符合股东出资兴办公司的初衷，但在追求股东财富最大化的过程中不能忽视甚至损害债权人的财富以及其他利益相关者的利益。

（四）公司价值最大化

公司价值包括归属于债权人的价值和归属于股东的价值。公司价值的计量主要有账面价值法、市场价值法、未来现金流量折现法等。在账面价值法计量下，公司价值等于账面上的资产总额。在市场价值法计量下，公司价值等于账面上资产总额的市场价值，在上市公司中，公司价值等于公司股票的总市值加上公司债务的总市值。在未来现金流量折现法计量下，公司价值等于公司未来各年的营业现金净流量按照一个合适的折现率折算到现在所得的价值。追求公司价值最大化既考虑到了股东财富的最大化，也考虑到了债权人财富的最大化，是一个相对比较周全和公允的财务管理目标。

（五）利益相关者利益最大化

公司是一个利益相关者的集合体，里面有各种类型的利益相关者。公司的利益相关者主要有股东、高层管理人员、中层管理人员、基层员工、供应商、客户或消费者、银行等金融机构、政府有关部门和社会公众等。股东的利益主要体现在利润分配（分红）和对剩余财产的享有。高层管理人员、中层管理人员、基层员工的利益主要体现在薪酬和股权激励。供应商的利益主要体现在货款的及时支付。客户或消费者的利益主要体现在商品或劳务的质量和售后服务。银行等金融机构的利益主要体现在贷款的及时还本付息。政府有关部门的利益主要体现在税费的及时足额缴纳。社会公众的利益主要体现在环境的保护和治理。利益相关者利益最大化这个目标充分考虑了公司各种利益相关者的利益，符合我国社会主义核心价值观的要求，是公司财务管理最理想的总体目标。

第四节　公司财务管理“七·三论”和“11·12法则”

一、公司财务管理“七·三论”

韦德洪认为，所谓财务管理“七·三论”，是指财务管理的七个“三论”，即财务管理“三管论”“三无论”“三分论”“三控论”“三计论”“三看论”和“三防论”。

（一）财务管理“三管论”

财务管理“三管论”是指财务管理主要是管资产的取得、资产的使用和资产的保全三件事情，或者说是管筹资活动、投资活动和经营活动三项活动。

财务是什么？财务管理又是什么？根据《现代汉语词典》的解释：“财”是钱和物资的总称，“务”是事情。因此，财务就是“跟钱和物资有关的事情”，财务管理就是“对那些跟钱和物资有关的事情所进行的管理”。而所谓的“钱”就是货币性资产，所谓的“物资”就是非货币性资产，两者合称资产。所以，财务管理就是“对那些跟资产有关的事情所进行的管理”。可见，财务管理的客体就是“跟资产有关的事情”。

一个法人或自然人发生的跟资产有关的事情很多，可将这些事情划分为三大类，即资产的取得、资产的使用和资产的保全。因此，财务管理主要就是管资产的取得、资产的使用和资产的保全，这就是财务管理的“三管论”。

资产取得的渠道包括筹资活动、投资活动和经营活动。资产使用的途径包括筹资活动、投资活动和经营活动。资产保全的目标是保证资产取得和使用过程或者筹资活动、投资活动和经营活动所形成的存量资产的安全完整。其中：筹资活动主要包括股权筹资活动（含股权资金的取得、股份回购和利润分配）和债权筹资活动（含债权资金的取得和还本付息）等。投资活动主要包括长期投资和短期投资活动、对内投资和对外投资活动、股权投资和债权投资活动等。经营活动主要包括采购、生产、销售、研发等活动以及这些活动所形成的收入和利得、所发生的成本费用和损失等。因此，财务管理主要就是管筹资活动、投资活动和经营活动。这是财务管理“三管论”的另一种表达。

（二）财务管理“三无论”

财务管理“三无论”是指财务管理无处不在、无所不是、无人不做。它是由“三管论”派生出来的一个论点。

任何一个法人和自然人都有各自的资产，都会发生各自的跟资产有关的事情，因此都需要进行财务管理。财务管理无处不在！每一个人都应当树立并践行全民财务管理的观念。其中，法人主要包括国家、行政事业单位、企业、其他非营利组织等；自然人主要是指家庭和个人。因此，从财务管理的主体来看，财务管理应该包括国家财务管理、行政事业单位财务管理、企业（含金融企业）财务管理、其他非营利组织财务管理、家庭和个人财务管理、社会公众财务管理等。其中，国家财务管理主要包括国家财政管理、国家税收管理、国家金融管理、国家外汇管理等；社会公众财务管理主要包括社会保险基金管理、社会救助基金管理、社会慈善基金管理、住房公积金管理等。

一个财务管理主体内部，没有什么事情不跟资产有关，因此没有什么事情不是财务管理的事情。财务管理无所不是！每一个人都应当树立并践行全面财务管理的观念。

一个财务管理主体内部，没有什么人不在做着跟资产有关的事情，因此没有什么人不在做着财务的事情。财务管理无人不做！每一个人都应当树立并践行全员财务管理的观念。

综上所述，财务管理“三无论”又可称为“三全论”，即全民财务管理、全面财务管理和全员财务管理。

（三）财务管理“三分论”

财务管理“三分论”是指一个单位的高管层、财务部门和其他部门这三个机构及其人员，各自都要承担一部分财务管理责任、完成一部分财务管理工作。它是由“三无论”派生出来的一个论点。

根据财务管理“三无论”，一个单位的财务管理责任和工作，不只是财务部门及其人员的事情，而应当是全部机构及其人员的事情。那种认为财务管理责任和工作都只由财务部门来承担和完成的观点是极端错误的，坚持这种观点的人是绝对管不好财务的。因此，单位里的高管层、财务部门和其他职能部门及其人员都应当意识到自身的财务管理责任，完成好自身的财务管理工作。其中，高管层的财务管理责任或工作主要是制定或审定财务政策、进行重大财务规划或财务决策、协调和处理重大财务问题等。财务部门的财务管理责任或工作主要是进行日常的财务预测、决策、预算、核算、控制、分配、分析、审计、沟通和协调等。其他职能部门的财务管理责任或工作主要是与本部门工作职责有关的成本控制、风险控制和资产保全等。

（四）财务管理“三控论”

财务管理“三控论”是指日常的财务管理要重点控制现金、控制债权、控制存货。

现金断流，一剑封喉！一个单位如果没有效益，尚可苟延残喘，比如有的公司连年亏损还在继续经营；但如果没有现金，则残喘也苟延不了，比如有的公司资金链一旦断裂就马上倒闭。因此，财务管理的基本任务不是为单位创造效益，而是保证单位的现金不断流，即保证单位能够取得正常的现金流入，保证单位正常的业务支出能够有现金流出。此外，一个单位所发生的经济业务绝大多数都和现金的收支有关，把现金管好了，就相当于把绝大多数的经济业务管好了。因此日常的财务管理要重点控制现金。

债权过高，脖子架刀！一个单位如果应收账款等债权资产占比过高，表明自己的资金被债务人占用过多，资金回笼就可能很慢，很容易造成现金断流和资产损失，非常危险，因此，一定要控制应收账款等债权资产的占比，同时采取有效措施加速债权资金的回笼。

存货积压，脑袋搬家！一个单位的存货（商品或服务）如果长期积压卖不出去，势必会遭遇关门倒闭的命运，因此，必须准确把握市场的变化，生产经营适销对路的商品或服务，同时采取有效的措施严格控制存货的采购、生产、销售和仓储，保证存货的质量，提高存货的周转速度，降低存货的积压。

（五）财务管理“三计论”

财务管理“三计论”是指日常的财务管理要重点计算现金流量、计算成本费用、计算收入利润。

计算现金流量是在保证现金流量平衡的基础上重点关注经营活动现金净流量。所谓现金流量平衡，是指在保持最佳现金余额的基础上使现金流入量等于现金流出量。为何要重点关注经营活动现金净流量？那是因为只有经营活动现金净流量充足，单位才能有充足的自有现金用于投资、偿债或分红。一个单位如果没有充足的经营活动现金净流量，那么，投资、偿债、分红所需要的现金就需通过筹资活动来获得，那样势必会增加单位的筹资成本，降低单位的经济效益。

计算成本费用是在保证必要开支的基础上厉行节约。增收节支、开源节流、厉行节约等传统的理财观在当今的市场经济环境下固然值得坚持，但必要的开支也是必不可少的。投入产出理论、投资回报理论表明，没有必要的投入或投资，就不会有相应的产出或回报。因此，一个单位日常的财务管理必须保证单位必要的开支能够支付。

计算收入利润是在积极创造收入的基础上多获利润。因为“利润＝收入－费用＋利得－损失”，因此，一个单位要想获得更多的利润，必须一方面要努力创造收入，另一方面要在保证必要开支的基础上努力降低费用，同时要把握时机获取利得，控制风险减少损失。

（六）财务管理“三看论”

财务管理“三看论”是指日常的财务管理要重点看现金流量表、看资产负债表、看利润表。

看现金流量表，重点是看有没有充足的经营活动现金净流量，因为只有经营活动现金净流量充足，单位才可以减少对外筹资，从而降低筹资成本。

看资产负债表，重点是看净资产是否增加以及是什么原因导致净资产增加。净资产是归属于投资人的权益，净资产的增加意味着投资人的权益增加。而资产总额则是包含了投资人权益和债权人权益在内的总的权益。根据会计平衡公式，负债和净资产同时增加、负债增加额大于净资产减少额或者净资产增加额大于负债减少额这三种情况都会导致资产总额增加。看资产负债表如果仅仅看资产总额是否增加，就容易忽视负债增加额大于净资产减少额这种尽管资产总额增加、但净资产却减少的情况，从而使投资人权益减少的事实容易被掩盖起来。因此，看资产负债表必须重点看净资产是否增加。但净资产增加可能是由于公允价值变动、投资人增加投资以及单位实现净利润所致。而这三种原因导致的净资产增加，只有净利润导致的净资产增加才是正常的、可持续的，因此，看净资产的增加，重点是看是否因净利润而增加。

看利润表，重点是看营业活动和主营业务有没有利润。利润总额＝营业利润＋营业外收支净额。其中，营业利润＝主营业务利润＋其他业务利润＋公允价值变动收益＋投资收益。

正常情况下，一个单位的利润总额应该主要来源于营业利润，而营业利润又应该主要来源于主营业务利润。只有主营业务和营业活动创造出更多的利润，这个单位才有竞争力和可持续发展的能力。因此，看利润表不能只看利润总额或净利润，而应该重点关注营业利润和主营业务利润。

（七）财务管理“三防论”

财务管理“三防论”是指日常的财务管理要注重防范错账乱账、防范贪污挪用、防范损失浪费。其中，防范错账乱账就是要严格按照会计准则的规定进行确认、计量、记录和报告，保证会计信息质量达到真实性、可靠性、完整性、相关性、明晰性、可比性、实质重于形式、重要性、谨慎性、及时性的要求。防范贪污挪用就是防范虚报冒领、截留和挪用公款等违法犯纪行为。防范损失浪费就是要求可靠保全资产、合理使用资产，防止失窃、毁损、变质、提前报废和过度使用等。

二、公司财务管理“11·12法则”

韦德洪认为，所谓财务管理“11·12法则”，是指财务管理要“树立并践行10种观念、牢记并活用1组口诀、掌握并善用10门技术、重视并理顺2个关系”。

（一）财务管理要树立并践行的10种观念

财务管理要树立并践行的10种观念是：全面财务管理观念、全员财务管理观念、资金时间价值观念、风险报酬匹配观念、现金重于利润观念、以人为本观念、社会责任观念、利益兼顾观念、战略服务观念、可持续发展观念。

“全面财务管理观念”要求任何一个财务管理主体都要把自身发生的任何一项经济活动看作是财务管理的事情，用财务管理的思维来管理每一项经济活动，让财务管理的触角延伸到每一项经济活动，让财务管理的制度约束到每一项经济活动，让财务管理的手段控制到每一项经济活动。

“全员财务管理观念”要求一个财务管理主体内部的每一个成员都要把自己所承担的每一项工作看作是财务管理的事情，用财务管理的思维来完成自己所承担的每一项工作，用财务管理的制度来约束自己所承担的每一项工作，用财务管理的手段来控制自己所承担的每一项工作。

“资金时间价值观念”要求一个财务管理主体在对自身发生的经济活动进行管理时，要注重资金的时间价值，讲求资金来源和运用的时效性。

“风险报酬匹配观念”要求一个财务管理主体在对自身发生的经济活动进行管理时，要注重风险与报酬之间的匹配关系，高风险应该追求高报酬，反过来，低报酬必须确保低风险。

“现金重于利润观念”要求一个财务管理主体在对自身发生的经济活动进行管理时，要更加注重现金的管理，而不能只关注利润，要把现金看得比利润还重要。

“以人为本观念”要求一个财务管理主体在对自身发生的经济活动进行管理时，要以人为本，在财务资源的配置上要关注人的物质利益和精神利益。

“社会责任观念”要求一个财务管理主体在对自身发生的经济活动进行管理时，要努力尽到应尽的社会责任，在财务资源的配置上要考虑社会责任的尽责要求。

“利益兼顾观念”要求一个财务管理主体在对自身发生的经济活动进行管理时，要兼顾各个利益相关者的利益，不能只追求某一个利益相关者的利益最大化。

“战略服务观念”要求一个财务管理主体的财务管理活动要服从于该主体的战略大局，服务于该主体的战略目标，从战略大局出发，促进战略目标的实现。

“可持续发展观念”要求一个财务管理主体在对自身发生的经济活动进行管理时，在财务资源的配置上要避免短期行为、短视眼光，切实保证所在主体的可持续发展。

（二）财务管理要牢记并活用的1组口诀

财务管理要牢记并活用的1组口诀是：无事不是财务，无人不做财务，领导更要财务；时间就是价值，风险必求收益；现金重于利润，收支互为前提；环境决定目标，目标指挥行动；行动需要决策，决策依赖预测；行动还需预算，预算必须控制；核算乃是基础，分配尤为重要，分析不可或缺；审计才能验证，沟通方可协调。

“无事不是财务，无人不做财务，领导更要财务”是指一个财务管理主体内部没有什么事情不是财务管理的事情，没有什么人不在做着财务管理的事情，作为领导，更要熟知和重视财务管理的事情。

“时间就是价值，风险必求收益”是指时间既可以增加价值，也可以减少价值，财务管理应该以追求价值增加为目标，注重时间因素对价值的影响，同时要追求与风险水平相匹配的收益，有多大的风险就应该追求多大的收益。

“现金重于利润，收支互为前提”是指现金比利润更重要，一个财务管理主体应该更加关注现金的管理，同时，收入和支出是互为前提的，没有足够的收入就没有充分的支出（投资），而没有必要的支出（或投资）也没有应得的回报（或收益）。

“环境决定目标，目标指挥行动”是指财务管理目标受到财务管理环境的制约，环境改变了，财务管理的目标就要适时调整。财务管理目标一旦确定了，财务管理的一切行动就要围绕着这个目标来展开。

“行动需要决策，决策依赖预测”是指财务管理的一切行动都必须慎重地作出决策，而正确的决策又依赖于科学的预测，因此，在作出财务决策之前必须进行科学的预测。

“行动还需预算，预算必须控制”是指财务管理的一切行动都必须在事前编制一个合理的预算，有了合理的预算就必须严格控制，只有严格控制，才能保证预算目标的实现。

“核算乃是基础，分配尤为重要，分析不可或缺”是指财务核算（即会计确认、计量、记录和报告）是财务管理的重要基础，财务分配（即经济利益在各个利益相关者之间分配）也是一项非常重要的财务管理工作，财务分析（亦即经济活动分析）更是不能缺少的。

“审计才能验证，沟通方可协调”是指财务管理必须借助审计手段，只有通过严格的审计，才能验证财务管理活动的合法性、合规性、合理性、经济性、效率性和效果性，同时，只有通过和各个利益相关者进行有效的沟通，才能协调好各个利益相关者之间的利益冲突，兼顾好各个利益相关者之间的利益。

（三）财务管理要掌握并善用的10门技术

财务管理要掌握并善用的10门技术是：财务预测技术、财务决策技术、财务预算技术、财务核算技术、财务控制技术、财务分析技术、财务分配技术、财务审计技术、财务沟通技术、财务协调技术。

财务预测技术主要包括收入预测（含销量预测、价格预测、销售收入预测等）技术、成本费用预测技术、利润预测技术、现金流量预测技术等。财务决策技术主要包括经营决策

（含采购决策、生产决策、销售决策等）技术、投资决策技术、筹资决策技术等。财务预算技术主要包括经营预算技术、投资预算技术、筹资预算技术等。财务核算技术主要包括会计确认、计量、记录和报告技术等。财务控制技术主要包括经营活动控制技术、投资活动控制技术、筹资活动控制技术等。财务分析技术主要包括经营活动分析技术、投资活动分析技术、筹资活动分析技术等。财务分配技术主要包括薪酬分配技术、息税前利润分配技术、税前利润分配技术、税后利润分配技术等。财务审计技术主要包括财务收支审计技术、经济效益审计技术、经济责任审计技术、社会责任审计技术、环境资源审计技术等。财务沟通与协调技术主要包括心理测度技术、语言表达技术、谈话谈判技术、为人处世技术等。

（四）财务管理要重视并理顺的 2 个关系

财务管理要重视并理顺的 2 个关系是：组织内部各个利益相关者之间的利益关系以及组织同外部各个利益相关者之间的利益关系。前者如投资者与经营者之间的利益关系，投资者与投资者之间的利益关系，经营者与经营者之间的利益关系，经营者与员工之间的利益关系，员工与员工之间的利益关系。后者如组织同债权人之间的利益关系，组织同客户或者消费者之间的利益关系，组织同政府有关部门之间的利益关系，组织同周边居民之间的利益关系，组织同整个社会公众之间的利益关系。重视并理顺这两个关系首先要把财务管理的目标确定为利益相关者的利益有效兼顾，不能片面强调股东财富最大化或企业价值最大化；其次要坚持以人为本观念、社会责任观念、利益兼顾观念和可持续发展观念，使投资者、经营者、员工、债权人、客户或者消费者、政府有关部门、周边居民以及整个社会公众的利益都得到有效兼顾，才能实现组织的可持续发展目标。

复习思考题

1. 什么是公司？它有哪些基本权利和责任？
2. 公司设立的一般规定都有哪些？
3. 有限责任公司的设立都有哪些规定？它的治理结构主要包括什么？
4. 股份有限公司的设立都有哪些规定？它的治理结构主要包括什么？
5. 公司财务管理的客体是什么？行为有哪些？
6. 公司财务管理“七·三论”是指哪七个“三论”？
7. 公司财务管理要树立并践行哪 10 种观念？
8. 公司财务管理要牢记并活用哪一组口诀？
9. 公司财务管理要掌握并善用哪 10 门技术？
10. 公司财务管理要重视并理顺哪两个关系？

思政思辨题

1. 中国特色社会主义的公司，需要承担哪些社会责任？
2. 中国特色社会主义的公司，其财务管理的总体目标可以是单纯追求净利润最大化、每股收益最大化或者股东财富最大化吗？

3. 既然在公司内部无事不是财务、无人不做财务、领导更要财务，那么，领导班子的财务管理职责是什么？财务部门的财务管理职责是什么？采购、生产、销售等部门的财务管理职责又分别是什么？

第二章

资金时间价值

内容简介

本章主要介绍资金时间价值的概念、性质、形式、用途和复利终值、复利现值、年金终值、年金现值的计算方法以及名义利率与实际利率的换算方法。

学习目标

通过本章的学习，要求了解资金时间价值的概念、性质、形式、用途，掌握复利终值、复利现值、各种年金终值和年金现值的计算方法，掌握名义利率与实际利率的换算方法。

第一节　资金时间价值概述

一、资金时间价值的概念

资金时间价值，又称为货币时间价值。在没有风险和没有通货膨胀的条件下，今天 1 元钱的价值要大于一年后的 1 元钱的价值。股东投资 1 元钱，就牺牲了当时使用或消费这 1 元钱的机会或权利，按牺牲时间计算的这种牺牲的代价或报酬，就叫作时间价值。

在发达的商品经济条件下，商品流通的形式是 G—W—G′。其中，$G' = G + \Delta G$，即 G′等于原预付货币额加上一个增值额。马克思指出："作为资本的货币的流通本身就是目的，因为只有在这个不断更新的运动中才有价值的增值。如果把它从流通中取出来，那它就凝固为贮藏货币，即使藏到世界末日，也不会增加分毫。"因此，资金时间价值的实质是资金周转使用后的增值额，即资金经历一段时间的投资和再投资后所增加的价值，或者是指一定量的资金随着时间的推移而增加的价值。

设一定量资金当前的价值为现值（用 P 来表示）、未来某一时点的价值为终值（用 F 来表示），则资金时间价值（用 I 来表示）为：

$$资金时间价值 = 终值 - 现值$$

或

$$I = F - P$$

二、资金时间价值的性质

资金时间价值是资金在再生产过程中产生的增值额，这里所说的再生产过程是指在无风险和无通货膨胀状态下的再生产过程。不同的资金，其在再生产过程中所产生的增值额是不同的，资金时间价值不是指某一个单位或个人的资金在其自身的再生产过程中所产生的增值额，而是指整个社会资金在社会再生产过程中所产生的增值额，因此，资金时间价值实质上是社会平均利润或者称为社会平均报酬（即利息）。

三、资金时间价值的形式

资金时间价值可以用绝对数的形式来表示，也可以用相对数的形式来表示。绝对数即时间价值额是资金在生产经营过程中带来的真实增值额；相对数是增值额占原始投资额的百分率，从量上看是在没有风险和没有通货膨胀条件下的社会平均利润率或平均报酬率（即利息率）。由于绝对数不如相对数更具有可比性，所以，除非有特别说明，否则，一般情况下，资金时间价值都是用相对数（即利息率）来表示。

四、资金时间价值的用途

由公式“资金时间价值（I）＝终值（F）－现值（P）”可得：终值（F）＝现值（P）＋资金时间价值（I），现值（P）＝终值（F）－资金时间价值（I）。由此可见，资金时间价值可以用于计算资金的终值和现值。

由公式“现值（P）＋资金时间价值（I）＝终值（F）”可知，等量的现值加不等量的时间价值，就会等于不等量的终值。因此，资金时间价值还可以用来衡量不同时空条件下的社会平均利润率（或社会平均报酬率）以及同一时空条件下不同资金的投资利润率（或投资报酬率）。

第二节 资金时间价值计算

一、现金流量图

在财务管理中，要进行正确的投资决策或筹资决策，就必须弄清楚在不同时点上收到或付出的资金价值之间的数量关系。为了简单明了地反映资金发生的时间、大小，常用现金流量示意图来表示，如图2－1所示。

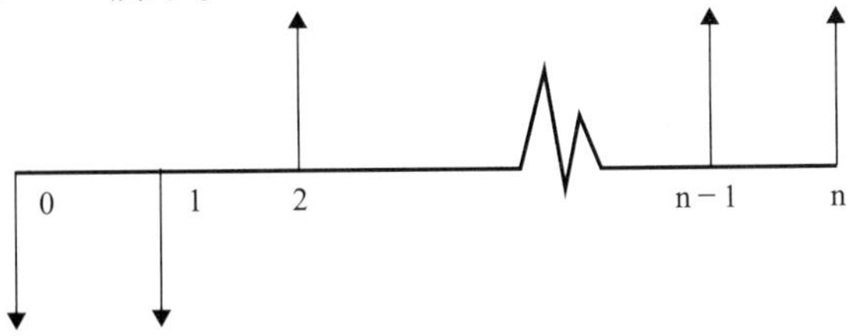

图2－1 现金流量示意图

在现金流量示意图中，横轴表示一个从 0 开始到 n 的时间序列，轴上每一个刻度表示一个计息期（可以是年、半年、季、月等）。零点是时间序列的起点，表示第一个计息期的期初。1 至 n 指该期期末，也是下一期的期初。垂直线表示不同时点的现金流量，箭头向上表示现金流入，箭头向下表示现金流出。

通常，把现值记为 P，终值记为 F，年金记为 A，它们的含义是：

现值（P）：表示资金发生在（或折算为）某一时间序列起点时的价值，如图 2-2 中的 A 所示；

终值（F）：表示资金发生在（或折算为）某一时间序列终点时的价值，如图 2-2 中的 B 所示；

年金（A）：表示资金发生在（或折算为）某一时间序列各期期末的等额现金序列的价值，如图 2-2 中的 C 所示。

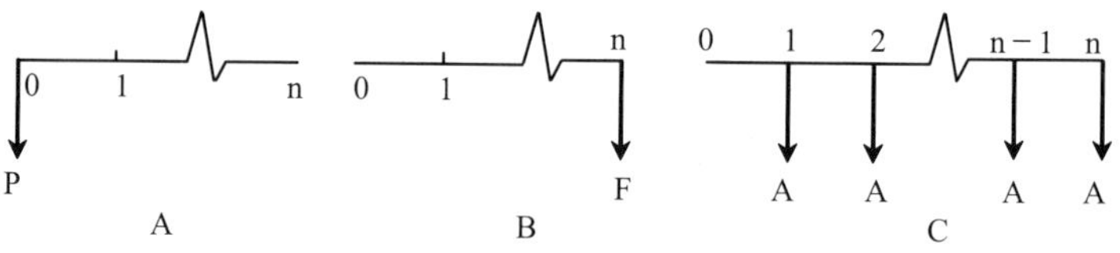

图 2-2 资金时间价值示意图

二、单利条件下资金时间价值的计算

所谓单利，是计算利息的一种方法，就是只有本金才计算利息，而本金在上一期所产生的利息不加入下一期的本金来计算利息。这里的本金，是指债权人借给债务人以收取利息的原始金额。利息是指债务人支付给债权人的超过本金部分的金额。

（一）单利终值的计算

单利终值的现金流量图如图 2-3 所示。

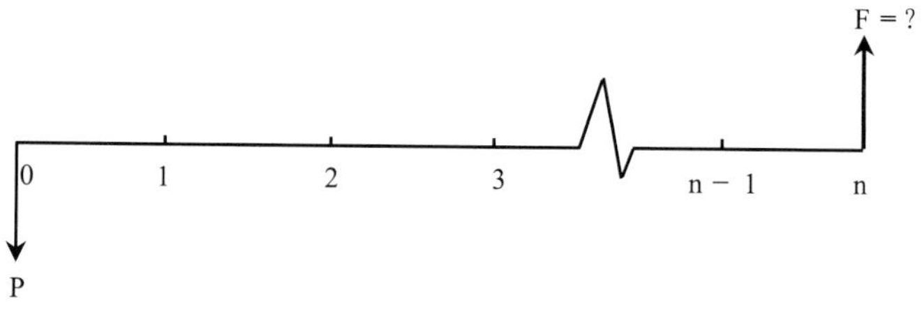

图 2-3 单利终值示意图

单利终值的计算公式如下：

$$F = P + P \times i \times n = P \times (1 + i \times n)$$

【例 2-1】 假设小张现在购买一种以单利计息的债券 10 000 元，年利率为 7%，5 年期，则到期的本利和为多少？

计算过程和结果如下：

$$F = P \times (1 + i \times n) = 10\,000 \times (1 + 7\% \times 5) = 13\,500\text{（元）}$$

（二）单利现值的计算

单利现值的现金流量图如图2－4所示。

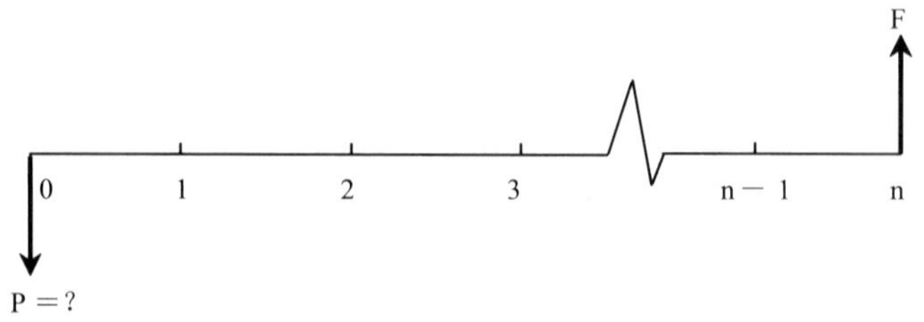

图2－4 单利现值示意图

单利现值的计算公式如下：

$$P = F \times (1 + i \times n)^{-1}$$

【例2－2】小李希望在4年后从银行取得本利和10 000元，银行年利率为7%，在单利计息的方式下，小张现在应存入银行多少钱？

计算过程和结果如下：

$$P = F \times (1 + i \times n)^{-1} = 10\ 000 \times (1 + 7\% \times 4)^{-1} = 7\ 812.5\ (元)$$

三、复利条件下资金时间价值的计算

所谓复利，是计算利息的另一种方法，就是不仅本金要计算利息，而且本金在上一期所产生的利息也要加入下一期的本金一起计算利息，即通常所说的“利滚利”。

（一）复利终值的计算

复利终值又称复利未来值，是指在复利计息的条件下若干期后包括本金和利息在内的未来价值，也称本利和。复利终值的计算是已知现值求终值。

复利终值的现金流量图如图2－5所示。

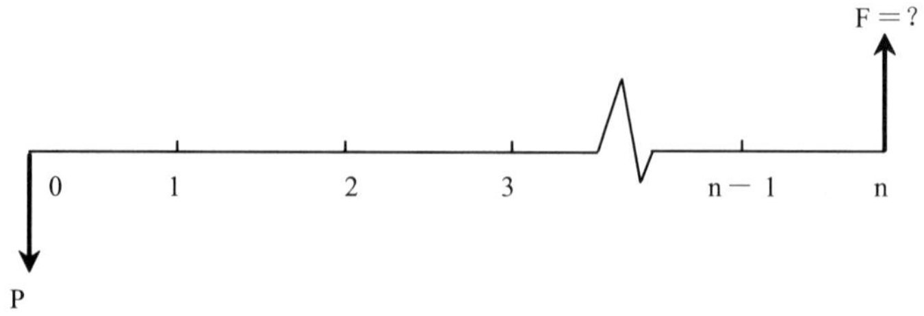

图2－5 复利终值示意图

复利终值的计算公式如下：

$$F = P \times (1 + i)^n$$

【例2－3】老刘于年初将1 000元存入银行，年利率为8%，在复利计息的条件下，则第5年年末的本利和是多少？

计算过程和结果如下：

$F = P \times (1 + i)^n = 1\ 000 \times (1 + 8\%)^5 = 1\ 469.3$（元）

为了计算方便，通常将$(1 + i)^n$根据不同的i和n编成一张表（复利终值系数表），它表示1元现值在利率为i、计息期为n时的终值，表2－1是其简表。$(1+i)^n$叫复利终值系数，记作（F/P，i，n）。则上述复利终值的计算公式可记为F＝P×（F/P，i，n）。

表2－1　1元复利终值系数表

计息期（n）＼利息率（i）	5.00%	6.00%	7.00%	8.00%	9.00%	10.00%
1	1.0500	1.0600	1.0700	1.0800	1.0900	1.1000
2	1.1025	1.1236	1.1449	1.1664	1.1881	1.2100
3	1.1576	1.1910	1.2250	1.2597	1.2950	1.3310
4	1.2155	1.2625	1.3108	1.3605	1.4116	1.4641
5	1.276 3	1.3382	1.4026	1.4693	1.5386	1.6105
6	1.3401	1.4185	1.5007	1.5869	1.6671	1.7716
7	1.4071	1.5036	1.6058	1.7138	1.8280	1.9487
8	1.4775	1.5938	1.7182	1.8509	1.9926	2.1436

（F/P，8%，5）

【例2－3】可查表计算如下：

F＝P×（F/P，i，n）＝P×（F/P，8%，5）＝1 000×1.4693＝1 469.3（元）

从复利终值系数表中可以看到，复利终值系数都大于1，即（F/P，i，n）＞1，且随着i和n的增加而增大。

（二）复利现值的计算

复利现值是指在复利计息的条件下若干期内包括本金和利息在内的现在价值。复利现值的计算是已知终值求现值，也叫折现（或贴现），在折现时所用的利息率也叫折现率（或贴现率）。

复利现值的现金流量图如图2－6所示。

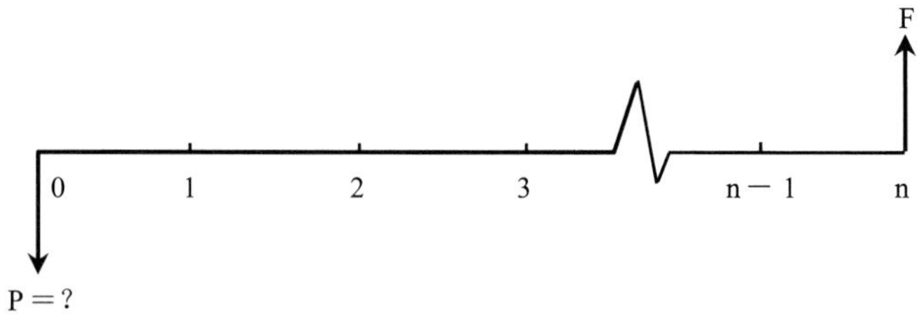

图2－6　复利现值示意图

复利现值的计算公式如下：

$$P=F\times(1+i)^{-n}$$

【例2－4】 某人4年后需要资金50 000元用于开拓新的业务，银行年利率为7%，则其现在应存入多少资金？

计算过程和结果如下：

$P=F\times(1+i)^{-n}=50\ 000\times(1+7\%)^{-4}=38\ 144.7$（元）

为了计算方便，通常将 $(1+i)^{-n}$ 根据不同的 i 和 n 编成一张表（复利现值系数表），它表示 n 个计息期后 1 元终值在利率为 i 时的现值，表 2－2 是其简表。$(1+i)^{-n}$ 叫复利现值系数，记作（P/F，i，n）。则上述复利现值的计算公式可记为 P＝F×（P/F，i，n）。

表 2－2　　1 元复利现值系数表

计息期（n）＼贴现率（i）	5.00%	6.00%	7.00%	8.00%	9.00%	10.00%
1	0.9524	0.9434	0.9346	0.9259	0.9174	0.9091
2	0.9070	0.8900	0.8734	0.8573	0.8417	0.8264
3	0.8638	0.8396	0.8163	0.7938	0.7722	0.7513
4	0.8227	0.7921	0.7629	0.7350	0.7084	0.683 0
5	0.7835	0.7473	0.7130	0.6806	0.6499	0.6209
6	0.7462	0.7050	0.6663	0.6302	0.5963	0.5645
7	0.7107	0.6651	0.6227	0.5835	0.5470	0.5132
8	0.6768	0.6274	0.5820	0.5403	0.5019	0.4665

（P/F，7%，4）

【例 2－4】可查表计算如下：

P＝F×（P/F，i，n）＝F×（P/F，7%，4）＝50 000×0.7629＝38 145（元）

从复利现值系数表中可以看到，复利现值系数都小于 1，即（P/F，i，n）＜1，且随着 i 和 n 的增加而减小。

上述复利终值和复利现值的计算公式中都涉及四个变量，即 P，F，i，n。如果已知四个变量中的任何三个，就可求出第四个变量。

【例 2－5】 小张有 2 000 元想存入银行，并期望最终得到 3 000 元，银行年利率为 8%，则应存多少年？

计算过程和结果如下：

3 000＝2 000×（F/P，8%，n）

复利终值系数（F/P，8%，n）＝3 000/2 000＝1.5

查复利终值系数表，在 i＝8% 项下寻找 1.5，最接近的值为（F/P，8%，5）＝1.4693

所以 n≈6，即小张应存 6 年才可得到 3 000 元。

【例 2－6】 某公司拟开发一个新项目，初始投资为 300 000 元，预期在 5 年后收回资金 550 000 元，则该项目的投资报酬率是多少？

计算过程和结果如下：

300 000＝550 000×（P/F，i，5）

复利现值系数（P/F，i，5）＝300 000/550 000＝0.5455

查复利现值系数表，在 n＝5 项下寻找 0.5455，最接近的值为（P/F，12%，5）＝0.5674，（P/F，14%，5）＝0.5194。可知 i 应在 12%～14%。

可用插值法求出 i，如图 2－7 所示。

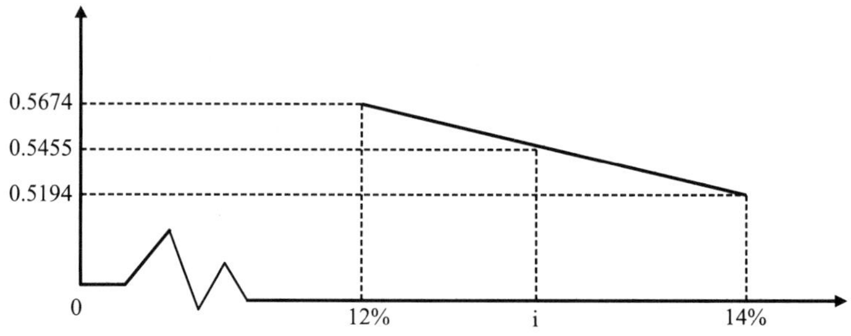

图 2－7 插值法示意图

利用相似三角形对应边成比例的关系，有：

$$\frac{14\% - i}{14\% - 12\%} = \frac{0.5194 - 0.5455}{0.5194 - 0.5674}$$

计算得 $i = 14\% - \frac{0.0261}{0.048} \times (14\% - 12\%) = 14\% - 1.0875\% = 12.91\%$

即该项目的投资报酬率为 12.91%。

（三）复利年金终值和现值的计算

年金是指一定时期内定期、连续、多次等额收付的款项。如折旧、保险费、分期付款赊购、分期偿还贷款、分期支付工程款等。年金按收付时间的不同可分为普通年金（或后付年金）、先付年金（或即付年金）、递延年金和永续年金。复利年金终值是指一定时期内定期、连续、多次收付的款项在复利计息的条件下所得到的未来某一个时点的价值总和。复利年金现值是指一定时期内定期、连续、多次收付的款项在复利计息的条件下所得到的现在时点的价值总和。

1. 普通年金终值和现值的计算

普通年金是指每期期末收付的年金。假设某人租住一间房子，他与房主约定租住一年，每个月的月末支付当月租金 1 000 元，这时，每月月末支付的 1 000 元就是普通年金，也叫后付年金。

（1）普通年金终值的计算。普通年金终值的现金流量图如图 2－8 所示。

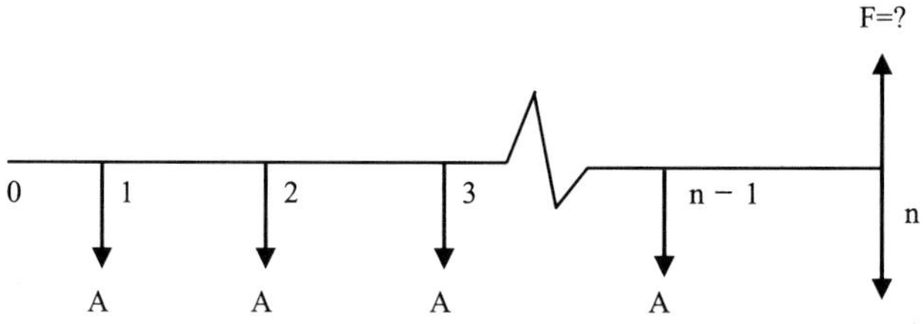

图 2－8 普通年金终值示意图

普通年金终值的计算公式如下：

$$F = A \cdot \frac{(1+i)^n - 1}{i}$$

【例 2－7】 某人连续 3 年每年末在银行存入 3 000 元，存款年利率为 9%，则第 3 年年末的年金终值（本利和）是多少？

计算过程和结果如下：

$$F = 3\ 000 \times \frac{(1+9\%)^3 - 1}{9\%} = 3\ 000 \times 3.2781 = 9\ 834.3\text{（元）}$$

为了计算方便，通常将 $\frac{(1+i)^n - 1}{i}$ 根据不同的 i 和 n 编成一张表（年金终值系数表），它表示普通年金为 1 元，利率为 i，经过 n 个计息期的年金终值，表 2－3 是其简表。$\frac{(1+i)^n - 1}{i}$ 叫作年金终值系数，记作（F/A，i，n）。则上述普通年金终值的计算公式可记为 F＝A×（F/A，i，n）。

表 2－3　　1 元年金终值系数表

利息率（i）／计息期（n）	5.00%	6.00%	7.00%	8.00%	9.00%	10.00%
1	1.0000	1.0000	1.0000	1.0000	1.0000	1.0000
2	2.0500	2.0600	2.0700	2.0800	2.0900	2.1000
3	3.1525	3.1836	3.2149	3.2464	3.2781	3.3100
4	4.3101	4.3746	4.4399	4.5061	4.5731	4.6410
5	5.5256	5.6371	5.7507	5.8666	5.9847	6.1051
6	6.8019	6.9753	7.1533	7.3359	7.5233	7.7156
7	8.1420	8.3938	8.6540	8.9228	9.2004	9.4872
8	9.5491	9.8975	10.260	10.637	11.028	11.436

（F/A，9%，3）

【例 2－7】可查表计算如下：

F＝A×（F/A，i，n）＝A×（F/A，9%，3）＝3 000×3.2781＝9 834.3（元）

【例 2－8】 小王现在每年年末在银行存入等额资金，希望在 4 年后买一辆价值 20 万元的汽车，银行年利率为 9%，则小王每年年末应存入多少钱？

计算过程和结果如下：

$$200\ 000 = A \times \frac{(1+9\%)^4 - 1}{9\%}$$

查年金终值系数表得 $\frac{(1+9\%)^4 - 1}{9\%} = 4.5731$，

则 A＝200 000÷4.5731＝43 734（元），即小王每年年末应存入 43 734 元。

从年金终值系数表中可以看到，年金终值系数都大于或等于 n，即（F/A，i，n）≥n（当 n＝1 时等号成立），且随着 i 和 n 的增加而增大。

（2）普通年金现值的计算。普通年金现值的现金流量图如图 2－9 所示。

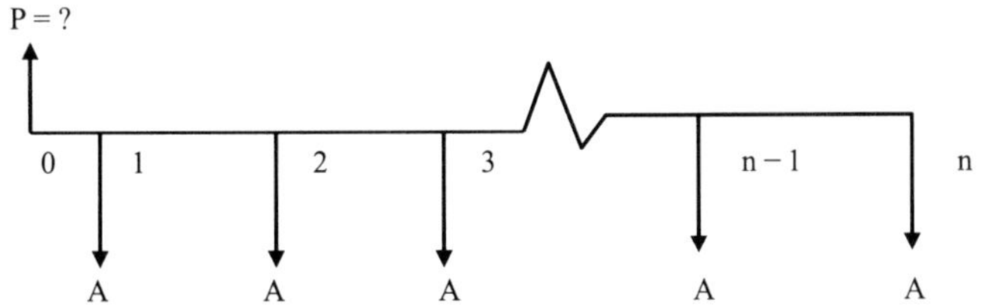

图 2－9　普通年金现值示意图

普通年金现值的计算公式如下：

$$P = A \cdot \frac{1-(1+i)^{-n}}{i}$$

【例 2-9】 某人租了一套房子，租期 4 年，每年租金 8 000 元，年末付租。现在想在第一年年初到银行开设一个专项账户，每年年末直接从该账户将房租转出，银行存款年利率是 8%，则这个专项账户的开户金额应该是多少？

计算过程和结果如下：

$$P = A \cdot \frac{1-(1+i)^{-n}}{i} = 8\,000 \times \frac{1-(1+8\%)^{-4}}{8\%} = 8\,000 \times 3.3121 = 26\,496.8\ (元)$$

即这个专项账户开户时至少要存入 26 496.8 元。

为了计算方便，通常将$\frac{1-(1+i)^{-n}}{i}$根据不同的 i 和 n 编成一张表（年金现值系数表），它表示普通年金为 1 元，利率为 i，经过 n 个计息期的年金现值，表 2-4 是其简表。$\frac{1-(1+i)^{-n}}{i}$叫作年金现值系数，记作（P/A，i，n）。则普通年金现值的计算公式可记为 P = A ×（P/A，i，n）。

【例 2-9】可查表计算如下：

P = A ×（P/A，i，n）= A ×（P/A，9%，3）= 8 000 × 3.3121 = 26 496.8（元）

表 2-4　　1 元年金现值系数表

贴现率（i） 计息期（n）	5.00%	6.00%	7.00%	8.00%	9.00%	10.00%
1	0.9524	0.9434	0.9346	0.9259	0.9174	0.9091
2	1.8594	1.8334	1.8080	1.7833	1.7591	1.7355
3	2.7232	2.6730	2.6243	2.5771	2.5313	2.4869
4	3.5460	3.4651	3.3872	3.3121	3.2397	3.1699
5	4.3295	4.2124	4.1002	3.9927	3.8897	3.7908
6	5.0757	4.9173	4.7665	4.6229	4.4859	4.3553
7	5.7864	5.5824	5.3893	5.2064	5.0330	4.8684
8	6.4632	6.2098	5.9713	5.7466	5.5348	5.3349

（P/A，8%，4）

【例 2-10】 某公司以 9% 的年利率借款 300 000 元开发新商品，该商品的生命周期是 7 年，则该公司每年至少应收回多少资金才能不亏本？

计算过程和结果如下：

$$300\,000 = A \times \frac{1-(1+9\%)^{-7}}{9\%}$$

查年金现值系数表得$\frac{1-(1+9\%)^{-7}}{9\%} = 5.0330$，

则 $A=300\ 000\div 5.0330=59\ 606.60$（元），即该公司每年至少要收回 59 606.60 元才不亏本。

从年金现值系数表中可以看到，年金现值系数都小于 n，即（P/A，i，n）< n，且随着 i 的增大而变小，随着 n 的增大而增大。

2. 先付年金终值和现值的计算

先付年金是指每期期初收付的年金。假设某人租住一间房子，他与房主约定租住一年，每个月的月初支付当月租金 1 000 元，这时，每月月初支付的 1 000 元就是先付年金。

（1）先付年金终值的计算。先付年金终值的现金流量图如图 2-10 所示。

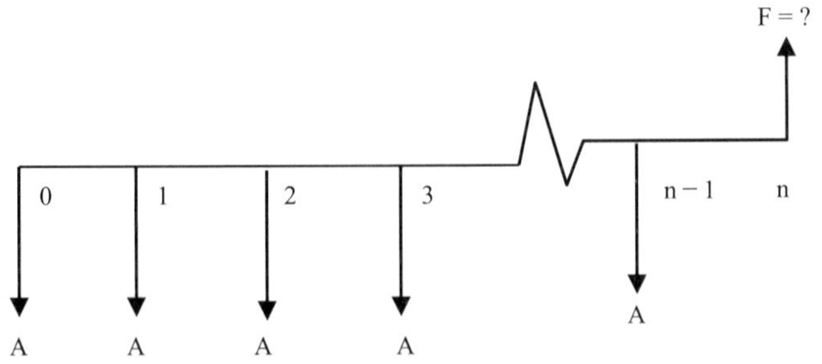

图 2-10　先付年金终值示意图

先付年金终值的计算公式如下：

$$F=A\cdot\left[\frac{(1+i)^{n+1}-1}{i}-1\right]=A\cdot[(F/A,i,n+1)-1]$$

式中的 $\left[\frac{(1+i)^{n+1}-1}{i}-1\right]$ 是先付年金终值系数，记作 $[(F/A,i,n+1)-1]$。它和普通年金终值系数相比，期数加 1，而系数减 1，可利用“年金终值系数表”查得（n+1）期的值，减去 1 后就可得出先付年金终值系数。

【例 2-11】 某人连续 3 年每年年初在银行存入 3 000 元，存款年利率为 9%，则第 3 年年末的年金终值是多少？

计算过程和结果如下：

$$[(F/A,i,n+1)-1]=(F/A,9\%,4)-1=4.5731-1=3.5731$$

$$F=A\cdot[(F/A,i,n+1)-1]=3\ 000\times 3.5731=10\ 719.3\text{（元）}$$

（2）先付年金现值的计算。先付年金现值的现金流量图如图 2-11 所示。

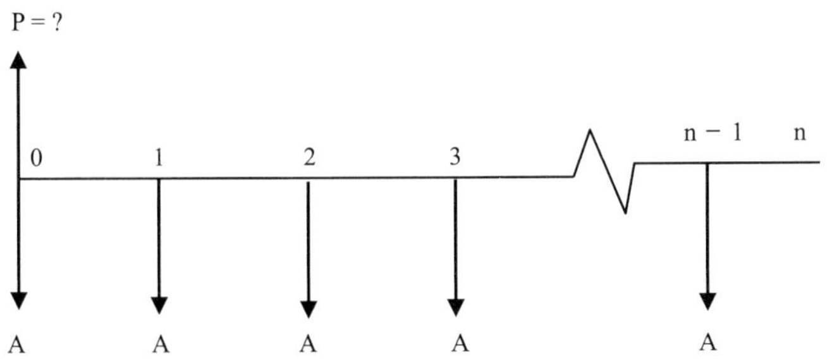

图 2-11　先付年金现值示意图

先付年金现值的计算公式如下：

$$P = A \cdot [\frac{1-(1+i)^{-(n-1)}}{i}+1] = A \cdot [(P/A,i,n-1)+1]$$

式中的$[\frac{1-(1+i)^{-(n-1)}}{i}+1]$是先付年金现值系数，记作$[(P/A,i,n-1)+1]$。它和普通年金现值系数相比，期数减1，而系数加1，可利用“年金现值系数表”查得（n－1）期的值，加上1后得出先付年金现值系数。

【例2－12】 某人租了一套房子，租期4年，年租金8 000元，年初付租。现在想在第一年年初到银行开设一个专项账户，每年年初直接从该账户将房租转出，银行存款年利率是8%，则该专项账户的开户金额应该是多少？

计算过程和结果如下：

$$[(P/A,i,n-1)+1] = (P/A,8\%,3)+1 = 2.5771+1 = 3.5771$$

$$P = A \cdot [(P/A,i,n-1)+1] = 8\,000 \times 3.5771 = 28\,616.8 \text{（元）}$$

即该专项账户开户时最少应存入28 616.8元。

3. 递延年金终值和现值的计算

递延年金是指在距离现在若干期之后才收付的年金。假设某人5年之后才退休，退休之后每个月都可以领取等额的退休金，站在现在这个时间点上看，他5年后每月领取的退休金就是递延年金。递延年金的现金流量图如图2－12所示。

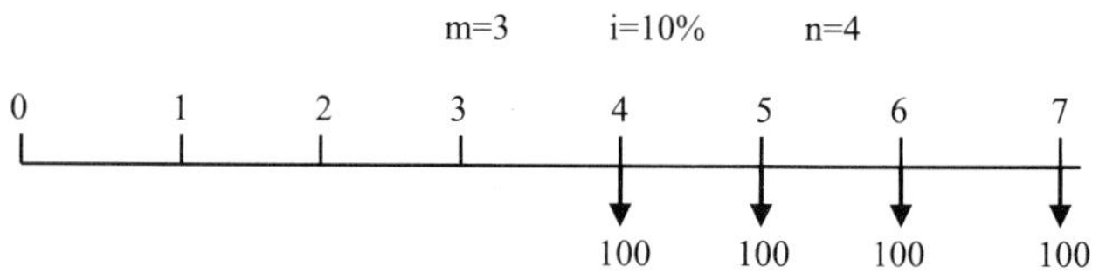

图2－12 递延年金现金流量示意图

（1）递延年金终值的计算。递延年金的递延期不影响递延年金终值的计算，可以参照普通年金终值的计算方法来计算递延年金终值。

（2）递延年金现值的计算。递延年金现值的计算受递延期的影响，计算方法有两种：

第一种方法是把递延年金视为n期普通年金，求出递延期末的现值，然后再按照复利现值的办法将这个递延期末的现值计算为第一期期初的现值，即可得到递延年金现值。计算公式如下：

$$P = A \times (P/A,i,n) \times \frac{1}{(1+i)^m} \text{或者} = A \times (P/A,i,n) \times (P/F,i,m)$$

第二种方法是假设递延期也发生年金，先求出（m＋n）期的年金现值，然后，扣除实际并未发生年金的递延期（m）的年金现值，即可得到递延年金现值。计算公式如下：

$$P = A \times (P/A,i,m+n) - A \times (P/A,i,m)$$

【例2－13】 某公司拟投资一个项目，筹集的资金需一次投入。该项目的筹建期为3年，建成投产后预计寿命期为7年，每年获得收益40万元，公司要求的投资报酬率为14%，问该项目至少需要筹集多少资金？

计算过程和结果如下：

按第一种方法计算：

$P=40\times(P/A,14\%,7)\times(P/F,14\%,3)=40\times4.2882\times0.6750=115.78$（万元）

按第二种方法计算：

$P=40\times(P/A,14\%,10)-40\times(P/A,14\%,3)$

$=40\times5.2161-40\times2.3216=208.644-92.864=115.78$（万元）

即欲投资该项目至少需要筹集115.78万元资金。

4. 永续年金终值和现值的计算

永续年金是指收付期n无法可靠预知，只要收付的责任和义务不解除，收付就要无限期地进行下去的年金，比如，一个人每个月领取的退休金就是永续年金，因为人们无法可靠预知某个人的寿命。这时，一般认为n趋于无穷大。

永续年金的现金流量图如图2－13所示。

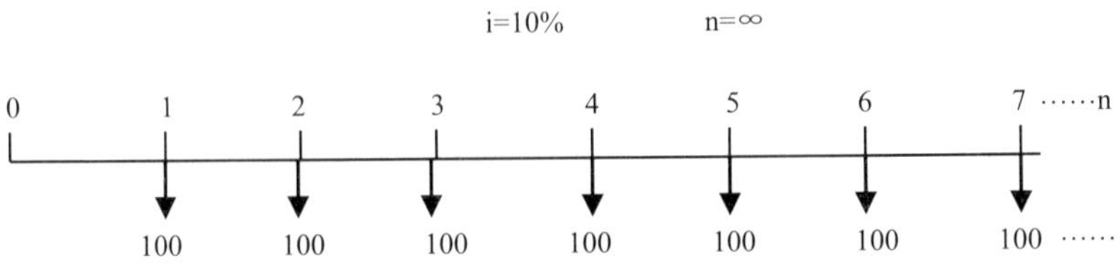

图2－13　永续年金现金流量示意图

（1）永续年金终值的计算。由普通年金终值的计算公式 $F=A\cdot\frac{(1+i)^n-1}{i}$ 可知，当n趋于无穷大时，年金终值系数也趋于无穷大，故永续年金终值趋于无穷大，无法计算出确切值。

（2）永续年金现值的计算。由普通年金现值的计算公式 $P=A\cdot\frac{1-(1+i)^{-n}}{i}$ 可知，当n趋于无穷大时，年金现值系数趋于1/i，所以永续年金现值就等于A/i，即：

$$P=A\cdot\frac{1-(1+i)^{-n}}{i}=A/i$$

【例2－14】 某科技公司为激励员工，拟设立一项永久性奖励基金，计划每年颁发10 000元，若银行存款年利率为10%，则该项基金应存入银行多少钱?

计算过程和结果如下：

$$P=10\ 000\times\frac{1}{10\%}=100\ 000\text{（元）}$$

第三节　名义利率与实际利率的换算

利率通常是指年利率，但复利的计息期不一定都是以年为单位，有时候会以半年、季、月为计息单位。这时把给出的年利率叫作名义利率，而把相当于一年复利M次的利率叫作实际利率。

设名义利率为 r，一年复利 M 次，实际利率为 i，实际利率与名义利率之间的关系是：

$$i=(1+\frac{r}{M})^{M}-1$$

【例 2－15】某人从一家金融机构贷款 50 000 元，年利率（即名义利率）为 8%，每季复利计息一次，则实际利率是多少？

计算过程和结果如下：

$$i=(1+\frac{r}{M})^{M}-1=(1+\frac{8\%}{4})^{4}-1=8.24\%$$

即该笔贷款的实际利率为 8.24%。

实际利率也可以用以下方法计算，其结果是一样的。

假设该笔贷款的期限为一年，每季复利计息一次，一年就计息 4 次，则：

$$一年后的本利和=50\,000\times(1+\frac{8\%}{4})^{4}=50\,000\times1.0824=54\,120（元）$$

$$实际利率=\frac{利息}{本金}=\frac{4\,120}{50\,000}=8.24\%$$

复习思考题

1. 什么是资金时间价值？它的性质是什么？形式有哪些？用途是什么？
2. 资金时间价值的计算为什么要采用复利计算方法？
3. 什么是复利现值和复利终值？它们如何计算？
4. 什么是年金？什么是普通年金、先付年金、递延年金和永续年金？
5. 什么是普通年金现值和普通年金终值？它们如何计算？
6. 什么是先付年金现值和先付年金终值？它们如何计算？
7. 什么是递延年金现值和递延年金终值？它们如何计算？
8. 什么是永续年金现值和永续年金终值？它们如何计算？
9. 什么是名义利率和实际利率？它们之间如何换算？

课外作业题

1. 某人将 10 000 元（现值）存入银行，年利率（资金时间价值）为 10%，复利计息（计算），每年计息一次，问 5 年（计算期）后本利和（终值）为多少？

2. 某人现有 10 000 元（现值），在银行存款利率（资金时间价值）为多少的情况下，10 年（计算期）后本利和能有 20 000 元（终值）？

3. 某人将 10 000 元（现值）存入银行，年利率（资金时间价值）为 10%，复利计息（计算），每年计息两次。问 5 年（计算期）后本利和（终值）为多少？

4. 某公司计划现在存入一笔钱以便 4 年后能进行一次设备维修，预计共需维修费

250 000元，若银行存款年利率为 8%，问该公司现在应存入多少元才能在 4 年后支付这笔费用？

5. 某公司 5 年后需要偿还一笔借款，本息合计 100 万元，该公司为了保证到期能偿还这笔债务，计划从现在起每年年末存入银行一笔钱，设立偿债基金，若银行存款年利率为 10%，问每年应存入多少元，才能保证到期能够偿还这笔债务？

6. 某人计划现在存入一笔钱，以便让自己在外地读书的孩子在未来 3 年内每年年末能够领取 10 000 元作为次年的生活费，若银行年利率为 3%，问现在应存入多少元？

7. 某公司出租一间仓库，每年年初可收到租金 1 000 元，若银行存款年利率为 10%，5 年后该公司获得租金的本利和为多少？

8. 某人分期付款购买汽车一部，合同约定每年年初需付款 40 000 元，5 年内付清，若银行年利率为 10%，该部汽车相当于现在一次性付款多少元？

9. 某公司拟购置一处房产，房主提出两种付款方案：(1) 从现在起，每年年初支付 20 万元，连续支付 10 次，共 200 万元。(2) 从第 4 年开始，每年年初支付 25 万元，连续支付 10 年，共 250 万元。假设该公司的资金成本率（资金时间价值）为 10%，问该公司应选择哪种付款方案？

10. 某人现年 55 岁，从现在起，每月月初都可以从社保机构领取 600 元养老金，若银行长期贷款年利率为 6%，问此人在有生之年领取的养老金的现值为多少？

11. 某人购买一项保险，从零岁起每年年末支付 500 元保费，连续支付 30 年；从 60 岁起每年年末从保险公司领取 12 000 元补偿金。若银行长期贷款年利率为 6%，问：两项年金谁的现值大？

第二篇　公司筹资活动管理

第三章

公司筹资渠道和筹资方式

内容简介

本章主要介绍公司筹资活动的定义和范围、公司筹资的动机、公司筹资的目标、公司筹资的渠道以及公司筹资的方式。

学习目标

通过本章的学习，要求了解公司筹资活动的定义和范围、公司筹资的动机、公司筹资的目标、公司筹资的渠道以及公司筹资的方式。

第一节　公司筹资活动概述

一、公司筹资活动的定义和范围

公司筹资活动是指公司为了筹集资金而开展的一系列活动的总称，主要包括两个阶段的活动：一是资金筹集阶段的活动；二是资金回报阶段的活动。

（一）资金筹集阶段的活动

资金筹集阶段的活动是指为了筹集到资金而开展的活动，主要包括公司发起人注入资本金、公司向投资者非公开募集资本金、公司向投资者公开募集资本金、公司向银行以及非银行金融机构借款、公司发行债券和票据等。公司为了筹集资金而开展的这些活动都属于资金筹集阶段的活动。

（二）资金回报阶段的活动

资金回报阶段的活动是指为了回报资金提供者而开展的活动，主要包括公司向债权人还本付息、公司向投资人分配利润（分红）等。公司为了回报资金提供者而开展的这些活动都属于资金回报阶段的活动。

筹资活动是公司财务活动的起点，只有筹集到足够的资金，公司才能成立、才能开展投资活动，投资完成后才能进入经营阶段开展经营活动。因此，筹资活动在公司的整个生命周期中显得非常重要。

二、公司筹资的动机

公司筹资的动机主要有创立性筹资动机、支付性筹资动机、扩张性筹资动机、调整性筹资动机和混合性筹资动机等。

（一）创立性筹资动机

创立性筹资动机是指公司设立时，为取得资本金并形成开展投资活动、经营活动的基本条件而产生的筹资动机。

（二）支付性筹资动机

支付性筹资动机是指公司为了满足经营活动的非正常波动所形成的支付需要而产生的筹资动机。即超出维持正常经营活动资金需求的季节性、临时性的交易支付需要，如原材料购买的大额支付、员工工资的集中发放、银行借款的偿还、股东股利的发放等。正常经营活动靠创立时的筹资来维持。

（三）扩张性筹资动机

扩张性筹资动机是指公司为了满足扩大经营规模或对外投资的需要而产生的筹资动机。在这一动机下，公司的资金规模会扩大，资金结构也会发生明显变化。

（四）调整性筹资动机

调整性筹资动机是指公司因调整资金结构而产生的筹资动机。在这一动机下，公司的资金总额通常会增加，但短期内又会减少。比如，公司资产负债率过高时，会增加股权筹资来偿还债务以降低资产负债率，增加股权筹资时公司的资金总额会增加，但偿还债务后资金总额立马就减少。再如，流动负债比例大，近期还债压力大，可以举借长期债务偿还部分短期债务，或者举新债还旧债，维持现有的资金结构。

（五）混合性筹资动机

混合性筹资动机是指公司筹资是为了满足上述动机中的两种或两种以上的需要。在实践中，公司筹资的动机很多时候都不是单纯和唯一的，通过追加筹资，既满足了经营活动、投资活动的资金需要，又达到了调整资金结构的目的，这种情况在公司财务管理实践中是经常出现的。

三、公司筹资的目标

公司筹资目标不是指筹集资金的用途或动机，而是指筹集到资金并投入使用之后希望达到的财务效果。在公司筹资决策的过程中，决策者必须首先明确筹资目标，因为筹资目标不一样，筹资决策分析方法就不一样，最终选择的筹资方案也不一样。比如，如果公司选择的筹资目标（财务效果）是降低财务风险，那它就不应该采取负债筹资的方案；如果公司选择的筹资目标（财务效果）是每股收益最大化，那它就应该采取负债筹资的方案。因此，在筹资决策过程中，决策者必须首先明确筹资目标，然后再根据筹资目标来确定筹资方案优劣的评价标准，并根据这一评价标准来选择最优的筹资方案。

公司筹资目标通常有以下四种：一是追求资金成本最低；二是追求每股收益最大；三是追求公司价值最大；四是追求财务风险最小。不同的公司或者同一家公司在不同的筹资环境下可能会选择不同的筹资目标。比如，成本负担比较重的公司，在筹资时可能会选择追求资金成本最低这个目标；股东对每股收益有更高期待的公司，在筹资时可能会选择追求每股收益最大这个目标；投资人（含股权投资人和债权投资人）对公司价值有更高期待的公司，在筹资时可能会选择追求公司价值最大这个目标；现实或潜在财务风险较大的公司，在筹资时可能会选择追求财务风险最小这个目标。选择筹资目标除了和公司面临的筹资环境有关之外，还和决策者的理念、判断甚至偏好有关。

第二节　公司筹资渠道

一、公司筹资渠道的概念和分类

公司筹资渠道是指公司筹集资金时资金的来源方向和通道，它可以分为内部渠道和外部渠道。

公司内部筹资渠道是指公司从内部获取资金的方向和通道。公司内部筹资渠道主要有三个方面：公司自由资金、公司应付未付的税利和利息、公司未使用或未分配的专项基金（如资本公积、盈余公积、未分配利润等）。公司在筹资活动中，一般都尽可能选择这一渠道，因为这个渠道保密性好，外部人一般很难了解详情，而且这个渠道公司不必向外支付筹资成本，因而风险小、成本也小。

公司外部筹资渠道是指公司从外部获取资金的方向和通道，其主要包括：政府财政资金、证券市场资金、金融机构信贷资金、商业信用资金、民间资金等。从公司外部筹资具有速度快、弹性大、资金量大的优点，因此，它是筹集资金的主要来源渠道。但其缺点是保密性差，公司需要负担高额成本，因此会产生较大的风险，在采用这一渠道筹资的过程中应当注意这一点。

二、政府财政资金

政府财政资金是公司筹资的主要来源渠道。公司可以从中央或地方政府那里直接获得资金的投入，或者从政府引导设立的创业投资引导基金中获得资金的投入，还可以从政府设立的科技型中小企业技术创新资金中获得资金的投入。此外，公司获得的政府补助、税收减免、加计扣除等都属于财政资金来源。

2008 年，国务院转发国家发展改革委、财政部、商务部《关于创业投资引导基金规范设立与运作的指导意见》中明确指出，创业投资引导基金是由政府设立并按市场化方式运作的政策性基金，主要通过扶持创业投资企业发展，引导社会资金进入创业投资领域。创业投资引导基金本身不直接从事创业投资业务。创业投资引导基金的宗旨是发挥财政资金的杠杆放大效应，增加创业投资资本的供给，克服单纯通过市场配置创业投资资本的市场失灵问题。特别是通过鼓励创业投资企业投资处于种子期、起步期等创业早期的企业，弥补一般创业投资企业主要投资于成长期、成熟期和重建企业的不足。

《企业会计准则第 16 号——政府补助》规定，政府补助是指企业从政府无偿取得货币性资产或非货币性资产，其主要形式包括政府对企业的无偿拨款、税收返还、财政贴息以及无偿给予非货币性资产等。政府补助分为与资产相关的政府补助和与收益相关的政府补助。

前者是指企业取得的、用于购建或以其他方式形成长期资产的政府补助；后者是指除与资产相关的政府补助之外的政府补助，此类补助主要用于补偿企业已经发生或即将发生的费用或损失。

三、证券市场资金

证券市场主要指股票市场、债券市场、基金市场。公司可以通过在股票市场发行股票取得股权资金，在债券市场发行债券取得债权资金，在基金市场吸收基金投资取得股权资金或债权资金。证券市场可以分为国内的证券市场和国外的证券市场。我国国内的证券市场主要有上海证券交易所、深圳证券交易所、北京证券交易所、香港证券交易所、全国中小企业股份转让系统、地方性股权交易中心（所）等。国外的证券市场比较著名的主要有美国纽约证券交易所、美国纳斯达克证券交易所、日本东京证券交易所、英国伦敦证券交易所、欧洲证券交易所、加拿大多伦多证券交易所、德国证券交易所、澳大利亚证券交易所等。

四、金融机构信贷资金

金融机构信贷资金是指金融机构以信用方式积聚和分配的货币资金。金融机构信贷资金的来源有各项存款、金融债券、对国际金融机构负债、流通中现金、其他项目等；金融机构信贷资金的运用有各项贷款、有价证券及投资、黄金占款、外汇买卖、财政借款及在国际金融机构中的资产等。信贷资金具有有偿性和盈利性、流动性或周转性、融通性等特点。所谓有偿性和盈利性，是指存款有存有取、贷款有借有还。银行存款要支付利息，银行贷款要收取利息，且贷款利息收入总额要大于存款利息支出加各项经营费用，使信贷资金经过一个运动周期能获得盈利。所谓流动性或周转性，是指信贷资金是此存彼贷，不断存进取出，川流不息。所谓融通性，是指银行根据社会资金在不同时空中使用的时间差、地区差、项目差，通过各种业务手段和信用工具灵活调剂资金余缺。公司可以根据自身发展的需要从金融机构取得各种短期借款或长期借款。

五、商业信用资金

商业信用是指在商品交易中由于延期付款或预收货款所形成的公司之间的借贷关系，其形式主要包括应付账款、应付票据、预收账款等。商业信用筹资最大的优点在于容易取得，而且如果没有现金折扣或不使用商业汇票，商业信用筹资基本上不发生筹资成本。商业信用筹资明显的缺点是当放弃现金折扣时所付出的成本较高。商业信用筹资在当前的商品交易中被广泛地应用，可以说，几乎所有的公司都存在着商业信用筹资的行为。

六、民间资金

通常而言，民间资金是指民营企业的流动资产和家庭、个人的金融资产。但严格地说，民间资金有狭义的和广义的两种解释。狭义的民间资金主要包括居民的储蓄存款、居民手中持有的货币、民营经济（含个体、私营、合作、合伙等）的自有资金等。广义的民间资金除了包括上述狭义的民间资金外，还包括所有的非国有制名下的组织和个人所拥有的运营资金。2022 年 10 月 28 日，国家发展改革委印发《关于进一步完善政策环境加大力度支持民间投资发展的意见》（以下简称《意见》）。该《意见》共包括六个方面 21 项具体举措：一是发挥重大项目牵引和政府投资撬动作用。支持民间投资参与102项重大工程等项目建设，发挥政府投资引导带动作用，支持民间投资参与科技创新项目建设；二是推动民间投资项目加快实施。深化“放管服”改革，加快民间投资项目前期工作，健全完善政府守信践诺机制；三是引导民间投资高质量发展。支持制造业民间投资转型升级，鼓励民间投资更多依靠创新驱动发展，引导民间投资积极参与乡村振兴，探索开展投资项目环境、社会和治理（ESG）评价；四是鼓励民间投资以多种方式盘活存量资产。支持民间投资项目参与基础设施领域不动产投资信托基金（REITs）试点，引导民间投资积极参与盘活国有存量资产，通过盘活存量和改扩建有机结合等方式吸引民间投资，鼓励民营企业盘活自身存量资产；五是加强民间投资融资支持。加大对民间投资项目融资的政策支持，引导金融机构积极支持民间投资项目，支持民营企业创新融资方式；六是促进民间投资健康发展。深入落实降成本各项政策，引导民间投资科学合理决策，支持民营企业加强风险防范，进一步优化民间投资社会环境。公司可以充分利用这个契机吸收民间资金。

第三节　公司筹资方式

公司筹资方式是指可供公司在筹措资金时选用的具体筹资形式。根据公司筹到资金后资金提供者所享有的权益性质不同，可以将公司筹资方式划分为股权筹资方式、债权筹资方式和期权筹资方式三种。股权筹资方式是指公司筹到资金后，资金提供者就拥有了公司的股权的一种筹资方式。债权筹资方式是指公司筹到资金后，资金提供者就拥有了公司的债权的一种筹资方式。期权筹资方式是指公司筹到资金后，资金提供者就拥有了公司的期权的一种筹资方式。

一、股权筹资方式

股权筹资方式主要有非股份公司吸收投资者直接投资、股份公司发行普通股、股份公司发行优先股、利用留存收益等。

（一）非股份公司吸收投资者直接投资

非股份公司主要指依据《中华人民共和国公司法》（以下简称《公司法》）登记注册的有限责任公司。《公司法》规定，有限责任公司由50个以下股东出资设立。有限责任公司设立时采用股东非公开直接投资入股的方式筹集股权资金。

（二）股份公司发行普通股

普通股是股票的主要种类，它是相对于优先股而言的。我国股份公司发行的普通股，面值通常为1元。《公司法》规定，设立股份有限公司，应当有2人以上200人以下为发起人，其中须有半数以上的发起人在中国境内有住所。股份有限公司的设立，可以采取发起设立或者募集设立的方式。发起设立，是指由发起人认购公司应发行的全部股份而设立公司。募集设立，是指由发起人认购公司应发行股份的一部分（一般不能少于公司股份总数的35%），其余股份向社会公开募集或者向特定对象募集而设立公司。股票发行价格可以等于票面金额，也可以超过票面金额，但不得低于票面金额。股票发行分为首次发行和再次发行两种。

新华网北京2015年12月9日电（陈听雨）：2015年12月9日，中国邮政储蓄银行（以下简称“邮储银行”）在北京举办新闻发布会宣布，在党中央、国务院的关心下，在财政部、人民银行、银监会等部委的指导下，在中国邮政集团公司的支持下，邮储银行引进战略投资者工作，已于日前正式获得银监会批准，实现了从中国邮政集团公司单一股东向股权多元化的成功迈进。邮储银行综合考虑了战略协同、交易价格、财务实力、品牌影响力等因素，引进10家战略投资者。这些战略投资者涵盖三种类型，包括6家国际知名金融机构：瑞银集团、摩根大通、星展银行、加拿大养老基金投资公司、淡马锡、国际金融公司；2家大型国有企业：中国人寿、中国电信；2家互联网企业：蚂蚁金服、腾讯。此次战略引资，全部采取发行新股方式，融资规模451亿元，发行比例16.92%。此次新股发行是邮储银行首次非公开定向发行股票。

2016年9月27日——香港：中国邮政储蓄银行股份有限公司（“邮储银行”，股份代号：1658.HK）今天宣布H股全球发售股份（“全球发售”）的结果。邮储银行的H股股份定价为每股H股4.76港元（不包括1%经纪佣金、0.0027%香港证监会交易征费及0.005%香港联交所交易费）。根据发售价每股H股4.76港元计算，经扣除全球发售相关承销佣金及其他估计开支后，并假设超额配股权未获行使，邮储银行将收取的全球发售所得款项净额估计约为566.27亿港元。此次新股发行是邮储银行首次在香港交易所公开发行H股股票并上市交易。

中新经纬客户端2019年12月10日电（万可义）：邮储银行今日（2019年12月10日）将在上海证券交易所上市交易，证券代码601658。这意味着国有六大行将全部实现“A+H”两地上市。根据邮储银行12月8日披露的信息显示，邮储银行此次A股发行价格为5.50元/股，战略配售最终发行股票数量为20.69亿股，网下发行最终股票数量为12.93亿股，网上发行最终发行股票数量为25.86亿股。此次新股发行是邮储银行首次在A股市场公开发行A股股票并上市交易。

《证券日报》2023年3月9日报道，万科A股150亿元定增预案获股东大会通过。3月8日晚间，万科公告称，公司非公开发行A股股票预案的议案得到了临时股东大会通过。在万科当天举行的2023年第一次临时股东大会上，万科董事会主席郁亮、总裁兼首席执行官祝九胜、董秘朱旭等出席并对定增必要性、未来分红比例等外界关心的问题作出回应。“A股增发拿到股东大会授权后，还要经过监管部门的许可，管理层会以更慎重的态度在价格、时机上反复权衡，希望能让股东满意。”祝九胜在会上表示，短期外界可能关注价格和摊薄，长期还是看公司能不能创造价值。万科近期股权融资动作频频。2023年2月12日晚间，万科公布非公开发行A股股票预案，计划向不超过35名的特定对象开展定向增发，募集资金总额不超过150亿元。随后的3月2日，万科宣布拟配售H股3亿股，配售价13.05港元/股，计划募资39.15亿港元，用于偿还境外债务性融资和补充流动资金。数据显示，年内万科A股对H股溢价率基本保持在30%以上。对于近期增发H股，祝九胜在临时股东大会上表示，在目前时点发行H股主要有两方面的考虑，一是把握“三支箭”政策出台后的机会，二是H股拿到的资金60%用于置换原有的借款，剩下40%用于补充流动性，相对A股募资而言，H股拿到的资金在使用上更灵活一些。“选择这个时点也有资债替换的考虑，过去一年境外融资特别是美元升息较快，目前境外贷款利率达到5.3%左右的水平，比曾经的3个多点提高了很多，发行H股也是希望置换部分境外债务性融资，降低财务费用。”祝九胜表示。把握市场机会、调整资产负债结构也是万科进行股权融资的考虑之一。据了解，在“三支箭”政策出台之后，万科获得以六大行为主的十几家金融机构 8 000 多亿元的授信额度。“我们希望用这个额度多拿一点钱，同时我们也看到部分一二线城市出现了结构性的机会，重新启动投资布局应该能带来较好的兑现。”祝九胜认为，“从资债结构的情况来看，债权类的资金比作水，股权类的资金比作茶，茶和水的比例一定要合适。债权性资金增加后，股权性资金显得不是很足，我们希望能形成良好的资债结构。”

（三）股份公司发行优先股

优先股是一种特殊种类的股票，与普通股相比，它的优先主要体现在两个方面：一是可以比普通股优先分配股息；二是可以比普通股优先分配剩余财产。但优先股没有表决权，不能参与公司的筹资活动、投资活动和经营活动的决策。优先股的种类比较多。按照发行人是否可以赎回来划分，优先股可以分为可赎回优先股（即发行人可以有条件地赎回）和不可赎回优先股（即发行人不能赎回）；按照是否可以转换成普通股来划分，优先股可以分为可转换优先股（即可以转换成普通股）和不可转换优先股（即不能转换成普通股）；等等。

中国经济网北京 2017 年 4 月 27 日讯（记者华青剑）：日前，上海银行在发布上市后首份年报的同时，也公布了 200 亿元优先股的发行预案。2016 年 11 月 16 日，上海银行正式登陆上交所。首次公开发行人民币普通股（A 股）60 045 万股，股份发行价格每股 17.77 元，扣除发行费用后募集资金全部用于补充资本金。据披露的年报显示，2016 年年末，上海银行资产总额 17 553.71 亿元，同比增长 21.13%。2016 年实现归属于母公司股东的净利润 143.08 亿元，同比增长 10.04%。年末，该行资本充足率 13.17%，较年初提升 0.52 个百分点；核心一级资本充足率 11.13%，较年初增长 0.81 个百分点。上海银行公布的年度利润分配预案显示，以 2016 年年末总股本 60.04 亿股为基数，向全体股东每 10 股派送现金股利 5.00 元（含税），并以资本公积每 10 股转增 3 股。计算下来，分红达 30 亿元。此外，上海银行还公布了非公开发行优先股预案，拟发行的优先股数量不超过 2 亿股，总金额不超过人民币 200 亿元，全部用于补充本行其他一级资本。中国经济网记者发现，2017 年 1—4 月份，已有浙商银行、重庆银行、招商银行、江苏银行、杭州银行 5 家银行通过非公开发行优先股的方式补充资本，上海银行是第 6 家。这 6 家银行通过发行优先股共计“补血”超千亿元。

（四）利用留存收益

公司的留存收益主要包括其他综合收益、专项储备、盈余公积和未分配利润。这些留存收益的权益归属于股东，股东本应该分配拿走，但按照《公司法》和其他相关法规的规定以及公司持续经营的需要，它们又要留在公司里让公司继续使用，这就相当于公司从股东手上得到了一笔资金来使用。因此，利用留存收益也属于股权筹资方式。

二、债权筹资方式

债权筹资方式是指筹资者筹集到资金后，资金提供者就拥有了筹资者的债权的一种筹资方式，由于它是负债筹集资金，因此又可以叫作负债筹资方式或债务筹资方式。主要有借款、发行债券或票据、商业信用、典当、租赁等。

（一）借款

公司可以向银行、财务公司、小额贷款公司等金融机构或其他组织和个人借款。借款分为信用借款、抵押借款和质押借款。其中，质押借款除了传统的质押借款以外，近几年资本市场上广泛推出了存货质押借款和股权质押借款。存货质押借款又称金融仓储，是指融资公司将自有或者第三人（经物权人同意）具有合法所有权的库存货物（原材料、半成品、产成品）存入物流机构仓库中，并以物流机构出具的仓单或直接利用存货为质押标的，从金融机构取得借款的活动，物流机构在质押期间对质押物进行监管，并承担质押物短少、毁损、灭失的赔偿责任。股权质押借款是指按《担保法》规定的质押方式以借款人或第三人持有的股权作为质押物向商业银行、政策性银行等金融机构以及其他财务管理主体取得的借款。这里所说的借款人或第三人是指出质人。股权包括出质人持有的股份有限公司股权或有限责任公司股权。

《证券日报》2017 年 9 月 12 日报道，2017 年 9 月 8 日，上交所、深交所、中国结算公司发布《股票质押式回购交易及登记结算业务办法（2017 年征求意见稿）》（以下简称《新规》），向社会公开征求意见。《新规》中对于股权质押拟制定一系列更严格的监控指标，包括上市公司股权质押率上限不得超过 60%。据《证券日报》记者通过东方财富 Choice 数据统计显示，自今年（2017 年）1 月 1 日至今（2017 年 9 月 12 日），A 股上市公司中有 515 位股东股权质押占所持股比例超过了 60%，合计质押股数为 329 亿股，质押的股份市值为 3 946亿元，而上述质押股份超 60% 的股东中，有 208 位股东，质押持股占所持股比例为 100%。从上述股权质押超 60% 的上市公司给出的理由来看，股东股权质押多数由于融资需求，个别原因为资金周转和个人资金需求。

（二）发行债券或票据

公司可以通过发行公司债券来筹集资金。《公司法》规定，公司债券是指公司依照法定程序发行、约定在一定期限还本付息的有价证券。公司发行公司债券应当符合《中华人民共和国证券法》（以下简称《证券法》）规定的发行条件。《证券法》规定，公开发行公司债券，应当符合下列条件：（1）具备健全且运行良好的组织机构；（2）最近三年平均可分配利润足以支付公司债券一年的利息；（3）国务院规定的其他条件。公开发行公司债券筹集的资金，必须按照公司债券募集办法所列资金用途使用；改变资金用途，必须经债券持有人会议作出决议。公开发行公司债券筹集的资金，不得用于弥补亏损和非生产性支出。

公司还可以通过发行票据来筹集资金。票据主要指短期融资券和中期票据。这两种票据都是发行人通过加入中国银行间市场交易商协会后在该协会的市场上发行的资金筹集工具。中国银行间市场交易商协会是银行间债券市场、拆借市场、票据市场、外汇市场和黄金市场参与者共同的自律组织，协会业务主管单位为中国人民银行。协会经国务院同意、民政部批准，于 2007 年 9 月 3 日成立，为全国性的非营利性社会团体法人，其业务主管部门为中国人民银行。协会会员包括单位会员和个人会员，银行间债券市场、拆借市场、外汇市场、票据市场和黄金市场的参与者、中介机构及相关领域的从业人员和专家学者均可自愿申请成为协会会员。协会单位会员涵盖政策性银行、商业银行、信用社、保险公司、证券公司、信托公司、投资基金、财务公司、信用评级公司、大中型工商企业等各类金融机构和非金融机构。

《券商中国》2019 年 11 月 2 日报道，不缺钱的华为最近爱上了国内发债，原因可能是发债的利息低得诱人。10 月 31 日，中国货币网披露，华为投资控股有限公司将于 11 月 5 日至 6 日发行第二期中期票据，发行金额 30 亿元，期限 3 年。券商中国记者注意到，此次发债距离华为上一次发行30亿元中期票据仅相隔了一周。今年（2019年）前三季度华为业绩继续保持稳健，营业收入和净利润分别斩获6 033亿元和535亿元，且账面上还趴着2 532亿元货币资金，可以说华为并不缺钱。业内分析人士认为，从前一次发债获得3倍认购来看，华为在国内债券市场备受资金认可，且上一次发债利率低至3.48%，比中石油集团等AAA级央企发债成本都低，发债有利于该公司进一步优化债务结构，补充流动资金。

（三）商业信用

公司利用商业信用筹资是指公司在商业活动中通过延期付款或预收货款的方式筹集资金。延期付款分为一次性延期付款和分次延期付款两种方式，比如，假设公司购买商品或劳务需付款100万元，购销双方约定信用期为60天，信用期一结束购买方就一次性付款100万元，这种情况属于一次性延期付款；假如双方约定，购买方在交易完成后的第30天支付50万元，第60天支付余下的50万元，这种情况就属于分次延期付款。预收货款则分为全额预收货款和部分预收货款两种方式，全额预收货款是指一次性预收某一次交易的全部货款；部分预收货款是指只预收某一次交易的一部分货款，等交易完成后再收取余下的货款。

（四）典当、租赁

典当是指当户将其动产、财产权利作为当物质押或者将其房地产作为当物抵押给典当行，交付一定比例费用，取得当金，并在约定期限内支付当金利息、偿还当金、赎回当物的行为。从这个定义就可以判断，典当是一种债权筹资方式。

经营租赁虽然在多数情况下都是先支付租金然后才能使用租赁物，但自从租赁合同（或协议）生效之日起，承租方就产生了租期结束要归还租赁物的义务，因此，经营租赁属于债权筹资方式。

融资租赁，又称金融租赁或财务租赁，是指出租人根据承租人对租赁物件的特定要求和对供货人的选择，出资向供货人购买租赁物件，并租给承租人使用，承租人则分期向出租人支付租金，在租赁期内租赁物件的所有权属于出租人所有，承租人拥有租赁物件的使用权。可见，融资租赁也是债权筹资方式。

三、期权筹资方式

期权筹资方式是指筹资者筹集到资金后，资金提供者就拥有了筹资者的期权的一种筹资方式。常见的期权筹资方式主要有发行可转换债券、发行可交换债券和发行永续债券。

（一）发行可转换债券

可转换债券简称可转债，是指债券持有人可以在发行时约定的时间按照约定的价格将债券转换成公司的普通股票的债券。这种债券一旦发行成功，就赋予了持有人转换或不转换的选择权。如果债券持有人不想转换，则可以继续持有债券，直到偿还期满时收取本金和利息，或者在流通市场出售变现。如果持有人看好发债公司股票增值潜力，在宽限期之后可以行使转换权，按照预定转换价格将债券转换成股票，发债公司不得拒绝。

《界面新闻》2019年10月24日报道，2019年10月23日晚间，浦发银行（600000.SH）发布可转债招募说明书，500亿元规模可转债募集工作正式启动，10月28日（下周一）网上申购。这意味着，A股史上最大规模的可转债即将诞生，此前规模最大的为400亿元，分别是中信转债（中信银行的可转债）和已经退市的中行转债（中国银行的可转债）。不过，这个500亿元可转债的最大规模纪录，有可能很快被交通银行可转债所打破。此前，交行曾预告要发行600亿元可转债。交通银行在2019年中报会上表示，可转债发行正在和监管部门进行深度沟通，公司一向重视资本补充问题。本次发行的浦发可转债期限为六年，即2019年10月28日至2025年10月27日；可转债转股期自可转债发行结束之日（2019年11月4日，即募集资金划至发行人账户之日）满六个月后的第一个交易日起至可转债到期日止，即2020年5月4日至2025年10月27日止。浦发银行公告称，本次发行的可转债的初始转股价格为15.05元/股，不低于募集说明书公告之日前20个交易日公司普通股股票交易均价和前一个交易日公司普通股股票交易均价，以及最近一期经审计的每股净资产和股票面值。值得注意的是，浦发银行本次可转债发行速度可谓迅猛，10月14日拿到证监会批文，10月23日晚间就启动发行，信用等级为AAA级，是可转债历史上首只融资额度达到500亿元的可转债。浦发银行表示，尽管目前公司的资本充足水平符合现阶段的资本监管要求，但随着资产规模持续增长，将对资本充足水平提出更高要求。目前，发行可转债已成为上市银行资本补充的重要选择，可转债转股成功后银行募集资金将由债券融资变成股权融资，补充核心一级资本。今年（2019年）以来，已有3只银行转债达到转股价格触及强赎，分别是宁行转债（宁波银行的可转债）、常熟转债（常熟银行的可转债）和平银转债（平安银行的可转债）。市场人士表示，在宁行、常熟和平银等银行转债功成身退后，市场出现了巨大的配置真空，而浦发转债将有望填补这一空间。兴业研究策略分析师郭益忻认为，银行补充核心一级资本的动机强烈，随着前期发行的银行可转债逐步进入转股期，银行有较强的转股诉求。另外，目前高收益资产奇缺，银行转债转股成功能够给投资者带来较高的回报。数据显示，目前存量交易的可转债债券余额约3 000亿元，其中银行系转债已经占据了整个可转债融资份额的一半以上，前三大转债分别为400亿元的中信转债（中信银行）、300亿元的光大转债和200亿元的苏银转债（江苏银行）。那么，此次500亿元规模的浦发转债发行是否会对存量转债市场造成冲击，尤其是对同行的银行转债产生影响呢？华鑫证券近期研报表示，浦发银行发行500亿元可转债获得证监会核准批文，在目前高评级转债供不应求的背景下，预计浦发银行可转债上市后对二级市场存在一定结构性冲击，但总体冲击应该不会太大。华鑫证券研报称，随着供给的提速特别是浦发银行可转债的即将发行，资产慌状态有望于未来几个月逐渐化解。因此，建议已经持有转债仓位的投资者继续持有并择机优化结构，放缓新建仓节奏。同时，建议积极挖掘新券的机会。

（二）发行可交换债券

可交换债券全称为“可交换他公司股票的债券”，是指上市公司的股东通过抵押其持有的股票给托管机构进而发行的公司债券。该债券的持有人在将来的某个时期内，能按照债券发行时约定的条件用持有的债券换取发债人抵押的上市公司股权。可交换债券是一种内嵌期权的金融衍生品，严格地说是可转换债券的一个特殊品种。

（三）发行永续债券

永续债券又称无期债券，是指没有明确的到期时间或者期限非常长（一般超过30年）的债券。永续债券一般以3年或5年为一个计价周期，在一个计价周期内，该债券的利率锁定为一个固定水平，发行人按该利率水平向投资者支付利息。在债券的每个计价周期末，发行人有权选择是否将债券赎回。永续债也被称为“债券中的股票”，因为永续债发行人不仅没有固定的还本期限，同时在永续债的每个付息日，发行人也可以自行选择将当期利息以及已经递延的所有利息推迟至下一个付息日支付，且不受任何递延支付利息次数的限制，亦不被视为违约行为。由此可见，永续债的期权是掌握在发行人手中的。但发行人行使期权时会受到相关条款的制约，比如利率跳升条款，即一个付息周期结束后发行人如果不赎回债权，则下一个付息周期的利率就会有较大幅度的跳升；再如限制分红条款，即发行人在没有全部付清递延利息及其孳息之前，不得向股东分红，不得减少注册资本，不得向偿付顺序劣后于永续债的证券进行任何形式的偿付，而且递延利息要按照当期票面利率复利计息，有的永续债还对利息递延设置了罚息。

《中国证券报》2020 年 9 月 30 日报道（罗晗），今年（2020 年）以来，银行永续债发行规模合计达 4 613 亿元（未完成发行的债券按计划发行额计算），上年同期发行量为 4 550 亿元。数据显示，截至 9 月 29 日，今年（2020 年）以来共有 27 家银行发行了 30 只永续债，其中，包括 17 家城商行、2 家农村商业银行和 1 家民营银行。就发行只数而言，中小银行特别是城商行，已成为银行永续债发行的“生力军”。值得注意的是，许多农商行也开始利用永续债补充资本。自深圳农商行在 4 月发行首单农商行永续债以来，时隔近半年，第二单农商行永续债落地。9 月 28 日，江苏江南农村商业银行开始发行永续债，发行规模为 10 亿元。而在 9 月中旬，杭州联合农村商业银行发行永续债的请示也获得了银保监会浙江监管局的批复。银保监会公布的数据显示，今年（2020 年）第二季度，商业银行资本充足率环比下降 32 基点。从不良贷款率来看，民营银行、农商行第二季度不良贷款率同比、环比均显著提升。这些因素刺激了银行补充资本的需求。随着 9 月迎来季度末金融监管考核，银行永续债发行节奏明显加快。根据已披露数据，9 月发行 8 只银行永续债，创单月发行只数新高。从资本补充工具发行情况看，银行常用的二级资本债仍占大头。数据显示，截至 9 月 29 日，今年（2020 年）以来银行共发行 5 214 亿元（未完成发行的债券按计划发行额计算）二级资本债。银行还在积极利用股权融资“补血”。今年（2020 年）以来，已有南京银行、宁波银行、杭州银行完成增发，合计融资规模约 268 亿元。近来较火爆的可转债也被上市银行积极利用，江苏紫金农村商业银行、青岛农村商业银行发行的可转债先后上市，合计融资 9.5 亿元。总的来看，今年（2020 年）以来上市银行股权融资规模较小，至今还未有银行首发上市，未来还需开拓新的融资渠道。此前，决策层已表示地方政府专项债可用于补充中小银行资本金。目前，具体途径尚在探索之中。9 月上旬，温州银行发布增资扩股公告，在认购方式中提到“老股东（含股东指定的关联方）未足额认购的部分，通过地方专项债券资金筹集，由温州市人民政府指定特定主体认购”，这意味着补充中小银行资本金的新途径有望拓展。

复习思考题

1. 什么是公司筹资活动？它主要包括哪两个阶段的活动？
2. 公司筹资的动机主要有哪些？
3. 公司筹资的目标主要有哪些？
4. 公司筹资的渠道主要有哪些？
5. 公司筹资的方式主要有哪些？
6. 普通股和优先股有哪些异同？

7. 利用商业信用筹资，与利用借款、发行债券筹资相比，有哪些优点和缺点？

8. 可转换债券和可交换债券有哪些异同？

9. 发行永续债有哪些优点和缺点？

思政案例题

全面注册制加速进行
首批主板平移拟 IPO 企业下周上会

2023 年 03 月 10 日 06：55　来源：证券日报

全面注册制加速进行中，首批主板注册制企业即将上会。沪深交易所数据显示，3 月 13 日、3 月 14 日，将有 16 家主板企业陆续上会，接受沪深交易所上市审核委员会的审议，其中，上交所主板企业 7 家，深交所主板企业 9 家。仅 3 月 13 日一天，就有 11 家主板企业上会，这也是主板项目平移后首批上会的企业。

受访人士认为，上市委员会审议会议是注册发行的关键一环。只有符合发行条件、上市条件和信息披露要求的企业才能进入注册环节。预计最快 4 月份首批主板注册制企业将注册生效。

从拟融资情况来看，上述 16 家主板上会企业，预计首发募资的区间在 4.15 亿元至 60 亿元，累计预募资达 201 亿元；其中，预计首发募资超 10 亿元的有 5 家。

从所属行业来看，上述 16 家企业中，有 11 家属于制造业，占比近七成，涵盖领域包括化学原料和化学制品、专用设备、通用设备、医药制造、汽车制造等。

“全面注册制下，主板定位突出大盘蓝筹特色，重点支持业务模式成熟、经营业绩稳定、规模较大、具有行业代表性的优质企业。”中国银行研究院博士后邱亦霖对记者表示。

全面注册制改革也为制造业进行转型升级带来新机遇。邱亦霖进一步表示，企业可以采用再融资、并购重组等手段延伸产业链，加快制造业转型升级步伐。同时，预计主板市场的作用会得到进一步发挥，支持优质蓝筹企业带动行业转型升级，为投资者提供良好的投资标的。

“预计首批主板注册制企业对于主板市场有明显的示范效应。”巨丰投顾高级投资顾问谢后勤对《证券日报》记者表示。

沪深交易所数据显示，绝大多数主板 IPO 项目平移完成，主板 IPO 项目中有 262 单完成平移，5 单未平移。没有按时平移的，则将视为新申报企业重新提交申请。截至 3 月 9 日，沪深主板 IPO 项目处于“已受理”状态的有 254 单。

那么，处于“已受理”状态的主板 IPO 项目的下一步会如何进展？根据监管安排，对于中国证监会已受理但尚未出具反馈意见的，自全面实行注册制主要规则发布之日起 10 个工作日后的 20 个工作日内发出首轮问询。截至 3 月 9 日，沪市主板 IPO 项目进入“已问询”状态的已有 7 单。

同时，对于证监会审核过程中已通过初审会但尚未经发审委审核通过的，交易所将依据证监会的受理顺序和审核成果接续审核，在初审会意见落实后安排审核会议和上市委员会会议审议。

谈及影响在审企业 IPO 进度的因素，邱亦霖表示，拟上市公司的经营状况、股权结构、可持续发展能力以及违规事项等，也会是审核的重点。

“上市公司历史沿革不清晰、产品技术的独立性与竞争力不足、资本盲目扩张等，都可能会影响 IPO 进度。”谢后勤表示。

需要讨论的问题：

1. 什么是股票发行注册制？它与核准制有何不同？

2. 什么是股票发行全面注册制？

3. 在中国的市场背景下，股票发行全面实行注册制有何重大意义？

4. 中华人民共和国第十四届全国人民代表大会第一次会议表决通过的《关于国务院机构改革方案的决定》中决定，中国证券监督管理委员会由国务院直属事业单位调整为国务院直属机构。这个决定对中国资本市场的发展、对公司的筹资活动将产生哪些重大影响？

第四章

公司资金成本计算

内容简介

本章主要介绍公司资金成本的概念和性质以及股权资金成本、债权资金成本、综合资金成本和边际资金成本的计算方法。

学习目标

通过本章的学习，要求掌握股权资金成本、债权资金成本、综合资金成本和边际资金成本的计算方法。

第一节　公司资金成本概述

一、公司资金成本的构成

公司资金成本是公司为了筹集和使用资金而导致的现金流出，它主要由两项费用（现金流出）构成，一项是筹资费用，另一项是用资费用。

（一）筹资费用

筹资费用是指公司在筹资过程中，为取得资金的使用权而发生的现金流出。比如，公司首次公开发行股票并上市交易（简称“IPO”）发生的中介费用包括承销保荐费用、审计费用、法律费用、信息披露费用以及其他费用，这些费用就是公司 IPO 的主要筹资费用。据大象君统计，2022 年 1 月 1 日到 6 月 17 日，中国内地 A 股新上市公司共有 155 家，其中，创业板 64 家、科创板 50 家、主板 24 家、北交所 17 家，它们的发行费用如表 4－1 所示。

表 4－1　　中国内地 A 股新上市 155 家公司发行费用表

数值	首发募资额（亿元）	承销保荐费用（万元）	审计费用（万元）	法律费用（万元）	信息披露费用（万元）	其他费用（万元）
中位数	9.60	6 478.78	981.43	519.69	457.08	60.25
平均数	18.78	8 295.41	1 060.04	554.23	439.18	75.86

续表

数值	首发募资额（亿元）	承销保荐费用（万元）	审计费用（万元）	法律费用（万元）	信息披露费用（万元）	其他费用（万元）
最高值	519.81	54 060.42	7 016.46	2 434.86	647.00	1 032.72
最低值	0.94	607.55	66.04	53.77	4.72	0.00

数据来源：大象投资顾问、大象研究院。

表4-1中，155家公司平均每家公司募资18.78亿元，平均每家公司发生发行费用1.04亿元，平均每家公司的发行费用率为5.54%。公司上市的筹资费用除了上述这些发行费用之外，还会发生税务成本、社保成本、上市筹备费用、高级管理人员报酬等。

税务成本。公司在上市过程中要聘请注册会计师规范公司以往的会计处理，保证公司的会计信息质量达到上市要求，这就有可能发现公司以往的会计处理中有处理不当从而造成少缴税款的情况。一旦发现这种情况，公司就要补缴税款甚至还要缴纳滞纳金和罚款。

社保成本。在劳动密集型公司往往存在劳动用工不规范的问题。比如降低社保基数、少报用工人数、以综合保险代替城镇社保、少计加班工资、少计节假日工资等。发审委对于公司劳动用工的规范要求异常严格，因此，拟上市公司一般均会因此付出更高的社保成本。

上市筹备费用。上市筹备工作是一个系统工程，不仅需要各个职能部门按照上市公司的规范性要求提升管理水平，还要求组建一个专业的上市筹备工作团队对整个上市筹备工作进行组织与协调。因此，上市筹备费用对于公司来讲，也是必须考虑的成本因素。上市筹备费用主要包括上市筹备工作团队以及各部门为加强管理而新增的人力成本，公司治理、制度规范、流程再造培训费用，为加强内部控制规范而新增的管理成本等。

高级管理人员报酬。公司在筹备上市的过程中，为了满足公司治理的要求，不得不安排更多的董事、监事和高级管理人员，从而造成更多的高级管理人员报酬支出。

（二）用资费用

用资费用是指公司在取得资金使用权之后，因持续使用所筹集到的资金而发生的现金流出。

以债权筹资方式筹集到的资金，筹资者要持续使用，就要按照约定的时间、利率、方式给资金提供者（债权人）支付利息，到了约定的还本日期还要归还本金。支付利息和归还本金所导致的现金流出就是债权筹资方式的用资费用。

以股权筹资方式筹集到的资金，筹资者要持续使用，就要按照公司章程的约定和股东大会的决议给资金提供者（股东）分配利润（分红）。分配利润（分红）所导致的现金流出就是股权筹资方式的用资费用。通过证券交易所发行债券、股票或其他融资工具的，用资费用还包括证券交易所每年收取的管理费。

以期权筹资方式筹集到的资金，期权拥有人行权之前，用资费用的构成与以债权筹资方式筹集到的资金的用资费用相同；期权拥有人行权之后，用资费用的构成与以股权筹资方式筹集到的资金的用资费用相同。但永续债终究是“债”，不管发行人行不行使赎回权或利息递延权，其用资费用的构成都与以债权筹资方式筹集到的资金的用资费用相同。

据21世纪经济2020年12月24日报道，2020年10月23日，据Qeubee数据显示，华为完成首次境内发债，中期票据“19 华为 MTN001”票面利率 3.48%，全场认购倍数 3.08 倍，边际倍数 35.5 倍。根据申购说明，“19 华为 MTN001”债务融资工具期限为 3 年，发行规模为 30 亿元，申购区间为 3.30% ~3.90%。此前，联合资信评级对华为投资控股有限公司的主体长期信用评级、中票评级均为 AAA，评级展望稳定。基于对公司主体长期信用状况以及本期中期票据偿还能力的综合评估，联合资信认为，公司主体偿债风险极小，本期中期票据的偿还能力极强，违约风险极低。

据每日经济新闻 2022 年 4 月 2 日报道，2022 年 4 月 2 日，华为 2021 年度股东分红方案正式出炉，总分红 614 亿元，惠及华为超 13 万名员工。日前，华为披露了 2021 年年报，全年实现营业收入 6 368 亿元，净利润同比增长 75.9% 达到 1137 亿元。分红 614 亿元，这也意味着华为的分红比例高达 54%。华为 2021 年年报显示，华为投资控股有限公司是 100% 由员工持有的民营企业，股东为华为投资控股有限公司工会委员会和任正非。公司通过工会实行员工持股计划，员工持股计划参与人数为 131 507 人（截至 2021 年 12 月 31 日），参与人均为公司在职员工或退休保留人员。这意味着华为超过 13 万名员工将能够参与此次华为的年度分红计划，人均分红近 47 万元。以华为 2021 年年底 19.5 万名总员工计算，目前华为员工持股人数占比达到 67.4%。

华为公司上述发债后的还本付息和分红所导致的现金流出都属于用资费用。

二、公司资金成本的种类

公司的资金成本通常分为以下三类：一是单项资金成本，是公司某一笔单项资金的成本，比如某一笔借款的资金成本、某一次发行债券的资金成本、某一次发行股票的资金成本等；二是加权平均资金成本，又称综合资金成本，是各单项资金成本的加权平均成本；三是边际资金成本，是公司追加筹资金额的那部分资金的成本。

三、公司资金成本在财务决策中的作用

第一，资金成本是进行资金结构决策、确定筹资方式的重要参考因素。不同的筹资方式具有不同的资金成本，不同的资金结构会对公司的资金成本产生影响，最优的资金结构和筹资方式的选择应使公司的整体资金成本最低。

第二，资金成本是对投资方案进行经济评价、编制投资预算的重要标准。对投资方案进行经济评价时，所要的贴现率是以资金成本为基础确定的，经济上可行的投资方案按资金成本贴现后的净现值为正数，或者其预期的报酬率高于资金成本。

第三，资金成本是对公司经营业绩进行评价的重要依据。公司实际经营所取得的报酬率应大于公司的资金成本，公司的收入才足以弥补资金成本，公司的价值才会增加。

四、影响资金成本高低的因素

在市场经济环境中，多方面因素的综合作用决定着公司资金成本的高低，其中主要有总体经济环境、证券市场条件、公司经营状况、公司筹资规模等。

首先，总体经济环境决定了整个经济中资金的供给和需求以及通货膨胀的水平。显然，如果整个社会经济中的资金需求和供给发生变动，或者通货膨胀水平发生变化，投资者也会相应改变其所要求的收益率，从而使公司的资金成本提高。

其次，证券市场条件影响证券投资的风险。证券市场条件包括证券的市场流动难易程度和价格波动程度。如果某种证券的市场流动性不好，那么投资者在买进和卖出证券时都会相对困难，变现风险也就相应加大，要求的收益率就会提高。另外，如果证券价格波动较大，那么投资风险也较大，投资者要求的收益率就会提高，进而使公司的资金成本提高。

再次，公司的经营状况，即经营风险和财务风险的大小会影响到资金成本。经营风险是公司投资决策的结果，表现在资产收益率的变动上；财务风险则是公司筹资决策的结果，表现在普通股收益率的变动上。相应地，如果公司的经营风险和财务风险较大，投资者便会有较高的收益率要求，从而使公司的资金成本提高。

最后，公司筹资规模也会影响公司的资金成本。筹资规模较大的公司，资金成本也会比较高。例如，某个公司发行的证券金额很大，那么它的资金筹集费和资金占用费都会增加，而且证券发行规模增加的同时还会降低证券的发行价格，从而增加公司的资金成本。

第二节　公司单项资金成本的计算

一、公司单项资金成本的计算原理

计算单项资金成本时，通常将筹资费用从筹资总额中扣除。筹资总额扣除筹资费用后的余额称为筹资净额（即公司实际可使用的资金数额）。单项资金成本的计算是以筹资净额为基础来进行的。

单项资金成本的计算采用未来现金流量折现法，即把取得该项资金使用权之后因使用该项资金而发生的现金流出量都折为现值，得到一个现值总和，能够使这个现值总和正好等于该项资金的筹资净额的那个折现率，就是该项资金的成本率。本书将介绍单项债权资金成本和单项股权资金成本的计算方法，至于单项期权资金，由于它行权前是“债”，行权后是“股”（永续债行权前后的本质都是“债”），可以分别参照单项债权资金成本和单项股权资金成本的计算方法来计算，因此，不再单独介绍单项期权资金成本的计算方法。

二、单项债权资金成本的计算方法

单项债权资金成本主要由筹资费用、用资费用这两项费用构成。其中，用资费用是指支付利息和偿还本金所导致的现金流出。需要明确的是，支付的利息可以在所得税前扣除，所以，支付利息所导致的现金流出量应该是抵消所得税支出后的税后现金流出量。设 I 为支付利息所导致的现金流出量，T 为所得税税率，则支付利息所导致的现金流出量抵消所得税支出后的税后现金流出量即为：$I\times(1-T)$。假设某公司支付了 100 万元利息，在收入和其他成本费用不变的情况下，它的应纳税所得额就会减少 100 万元，当所得税税率为 25% 时，它就可以因支付这笔利息而少交 25 万元的所得税，那么，它的抵消所得税支出后的税后现金流出量（即实际的利息负担）就是 $100\times(1-25\%)=75$（万元）或 $100-25=75$（万元）。这就是利息抵税的基本原理。单项债权资金成本计算的公式如下：

$$P \times (1-f) = \sum_{t=1}^{n} \frac{I_t \times (1-T) + B_t}{(1+K)^t}$$

式中，P 为单项债权筹资总额，f 为筹资费用率，P×（1-f）为筹资净额，I_t 为第 t 期的利息支出，T 为所得税税率，B_t 为第 t 期偿还的本金，K 为该项债权资金的成本率，n 为该项债权的偿还期限。

由债权资金成本计算的公式可知，在筹资总额、筹资费用率、偿还期限和所得税税率已经确定的情况下，债权资金成本 K 的大小就取决于还本付息的方式。因为还本付息方式不同，各期支付的本金和利息就不同，所导致的现金流出量也不同，最后计算出来的折现率（即资金成本率）也不同。常见的还本付息方式主要有期满一次还本付息，分期付息、期满还本，分期还本付息，年金形式还本付息等。

【例 4-1】 某公司计划向银行借款 300 万元，偿还期限为 3 年，年利率为 8%，筹资费用为 2 万元。假设有四种还本付息方式，如表 4-2 所示，试计算这四种还本付息方式下的资金成本。

表 4-2　某公司借款四种可能的还本付息方式　单位：万元

序号	偿还方式	第 1 年年末还款	第 2 年年末还款	第 3 年年末还款	还款总额
1	期满一次还本付息	0	0	本金 300 利息 72	372
2	分期付息、期满还本	利息 24	利息 24	本金 300 利息 24	372
3	分期还本付息	本金 100 利息 24	本金 100 利息 16	本金 100 利息 8	348
4	年金形式还本付息	本息合计 124	本息合计 124	本息合计 124	372

计算过程和结果如下：

1. 设方式 1 的资金成本为 K_1，则有：

$$300-2=\frac{72\times(1-25\%)+300}{(1+K_1)^3}$$

对上式进行移项，得：

$$\frac{1}{(1+K_1)^3}=\frac{298}{354}=0.8418$$

查复利现值系数表可知，当 $K_1=5\%$ 时，3 年的复利现值系数为 0.8638，当 $K_1=6\%$ 时，3 年的复利现值系数为 0.8396，由此可以判断，3 年复利现值系数为 0.8418 时所对应的折现率必定介于 5%～6%，这时，用内插法即可求出 K_1 的值。

$$\frac{K_1-5\%}{0.8418-0.8638}=\frac{6\%-5\%}{0.8396-0.8638}$$

$$K_1=5\%+\frac{0.8418-0.8638}{0.8396-0.8638}\times(6\%-5\%)=5.91\%$$

计算结果表明，当采用期满一次还本付息的方式偿还时，这笔借款的资金成本为5.91%。

2. 设方式2的资金成本为K_2，则有：

$$300-2=24\times(1-25\%)\times\frac{1-(1+K_2)^{-3}}{K_2}+\frac{300}{(1+K_2)^3}$$

$$298=18\times\frac{1-(1+K_2)^{-3}}{K_2}+\frac{300}{(1+K_2)^3}$$

当$K_2=6\%$时，等式右边值为300，大于298；

当$K_2=7\%$时，等式右边值为292，小于298，则：

$$\frac{K_2-6\%}{298-300}=\frac{7\%-6\%}{292-300}$$

$$K_2=6\%+\frac{298-300}{292-300}\times(7\%-6\%)=6.25\%$$

计算结果表明，当采用分期付息、期满还本的方式偿还时，这笔借款的资金成本为6.25%。

3. 设方式3的资金成本为K_3，则有：

$$300-2=100\times\frac{1-(1+K_3)^{-3}}{K_3}+\frac{24\times(1-25\%)}{(1+K_3)^1}+\frac{16\times(1-25\%)}{(1+K_3)^2}+\frac{8\times(1-25\%)}{(1+K_3)^3}$$

$$298=100\times\frac{1-(1+K_3)^{-3}}{K_3}+\frac{18}{(1+K_3)^1}+\frac{12}{(1+K_3)^2}+\frac{6}{(1+K_3)^3}$$

当$K_3=6\%$时，等式右边值为300，大于298；

当$K_3=7\%$时，等式右边值为295，小于298。则：

$$\frac{K_3-6\%}{298-300}=\frac{7\%-6\%}{295-300}$$

$$K_3=6\%+\frac{298-300}{295-300}\times(7\%-6\%)=6.40\%$$

计算结果表明，当采用分期还本付息的方式偿还时，这笔借款的资金成本为6.40%。

4. 设方式4的资金成本为K_4，当每年偿还124万元时，需要先计算出这笔借款的实际利率。设这笔借款的实际利率为i，则有：

$$124\times\frac{1-(1+i)^{-3}}{i}=300，则：\frac{1-(1+i)^{-3}}{i}=\frac{300}{124}=2.4194$$

查年金现值系数表，当i=11%时，3年的年金现值系数为2.4437；当i=12%时，3年的年金现值系数为2.4018。由此可以判断，所求的实际利率i必定大于11%而小于12%，用内插法计算，得到i=11.58%。即当每年偿还124万元时，这笔借款的实际利率达到11.58%。然后，按照这个实际利率将每年所偿还的124万元都分解为本金和利息，得到表4-3的数据。

表 4－3 某公司每年偿还 124 万元的本息分解表 单位：万元

年份	年初本金	年末偿还金额	其中偿还利息	其中偿还本金	年末剩余本金
1	300	124	34.74	89.26	210.74
2	210.74	124	24.40	99.60	111.14
3	111.14	124	12.86	111.14	0
合计	—	372	72	300	—

表 4－3 中利息和本金的计算方法如下：

第 1 年偿还的利息＝300×11.58%＝34.74（万元），偿还的本金＝124－34.74＝89.26（万元）

第 2 年偿还的利息＝210.74×11.58%＝24.40（万元），偿还的本金＝124－24.40＝99.60（万元）

第 3 年偿还的利息＝111.14×11.58%＝12.87（万元）（注：表中之所以取 12.86，是为了抹平因四舍五入造成的误差），偿还的本金＝124－12.86＝111.14（万元）。

将每年偿还的 124 万元分解为本金和利息，一是便于会计入账，因为在账务处理上，本金和利息所适用的会计科目是不一样的；二是便于计算资金成本，因为利息是可以抵税的，必须把抵税前的利息负担调整为抵税后真实的利息负担才能准确地计算资金成本。以表 4－3 的数据为依据，计算方式 4 的资金成本如下：

$$300-2=\frac{89.26+34.74\times(1-25\%)}{(1+K_4)^1}+\frac{99.6+24.4\times(1-25\%)}{(1+K_4)^2}+\frac{111.14+12.86\times(1-25\%)}{(1+K_4)^3}$$

通过试算，当 $K_4=9\%$ 时，上式右边的值正好等于 298，说明当每年等额偿还 124 万元时，这笔借款的资金成本为 9%。

现将四种偿还方式下的资金成本计算结果列表比较，如表 4－4 所示。

表 4－4 某公司借款四种可能的还本付息方式下的资金成本比较表 单位：万元

序号	偿还方式	第 1 年年末还款	第 2 年年末还款	第 3 年年末还款	还款总额	资金成本
1	期满一次还本付息			本金 300 利息 72	372	5.91%
2	分期付息、期满还本	利息 24	利息 24	本金 300 利息 24	372	6.25%
3	分期还本付息	本金 100 利息 24	本金 100 利息 16	本金 100 利息 8	348	6.40%
4	年金形式还本付息	本息合计 124	本息合计 124	本息合计 124	372	9.00%

由表 4－4 可以看出，还本付息导致的现金流出越靠前，资金成本就会越大；反之，资金成本就会越小。如果一笔借款的偿还时间很长乃至趋于无穷，而且是期满一次还本付息，

那么这笔借款的资金成本也就趋于零了。

本例中，第 4 种偿还方式即每年等额偿还 124 万元其实是一个陷阱。借款本金 300 万元，年利率 8%，期限 3 年，如果是期满一次还本付息，三年的利息合计是 72 万元，还款总额是 372 万元。现改为每年等额偿还本息，每年的偿还金额就是 372 ÷ 3 = 124（万元）。这里就是陷阱了！如果财务管理知识学得不精，看不出这里的陷阱，这样还款就吃大亏了。

采用年金的形式偿还时，每年的还本付息金额应该根据借款合同签订时的市场利率（实际利率）按照年金现值的计算公式来计算。设借款合同签订时的市场利率 i = 8.20%，每年等额偿还的金额为 A，则有：

$$A \times \frac{1-(1+8.20\%)^{-3}}{8.20\%} = 300，\text{则：} A = 300 \div \frac{1-(1+8.20\%)^{-3}}{8.20\%}$$

查年金现值系数表，当 i = 8% 时，3 年的年金现值系数为 2.5771；当 i = 9% 时，3 年的年金现值系数为 2.5313；这两个年金现值系数之差 = 2.5771 − 2.5313 = 0.0458，则当 i = 8.20% 时，3 年的年金现值系数 = 2.5771 − 0.2 × 0.0458 = 2.56794。这时，每年等额偿还的金额 A = 300 ÷ 2.56794 ≈ 117（万元）（四舍五入取整数），这才是公平公正的三年每年等额偿还的金额。

三、单项股权资金成本的计算方法

股权资金成本也主要由筹资费用、用资费用这两项费用构成。其中，用资费用是指分配利润（分红）所导致的现金流出。需要明确的是，分配利润（分红）是在确认了所得税费用之后才发生的行为，它所导致的现金流出量本身就是所得税后的现金流出量。这是单项股权资金成本与单项债权资金成本在计算上的区别之一。单项股权资金成本计算的公式如下：

$$P \times (1-f) = \sum_{t=1}^{n} \frac{D_t}{(1+K)^t}$$

式中，P 为每股发行价，f 为发行费用率，P ×（1 − f）为每股筹资净额，D_t 为取得股权资金使用权之后第 t 年的每股股利，K 为该项股权资金的成本率，n 为股利支付期数（$n \to \infty$）。

从上述公式可以看到，由于股权资金不得退股，使用股权资金而发生的现金流出只有取得股权资金使用权之后每年支付的股利，因此，单项股权资金成本的计算结果受公司的股利分配政策影响很大。当公司预计的股利分配政策不一样时，单项股权资金成本的计算结果也不一样。现实中，公司的股利分配政策是复杂多变的，任何机构或个人都无法准确预知一家公司未来的股利分配结果，因此，利用上述公式计算一家公司的单项股权资金成本，必须对复杂多变的股利分配政策做出假设。常见的假设有以下三种。

（一）假设一家公司未来永远采取固定不变的股利政策

当假设一家公司未来永远采取固定不变的股利政策时，每年的每股股利就是一个恒定的 D，则单项股权资金成本计算的公式就可以修正为以下公式：

$$P \times (1-f) = \sum_{t=1}^{n} \frac{D}{(1+K)^t}$$

这时，每年固定不变的每股股利 D 就是一个永续年金，而永续年金现值恰好等于年金除以折现率，这时就会有：

$$P \times (1-f) = \frac{D}{K}$$

$$K = \frac{D}{P \times (1-f)}$$

即单项股权资金成本等于每年固定不变的每股股利 D 除以每股筹资净额。

（二）假设一家公司未来永远采取逐年定速增长的股利政策

当假设一家公司未来永远采取逐年定速增长的股利政策时，则单项股权资金成本计算的公式就可以修正为以下公式：

$$P \times (1-f) = \sum_{t=1}^{n} \frac{D_0 \times (1+g)^t}{(1+K)^t}$$

式中，D_0 为公司本次筹集股权资金前最后一期的每股股利，g 为公司本次筹集股权资金后预计每股股利的逐年定速增长率，其他字母的含义与前述相同。

对上式进行数学化简后，得到股权资金成本 K 的计算公式如下：

$$K = \frac{D_0 \times (1+g)}{P \times (1-f)} + g，或者\ K = \frac{D_1}{P \times (1-f)} + g$$

式中，D_1 为公司本次筹集股权资金后首期的每股股利，其他字母的含义如前所述。

（三）假设一家公司未来永远采取逐年变速增长的股利政策

当假设一家公司未来永远采取逐年变速增长的股利政策时，则股权资金成本计算的公式就可以修正为以下公式：

$$P \times (1-f) = \sum_{t=1}^{n} \frac{D_{t-1} \times (1+g_t)}{(1+K)^t}$$

式中，D_{t-1}为第 t 年前一年（即 t－1 年）的每股股利，g_t 为第 t 年的每股股利相对于 D_{t-1}而言的增长率，其他字母的含义如前述。

当 $n \to \infty$ 时，上式无解，利用上式是无法求出 K 的。因此，我们必须再假设公司的每股股利在一个较短的有限年限（用 m 表示，如 m＝3 或 m＝5 等）内逐年变速增长，而在该有限年限之后（即 m＋1 年之后）则每年的每股股利都固定在一个水平上或者定速增长。当 m＋1 年之后每年的每股股利都固定在一个水平上时，可利用下式求出股权资金成本。

$$P \times (1-f) = \sum_{t=1}^{m} \frac{D_{t-1} \times (1+g_t)}{(1+K)^t} + \frac{D_{m+1}}{K} \times \frac{1}{(1+K)^m}$$

当 m＋1 年之后每年的每股股利定速增长时，可利用下式求出股权资金成本。

$$P \times (1-f) = \sum_{t=1}^{m} \frac{D_{t-1} \times (1+g_t)}{(1+K)^t} + \frac{D_{m+1}}{K-g_{m+1}} \times \frac{1}{(1+K)^m}$$

式中，D_{m+1}为第 m＋1 年的每股股利，g_{m+1}为第 m 年以后股利逐年定速增长率，其他字母的含义如前述。

【例 4－2】某公司 2023 年 10 月份成功发行了一批新股票，每股发行价为 20 元，发行费用率为 8%，发行前最后一期股利是每股 2 元。假设该公司从 2024 年起有可能实行以下三种股利政策中的某一种政策，试分别计算这三种可能的股利政策下的股权资金成本。

（1）从 2024 年起继续实行每股 2 元的股利政策直至永远。

（2）从 2024 年起，每年的每股股利在 2 元的基础上逐年增长 10%。

（3）2024 年至 2026 年每股股利分别为 2.1 元、2.2 元、2.3 元，从 2027 年起每年的每股股利都固定为 2.5 元。

计算过程和结果如下：

（1）从2024年起继续实行每股2元的股利政策直至永远，则股权资金成本计算如下：

$$K=\frac{D}{P\times (1-f)}=\frac{2}{20\times (1-8\%)}=10.87\%$$

（2）从2024年起，每年的每股股利在2元的基础上逐年增长10%，则股权资金成本计算如下：

$$K=\frac{D_0\times (1+g)}{P\times (1-f)}+g=\frac{2\times (1+10\%)}{20\times (1-8\%)}+10\%=21.96\%$$

（3）2024年至2026年每股股利分别为2.1元、2.2元、2.3元，从2027年起每年的每股股利都固定为2.5元，则股权资金成本计算如下：

$$P\times(1-f)=\sum_{t=1}^{m}\frac{D_{t-1}\times(1+g_t)}{(1+K)^t}+\frac{D_{m+1}}{K}\times\frac{1}{(1+K)^m}$$

$$20\times(1-8\%)=\frac{2.1}{(1+K)^1}+\frac{2.2}{(1+K)^2}+\frac{2.3}{(1+K)^3}+\frac{2.5}{K}\times\frac{1}{(1+K)^3}$$

对上式进行试算，当K=20%时，等式右边值为19.1，大于等式左边值；当K=25%时，等式右边值为17.1，小于等式左边值。由此可以判断，所求的K必定是介于20%～25%。用内插法计算得K=21.75%。计算过程如下：

$$\frac{K-20\%}{18.4-19.1}=\frac{25\%-20\%}{17.1-19.1}$$

$$K=20\%+\frac{18.4-19.1}{17.1-19.1}\times(25\%-20\%)=21.75\%$$

在以上三种假设条件下，虽然把单项股权资金成本计算出来了，但是，现实中这三种假设根本不存在，没有人能够准确预见到一家公司未来将如何分配利润。因此，利用未来现金流量折现法来计算单项股权资金的成本，缺乏现实基础，实践中不具有操作性。为此，有人提出利用“无风险报酬率+风险报酬率=投资者期望报酬率”中的投资者期望报酬率作为单项股权资金的成本，但投资者期望报酬率并不等于投资者实际报酬率，现实中，长期不给股东分配利润的公司并不少见，用投资者期望报酬率作为单项股权资金的成本并不符合实际。因此，现实中是无法准确计算单项股权资金成本的，为了体现单项股权资金成本的存在，可以用官方发布的5—10年期的长期贷款利率或者公司股权筹资的筹资费用率来代替单项股权资金成本。

第三节 公司加权平均资金成本和边际资金成本的计算

一、公司加权平均资金成本的计算

公司加权平均资金成本是指公司的各单项资金成本以其占全部资金的比重为权重计算出来的加权平均成本，它也可以称为公司的综合资金成本或总资金成本。由于受多种因素的制约，公司不可能只筹措和使用某一单项资金，往往需要筹措和使用多笔单项资金，这就需要计算全部资金的加权平均成本，其计算公式如下：

$$K_w = \sum_{j=1}^{n} K_j W_j$$

式中：K_w为加权平均资金成本；K_j为第 j 笔单项资金成本；W_j为第 j 笔单项资金占全部资金的比重（权重）。各笔单项资金占全部资金的比重 W_j 通常有以下三种确定方法，即按账面价值确定、按市场价值确定、按目标资金结构确定。

（一）按账面价值确定各笔单项资金的比重

按账面价值确定各笔单项资金的比重就是按照公司各笔单项资金在账面上的金额分别除以全部资金在账面上的金额总和来计算各该笔单项资金的比重，以此作为计算加权平均资金成本的权重。采用这一方法的优点是数据资料可以直接从公司的账簿中获取，计算简便、数据真实；缺点是账面价值反映的是历史价值，不能反映当前的价值，如果债券和股票的市场价值已经严重脱离账面价值，则加权平均资金成本的计算会出现严重误差，不利于公司作出正确的融资决策。

【例 4－3】 某公司的长期资金共 5 000 万元，其中长期借款 1 000 万元，长期债券 500 万元，普通股 2 500 万元，留存收益 1 000 万元；其成本分别为 6.7%、9.17%、11.26%、11%。试计算该公司的加权平均资金成本。

计算过程和结果如下：

设该公司的加权平均资金成本为 K_w，则：

$$K_w = 6.7\% \times \frac{1\ 000}{5\ 000} + 9.17\% \times \frac{500}{5\ 000} + 11.26\% \times \frac{2\ 500}{5\ 000} + 11\% \times \frac{1\ 000}{5\ 000} = 10.09\%$$

（二）按市场价值确定各笔单项资金的比重

按市场价值确定各笔单项资金的比重就是按照公司各笔单项资金的市场价值分别除以全部资金的市场价值总额来计算各该笔单项资金的比重，以此作为计算加权平均资金成本的权重。这样计算的加权平均资金成本能反映公司目前的实际情况。同时，为弥补证券市场价格变动频繁的不便，也可选用平均价格。但由于证券市场上债券、股票价格波动频繁，计算依据的现行市价不一定能够代替未来的市场价格情况，因此加权平均资金成本也不一定利于公司进行未来筹资决策。

【例 4－4】 某公司现行市场价值总额为 1 800 万元，其中债券为 600 万元，税后债务资金成本为 4.5%；优先股为 450 万元，其资金成本为 10%；普通股（含留存收益）为 750 万元，其资金成本为 14.6%。该公司的加权平均资金成本为多少？

计算过程和结果如下：

设该公司的加权平均资金成本为 K_{WACC}，则：

$$K_{WACC} = \frac{600}{1\ 800} \times 4.5\% + \frac{450}{1\ 800} \times 10\% + \frac{750}{1\ 800} \times 14.6\% \approx 10.08\%$$

（三）按目标资金结构确定各笔单项资金的比重

按目标资金结构确定各笔单项资金的比重就是把公司设定的目标资金结构作为各笔单项资金的比重，以此作为计算加权平均资金成本的权重。按账面价值和按市场价值确定各笔单项资金的比重反映的分别是过去和现在的资金结构，而按目标资金结构确定各笔单项资金的比重则能体现期望的资金结构，所以按目标资金结构确定各笔单项资金的比重来计算加权平均资金成本更适用于公司筹措新资金的情况。

【例4-5】 某公司按平均市场价值计算的目标资金结构是：45%的长期债务，15%的优先股，40%的普通股。税后长期债务资金成本为4.5%，优先股资金成本为10%，普通股资金成本为14.6%。该公司的加权平均资金成本为多少？

计算过程和结果如下：

设该公司的加权平均资金成本为 K_{WACC}，则：

$$K_{WACC}=45\%\times4.5\%+15\%\times10\%+40\%\times14.6\%\approx9.37\%$$

（四）加权平均资金成本的影响因素

在市场经济环境中，资金成本受到公司内外部多方面因素的综合影响，主要包括：利率、市场风险溢价、税率、资金结构、股利政策和投融资决策。影响公司资金成本的外部因素主要包含以下三项：①利率。市场利率是影响公司资金成本的主要因素，也是公司自身无法改变的外部因素。市场利率上升时，投资人的机会成本相应增加，因而债权人及股东要求的报酬率相应提升，公司资金成本也相应增加。②市场风险溢价。市场风险溢价由资本市场中的供求关系决定，也是公司通常无法控制的因素。市场风险溢价会影响股权资金成本，进而可能导致债务需求提升，影响债务资金成本。③税率。税率高低主要取决于政府政策，也是公司无法控制的外部因素。税率变化会直接影响公司税后债务资金成本，另外，资本收益的税务政策还会影响投资者对权益投资和债务投资的选择，并间接影响公司的最佳资金结构。

影响公司资金成本的内部因素主要包含以下三项：①资金结构。资金结构是影响公司加权平均资金成本的重要因素。理论上说，债务融资的成本相对较低，而股权融资的成本则相对较高，因此，债务融资比重的变化，在影响公司资金成本的同时，还会影响公司的财务风险，公司需要尽量追求最优的资金结构。②股利政策。股利政策会影响公司的内部融资金额，也是影响股权资金成本的重要因素之一。③投融资决策。公司的资金成本反映的是现有资产的平均风险，如果公司大量投资高于现有资产风险的新项目会提升其经营风险，同时公司融资决策还会影响其财务风险，公司风险水平的提升会导致资金成本上升。

二、边际资金成本的概念与计算

边际资金成本是指资金每增加一个单位而增加的成本。公司在追加筹资时往往要用边际资金成本来决策。

由于公司不能以某一固定资金成本来筹措无限的资金，当其筹集的资金超过一定数量时，资金成本就会比原来增加，这时用原来的加权平均资金成本就不能反映目前所使用资金的成本，就有必要考虑新筹资金的成本，即边际资金成本。

【例4-6】 NY公司目前拥有长期资金10 000万元，其中长期债务3 000万元，优先股1 000万元，普通股及留存收益6 000万元。现在公司拟筹措一笔资金进行项目投资，试计算其边际资金成本。

计算过程和结果如下：

1. 分析资金市场状况及公司的有关条件，确定各种筹资方式随新筹资金规模的增加而变化的资金成本分界点，如表4-5所示：

表 4-5 筹资方式、筹资规模与资金成本分界点

筹资方式	新筹资金的范围（万元）	资金成本（%）
发行债券	0~120 120~600 >600	6 7 9
发行优先股	0~50 >50	10 11
发行普通股	0~600 600~1 500 >1 500	12 13 14

由表 4-5 可知，发行债券规模在 0~120 万元时，资金成本为 6%；发行债券规模在 120 万~600 万元时，超过 120 万元的部分其资金成本为 7%，未超过 120 万元的部分其资金成本仍为 6%；发行债券规模超过 600 万元时，超过 600 万元的部分其资金成本为 9%，这也是边际资金成本本身具有的含义。

2. 确定新筹资金的资金结构。NY 公司的财务人员经过认真分析，认为目前的资金结构即为最优资金结构，因此新筹资金的资金结构仍为债券 30%，优先股 10%，普通股 60%。

3. 计算筹资总额的成本分界点。根据已确定的各种筹资方式的资金成本分界点及新筹资金的资金结构，可计算出筹资总额的成本分界点，计算公式如下：

$$筹资总额成本分界点=\frac{某种筹资方式的成本分界点}{该种筹资方式所筹集的资金在新筹集资金总额中的比重}$$

筹资总额成本分界点的计算如表 4-6 所示：

表 4-6 筹资总额成本分界点计算表

筹资方式	资金成本（%）	各种筹资方式的成本分界点（万元）	筹资总额的成本分界点（万元）	筹资总额的范围（万元）
发行债券	6 7 9	120 600 >600	120/0.3=400 600/0.3=2 000 —	0~400 400~2 000 >2 000
发行优先股	10 11	50 >50	50/0.1=500 —	0~500 >500
发行普通股	12 13 14	600 1 500 >1 500	600/0.6=1 000 1 500/0.6=2 500 —	0~1 000 1 000~2 500 >2 500

4. 计算加权平均边际资金成本。根据上一步计算出的筹资总额成本分界点，可以得到筹资总额的范围为 6 组：0~400 万元；400 万~500 万元；500 万~1 000 万元；1 000 万~2 000万元；2 000 万~2 500 万元；2 500 万元以上。对以上 6 组筹资范围分别计算其加权平均边际资金成本，如表 4-7 所示：

表 4－7　　6 组筹资范围加权平均边际资金成本计算表

组号	筹资范围（万元）	筹资方式	资金结构（%）	资金成本（%）	边际资金成本（%）
1	0～400	发行债券 发行优先股 发行普通股	30 10 60	6 10 12	1.8 1 7.2 10
2	400～500	发行债券 发行优先股 发行普通股	30 10 60	7 10 12	2.1 1 7.2 10.3
3	500～1 000	发行债券 发行优先股 发行普通股	30 10 60	7 11 12	2.1 1.1 7.2 10.4
4	1 000～2 000	发行债券 发行优先股 发行普通股	30 10 60	7 11 13	2.1 1.1 7.8 11
5	2 000～2 500	发行债券 发行优先股 发行普通股	30 10 60	9 11 13	2.7 1.1 7.8 11.6
6	>2 500	发行债券 发行优先股 发行普通股	30 10 60	9 11 14	2.7 1.1 8.4 12.2

三、边际资金成本与公司投资决策

由于边际资金成本最能反映新筹资金的资金成本情况，因此在投资项目决策中应以边际资金成本为折现率，对投资项目的净现值进行分析，或者把投资项目的内含报酬率与边际资金成本进行对比。对于新筹资金所投资的项目，只有用边际资金成本作为决策的依据，才能正确地评价投资项目的经济效益。

【例 4－7】 承【例 4－6】，假设 NY 公司目前有 A、B、C、D、E、F 共 6 个可供选择的投资项目，这些投资项目彼此是独立的，即选择其中某一个投资项目并不影响对其他投资项目的选择，这 6 个项目的投资额及内含报酬率如表 4－8 所示：

表 4－8　　NY 公司 6 个项目的投资额及内含报酬率

投资项目	A	B	C	D	E	F
投资额（万元）	300	500	800	600	400	500
内含报酬率（%）	17	16	14.5	13	12	10.5

为了正确地进行投资决策，现将 NY 公司的边际资金成本和各投资项目的内含报酬率绘制在同一个直角坐标系中，如图 4－1 所示：

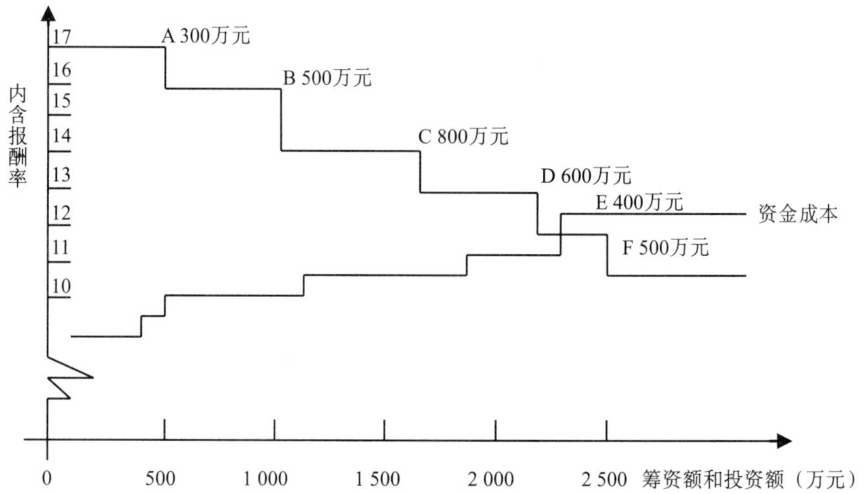

图 4－1　NY 公司边际资金成本和内含报酬率关系图

图 4－1 中，投资项目内含报酬率是随着投资数额的增加按从高到低顺序排列的，而筹资成本却随着筹资数额的增加不断提高。从图中可以看出，内含报酬率超过其边际资金成本的项目，如 A、B、C、D 四个项目，可进行投资；内含报酬率低于其边际资金成本的项目，如 F 项目，则不宜进行投资；至于内含报酬率一部分大于其边际资金成本，一部分小于其边际资金成本，如 E 项目，则要分析该项目投资后所增加的投资收益是否大于其增加的筹资成本，如果是的话，则该项目可投资，反之则不应该投资。经过分析，投资 E 项目所增加的投资收益 $=400\times12\%=48$（万元），增加的筹资成本 $=300\times11.6\%+100\times12.2\%=47$（万元）。由于增加的投资收益大于增加的筹资成本，因此 E 项目应该投资。

从以上分析可知，NY 公司应筹集 2 600 万元资金，投资 A、B、C、D、E 共五个项目，其投资总收益 $=300\times17\%+500\times16\%+800\times14.5\%+600\times13\%+400\times12\%=373$（万元），其筹资总成本 $=400\times10\%+100\times10.3\%+500\times10.4\%+1\ 000\times11\%+500\times11.6\%+100\times12.2\%=282.5$（万元）。

四、现有资金加边际资金总成本的计算

在财务管理活动中，筹资者在很多时候是出于扩大现有经营规模的需要而筹集资金，即筹集边际资金。这种情况下，现有资金有其成本，边际资金也有其成本，这两种资金的成本一般不相等，现有资金和增加的边际资金构成了筹资者的总资金，总资金的成本等于现有资金和边际资金的加权平均资金成本。了解变更后的总资金成本有利于筹资者作出融资决策。

因此，资金成本的计算还需要计算现有资金加边际资金的总资金成本。

【例4-8】 日丽生化科技股份有限公司现有资金结构如表4-9所示：

表4-9　日丽生化科技股份有限公司现有资金结构

资金性质	资金来源	金额（万元）	比重（%）
债权资金	长期借款（3年期，利率6%）	3 000	8.49
	长期债券（5年期，面值8 000万元，利率8%，平价发行，发行费用率2%）	7 840	22.18
	债权资金合计	10 840	30.67
股权资金	普通股（5 000万股，面值1元，发行价5元，发行费用率4%）	24 000	67.91
	留存收益	500	1.42
	股权资金合计	24 500	69.33
资金总额		35 340	100.00

公司自成立以来，每年都按每股0.3元的水平派发股利，长期借款为期满一次还本付息（单利计算），长期债券为每年付息一次、期满还本，所得税税率为25%。

公司目前的资产负债率为30.67%，负债水平偏低，公司有意提高资产负债率，以期能够获得较大的财务杠杆效应。为此，公司在对市场环境作了谨慎分析的基础上，决定投资建设一条造纸生产线，作为公司下属的一个制造车间。该生产线的投资额预计为10 000万元，打算全部从公司外部筹集。筹资后，公司的资产负债率达到40%左右，即筹资后公司的总负债应该达到（35 340+10 000）×40%=18 136（万元）左右，扣去公司现有的负债额10 840（3 000+7 840）万元后，新筹的10 000万元中应通过负债筹集7 296（18 136-10 840）万元。考虑到从银行借款的成本较低且方便快捷，公司决定向银行借入5年期借款7 500万元，年利率7%，期满还本付息，筹资费用率为零，银行表示可满足公司的借款要求。新筹的10 000万元中扣去从银行借入的7 500万元后，余下的2 500万元全部通过向社会公开发行普通股来筹集（公司剩余的股票发行指标可满足新股发行的需要，不需变更注册资本），发行费用率为4%，发行总额应达到2 500÷96%=2 600（万元），按每股8元的价格发行，新股发行数量应为2 600÷8=325（万股）。公司增筹10 000万元资金后，每股股利在当前0.3元的基础上逐年递增6%。

根据上述资料，计算公司现有资金的成本和边际资金的成本以及现有资金加边际资金的总成本。（注：均为税后成本，分析过程不再特别说明。）

分析过程和结果如下：

1. 计算现有资金原来的成本

（1）计算长期借款的成本 K_1：

$$3\ 000=\frac{3\ 000\times[1+6\%\times3\times(1-25\%)]}{(1+K_1)^3}$$

化简上式得：

$$\frac{1}{(1+K_1)^3}=0.8811$$

当 $n=3$，$K_1=4\%$ 时，复利现值系数为 0.8890，当 $n=3$，$K_1=5\%$ 时，复利现值系数为 0.8638，则：

$$\frac{K_1-4\%}{0.8811-0.8890}=\frac{5\%-4\%}{0.8638-0.8890}$$

$$K_1=4\%+\frac{0.8811-0.8890}{0.8638-0.8890}\times(5\%-4\%)=4.31\%$$

（2）计算长期债券的成本 K_2：

$$7\ 840=8\ 000\times8\%\times(1-25\%)\times\frac{1-(1+K_2)^{-5}}{K_2}+8\ 000\times\frac{1}{(1+K_2)^5}$$

化简上式得：

$$7\ 840=480\times\frac{1-(1+K_2)^{-5}}{K_2}+8\ 000\times\frac{1}{(1+K_2)^5}$$

试算一，当 $K_2=6\%$ 时：

等式右边值 $=480\times4.2124+8\ 000\times0.7473=8\ 000>7\ 840$

试算二，当 $K_2=7\%$ 时：

等式右边值 $=480\times4.1002+8\ 000\times0.7130=7\ 672<7\ 840$

则：

$$\frac{K_2-6\%}{7\ 840-8\ 000}=\frac{7\%-6\%}{7\ 672-8\ 000}$$

$$K_2=6\%+\frac{7\ 840-8\ 000}{7\ 672-8\ 000}\times(7\%-6\%)=6.49\%$$

（3）计算普通股的成本 K_3：

$$K_3=\frac{0.3}{5\times(1-4\%)}=6.25\%$$

（4）计算留存收益的成本 K_4：

$$K_4=\frac{0.3}{5}=6\%$$

（5）计算现有资金总额的综合成本 $\overline{K}_P$

$$\begin{aligned}\overline{K}_P&=4.31\%\times8.49\%+6.49\%\times22.18\%+6.25\%\times67.91\%+6\%\times1.42\%\\&=0.37\%+1.44\%+4.24\%+0.09\%=6.14\%\end{aligned}$$

2. 计算边际资金的成本

（1）计算新增银行借款的成本 K_5：

$$7\ 500=\frac{7\ 500\times[1+7\%\times5\times(1-25\%)]}{(1+K_5)^5}$$

化简上式得：

$$\frac{1}{(1+K_5)^5}=0.7921$$

当 $n=5$，$K_5=4\%$ 时，复利现值系数为 0.8219，当 $n=5$，$K_5=5\%$ 时，复利现值系数为 0.7835，则：

$$\frac{K_5 - 4\%}{0.7921 - 0.8219} = \frac{5\% - 4\%}{0.7835 - 0.8219}$$

$$K_5 = 4\% + \frac{0.7921 - 0.8219}{0.7835 - 0.8219} \times (5\% - 4\%) = 4.78\%$$

（2）计算新增普通股的成本 K_6：

$$K_6 = \frac{0.3 \times (1 + 6\%)}{8 \times (1 - 4\%)} + 6\% = 10.14\%$$

（3）计算新增资金总额的综合成本 $\overline{K}_N$：

$$\overline{K}_N = 4.78\% \times \frac{7\ 500}{10\ 000} + 10.14\% \times \frac{2\ 500}{10\ 000} = 6.12\%$$

3. 计算增资后资金总额的综合成本

（1）列出增资后新的资金结构，如表 4－10 所示：

表 4－10　　增资后新的资金结构表

资金性质	资金来源	金额（万元）	比重（%）
债权资金	长期借款（3 年期，利率 6%）	3 000	6.62
	长期借款（5 年期，利率 7%）	7 500	16.54
	长期债券（5 年期，面值 8 000 万元，利率 8%，发行费用率 2%）	7 840	17.29
	债权资金合计	18 340	40.45
股权资金	普通股（5 000 万股，面值 1 元，发行价 5 元，发行费用率 4%）	24 000	52.93
	普通股（325 万股，面值 1 元，发行价 8 元，发行费用率 4%）	2 500	5.52
	留存收益	500	1.10
	股权资金合计	27 000	59.55
资金总额		45 340	100.00

表 4－10 的资金结构中，资产负债率为 40.45%，达到了公司增资前规划的目标。增资前的普通股和留存收益，在增资前的资金成本是按每股 0.3 元的固定股利计算出来的。增资后，按照同股同利的原则，增资前的普通股和留存收益应按照新的股利政策重新计算其资金成本。计算结果如下：

$$\text{原普通股新的资金成本} = \frac{0.3 \times (1 + 6\%)}{5 \times (1 - 4\%)} + 6\% = 12.63\%$$

$$\text{原留存收益新的资金成本} = \frac{0.3 \times (1 + 6\%)}{5} + 6\% = 12.36\%$$

（2）计算增资后公司资金总额的综合成本 $\overline{K}_F$：

$$\begin{aligned}\overline{K}_F &= 4.31\% \times 6.62\% + 4.78\% \times 16.54\% + 6.49\% \times 17.29\% + 12.63\% \times 52.93\% + \\ &\quad 10.14\% \times 5.52\% + 12.36\% \times 1.10\% \\ &= 0.29\% + 0.79\% + 1.12\% + 6.69\% + 0.56\% + 0.14\% \\ &= 9.59\%\end{aligned}$$

复习思考题

1. 什么是资金成本？它主要由哪两项费用（现金流出）构成？
2. 公司上市的筹资费用主要包括哪些费用（现金流出）？
3. 公司借款的用资费用包括哪些现金流出？
4. 公司发行股票的用资费用包括哪些现金流出？
5. 单项资金成本的计算通常采用什么方法？
6. 单项债权资金成本和单项股权资金成本在计算上的主要区别是什么？
7. 单项债权资金成本的大小通常取决于哪些因素？
8. 单项股权资金成本的大小通常取决于哪些因素？
9. 计算加权平均资金成本时，权重一般如何确定？
10. 边际资金成本在公司投资决策中有什么作用？

课外作业题

1. 某公司按面值发行一批期限为10年、面值为1 000元、年利率为10%的债券，发行费用率为3%，所得税税率为25%。该债券每年年末付息一次，期满还本。请计算该债券的税后资金成本。

2. 某公司普通股每股市价为20元，现准备增发8 000万股，预计筹资费用率为6%，本次增发股票前最后一期的每股股利为2元，预计本次增发股票后每股股利逐年递增5%，请计算本次增发普通股的资金成本。

3. 某公司按面值发行1 000万股优先股，筹资费用率为3%，年股利率为11%，所得税税率为25%，请计算该优先股的资金成本。

4. 某公司留存收益100万元，上一年公司对外发行普通股的股利率为12%，预计股利每年增长率为5%，请计算该公司留存收益的资金成本。

5. 某公司利用长期债券、优先股、普通股、留存收益来筹集长期资金1 000万元，各种筹资方式筹集到的资金分别为300万元、100万元、500万元、100万元，各种筹资方式的资金成本分别为6%、11%、15%、12%，请计算该公司的综合资金成本。

第五章

公司筹资风险分析

内容简介

本章主要介绍筹资风险的含义、类型和影响因素以及筹资风险的分析方法，包括筹资过程风险的定性分析法和筹资结果的定量分析法。定量分析法包括偿债能力和财务风险分析、成本—收益性分析、资金期限结构—资产结构协调性分析、财务弹性分析、控制权和治理结构的合理性分析。

学习目标

通过本章的学习，要求了解筹资风险的含义、类型和影响因素，掌握筹资过程 IPO 和定向增发失败、债券发行失败的定性分析方法，掌握筹资结果的偿债能力和财务风险分析、成本—收益性分析、资金期限结构—资产结构协调性分析、财务弹性分析、控制权和治理结构的合理性分析等方法。

第一节　公司筹资风险概述

风险是指未来结果出现收益或损失的不确定性。筹资风险指筹资行为使筹资者遭受损失或者获得收益的不确定性。不同筹资类型的筹资风险不同；不同筹资阶段因所受风险因素影响不同，会形成不同的筹资风险。此外，新的资金筹集可能改变原有的资金结构，资金结构的变动也会引起筹资风险。

本书的资金结构指各项或各类资金在资金总额或某类资金总额中的构成比例，如借入资金和自有资金的比例、长期资金和短期资金的比例、有息负债和无息负债之间的比例以及各类筹资渠道所筹资金的比例等。本书在传统筹资风险（主要考虑偿债能力和财务风险）的基础上进一步拓展，考虑筹资带来的成本—收益性、资金结构—资产结构协调性、未来公司财务弹性、控制权和治理结构的合理性等。

一、各种不同类型的筹资风险

（一）从筹资渠道来看筹资风险

从筹资的渠道来看，包括内源筹资风险和外源筹资风险。内源融资主要源于盈余公积和未分配利润，内源融资可以降低公司外部融资依赖性，降低公司财务风险和经营压力。但是过多依赖内源融资，可能在一定程度上影响公司的股利政策，影响股东的现金回报率，降低投资者信心，不利于公司稳定股票价格、树立良好形象，进而影响公司再次融资和扩大经营。同时，如果公司长期坚持内源融资，不积极提高债务融资和股权融资比例，意味着公司的融资战略过于保守，有可能成为“野蛮人”的“猎捕”对象。外源融资主要源于债务融资和股权融资，会增加财务风险或出现控制权风险。

（二）从筹资方式来看筹资风险

从筹资的方式来看，筹资风险可分为债权筹资风险、股权筹资风险和期权筹资风险。其中，债权筹资风险是指采用债权筹资方式筹集资金所带来的风险，包括借款风险、发行债券风险、租赁风险和商业信用风险等。债权筹资的筹资风险主要表现为丧失偿债能力的可能性和公司利润（股东收益）的可变性。股权筹资风险是指采用股权筹资方式筹集资金所带来的风险，包括实收资本（股本）风险和发行股票风险等。股权筹资风险主要表现为资金使用效益的不确定性、股利（利润）分配的不确定性、股权结构引起的控制权和公司治理风险。期权筹资风险是指采用期权筹资方式筹集资金所带来的风险，包括发行认股权证风险和发行可转换债券风险等。期权筹资风险主要表现为期权行使的不确定性。

（三）从筹资阶段来看筹资风险

从筹资的阶段来看，包括筹资过程风险和筹资结果风险。筹资过程风险是指各种筹资方式在实施过程中所存在的不确定性，例如证券发行失败、借款谈判失败等。IPO 失败和定向增发失败是近年来较为常见的筹资失败事件，典型案例如蚂蚁金融服务集团 IPO 叫停事件；债券发行失败近年来也时有发生，如东方园林拟发行 10 亿元公司债，实际仅发行 0.5 亿元。筹资失败将打乱筹资者的筹资计划和资金使用安排，对筹资者后期的生产经营活动带来较大影响。筹资结果风险是指资金筹集到位后所形成的财务风险、成本—收益风险、资金—资产结构协调性风险、财务弹性风险、控制权和公司治理合理性风险等。债权筹资有可能会出现偿债能力问题，股权筹资可能会出现资金使用效率低下，收益率不符合投资者预期，引起股价波动，进一步影响未来筹资；筹资结构还会影响公司股权结构，进而影响公司的控制权结构和公司治理结构。筹资过程风险的分析通常采用定性分析的方法来进行，筹资结果风险的分析通常采用定量分析的方法来进行。

二、筹资风险的影响因素

（一）筹资者自身的因素

筹资风险的大小和后果，受筹资者自身因素的影响很大。筹资者自身因素主要包括公司股权结构、筹资者的分析判断能力和筹资决策能力、公司经营性质、经营规模、经营能力、管理能力、风险防范能力以及发展阶段等。处于同行业竞争主导地位的公司可以通过经营性负债（应付账款、预收账款）融资，降低公司资金成本；受国家政策扶持的公司和大型国企可以通过金融性负债（短期借款、长期借款、长期债券）融资，融资来源较为稳定且不稀释控制权；处于发展初级阶段的公司，债务融资和经营活动难以满足公司经营发展所需资金，股权融资应占主导。

（二）筹资者外部的因素

1. 政治因素

在不同的国家或地区筹资，会受到不同国家或地区政治环境的影响，诸如战争、政局动荡、政权更迭等，都会给筹资造成不利影响，从而都会导致筹资的失败和利益受损。

2. 政策因素

政策变动也会给筹资带来风险。如产业政策变动、环保政策变动、税收政策变动、金融政策变动等，不仅会影响筹资者的筹资成本，同时也会影响筹资的最终结果。

3. 法律因素

筹资法律风险体现在筹资地区或筹资国法律不健全或不稳定。当筹资过程中出现需要法律解决的纠纷，却没有完善的法律体系提供公正或及时的裁决时，将会直接影响筹资的进程、筹资成本和筹资者的利益。

4. 金融因素

金融因素的影响主要表现在利率和汇率的变动两个方面。利率变动对筹资造成的不利影响主要表现在利率上升会增加筹资者的筹资成本，尤其是对债权筹资而言，利率上升会对筹资方形成较大的付息压力。汇率变动对筹资带来的不利影响主要是可能会加重债务负担。

5. 市场因素

市场因素主要是指筹资者的经营项目所处的市场变化，包括价格与销量的变化。市场价格与销售量波动会直接影响筹资者的现金流量、财务状况和经营成果，从而给筹资者的筹资带来很大的风险。

第二节　公司筹资风险分析方法

本书从筹资阶段视角对筹资风险进行分析。从筹资的阶段来看，包括筹资过程风险和筹资结果风险，筹资过程风险的分析通常采用定性分析的方法来进行，筹资结果风险的分析通常采用定量分析的方法来进行。

一、筹资过程风险分析

（一）IPO 失败和定向增发失败

随着公司不断发展壮大，资金需求增加，负债融资难以满足公司发展资金需求。为了优化股权结构、筹集更多资金扩大经营，公司会申请 IPO 或定向增发。IPO（定向增发）申请至 IPO（定向增发）成功之间存在较多不确定因素，如监管因素、政策因素、公司自身因素等，部分 IPO（定向增发）失败，对公司战略、经营策略会产生较大影响。

【例 5 -1】暂缓蚂蚁科技集团股份有限公司首次公开发行股票并在科创板上市

2020 年，蚂蚁科技集团股份有限公司拟首次公开发行人民币普通股（A 股）并在科创板上市。与人民币普通股（A 股）发行同步，公司拟在香港联交所进行 H 股发行。该次 A 股、H 股首次公开发行中发行的新股数量合计不低于 A 股和 H 股发行后总股本的 10%。该次 A 股发行可以采用超额配售选择权，采用超额配售选择权发行的 A 股股票数量不超过该次拟发行 A 股股票数量（不含采用超额配售选择权发行的股票数量）的 15%。该次 A 股和 H 股发行后总股本不低于 3 003 897 万股。全球首次公开发行后，发行人的外资股比将不超过届时发行股份总数的 50%。

上市申请已经上海证券交易所科创板股票上市委员会委员审议通过，并已经中国证券监督管理委员会同意注册。蚂蚁集团已于2020年10月23日（T－4日）完成战略投资者缴纳认购资金的工作，于2020年10月29日（T日）完成本次A股发行的网上和网下发行申购工作，于2020年11月2日（T+2日）完成了网上中签投资者以及网下配售投资者缴纳认购资金的工作。公司原计划于2020年11月4日（T+4日）刊登《蚂蚁科技集团股份有限公司首次公开发行股票并在科创板上市发行结果公告》及《蚂蚁科技集团股份有限公司首次公开发行股票并在科创板上市招股说明书》。

2020年11月3日，上海证券交易所发出公告，暂缓蚂蚁科技集团股份有限公司科创板上市：近日，发生你公司实际控制人及董事长、总经理被有关部门联合进行监管约谈，你公司也报告所处的金融科技监管环境发生变化等重大事项。该重大事项可能导致你公司不符合发行上市条件或者信息披露要求。根据《科创板首次公开发行股票注册管理办法（试行）》第二十六条和《上海证券交易所科创板股票发行上市审核规则》第六十条等规定，并征询保荐机构的意见，本所决定你公司暂缓上市。你公司及保荐人应当依照规定作出公告，说明重大事项相关情况及你公司将暂缓上市。

蚂蚁科技集团股份有限公司暂缓上市，筹资计划失败，在一定程度上对公司的经营和战略产生了影响。

【例5－2】金宇火腿终止2021年定向增发

金宇火腿股份有限公司于2021年10月11日召开第五届董事会第十八次会议、第五届监事会第十二次会议，审议通过公司非公开发行A股股票的预案及相关议案。2022年1月20日，公司召开2022年第一次临时股东大会，审议通过公司非公开发行A股股票的预案及相关议案。2021年度非公开发行A股股票的发行对象为任贵龙，拟非公开发行的股票数量不超过292 000 000股（含本数），募集资金不超过人民币1 241 000 000元（含本数）。截至2022年5月28日，该次发行尚未向中国证券监督管理委员会提交相关材料。

因公司涉嫌信息披露违规被中国证监会立案调查，导致公司不符合非公开发行股票的发行条件；同时综合考虑募投项目实施情况、公司实际情况等因素，经审慎分析并与中介机构等反复讨论，金宇火腿股份有限公司决定终止该次非公开发行A股股票事项。

金宇火腿股份有限公司于2022年5月27日召开第六届董事会第六次会议和第六届监事会第五次会议，审议通过《关于终止2021年度非公开发行A股股票事项的议案》。

金宇火腿2021年定向增发终止，筹资计划失败，未能按计划增加股东，公司股权结构和治理结构未能按预期改变，在一定程度上对公司控制权结构和治理结构产生了影响。

（二）债券发行失败

随着中国债券市场的不断发展，越来越多公司通过发行债券筹集公司经营发展所需资金，在获取税收效应同时降低公司总资金成本，提高公司盈利能力。部分公司经营和盈利能力稳定，债券评级高，受投资者青睐，债券发行利率较低且发行顺利；但也存在部分公司受宏观环境和自身问题影响，债券发行失败，筹资计划落空。

【例5－3】东方园林——“史上最惨发债”

2018年5月，PPP明星公司东方园林拟发行的首期不超10亿元规模公司债，实际仅发行0.5亿元，有媒体称为“史上最惨发债”。

上海新世纪资信评估投资服务有限公司为东方园林本次发债出具了信用评价报告。分析师认为，东方园林工程建设施工主业突出，维持了良好的毛利率水平，公司盈利能力较强，且完成并购转型，业绩大幅提升。同时，东方园林经营性现金流得到改善并进行资产重组，目前负债经营程度尚属合理。在新世纪资信评估对东方园林债券的主要风险描述中，业务模式的风险被着重提及。新世纪资信评估认为，东方园林承接工程的模式变为以 PPP 为主，PPP 项目施工期限较长，且工程回款风险仍难以避免。

东方园林核心业务类型是工程建设，2017 年营收占比达到 84.30%，其中，又以 PPP 模式的市政园林建设、水环境综合治理为大头。在 PPP 模式下，工程建设往往需要公司先行垫资后收款。而东方园林工程项目运作的周期一般为 1—3 年，相对较长，部分项目长达 3—5 年，项目周期长对公司业务模式及收款带来一定不确定性。此外，由于东方园林承接传统项目通常为政府财政资金投入，结算体系较为复杂，结算流程和结算时间较长。一般过程结算需要 3—6 个月，而项目的最终结算整个结算周期为半年到一年时间，由此导致客户结算与公司收入确认金额之间存在差异。截至 2017 年年末，东方园林重大项目累计收入 70 亿元，累计结算 39.12 亿元，应收账款达 85.31 亿元。上年，公司计提坏账准备 10.62 亿元。

随着业务加速，东方园林资产负债率有所上升。从 2016 年到 2018 年一季度，其资产负债率由 61% 上升到 70%；流动比率有所下滑，从 1.49 下滑到 1.03。2018 年第一季度末，东方园林其他流动负债较年初增长 44.64%，主要为报告期内公司共计发行 25 亿元短期融资券、超短期融资券以及偿还 10 亿元超短期融资券。

东方园林债券发行失败，筹资计划未能按预期实现，给即将到期的 8 亿元债券（17 东方园林 SCP002）偿付带来一定压力。

二、筹资结果风险分析

（一）偿债能力和财务风险分析

传统的筹资风险指公司借入资金未能按期偿还利息和本金的可能性及利润的可变性。向银行等金融机构举债或者通过资本市场进行债务融资，可以有效解决公司发展过程中的资金问题，但会带来较大的偿付压力和财务风险，债务所承担的利息支出会成为公司发展的一把双刃剑。我们可以从公司偿债能力和财务风险角度分析公司筹资风险。

1. 流动比率

流动比率是流动资产与流动负债的比率，计算公式为：

$$流动比率 = \frac{流动资产}{流动负债}$$

流动比率反映公司运用流动资产偿还流动负债的能力。流动负债偿还期限短，流动资产能在一年或一个营业周期内变现，可以满足流动负债偿还的需求。通常以流动比率衡量公司的短期偿债能力。实践中，部分人认为流动比率保持在 2 比较合适。但从我国资本市场来看，大量上市公司的流动比率都远小于 2，但是公司的竞争能力仍然较强。

在运用流动比率衡量公司的短期偿债能力时，要结合公司的销售模式、行业地位和资产的可用性进行判断。部分公司流动负债较多是因为其采用预收款形式进行销售，预收账款在一定程度上增加了公司的流动负债，但预收账款一般不需要货币进行偿还，其对偿债能力的影响不大。考察公司的短期偿债能力还需要关注公司的行业地位。行业地位比较显赫，尤其是行业龙头公司，往往倾向于采用 OPM（Other People's Money，直译为“别人的钱”）模式进行融资，除了预收账款外可能还有较多的应付账款，这类公司的流动比率一般比较低，但这并不代表公司无偿债能力，而是公司在上下游供应链中具有较强的议价能力，是公司主动的债务安排。流动资产方面可以适当关注资产的可用性，即资产是否可以及时、不贬值地转换为货币资金进行债务清偿。比如应收账款，要考虑应收账款的坏账损失率和周转时间，是否能及时变现用于短期债务清偿。

【例 5-4】 甲公司 2020 年年末和 2021 年年末的流动资产分别为 149 154 万元和 178 446 万元，流动负债分别为 101 197 万元和 151 740 万元。计算甲公司 2020 年年末和 2021 年年末的流动比率。

计算过程和结果如下：

$$2020\text{ 年年末的流动比率} = \frac{149\ 154}{101\ 197} = 1.47$$

$$2021\text{ 年年末的流动比率} = \frac{178\ 446}{151\ 740} = 1.18$$

甲公司 2021 年年末的流动比率较 2020 年年末有所下降，说明公司短期偿债能力有所降低，筹资风险有所上升。

2. 速动比率

为了更准确地判断公司的短期偿债能力，传统上将变现能力较差的资产从流动资产中剔除，例如剔除存货，保留可以及时、不贬值地转换为货币资金的流动资产形成速动资产。速动比率是速动资产与流动负债的比率，计算公式为：

$$\text{速动比率} = \frac{\text{速动资产}}{\text{流动负债}}$$

$$\text{速动资产} = \text{货币资金} + \text{交易性金融资产} + \text{应收票据和应收账款}$$

或

$$\text{速动资产} = \text{流动资产} - \text{存货} - \text{预付款项}$$

西方的财务管理教材一般认为速动比率为 1 比较合适，当速动比率为 1 时，即使所有流动负债同时要求清偿，公司仍可以维持正常生产经营，公司的筹资风险较低。但是速动比率并不是越高越好，速动比率越大，资产流动性越强，资产的收益率越低，甚至基本没有收益，比如现金。这个经验值也不一定适合中国的公司，事实上，在中国的上市公司中，大量的公司其速动比率都远小于 1。

运用流动比率和速动比率判断公司筹资风险时，可将指标与公司往年水平进行比较，还可以与同行业正常水平进行比较，观察其是否有较大的变动，并分析产生变动的原因。

【例 5-5】 甲公司 2020 年年末和 2021 年年末的货币资金、交易性金融资产、应收账款和流动负债如表 5-1 所示，试计算该公司 2020 年年末和 2021 年年末的速动比率。

表 5-1　　甲公司部分资产、负债信息表（1）　　单位：万元

时点	货币资金	交易性金融资产	应收账款	流动负债
2020 年年末	122 972	1 649	10 152	101 197
2021 年年末	144 027	456	16 549	151 740

计算过程和结果如下：

$$2020\text{ 年速动比率} = \frac{122\ 972 + 1\ 649 + 10\ 152}{101\ 197} = 1.33$$

$$2021\text{ 年速动比率} = \frac{144\ 027 + 456 + 16\ 549}{151\ 740} = 1.06$$

甲公司 2021 年的速动比率比 2020 年有所下降，但仍超过 1，短期偿债能力较好。

3. 资产负债率

筹资风险判断中，除了考虑筹资后的短期偿债能力，还需要考虑筹资后的长期偿债能力。资产负债率是负债总额与资产总额的比率，计算公式为：

$$\text{资产负债率} = \frac{\text{负债总额}}{\text{资产总额}} \times 100\%$$

资产负债率可以反映公司的全部资金中有多少来自债务，是对公司负债情况的一个总体反映，是衡量公司财务风险的主要指标。如果公司筹资后，资产负债率过快上升或比率较大，筹资风险较大，需引起关注。采用资产负债率判断公司筹资风险时，应结合公司历史负债率和同行业负债水平，部分行业由于行业特性，其资产负债率较高。

【例 5-6】 甲公司 2020 年年末和 2021 年年末的负债总额分别为 209 652 万元和 277 579 万元，资产总额分别为 395 899 万元和 554 672 万元。试计算甲公司 2020 年年末和 2021 年年末的资产负债率。

计算过程和结果如下：

$$2020\text{ 年年末的资产负债率} = \frac{209\ 652}{395\ 899} \times 100\% = 53\%$$

$$2021\text{ 年年末的资产负债率} = \frac{277\ 579}{554\ 672} \times 100\% = 50\%$$

甲公司 2021 年年末的资产负债率较 2020 年年末略有下降，说明公司长期偿债能力略有提升。

4. 资产金融性负债率

资产金融负债率是金融负债与资产总额的比率，计算公式为：

$$\text{资产金融负债率} = \frac{\text{金融负债}}{\text{资产总额}} \times 100\%$$

将资产负债率作为衡量公司财务风险的指标具有较大的缺陷，因为资产负债率指标未对债务结构进行区分。负债根据其产生的原因可分为经营负债和金融负债，前者包括应付票据、应付账款、预收款项、合同负债、应付职工薪酬和应交税费等，经营负债由公司的经营规模、经营风格和竞争能力决定；后者指各类有息负债，包括短期借款、交易性金融负债、长期借款、应付债券等。较高的经营负债且能可持续发展，表明公司具有一定的竞争优势。因此，考察公司筹资风险，应更多关注有息负债，即考察公司的资产金融负债率。

【例 5-7】 甲公司 2020 年年末和 2021 年年末的短期借款、交易性金融负债、长期借款、应付债券和资产总额如表 5-2 所示，试计算甲公司 2020 年年末和 2021 年年末的资产金融负债率。

表 5－2 **甲公司部分资产、负债信息表（2）** 单位：万元

时点	短期借款	交易性金融负债	长期借款	应付债券	资产总额
2020 年年末	36 204	0	57 549	0	395 899
2021 年年末	29 363	0	82 094	0	554 672

计算过程和结果如下：

$$2020\text{ 年年末的资产金融负债率}=\frac{36\ 204+0+57\ 549+0}{395\ 899}\times100\%=23.68\%$$

$$2021\text{ 年年末的资产金融负债率}=\frac{29\ 363+0+82\ 094+0}{554\ 672}\times100\%=20.09\%$$

甲公司 2021 年年末的资产金融负债率较 2020 年年末有所下降，说明其筹资风险下降。

5. 利息保障倍数

利息保障倍数是息税前收益与利息费用的比率，计算公式为：

$$\text{利息保障倍数}=\frac{\text{息税前利润}}{\text{利息费用}}$$

$$\text{息税前利润}=\text{净利润}+\text{利息费用}+\text{所得税费用}$$

息税前利润指扣除利息和税金前的利润。这个指标要大于 1 才能使公司利润为正，该指标越大，表明负债融资对股东的价值增加越有利。这个指标更多是从股东角度考虑筹资风险，若该指标小于 1，公司收益不足以支付利息，股东价值不增反降。

【例 5－8】 甲公司 2020 年和 2021 年的净利润、利息费用和所得税费用如表 5－3 所示，试计算甲公司 2020 年和 2021 年的利息保障倍数。

表 5－3 **甲公司净利润、利息费用和所得税费用表** 单位：万元

年度	净利润	利息费用	所得税费用
2020	41 447	－664	10 193
2021	72 471	－1 032	15 744

计算过程和结果如下：

$$2020\text{ 年利息保障倍数}=\frac{41\ 447+(-664)+10\ 193}{-664}=-76.77$$

$$2021\text{ 年利息保障倍数}=\frac{72\ 471+(-1\ 032)+15\ 744}{-1\ 032}=-84.48$$

甲公司 2020 年和 2021 年的息税保障倍数为负，这是因为其利息费用为负，即净利息收入，表明公司的长期偿债能力极强，筹资风险低。

6. 财务杠杆系数

财务风险指公司由于负债融资而使股东收益产生的不确定性。财务杠杆系数可以衡量财务风险，其是每股收益变动率与息税前收益变动率的比率，计算公式如下：

$$\text{财务杠杆系数}=\frac{\text{每股收益变动率}}{\text{息税前收益变动率}}$$

或

$$\text{财务杠杆系数}=\frac{\text{息税前收益}}{\text{息税前收益}-\text{利息}-\dfrac{\text{优先股股息}}{1-\text{所得税税率}}}$$

公司采用财务杠杆是希望能增加普通股股东报酬。当公司收益大于固定支付的资金成本（有息负债的利息和优先股股息）时，财务杠杆越高，股东收益增加幅度越大。但财务杠杆是一把双刃剑，当公司收益不足以支付固定资金成本时，则财务杠杆越高，股东收益下降的幅度越大。整体而言，公司不应采用太高的财务杠杆，尤其是在当前经济环境不确定性较高的情况下，保持适当财务杠杆，甚至“去杠杆”是降低筹资风险的较优选择。

从财务杠杆系数计算公式可知，在资金总额、息税前利润不变的情况下，固定支付的资金成本越大（包括利息和优先股股息），财务杠杆系数就越大，财务风险或筹资风险也越大；反之，财务杠杆系数就越小，财务风险或筹资风险也越小。因此，公司在使用负债进行筹资时，除了考虑债权筹资带来的抵税效应以外，还要考虑合理的资金结构，适度负债，降低财务风险和筹资风险。

【例 5－9】 某公司成立前设计的资金总额为 500 万元，有两个筹资方案可供选择，其中，甲方案为发起人出资 50% 即 250 万元，余下 250 万元待公司成立后向银行借入，年利率为 10%；乙方案为发起人出资 80% 即 400 万元，余下 100 万元待公司成立后向银行借入，年利率为 10%。发起人预计公司成立后每年的息税前收益为 100 万元。试比较甲、乙两个方案的筹资风险。

分析过程和结果如下：

计算甲、乙两个筹资方案的财务杠杆系数 $DFL_{甲}$ 和 $DFL_{乙}$。

$$DFL_{甲}=\frac{100}{100-250\times 10\%}=1.33$$

$$DFL_{乙}=\frac{100}{100-100\times 10\%}=1.11$$

通过计算得知，甲方案的财务杠杆系数 1.33 大于乙方案的财务杠杆系数 1.11，所以，甲方案的财务风险或筹资风险大于乙方案的财务风险或筹资风险。

【例 5－10】 某公司当前的资金总额为 1 000 万元，全部为股权资金，年固定成本总额为 100 万元，单位变动成本为 5 元，单位售价为 10 元，销量为 100 万件。现计划采用债权筹资方式筹集资金 300 万元用于补充流动资金，年利率为 10%。筹集资金后，年固定成本仍保持 100 万元，销量达到 120 万件，单位变动成本和单位售价均保持不变。公司所得税税率为 25%，试分析比较筹资前后的筹资风险。

分析过程和结果如下：

（1）计算筹资前后的财务杠杆系数，以比较筹资前后的筹资风险：

$$筹资前的财务杠杆系数\ DFL=\frac{100\times(10-5)-100}{100\times(10-5)-100-0}=1.0$$

$$筹资后的财务杠杆系数\ DFL=\frac{120\times(10-5)-100}{120\times(10-5)-100-300\times 10\%}=1.06$$

从计算结果来看，筹资后的财务杠杆系数大于筹资前的财务杠杆系数，可见，筹资后公司的财务风险或筹资风险增大了。

（2）计算筹资前后的股权资金收益率，以进一步比较筹资前后的筹资风险：

$$股权资金收益率=净利润/股权资金总额\times 100\%$$

筹资前的股权资金收益率为：

$$\frac{[100\times(10-5)-100]\times(1-25\%)}{1\ 000}=30\%$$

筹资后的股权资金收益率为：

$$\frac{[120\times(10-5)-100-300\times10\%]\times(1-25\%)}{1\ 000}=35.25\%$$

通过分析可知，筹资并投入使用后，在绝对数上增加了公司的息税前利润（从当前的每年400万元增加到每年500万元）的同时，也提高了公司的股权资金收益率，使公司的股权资金收益率由筹资前的30%提高到筹资后的35.25%。因此，筹资虽然提高了公司的财务杠杆，但同时也提高了公司的盈利能力，在一定程度上降低了公司的筹资风险。

（二）成本—收益性分析（资产报酬率和综合资金成本比较）

公司筹集资金是为了更好的经营发展，实现公司价值增加。从成本效益角度分析筹资风险，可以较好地判断资本成本与投资收益率的适配性，当投资收益率高于资本成本时，公司在融资后能够获得增量利润，公司才能实现价值增加；反之，公司利润减少，公司价值降低，公司经营风险和财务风险增加。筹资风险的成本—收益性分析从资本成本和投资收益率匹配性出发，考察公司资本成本与资产报酬率的高低，以此判断筹资风险大小。一般情况下，资金成本率越是大于或接近资产报酬率，说明筹资风险越大；反之，资金成本率越是小于资产报酬率，说明筹资风险越小。

1. 单个项目成本—收益性分析

单个项目成本—收益性分析通过比较单个投资项目的内含报酬率和项目筹资资金成本的高低来判断新增筹资的筹资风险。先分别计算出投资项目内含报酬率和各备选筹资方案的资金成本，再将投资项目内含报酬率与各备选筹资方案资金成本比较，内含报酬率与资金成本差额为正，且差额越大，则筹资风险越低。

【例5-11】 东方公司拟进行一项投资，初始投资额为期初一次性投入500万元，建设期可忽略不计。项目预计寿命为5年，各年现金净流量相同，期满无残值。项目现金净流量如表5-4所示。公司现有三个可选筹资方案，如表5-5所示。

表5-4　东方公司项目投资现金净流量表　　金额单位：万元

年度	0	1	2	3	4	5
各年现金净流量	500	140	140	140	140	140

表5-5　东方公司筹资方案表　　金额单位：万元

筹资方式	A方案		B方案		C方案	
	筹资额	资金成本	筹资额	资金成本	筹资额	资金成本
股权资金	300	12.5%	250	12%	200	11.5%
债权资金	200	7.5%	250	8%	300	8.5%
资金合计	500	—	500	—	500	—

试根据上述资料对该项目进行单个项目成本—收益性分析。

分析过程和结果如下：

（1）计算投资项目内含报酬率（IRR）：

由于投资项目5年的现金净流量（NCF）相等，均为140万元，可求出其年金现值系数。

$$年金现值系数=\frac{原始投资额}{各年NCF}=\frac{500}{140}=3.5714$$

查“1元年金现值系数表”，5年期利率12%和14%的年金现值系数与3.5714相近，故年金现值系数3.5714对应的折现率介于12%和14%，可采用插值法计算。

$$项目IRR=12\%+\frac{3.6048-3.5714}{3.6048-3.4331}\times(14\%-12\%)=12.39\%$$

（2）计算各筹资方案的资金成本：

$$K_A=300\div500\times12.5\%+200\div500\times7.5\%=10.5\%$$

$$K_B=250\div500\times12\%+250\div500\times8\%=10\%$$

$$K_C=200\div500\times11.5\%+300\div500\times8.5\%=9.7\%$$

（3）比较A、B、C三个筹资方案的筹资风险：

从计算结果来看，三个筹资方案的资金成本都低于项目内含报酬率，都可作为备选方案。但从项目内含报酬率与各筹资方案资金成本的差额看，差额C>差额B>差额A，故筹资方案C的筹资风险最低。

2. 综合成本—收益性分析

综合成本—收益性分析从整体上比较公司的资产报酬率与综合资金成本，只有当公司的总资产报酬率大于公司的加权平均资金成本时，公司才能在支付资金使用费之后给股东创造利润。从筹资风险角度理解，较优的融资方案表现为融资后股东能够获得增量利润，筹资风险较低。本节中的总资产报酬率等于公司息税前利润与公司平均总资产之比（考虑负债利息扣除因素，故不采用净利润指标），加权资金成本计算公式中的权重可以按资金账面价值计算，也可以按市场价值计算。总资产报酬率和加权平均资金成本计算公式如下：

$$总资产报酬率=\frac{息税前利润}{平均资产总额}\times100\%$$

$$K_w=\sum_{j=1}^{n}K_jW_j$$

加权平均资金成本计算公式中，K_w为加权平均资金成本；K_j为第j种个别资金成本；W_j为第j种个别资金占全部资金的比重（权数），其中各类资本的权数W_j通常有以下三种计算方式：按账面价值计算、按市场价值计算、按目标价值计算。

【例5-12】 接【例5-11】，东方公司拟新增一个投资项目，需要在现有资金结构下进行再融资，现有三个可选筹资方案，如表5-5所示。公司原有资金结构如表5-6所示。新项目投产后，预计公司息税前利润为700万元，公司平均资产总额为7 500万元。

表5-6　东方公司原有资金结构表

资金性质	资金来源	金额（万元）	资金成本
债权资金	长期借款	800	6%
	长期债券	1 000	7.5%
股权资金	普通股	2 500	8.5%
	留存收益	500	8%

试根据上述资料对该项目进行综合成本—收益性分析。

分析过程和结果如下：

（1）计算公司总资产报酬率：

$$总资产报酬率=\frac{息税前利润}{平均资产总额}\times 100\%=\frac{700}{7\ 500}\times 100\%=9.33\%$$

（2）计算公司各筹资方案加权平均资金成本：

$$K_{wA}=\frac{800}{5\ 300}\times 6\%+\frac{1\ 000}{5\ 300}\times 7.5\%+\frac{2\ 500}{5\ 300}\times 8.5\%+\frac{500}{5\ 300}\times 8\%+\frac{300}{5\ 300}\times 12.5\%+\frac{200}{5\ 300}\times 7.5\%=8.08\%$$

$$K_{wB}=\frac{800}{5\ 300}\times 6\%+\frac{1\ 000}{5\ 300}\times 7.5\%+\frac{2\ 500}{5\ 300}\times 8.5\%+\frac{500}{5\ 300}\times 8\%+\frac{250}{5\ 300}\times 12\%+\frac{250}{5\ 300}\times 8\%=8.03\%$$

$$K_{wC}=\frac{800}{5\ 300}\times 6\%+\frac{1\ 000}{5\ 300}\times 7.5\%+\frac{2\ 500}{5\ 300}\times 8.5\%+\frac{500}{5\ 300}\times 8\%+\frac{200}{5\ 300}\times 11.5\%+\frac{300}{5\ 300}\times 8.5\%=8.02\%$$

（3）比较公司总资产报酬率与各筹资方案加权平均资金成本：

项目运行后，公司预计总资产报酬率为9.33%，三个筹资方案的加权平均资金成本分别为8.08%、8.03%和8.02%，从“收益—成本”角度判断，三个方案都可选。从筹资风险角度考虑，C方案的筹资风险更低。

（三）资金期限结构—资产结构协调性分析

从期限结构角度看，公司的负债项目按偿还期限的长短可以分为流动负债和非流动负债，所有者权益项目属于永久性资本。从营运资本融资政策角度考虑，公司购置永久性流动资产和非流动资产，应当通过长期资金来源解决（即通过所有者权益和非流动负债获取资金）；购置波动性流动资产（季节性、临时性原因需要的流动资产）应由短期资金来源解决。

如果公司长短期资金来源与公司长短期资产结构不相协调，用长期资金购置波动性流动资产，因为长期资金的资金成本较高，将会降低公司的收益率；如果用短期资金购置永久性流动资产或非流动资产，则出现“短贷长投”现象，因永久性流动资产和非流动资产的变现能力较弱，公司面临的短期偿债能力风险增加，导致公司筹资风险上升。

根据资金期限结构和资产结构的协调性，可以将资金期限结构分为匹配型结构、激进型结构和保守型结构。激进型结构筹资风险最大，保守型结构收益率最低。

1. 匹配型结构

匹配型结构也称到期日搭配型结构，指公司长短期资金结构和公司永久性及波动性资产结构匹配，即波动性流动资产使用短期资金购置，永久性流动资产和非流动资产则使用长期负债或所有者权益资金购置。

一般而言，公司部分流动资产需要保持长期持有，如必要的现金持有量、应收账款和存货等资产项目的最低占用水平，这些项目虽然在资产划分中属于流动资产，但是需要长期占用资金，即永久性流动资产，应该用长期资金进行购置。波动性流动资产可以通过短期资金购置，流动负债的资金成本较低，且借贷和偿还比较灵活。匹配型结构可以较好地平衡资金期限结构和资产结构协调性，兼顾了公司的筹资风险和资金成本。

【例 5-13】 某公司是一家季节性生产公司，生产经营淡季流动资产持有量一般为 700 万元，固定资产持有量一般为 1 200 万元。生产高峰期，流动资产持有量会增加 300 万元。匹配型结构的融资策略是：700 万元永久性流动资产和 1 200 万元固定资产，共计 1 900 万元，通过长期资金解决；300 万元波动性流动资产在经营高峰期时通过流动负债解决。

2. 保守型结构

保守型资金—资产结构是一种风险和收益均较低的融资政策，公司长期资金除了满足非流动资产和所有永久性流动资产需求之外，还满足部分波动性流动资产资金需求，剩余部分波动性流动资产通过短期资金解决。这种结构可以降低公司的偿债风险和筹资风险，但长期资金的增加会导致资金成本上升，当公司波动性流动资产占用额处于低谷时，公司拥有的长期资金可能会超过全部资金需求量，造成资金的闲置和浪费。

【例 5-14】 接【例 5-13】，公司长期资金来源共计 2 100 万元，除了满足非流动资产 1 200 万元、永久性流动资产 700 万元资金需求外，还剩余 200 万元，用于波动性流动资产购置。长期资金来源 2 100 万元大于非流动资产和永久性流动资产资金需求之和 1 900 万元，在波动性流动资产低谷时期，会出现 200 万元的资金闲置和浪费，筹资风险低的同时公司收益也相应降低。

3. 激进型结构

在激进型资金—资产结构下，公司全部波动性流动资产和部分永久性流动资产用短期资金解决，另一部分永久性流动资产和非流动资产通过长期资金解决，如图 5-1 所示。激进型资金—资产结构对资金成本的考虑多于对投资和筹资风险的考虑，其偿债风险在三种结构中是最高的，筹资风险也最高。用短期资金购置的永久性流动资产比例越大，激进性就越强，筹资风险也越高。这种结构属于“短贷长投”。

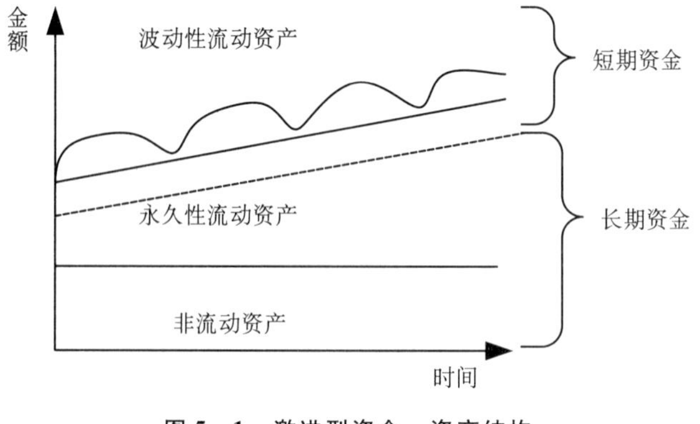

图 5-1 激进型资金—资产结构

【例 5-15】 接【例 5-13】，公司长期资金来源共计 1 700 万元，可满足非流动资产 1 200万元的资金需求，但不足以满足永久性流动资产 700 万元的资金需求，即 200 万元的永久性流动资产需要通过短期资金解决。短期债务偿还期限短，永久性流动资产的资金占用稳定，无法变现用于偿还短期债务，如果不能及时借到新债还旧债，则会出现偿债困难，公司筹资风险较高。

（四）财务弹性分析

财务弹性是指公司适应经济环境变化和利用投资机会的能力，具体指公司动用闲置资金和剩余负债能力，应对可能发生的或无法预见的紧急情况，以及把握未来投资机会的能力。在分析筹资风险时，主要考虑公司筹资后的剩余筹资能力。如果公司在当下筹资完成之后资产负债率较高，其从潜在债权人那里继续获得资金的难度将会增大，当公司未来发展面临资金需求时，债务融资的难度会因当前的高负债率而大大增加，公司只能通过权益融资筹集资金，资金成本上升，且相对于负债融资，融资时间可能更长；权益融资还可能对股权和控制权产生影响。一般情况下，过高的财务杠杆和财务风险筹资方案会导致公司未来资金需求的财务弹性较差。

综合张新民、钱爱民、马春爱和其他学者的研究成果，本教材采用资产负债率和加权净资产收益率（ROE）（三年平均大于6%）衡量财务弹性，通过外部再融资能力判断筹资风险。资产负债率越高，意味着杠杆越高，可利用的负债融资额度下降；加权 ROE 越低，外部融资能力越低。这两个指标可以跟公司历年数据和同行业均值进行比较。

【例 5-16】以房地产业中国恒大、万科地产和保利地产为例分析公司财务弹性。案例公司 2017—2021 年资产负债率和加权净资产收益率如表 5-7 和表 5-8 所示。

表 5-7　　案例公司 2017—2021 年资产负债率

公司	2017 年	2018 年	2019 年	2020 年	2021 年
中国恒大	86.25%	83.58%	83.75%	84.77%	82.71%
万科地产	83.98%	84.59%	84.36%	81.28%	79.74%
保利地产	77.28%	77.97%	77.79%	78.69%	78.69%
行业均值	60.37%	60.94%	61.92%	62.79%	67.10%

表 5-8　　案例公司 2017—2021 年加权净资产收益率

公司	2017 年	2018 年	2019 年	2020 年	2021 年
中国恒大	11.52%	13.31%	5.09%	2.42%	4.19%
万科地产	22.80%	23.24%	22.47%	20.13%	9.78%
保利地产	16.32%	16.63%	21.01%	17.10%	14.39%

试根据上述资料对这三个案例公司进行财务弹性分析。

分析过程和结果如下：

由表 5-7 可知，中国恒大的资产负债率较高，高于同行业公司和行业均值。高杠杆可以获得明显的财务效应，但当经济环境发生变化时，对公司的损害更大。从 2020 年年初爆发新冠疫情起，中国和全球经济环境发生了重大变化，叠加政府对房地产行业进行调控，房地产公司的生存环境恶化，此时中国恒大的高杠杆负面效应凸显，高杠杆带来的财务风险和筹资风险陡增。

由表 5-8 可知，中国恒大 2019—2021 年的加权净资产收益率远低于同行业公司，且三年均值远低于6%，仅为 3.9%。高杠杆使中国恒大的债务融资空间非常有限，如果需要外部融资只能通过权益融资，但中国恒大 A 股上市困难重重，难以实现。叠加中国恒大 2019—2021 年加权净资产收益率低，使其财务弹性大大降低，中国恒大的融资之旅不容乐观。其高杠杆融资后的筹资风险较高。

（五）控制权和治理结构的合理性分析

公司在进行巨额融资时可以通过债务融资（银行借款或发行债券）和股权融资（增发股票或引入私募基金）解决。融资决策过程中资金成本、财务风险和控制权风险都是考察因素，但更关注财务风险和控制权风险。如果过度负债，公司财务风险过高，可能会出现“灭顶之灾”；如果过度股权融资，股权分散，门口“野蛮人”虎视眈眈，有可能控制权旁落。我们可以通过股权集中度指标（第一大股东持股比例、前十大股东持股比例等）和股权制衡度指标衡量股权融资后的控制权转移风险，即股权融资后的筹资风险。

【例 5－17】 大娘水饺和俏江南的悲剧

大娘水饺 1996 年创建，经过 20 多年发展门店遍布全国 100 多个城市，开设 400 多家连锁店，曾荣膺“中国快餐十大著名品牌公司”“中国快餐十强公司”。创始人吴国强在 2014 年以前也曾为公司融资，但是一直在可控范围。2014 年，大娘水饺创始人引入欧洲资本 CVC，被 CVC 收购后创始人仅占有 10% 控制权，并被收购方剔除出管理团队，甚至被保安阻拦在公司年会门外。

作为大娘水饺的前车之鉴，俏江南曾经是中高端餐饮的代表，但在俏江南上市失败之后，因为资金压力也引入了 CVC，随着 CVC 的绝对控股，俏江南的创始人也随着 CVC 的管理团队入局而净身出户。

【例 5－18】 宝万之争

2015 年，宝能万科股权之争是中国 A 股市场历史上规模最大的一场公司并购与反并购攻防战。

万科发展过程中股权一直比较分散，作为第一大股东的华润持股比例不足 15%，而根据万科的公司章程规定，持股比例超过 30% 以上为公司控股股东，这也给后来在并购过程中争抢实控人权力埋下了隐患。另外，作为创始人的王石无一票否决权，且无董事提名权，无法对公司股东大会的决议产生重大影响。公司一直不存在控股股东和实际控制人，且创始人对公司决策不存在实质上的重大影响，对公司经营的稳定性来说是不可忽视的重大风险，万科绝大多数股权分散在中小股东手中，给宝能收购万科创造了有利的条件。

2015 年 12 月 26 日，钜盛华与前海人寿合计持有万科 24.26% 的权益。经过一年多的艰苦博弈，2017 年 6 月最终以深圳地铁成为万科第一大股东、王石退位终结“宝万之争”。

“宝万之争”起因并非公司过度股权融资，但公司过度股权融资可能会出现万科股权分散无实际控制人的情况。当股权分散无实际控制人的公司资产优质、发展前景良好时，可能会引来“野蛮人”。如果公司原有管理层和创始人实力不足，就可能被“野蛮人”“生吞活剥”，2016 年的南玻 A 便是其一。

债务融资的筹资风险更多体现在偿债能力方面，而股权融资的筹资风险更多体现在控制权转移。

复习思考题

1. 什么是筹资风险？它可以分为哪些类型的风险？
2. 影响筹资风险的因素主要有哪些？

3. 为什么筹资过程的风险适合采用定性分析法来分析，而筹资结果的风险则适合采用定量分析方法来分析？

4. 筹资结果的风险可以从哪几个方面进行定量分析？

5. 为什么需要结合资产金融负债率进行筹资风险分析？

6. 成本效益分析法中的“成本”和“效益”指的是什么？如何利用“成本”和“效益”来分析筹资风险？

7. 如何通过财务杠杆分析公司筹资风险？

8. 为什么要考虑资金期限和资产结构协调性对筹资风险的影响？

9. 如何通过控制权和治理结构判断公司筹资风险？

课外作业题

1. 某公司2020年销售产品10万件，单价50元，单位变动成本30元，固定成本总额100万元，年末公司负债60万元，年利息率为8%，所得税税率为25%。请计算该公司的财务杠杆系数。

2. 某公司有一个投资项目，初始投资额为50 000万元，建设期忽略不计，项目寿命期为5年，各年营业现金净流量均为12 000万元，终结现金净流量为3 000万元。现公司有三个筹资方案，其相关资料如表5－9所示。

表5－9　某公司三个筹资方案相关资料　金额单位：万元

筹资方式	甲方案		乙方案		丙方案	
	筹资额	资金成本	筹资额	资金成本	筹资额	资金成本
股权资金	25 000	10%	20 000	11%	30 000	9%
债权资金	25 000	8%	30 000	9%	20 000	10%
资金合计	50 000	—	50 000	—	50 000	—

试根据上述资料比较甲、乙、丙三个筹资方案的筹资风险。

3. 某公司的所得税税率为25%，增加筹资前后的资金结构及有关财务指标如表5－10所示。

表5－10　某公司增加筹资前后的资金结构及有关财务指标　金额单位：万元

项目	股权资金	债权资金	利率	息税前利润
增加筹资前	20 000	20 000	8%	4 000
增加筹资后	20 000	30 000	8%	5 000

试分析比较该公司增加筹资前后的筹资风险。

第六章

公司资金结构分析

内容简介

本章主要介绍资金结构及其与财务杠杆作用、财务风险之间的内在联系以及资金结构理论、最优资金结构评价标准和筹资决策分析方法（包括比较资金成本法、比较每股收益法、比较公司价值法和比较财务风险法）。

学习目标

通过本章的学习，要求了解资金结构、财务杠杆作用、财务风险的概念以及它们三者之间的内在联系；了解资金结构理论和最优资金结构评价标准；掌握筹资决策分析方法（包括比较资金成本法、比较每股收益法、比较公司价值法和比较财务风险法）的运用技巧。

第一节　公司资金结构概述

一、资金结构的概念

资金是资产的价值形态，资产是资金的实物形态，两者在金额上是相等的。根据“资产 = 负债 + 所有者权益”这个会计恒等式，可得“资金 = 债权资金 + 股权资金”这个财务恒等式。

债权资金是指以负债的形式从债权人那里取得的资金，主要包括短期借款、应付款项等流动负债取得的资金以及长期借款、应付债券等长期负债取得的资金。股权资金是指投资人提供的资金，主要包括股本（或实收资本）、资本公积、盈余公积和未分配利润，其中，盈余公积和未分配利润合称留存收益。

资金结构是指各项或各类资金在资金总额或某类资金总额中的构成比例，比如各项资金占资金总额的比重、各项资金占某类资金总额的比重、各类资金占资金总额的比重、各小类资金占某大类资金总额的比重等，都属于资金结构的范畴。资产负债率是反映资金结构的一个代表性指标。

二、资金结构与财务杠杆作用

（一）财务杠杆作用的含义与成因

物理界的杠杆原理也可以应用于财务管理领域，杠杆效应是公司融资方式选择和资金结构决策的重要考量要素。财务杠杆是由债务利息等固定融资成本引发，由于存在固定性融资成本而使每股收益（或税后利润）变动率高于息税前利润变动率的杠杆效应。当息税前利润提升时，固定财务费用分摊到单位利润的金额会相应减少，则单位利润可供股东分配的数额会相应增加，因而普通股股东每股收益的增长率将高于息税前利润的增长率。相反，当息税前利润下降时，每一元利润所负担的固定财务费用会相应增加，固定财务费用分摊到单位利润的金额会相应提高，导致普通股股东每股收益的下降率将高于息税前利润的下降率。即当公司的息税前收益（EBIT）发生较小幅度的变动时，每股收益（EPS）就会发生较大幅度的变动的财务现象。杠杆具有放大盈余波动性作用，从而影响公司的风险与收益。每股收益的计算公式如下：

$$EPS=\frac{(EBIT-I)\times(1-T)}{N}$$

式中，EPS 为普通股每股收益，EBIT 为息税前收益，I 为债权资金的利息支出，T 为所得税税率，N 为发行在外的普通股股数。

由上式可以看出，由于 T 和 N 在特定时期内可以保持不变（即可视为常量），因此，如果 I 为零，即公司没有付息的债权资金，则 EPS 的变动幅度与 EBIT 的变动幅度相等；如果 I 不为零，即公司有付息的债权资金，则 EPS 的变动幅度大于 EBIT 的变动幅度。可见，财务杠杆作用的产生是由于公司存在付息的债权资金。亦即财务杠杆作用是由负债而引起的。

（二）财务杠杆作用的正反两方面表现

1. 正面作用：息税前收益的增长会带动每股收益以更大的幅度增长。因此，当息税前收益率大于债务利率时，增加债务有助于提高每股收益。

2. 负面作用：息税前收益的下跌会带动每股收益以更大的幅度下跌。因此，当息税前收益率小于债务利率时，增加债务必然会降低每股收益。

（三）财务杠杆作用大小的衡量

财务杠杆作用的大小可用财务杠杆系数来衡量。财务杠杆系数是每股收益的变动幅度与息税前收益的变动幅度的比值。财务杠杆系数可用以下两个公式中的其中一个计算，公式如下：

$$DFL_{(EBIT_0)}=\frac{\Delta EPS}{EPS_0}\div\frac{\Delta EBIT}{EBIT_0}$$

$$DFL_{(EBIT_0)}=\frac{EBIT_0}{EBIT_0-I}$$

上述第二个公式是由第一个公式演变而来的。式中，$EBIT_0$是 EBIT 发生变动的起点水平，ΔEBIT 是 EBIT 的增（减）量，EPS_0是 $EBIT_0$时的 EPS 水平，ΔEPS 是 EPS 的增（减）量，DFL（$EBIT_0$）是 $EBIT_0$时的财务杠杆系数。

三、资金结构与财务风险

（一）财务风险的含义

财务风险有广义和狭义之分。广义的财务风险泛指公司财务活动存在的不确定性。狭义的财务风险仅指因负债的存在而导致的每股收益的不确定性和还本付息所导致的现金流量的不确定性。当公司采用债务或者优先股等融资方式时，会产生固定性融资成本，即公司无论经营状况如何，都需要向该类资金提供者支付数额确定的利息（或股息），甚至要按约定的方式偿还本金。当公司经营状况不佳时，很可能没有足够的现金流偿还上述固定性融资费用，因而陷入财务危机甚至破产，这就是财务风险。资金结构与狭义的财务风险直接相关，与广义的财务风险间接相关。保持合理的资金结构，是有效防范财务风险的重要手段。

（二）财务风险大小的衡量

财务风险的大小可以用财务杠杆系数来衡量。财务杠杆系数越大，财务杠杆作用就越大，财务风险也越大；反之，财务杠杆系数越小，财务杠杆作用就越小，财务风险也越小。

【例 6－1】 金山实业股份有限公司（以下简称“金山公司”）现有资金总额为 10 000 万元，每年的息税前收益为 2 500 万元，假设该公司的资金结构有三种可能的方案，不同资金结构假设方案下的有关资料如表 6－1 所示：

表 6－1　　金山公司假设的资金结构方案表

相关指标	方案 1	方案 2	方案 3
资金总额（万元）	10 000	10 000	10 000
股权资金（万元、万股）	6 000	8 000	10 000
债权资金（万元，利率 10%）	4 000	2 000	0
资产负债率（%）	40	20	0
息税前收益（万元）	2 500	2 500	2 500
息税前收益率（%）	25	25	25
利息支出（万元）	400	200	0
税前收益（万元）	2 100	2300	2 500
所得税（万元，税率 25%）	525	575	625
税后收益（万元）	1 575	1 725	1 875
每股收益（元/股）	0.2625	0.2156	0.1875

从表 6－1 可以看到，在既定的资金总额和息税前收益水平下，若该公司的资产负债率为 40%，则每股收益为 0.2625 元；若该公司的资产负债率为 20%，则每股收益为 0.2156 元；若该公司的资产负债率为 0%，则每股收益为 0.1875 元。每股收益随资产负债率的下降而减少。出现这种现象的原因主要是息税前收益率（25%）大于债权资金的利率（10%）。如果息税前收益率小于债权资金的利率，每股收益将随着资产负债率的下降而增加。

在表 6－1 数据的基础上讨论以下四种情况：

1. 如果该公司的息税前收益在当前的每年 2 500 万元的基础上提高 20% 达到每年 3 000

万元，则在三种假设的资金结构方案下的每股收益将分别达到多少？每股收益的变动幅度将分别为多少？

2. 如果该公司的息税前收益在当前的每年 2 500 万元的基础上下降 20% 降为 2 000 万元，则在三种假设的资金结构方案下的每股收益将分别降为多少？每股收益的变动幅度将分别为多少？

3. 如果该公司的息税前收益在每年 3 000 万元的基础上再提高 20% 达到 3 600 万元，则在三种假设的资金结构方案下的每股收益将分别达到多少？每股收益的变动幅度将分别为多少？

4. 如果该公司的息税前收益在每年 3 000 万元的基础上下降 20% 降为 2 400 万元，则在三种假设的资金结构方案下的每股收益将分别降为多少？每股收益的变动幅度将分别为多少？

分析过程和结果如下：

1. 当息税前收益从 2 500 万元增加到 3 000 万元（增幅 20%）时，该公司相关指标的计算结果如表 6－2 所示：

表 6－2　金山公司息税前收益从 2 500 万元增加到 3 000 万元时相关指标计算表

相关指标	方案 1	方案 2	方案 3
资金总额（万元）	10 000	10 000	10 000
股权资金（万元、万股）	6 000	8 000	10 000
债权资金（万元，利率 10%）	4 000	2 000	0
资产负债率（%）	40	20	0
息税前收益（万元）	3 000	3 000	3 000
息税前收益率（%）	30	30	30
利息支出（万元）	400	200	0
税前收益（万元）	2 600	2 800	3 000
所得税（万元，税率 25%）	650	700	750
税后收益（万元）	1 950	2 100	2 250
每股收益（元/股）	0. 3250	0. 2625	0. 2250
每股收益变幅（%）	23. 80	21. 75	20. 00

说明：每股收益变幅 =（变动后的每股收益－变动前的每股收益）÷变动前的每股收益。

由表 6－2 可知，当资产负债率为 40% 时，EPS 的变幅（23. 80%）比 EBIT 的变幅（20%）高出 3. 8 个百分点；当资产负债率为 20% 时，EPS 的变幅（21. 75%）比 EBIT 的变幅（20%）高出 1. 75 个百分点；当资产负债率为零时，EPS 的变幅（20%）与 EBIT 的变幅（20%）持平。这说明，当 EBIT 从一个水平（2 500 万元）提高到另一个水平（3 000 万元）时，资产负债率越高，EPS 的变幅就越大于 EBIT 的变幅，财务杠杆效应也就越大；随着资产负债率趋于零，EPS 的变幅就趋于 EBIT 的变幅，财务杠杆效应也就趋于零。

2. 当息税前收益从 2 500 万元降为 2 000 万元（降幅 20%）时，该公司相关指标的计算结果如表 6－3 所示：

表 6－3　　金山公司息税前收益从 2 500 万元下降到 2 000 万元时相关指标计算表

相关指标	方案 1	方案 2	方案 3
资金总额（万元）	10 000	10 000	10 000
股权资金（万元、万股）	6 000	8 000	10 000
债权资金（万元，利率 10%）	4 000	2 000	0
资产负债率（%）	40	20	0
息税前收益（万元）	2 000	2 000	2 000
利息支出（万元）	400	200	0
税前收益（万元）	1 600	1 800	2 000
所得税（万元，税率 25%）	400	450	500
税后收益（万元）	1 200	1 350	1 500
每股收益（元/股）	0. 2000	0. 1686	0. 1500
每股收益变幅（%）	23. 80	21. 80	20. 00

由表 6－3 可知，当 EBIT 从一个水平（2 500 万元）降为另一个水平（2 000 万元）时，资产负债率越高，EPS 的变幅就越大于 EBIT 的变幅，财务杠杆效应也就越大；随着资产负债率趋于零，EPS 的变幅就趋于 EBIT 的变幅，财务杠杆效应也就趋于零。

从表 6－3 还可知，EBIT 在 2 500 万元的水平上下降 20% 所导致的 EPS 的下降幅度（依资产负债率的不同，分别为 23. 80%、21. 80%、20%），与 EBIT 在 2 500 万元的水平上提高 20% 所导致的 EPS 的提高幅度（依资产负债率的不同，分别为 23. 80%、21. 75%、20%）是相等的（注：21. 80% 与 21. 75% 是计算过程中四舍五入造成的小误差，不影响问题的结论）。

3. 当息税前收益从 3 000 万元增加到 3 600 万元（增幅 20%）时，该公司相关指标的计算结果如表 6－4 所示：

表 6－4　　金山公司息税前收益从 3 000 万元增加到 3 600 万元时相关指标计算表

相关指标	方案 1	方案 2	方案 3
资金总额（万元）	10 000	10 000	10 000
股权资金（万元、万股）	6 000	8 000	10 000
债权资金（万元，利率 10%）	4 000	2 000	0
资产负债率（%）	40	20	0
息税前收益（万元）	3 600	3 600	3 600
利息支出（万元）	400	200	0
税前收益（万元）	3 200	3 400	3 600
所得税（万元，税率 25%）	800	850	900
税后收益（万元）	2 400	2 550	2 700
每股收益（元/股）	0. 4000	0. 3188	0. 2700
每股收益变幅（%）	23. 08	21. 45	20. 00

由表 6－4 可知，除了每股收益的变幅随着资产负债率的趋于零而趋于 EBIT 的变幅这种

现象外，还发现另外一种现象：同是40%的资产负债率，这里每股收益的变幅（23.08 %）却小于前面每股收益的变幅（23.80%）；同是20%的资产负债率，这里每股收益的变幅（21.45%）也小于前面每股收益的变幅（21.75%）。出现这种差异的原因是前面每股收益的变幅是在息税前收益为2 500万元的水平上发生变动的结果，而这里每股收益的变幅却是在息税前收益为3 000万元的水平上发生变动的结果。计算结果表明，随着息税前收益水平的提高，息税前收益发生变动所导致的每股收益的变动将会减弱，即财务杠杆效应将会减弱。这时，如果要增强财务杠杆效应，就需要增加债权资金或减少股权资金，提高资产负债率。

4. 当息税前收益从3 000万元降为2 400万元（降幅20%）时，该公司相关指标的计算结果如表6-5所示：

表6-5　　金山公司息税前收益从3 000万元下降到2 400万元时相关指标计算表

相关指标	方案1	方案2	方案3
资金总额（万元）	10 000	10 000	10 000
股权资金（万元、万股）	6 000	8 000	10 000
债权资金（万元，利率10%）	4 000	2 000	0
资产负债率（%）	40	20	0
息税前收益（万元）	2 400	2 400	2 400
利息支出（万元）	400	200	0
税前收益（万元）	2 000	2 200	2 400
所得税（万元，税率25%）	500	550	600
税后收益（万元）	1 500	1 650	1 800
每股收益（元/股）	0. 2500	0. 2063	0. 1800
每股收益变幅（%）	23. 08	21. 41	20. 00

由表6-5可知，当EBIT从一个水平（3 000万元）降为另一个水平（2 400万元）时，资产负债率越高，EPS的变幅就越大于EBIT的变幅，财务杠杆效应也就越大；随着资产负债率趋于零，EPS的变幅就趋于EBIT的变幅，财务杠杆效应也就趋于零。

此外，从表6-5还可以看到，EBIT在3 000万元的水平上下降20%所导致的EPS的下降幅度（依资产负债率的不同，分别为23.08%、21.41%、20%），与EBIT在3 000万元的水平上提高20%所导致的EPS的提高幅度（依资产负债率的不同，分别为23.08%、21.45%、20%）是相等的（注：21.41%与21.45%是计算过程中四舍五入造成的小误差，不影响问题的结论）。

【例6-1】讨论了财务杠杆效应与资金结构之间的关系，由【例6-1】计算结果可知：(1) 财务杠杆效应起源于公司负债经营；(2) 资产负债率越高，财务杠杆效应就越大；(3) EBIT在不同的水平上发生变动，财务杠杆效应的大小不同。接下来讨论财务杠杆作用大小的衡量问题。

【例6-2】 承【例6-1】，根据【例6-1】的资料计算金山公司不同息税前收益水平下不同资金结构的财务杠杆系数。

计算过程和结果如下：

1. 当 EBIT 在 2 500 万元的水平上增（减）20% 时：

（1）资产负债率为 40% 的情况下：

$$DFL_{(EBIT_0=2\ 500)}=23.80\%\div20\%=1.19$$

或
$$DFL_{(EBIT_0=2\ 500)}=\frac{2\ 500}{2\ 500-400}=1.19$$

（2）资产负债率为 20% 的情况下：

$$DFL_{(EBIT_0=2\ 500)}=21.75\%\div20\%=1.09$$

或
$$DFL_{(EBIT_0=2\ 500)}=\frac{2\ 500}{2\ 500-200}=1.09$$

（3）资产负债率为零的情况下：

$$DFL_{(EBIT_0=2\ 500)}=20\%\div20\%=1$$

或
$$DFL_{(EBIT_0=2\ 500)}=\frac{2\ 500}{2\ 500-0}=1$$

2. 当 EBIT 在 3 000 万元的水平上增（减）20% 时：

（1）资产负债率为 40% 的情况下：

$$DFL_{(EBIT_0=3\ 000)}=23.08\%\div20\%=1.15$$

或
$$DFL_{(EBIT_0=3\ 000)}=\frac{3\ 000}{3\ 000-400}=1.15$$

（2）资产负债率为 20% 的情况下：

$$DFL_{(EBIT_0=3\ 000)}=21.45\%\div20\%=1.07$$

或
$$DFL_{(EBIT_0=3\ 000)}=\frac{3\ 000}{3\ 000-200}=1.07$$

（3）资产负债率为零的情况下：

$$DFL_{(EBIT_0=3\ 000)}=20\%\div20\%=1$$

或
$$DFL_{(EBIT_0=3\ 000)}=\frac{3\ 000}{3\ 000-0}=1$$

将以上计算结果列表如表 6－6 所示：

表 6－6　金山公司不同息税前收益水平下不同资金结构的财务杠杆系数表

资产负债率 / DFL / $EBIT_0$	40%	20%	0%
$EBIT_0=2\ 500$	1.19	1.09	1.00
$EBIT_0=3\ 000$	1.15	1.07	1.00

由表 6－6 可以看出，随着 $EBIT_0$ 的提高，DFL 将会逐渐变小，财务杠杆作用也将会逐渐减弱，在现有的资金总额下，当 $EBIT_0$ 达到最高点时，DFL 将会趋于 1，财务杠杆作用也将会趋于零。这时，要想重新获得财务杠杆作用，需要扩大资金总额的规模，并保持适度的资产负债率（或最佳的资金结构）。

由表 6－6 还可知，随着资产负债率的降低，DFL 将会逐渐变小，财务杠杆作用也将会逐渐减弱，而且，当资产负债率为零时，DFL 为 1，财务杠杆作用为零。可见，财务杠杆作用的大小还与资产负债率的高低有关。

需要注意的是，财务杠杆作用是一把双刃剑。当公司的 EBIT 预计会增加时，财务杠杆作用表现为正面作用（即 EPS 将会以更大的幅度增加）；而当公司的 EBIT 预计会减少时，财务杠杆作用则表现为负面作用（即 EPS 将会以更大的幅度减少）。

从【例 6－2】的分析可知，财务杠杆系数越大，财务杠杆作用就越大，财务风险也越大；反之，财务杠杆系数越小，财务杠杆作用就越小，财务风险也越小。公司在获取财务杠杆作用的同时，还必须注意防范财务风险。

第二节　公司资金结构理论

一、无税 M－M 模型

1958 年，莫迪格利尼（Modigliani）和米勒（Miller）（以下简称“M－M”）共同发表的《资本成本、公司融资和投资理论》一文，提出著名的 M－M 理论，不仅被公认为是现代公司资本结构理论的基石，也成为后续资本结构理论研究的逻辑起点。M－M 理论研究的核心内容是资本结构与公司价值、资本结构与资本成本的关系。

无税 M－M 模型假设：（1）无摩擦市场。市场无交易费用、无公司所得税和个人所得税。投资者可以自由地进入或退出交易，市场对卖空行为没有任何约束。（2）公司和个人都能以同一无风险利率自由地借入资金，即所有投资者的负债是没有风险的。（3）公司的经营风险是可以衡量的，经营风险相同的公司处于同一风险等级（公司经营风险的高低以息税前利润的标准差来衡量）。（4）所有的市场参者对未来的预期是一致的。市场参与者可以无偿地获得有关资产价值的相关信息，他们对每项资产收益的均值、方差的估计相同，并能够理性地运用这些信息确定资产的价值。（5）公司预期的 EBIT 为常数，即预期 EBIT 在未来任何一年都相等。（6）公司的增长率为零，且全部收入均以现金股利形式发放。（7）公司只有长期负债和普通股两项长期资本，公司的资产总额不变，资本结构变化可通过发行债券回购股票或相反的方式得以实现。

M － M 模型应用套利机制证明公司资本结构和公司价值、资本成本、投资决策之间的关系，据此提出了与资本结构相关的两个命题。

命题 1　总价值命题：公司价值只与公司资产预期收益和所对应的资本成本有关，而与资本结构无关。或者说，在息税前利润相等的条件下，处于同一经营风险等级的负债公司价值与无负债公司价值相等。公司价值等于其所有资产的预期收益根据该公司风险等级的必要报酬率进行折现后的金额，公式如下：

$$V_L = \frac{EBIT}{WACC} = V_U = \frac{EBIT}{K_U}$$

其中，V_L表示有负债公司的价值，V_U表示无负债公司的价值，EBIT 表示公司全部资产的预期收益（永续），WACC 表示有负债公司的加权平均资本成本，K_U表示既定风险等级的无负债公司的权益资本成本。

命题 2 资本成本命题：负债公司的股权资本成本等于无负债公司的股权资本成本加上风险溢价，风险溢价的多少取决于权益资本成本、债务资本成本以及杠杆比率的大小，公式如下：

$$K_S = K_U + \text{风险溢价} = K_U + \frac{D_L}{S_L} \times (K_U - K_d)$$

其中，K_S表示有负债公司的权益资本成本，K_U表示无负债公司的权益资本成本，D_L 表示有负债公司的债务市场价值，S_L 表示有负债公司的权益市场价值，K_d 表示不变的债务资本成本。

二、M－M 含公司税模型

1963 年，M－M 放松了“不存在公司所得税”的假设，提出了含税条件下的 M－M 模型。这一模型主要包括总价值命题和资本成本命题。

命题 1 总价值命题：M－M 认为，在考虑公司所得税的情况下，由于利息可以抵税，从而增加了公司税后现金流量，公司价值会随着负债比例的提高而增加，即负债公司价值等于相同风险等级的无负债公司价值加上税负节约价值的现值。在永续性固定负债的特殊情况下，公式如下：

$$V_L = V_U + T \times D_L$$

其中，T 表示公司所得税税率，其他符号含义同上。当考虑公司所得税的影响时，利用财务杠杆的公司其价值将增加，因为债务利息能够在税前扣除，导致负债公司纳税减少，相当于增加公司的现金流量，也会有更多的经营收入流向股东，因此，利息的抵税作用提升了公司价值。理论上来说，公司价值会随着负债比例的提高而增加，当全部融资均来源于负债时，公司价值达到最大值。

命题 2 资本成本命题：在考虑公司所得税的情况下，负债公司股本成本等于无负债公司股本成本加上风险溢价，而风险溢价的大小与杠杆比率和所得税税率高低有关，其公式如下：

$$K_S = K_U + \text{风险溢价} = K_U + \frac{D_L}{S_L} \times (K_U - K_d) \times (1 - T)$$

由上述表达式可以发现，风险溢价等于无负债公司权益资本成本与债务资本成本之差、负债权益比率以及所得税税后因子（1－T）的乘积。有税 M－M 理论的命题 2 与无税 M－M 理论的命题 2 基本一致，区别是由于所得税的存在，有税条件下有负债公司的权益资本成本要低于无税条件下的权益资本成本。

三、米勒税收理论

1977 年，米勒（Miler）提出了一个将公司所得税和个人所得税都包括在内的模型，估计负债对公司价值的影响。假设 EBT 和 EAT 分别代表税前利润和税后利润；Tc、Te、T_d 分别代表公司所得税税率、个人股票所得税税率和债券所得税税率。（注意：股票收益包括股利收益和资本利得，当股利收益与资本利得所得税税率不同时，Te 指两种税率的加权平均税率；所有债券收入都表现为利息，对利息是按投资者最高税率课税。）图 6－1 表明，在公司创造的息税前利润中，归属于债权人的部分为“利息×（$1-T_d$）”，归属于股东的部分为“税前利润×（$1-T_c$）×（$1-T_e$）”，即税前利润双重纳税后的剩余部分。

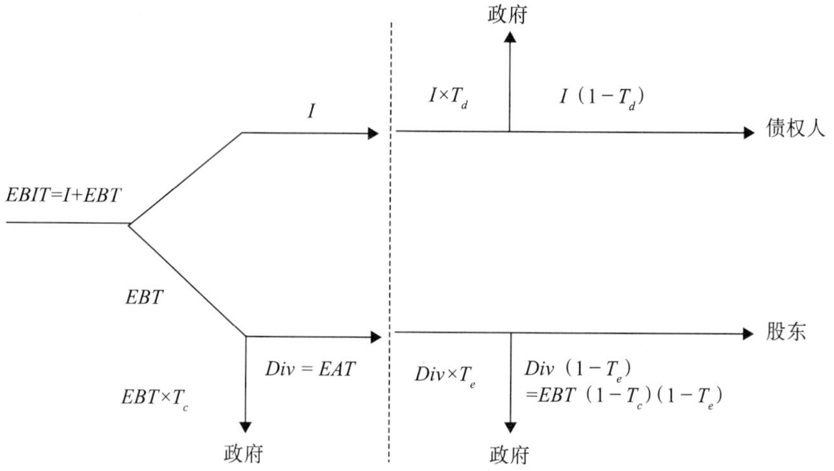

图6-1 税收对股东和债权人收益的影响

为分析方便，M-M理论的所有假设保持不变，当考虑个人所得税时，负债公司价值的米勒模型为：

$$V_L = V_U + \left[1 - \frac{(1-T_c)(1-T_e)}{1-T_d}\right]D$$

公式中的第二项代表了利息抵税的现值。当公司处于无税环境下，$T_c = T_e = T_d = 0$ 时，则 $V_L = V_U$，这与M-M无公司税模型相同；当只考虑公司所得税时，即 $T_e = T_d = 0$，则 $V_L = V_U + PV(r_d DT)$，这与M-M含公司所得税模型相同；当股票和债券收益的个人所得税相等时，即 $T_e = T_d$，则股票和债券收益的个人所得税对负债公司的市场价值的影响相互抵消，$V_L = V_U + PV(r_d DT)$；如果 $(1-T_c)(1-T_e) = (1-T_d)$，那么公式中第二项括号内的项目等于零，这意味着税赋节约也为零，也就是说，公司负债减税的好处正好被个人所得税所抵消，则 $V_L = V_U$。因此，资本结构对公司价值或资本成本无任何影响，此时又回到了M-M无公司所得税模型。

四、权衡理论

有税M-M理论和米勒模型只考虑了公司负债引起的抵税收益，却没有考虑负债可能引发的财务风险及额外成本。1984年，梅耶斯（Myers）提出了权衡理论（Trade-off Theory），在有税M-M理论的基础上放宽无财务困境成本的假设，其结论与有税M-M理论和米勒模型有所不同。权衡理论的基本观点是债务融资在给公司带来利息抵税收益的同时，也引发公司陷入财务困境的风险。公司陷入财务困境的成本可以分为直接成本和间接成本，直接成本是公司因破产、清算、重组等支付的法律费用和管理费用等；间接成本是因财务困境所引发公司资信状况恶化及持续经营能力下降而导致的公司价值损失，间接成本比直接成本要严重许多。因此权衡理论认为，公司应当在权衡债务利息的抵税收益与财务困境成本的基础上确定使公司价值最大化的最佳资本结构，最佳资本结构是债务抵税收益的边际价值等于增加的财务困境成本现值时的负债比率。基于米勒模型，有负债公司的价值是无负债公司的价值加上抵税收益的现值，再减去财务困境成本的现值。因此权衡理论的表达式为：

$$V_L = V_U + PV（利息抵税） - PV（财务困境成本）$$

其中，V_L表示有负债公司的价值，V_U表示无负债公司的价值，PV（利息抵税）表示利息抵税的现值，PV（财务困境成本）表示财务困境成本的现值。

五、代理理论

当公司的不同利益关系人存在利益冲突时，一方总想追求自己的利益，甚至不惜牺牲另一方的利益。这样就给公司带来了代理成本。负债公司的债券持有者与股东之间的利益冲突产生的代理成本称为债务代理成本。代理理论最早由 Jensen 和 Meckling 于 1976 年提出并经 Myers（1977）及 Jensen（1986）等学者进一步完善。代理理论在权衡理论的基础上，放宽了“委托人和代理人之间没有代理成本”这一假定，提出在信息不对称的情况下，利益不一致的委托代理双方存在代理冲突并引发代理成本。最优资本结构的确定应当在权衡理论的基础上，继续权衡债务代理成本与收益对公司最优资本结构的影响。因此，有负债公司的价值是无负债公司的价值加上抵税收益和债务代理收益，减去财务困境成本的现值和债务代理成本的现值，其表达式如下：

$$V_L = V_U + PV（利息抵税） - PV（财务困境成本） - PV（债务代理成本） + PV（债务代理收益）$$

根据代理理论，债务资本的增加会导致债权人监督成本的提升。债务资本成本可能进一步提高，管理者、股东、债权人的利益冲突还可能加剧过度投资及投资不足问题，因此债务代理成本不仅损害债权人的利益，还可能降低公司价值，并最终由股东承担相应损失。

六、融资优序理论

1984 年，梅耶斯和马吉洛夫提出了融资优序理论（Pecking Order Theory），又称“啄食顺序理论”，其基于两个关键假设条件：一是存在信息不对称，二是股票发行政策以发行前已有股东的价值最大化为目标。该理论表示股权融资可能传递公司经营的负面消息，并且外部融资成本较高。基于信息不对称，管理者形成以下融资顺序：面对融资需求，公司首先偏好内部融资；当内部融资不足时，偏好于债务融资；若债务融资过量，公司会选择发行可转换债券；最后公司才会选择普通股。融资优序理论考虑了信息不对称和逆向选择行为对公司融资顺序的影响，但无法解释实际公司所有的资本结构决策规律。

第三节 公司筹资决策分析

一、最优资金结构评价标准

资金结构决策需要考虑资金成本、每股收益、公司价值和财务风险等因素，公司进行资金结构决策时，尽量选择使资金成本最低、每股收益最大、公司价值最大，并且财务风险最低的资金结构。

（一）资金成本最低

从成本效益角度出发，当收益既定时，成本越低，利润越高。在不考虑各类融资方式在数额和比例上的约束以及财务风险差异的前提下，对多个资金结构方案的综合资金成本进行比较，选择综合资金成本最低的方案。筹资者为了达到资金成本最低的目标，需要在各种可供选择的筹资方案中选择，选择过程就是筹资决策的过程。构成一个筹资方案的要素包括很多，包括筹资渠道、筹资方式、筹资规模、筹资时间、筹资难易程度等。筹资者在选择资金成本最低的筹资方案时，需要综合考虑筹资渠道、筹资方式、筹资规模、筹资时间、筹资难易程度等要素，进而选择资金成本最低的筹资方案。

（二）每股收益最大

从股东利益最大化角度出发，筹资的目的是保证公司的正常经营和投资，获取更多利润，最终增加股东收益。每股收益是税后利润与发行在外的普通股股数的比值，是反映股东财富的重要财务指标。在不考虑财务风险差异的前提下，比较多个资金结构方案的每股收益，选择每股收益最大的资金结构方案。股东利益最大化是现代公司制企业财务管理多元化目标中的一个目标，起源于西方财务管理学，在我国财务管理学界也有较大影响，目前理论界和实务界对股东利益最大化目标存在一定的质疑。如果一味追求股东利益最大化，可能导致其他利益相关者的利益受到损害。当利益相关者的利益受到影响时，利益相关者会改变其行为，影响公司的生产经营，最终影响股东利益。

（三）公司价值最大

从根本上讲，公司财务管理的目标在于追求公司价值的最大化或股价最大化，该标准与资金成本最低标准和每股收益最大标准相比，更加充分考虑了公司的财务风险和资金成本等因素的影响，更加符合财务管理的目标。公司价值有内在价值和外在价值两种表现。内在价值主要是指公司的账面价值，外在价值主要是指公司的市场价值。内在价值的评估方法主要有会计账面价值法、未来现金流量折现法等；外在价值的评估方法主要有公允价值法或市场价值法等。不管是内在价值还是外在价值，公司价值都包含了股权人拥有的价值和债权人拥有的价值。公司价值最大化是现代公司制企业财务管理多元化目标中的一个目标，它在国内外的财务管理学界都有广泛的影响。

（四）财务风险最小

从权衡理论角度出发，公司筹资不仅要考虑低成本高收益，还需要考虑财务风险，平衡筹资收益和财务危机成本。财务风险有广义和狭义之分。广义的财务风险泛指公司财务活动存在的不确定性。狭义的财务风险仅指因负债的存在而导致的每股收益的不确定性和还本付息所导致的现金流量的不确定性。资金结构与狭义的财务风险直接相关，与广义的财务风险间接相关。因此，保持合理的资金结构，是有效防范财务风险的重要手段。但如果筹资者单纯从财务风险最小角度考虑资金结构决策问题，可能会使公司所获得的财务杠杆效益最小，无法扩大股东的收益。因此，以财务风险最小作为筹资标准，通常只有在公司的财务状况和经营成果恶化的情况下适用。如果公司的财务状况和经营成果较为正常，应以资金成本最低、股东财富最大或公司价值最大为筹资目标，并在筹资决策时适度考虑财务风险因素。

公司的筹资实务中，很难同时兼顾以上四个标准。公司在进行筹资决策之前，应该首先根据公司的实际情况和筹资者所追求的筹资目标来确定最优资金结构的评价标准，然后再根据所确定的最优资金结构评价标准来选择相应的筹资决策分析方法。

二、筹资决策分析方法

筹资目标决定最优资金结构的评价标准，最优资金结构评价标准又决定筹资决策分析方法。与筹资目标和最优资金结构评价标准相对应，筹资决策分析方法主要有比较资金成本发、比较每股收益法、比较公司价值法和比较财务风险法。

（一）比较资金成本法

比较资金成本法是指公司在进行资金结构决策分析时，通过比较不同资金结构下的综合资金成本的高低，确定综合资金成本最低的那个资金结构为最优资金结构。这种方法通常是在公司把资金成本最低作为筹资目标的情况下采用。

利用比较资金成本法进行筹资决策分析时，如果新筹集的资金是用于新建独立项目的投资，则只需比较采用不同筹资方案筹集到的边际资金的成本即可。但如果新筹集的资金不是用于新建独立项目的投资，而是用于原有项目的改建、扩建的追加投资，那么，则需比较采用不同筹资方案筹集到的边际资金加上原有资金之后的总资金的成本，只有能够使总资金的成本最低的那个筹资方案才是最优筹资方案。其决策过程包括：

1. 确定各方案的资本结构；
2. 确定各资本结构下的加权资本成本；
3. 进行比较，选择加权资本成本最低的结构为最优结构。

【例6－3】甲公司拟筹资1 000万元，现有A、B、C三种筹资方案可供选择，如表6－7所示。

表6－7　　A、B、C三种方案下的资金结构

筹资方式	A方案		B方案		C方案	
	筹资额（万元）	资金成本（%）	筹资额（万元）	资金成本（%）	筹资额（万元）	资金成本（%）
长期借款	80	6	100	7	160	7.5
公司债券	200	8	300	9	240	8.5
优先股	120	12	200	12	100	12
普通股	600	15	400	15	500	15
合计	1 000	—	1 000	—	1 000	—

试计算A、B、C三个方案的综合资金成本（WACC）。

计算过程和结果如下：

$$WACC_A=\frac{80}{1\ 000}\times 6\%+\frac{200}{1\ 000}\times 8\%+\frac{120}{1\ 000}\times 12\%+\frac{600}{1\ 000}\times 15\%=12.52\%$$

$$WACC_B=\frac{100}{1\ 000}\times 7\%+\frac{300}{1\ 000}\times 9\%+\frac{200}{1\ 000}\times 12\%+\frac{400}{1\ 000}\times 15\%=11.8\%$$

$$WACC_C=\frac{160}{1\ 000}\times 7.5\%+\frac{240}{1\ 000}\times 8.5\%+\frac{100}{1\ 000}\times 12\%+\frac{500}{1\ 000}\times 15\%=11.94\%$$

经过计算得出A、B、C三个方案的资金成本分别为12.52%、11.8%、11.94%，方案B的资金成本最低。根据比较资金成本法，应选择B方案。

（二）比较每股收益法

比较每股收益法又称为每股收益无差别点法，它是指公司在进行资金结构决策分析时，通过比较不同资金结构下的每股收益的大小，确定每股收益最大的那个资金结构为最优资金结构。这种方法通常是在公司把每股收益最大化作为筹资目标的情况下采用。

每股收益（EPS）是综合反映公司获利能力的重要指标，它是公司某一时期净收益与股份数的比率。当公司只有普通股而没有优先股时，净收益就是指税后利润；当公司既有普通股又有优先股时，净收益是指税后利润扣除优先股股息后属于普通股股东享有的收益。股份数是指发行在外的普通股股数。在这种方法下，每股收益的计算公式如下：

$$EPS_1 = \frac{(EBIT - I_1)(1 - T) - P_1}{N_1}$$

$$EPS_2 = \frac{(EBIT - I_2)(1 - T) - P_2}{N_2}$$

公式中，EPS_1、EPS_2分别是方案 1 和方案 2 的每股收益；EBIT 是息税前收益；I_1、I_2分别是方案 1 和方案 2 的年负债利息；N_1、N_2分别是方案 1 和方案 2 发行在外的普通股股数；P_1、P_2分别是方案 1 和方案 2 的年优先股股息；T 是所得税税率。令 $EPS_1 = EPS_2$ 所求得的 EBIT 即为每股收益无差别点时的息税前收益。因此，所谓每股收益无差别点，就是能够使两个筹资方案的每股收益相等时的息税前收益水平。

每股收益无差别点法可通过图 6－2 解释。

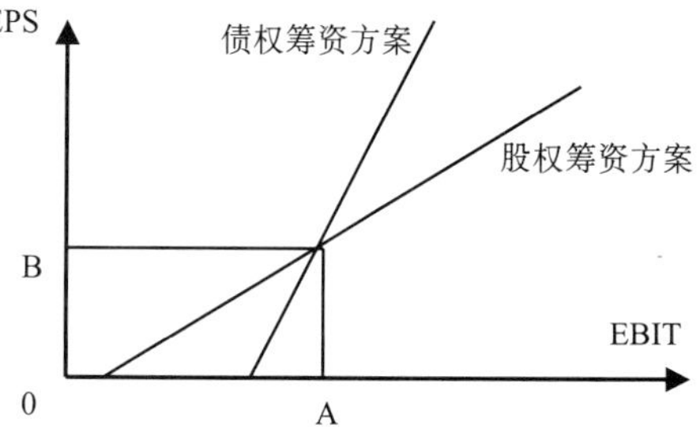

图 6－2　每股收益无差别点分析图

由图 6－2 可知，当 EBIT 达到 A 点时，两种筹资方案下的 EPS 均在 B 点，A 点即为每股收益无差别点时的 EBIT。在 EBIT 未达到 A 点之前，相对于一定的 EBIT，股权筹资方案下的 EPS 要高于债权筹资方案下的 EPS；当 EBIT 突破 A 点之后，情况则正好相反，即股权筹资方案下的 EPS 低于债权筹资方案下的 EPS。一般地，当 $EBIT < A$ 时，公司负债筹资不能有效地发挥财务杠杆作用，此时股权筹资方案优于债权筹资方案；当 $EBIT = A$ 时，两种筹资方案下的 EPS 正好相等，此时股权筹资方案与债权筹资方案无差别，这一点称为每股收益无差别点或临界点，也是股权筹资方案与债权筹资方案无差别点；当 $EBIT > A$ 时，公司债权筹资能有效地利用财务杠杆，此时债权筹资方案优于股权筹资方案。

【例 6－4】 乙公司现有资金结构是：长期负债 1 000 万元，债券利息率为 9%，普通股 7 500万元，每股面值为 75 元。由于扩大业务需要，需要筹资 1 500 万元，其筹资方案有三种：（1）全部发行新普通股，需增发 30 万股，每股面值 50 元；（2）全部发行长期债券，债券年利率为 12%，年利息额为 180 万元；（3）全部发行优先股，年股利率为 10%，年股利额为 150 万元。假设所得税税率为 25%。请分析该公司应采取的筹资方案。

分析过程和结果如下：

1. 分析不同筹资方案下新的资金结构

全部发行新普通股后，公司发行在外的普通股股数为 130 万股（筹资前 100 万股，发行新股 30 万股），金额为 9 000 万元。

全部发行长期债券后，公司长期负债从原来的 1 000 万元变为 2 500 万元，年利息为 270 万元（筹资前年利息 90 万元，筹资后新增利息 180 万元）。

全部发行优先股后，每年新增优先股股利 150 万元。

2. 计算发行普通股与发行长期债券筹资的每股收益无差别点：

$$\frac{(EBIT-90)(1-25\%)}{130}=\frac{(EBIT-270)(1-25\%)}{100}$$

解得：EBIT = 870（万元）

此时的每股收益 EPS 为：

$$EPS=\frac{(870-90)(1-25\%)}{130}=4.5\ (元)$$

或 $EPS=\frac{(870-270)(1-25\%)}{100}=4.5\ (元)$

由上述计算结果可知，当公司息税前收益小于 870 万元时，发行新普通股的筹资方案可获得较高的每股收益；当公司息税前收益大于 870 万元时，发行长期债券的筹资方案可获得较高的每股收益。

3. 计算发行普通股与发行优先股筹资的无差别点：

$$\frac{(EBIT-90)(1-25\%)}{130}=\frac{(EBIT-90)(1-25\%)-150}{100}$$

解得：EBIT≈957（万元）

此时的 EPS 为：

$$EPS=\frac{(957-90)(1-25\%)}{130}=5\ (元)$$

或 $EPS=\frac{(957-90)(1-25\%)-150}{100}=5\ (元)$

由上述计算结果可看出，当公司息税前收益小于 957 万元时，发行新普通股的筹资方案可获得较高的每股收益；当公司息税前收益大于 957 万元时，发行优先股的筹资方案可获得较高的每股收益。

（三）比较公司价值法

比较公司价值法是指公司在进行资金结构决策分析时，通过比较不同资金结构下的公司价值的大小，确定公司价值最大的那个资金结构为最优资金结构。这种方法通常是在公司把公司价值最大作为筹资目标的情况下采用。

在这种方法下，公司价值的计算公式如下：

$$V=B+S$$

$$V=B+\frac{(EBIT-I)\times(1-T)}{K_S}$$

式中，V 为公司价值，B 为债权资金价值，S 为股权资金价值，EBIT 为息税前收益，I 为债权资金利息，T 为所得税税率，K_S 为股权资金成本。

根据上式计算出来的公司价值当然包含有债权资金价值和股权资金价值，是债权人和股权人（即股东）共同拥有的价值。

为了简化计算，假设债权资金的市场价值等于它的账面价值。

公司的资金成本则可以采用加权平均法计算，计算公式如下：

$$\text{加权平均资本成本}=\text{税前债权资金成本}\times\text{债权资金占总资金的比重}\times(1-\text{所得税税率})+\text{股权资金成本}\times\text{股权资金占总资金的比重}$$

用符号表示即为：$K_w = K_b(B/V)(1-T)+K_s(S/V)$

式中，K_b 为税前债权资金成本。

其中，股权资金成本可以通过资本资产定价模型计算：

$$K_s = R_s = R_f + (R_m - R_f)\times\beta$$

【例 6－5】假设 A 公司每年息税前收益为 500 万元，该公司全部资金均由普通股资金组成，股票账面价值为 2 000 万元，所得税税率为 25%。无风险报酬率 R_f 为 10%，股票平均的风险报酬率 R_m 为 14%。公司计划调整目前的资金结构，经市场调查，在不同的债务水平下，公司的债权资金成本和股权资金成本如表 6－8 所示：

表 6－8　A 公司债权资金成本和股权资金成本表

债权资金市场价值 B（万元）	税前债权资金成本 K_b	股票 β 值	股权资金成本 K_s
0	—	1.20	14.8
200	10	1.25	15.0
400	10	1.30	15.2
600	12	1.40	15.6
800	14	1.55	16.2
1 000	16	2.10	18.4

说明：表中股权资金成本通过公式 $K_s = R_s = R_f + (R_m - R_f)\times\beta$ 计算得出。

请采用比较公司价值法分析该公司的最优资金结构。

分析过程和结果如下：

计算该公司不同债权资金水平下的公司总的市场价值和加权平均资金成本，如表 6－9 所示：

表 6－9　A 公司不同债权资金水平下的公司价值和加权平均资金成本表

债权资金市场价值 B	股权资金市场价值 S	公司总的市场价值 V	债权资金比重 B/V	税前债权资金成本 K_b	股权资金成本 K_s	加权平均资金成本 K_w
0	2 534	2 534	—	—	14.8	14.80
200	2 400	2 600	0.077	10	15.0	14.43

续表

债权资金市场价值 B	股权资金市场价值 S	公司总的市场价值 V	债权资金比重 B/V	税前债权资金成本 K_b	股权资金成本 K_s	加权平均资金成本 K_w
400	2 270	2 670	0.150	10	15.2	14.04
600	2 058	2 658	0.226	12	15.6	14.11
800	1 796	2 596	0.308	14	16.2	14.45
1 000	1 386	2 386	0.419	16	18.4	15.72

其中，当 B＝200 万元，$K_b=10\%$，$K_s=15\%$，EBIT＝500 万元时，股权资金市场价值 S 和公司总的市场价值 V 计算如下：

$$S=\frac{(500-200\times10\%)\times(1-25\%)}{15\%}=2\ 400\text{（万元）}$$

$$V=B+S=200+2\ 400=2\ 600\text{（万元）}$$

$$K_w=10\%\times\frac{200}{2\ 600}\times(1-25\%)+15\%\times\frac{2\ 400}{2\ 600}=14.43\%$$

从表 6－9 可知，在没有债权资金的时候，该公司的市场价值为 2 534 万元，即原有股票的市场价值。当公司用债权资金部分地代替股权资金时，公司的市场价值逐步上升，加权平均资金成本逐步下降。在债权资金超过 400 万元后，公司总的市场价值下降了，同时加权平均资金成本上升了。当债务为 400 万元时，公司总的市场价值最高，加权平均资金成本最低。因此，债权资金是 400 万元时的资金结构为该公司的最优资金结构。

（四）比较财务风险法

比较财务风险法是指公司在进行资金结构决策分析时，通过比较不同资金结构下财务风险的大小，确定财务风险最小的那个资金结构为最优资金结构。这种方法通常是在公司把财务风险最小作为筹资目标的情况下采用。

财务风险的大小可以用财务杠杆系数来衡量。财务杠杆系数越大，财务风险也越大；反之，财务杠杆系数越小，财务风险也越小。

当公司预计的息税前收益不变时，债权资金比例越小，财务风险也越小，财务杠杆作用也越小。如果公司单纯从财务风险最小这个角度去考虑资金结构决策，那它所获得的财务杠杆作用也最小，无法实现公司价值最大化或股东价值最大化。因此，采用比较财务风险法来进行资金结构决策分析，通常只有在公司的财务状况和经营成果恶化的情况下适用。如果公司的财务状况和经营成果较为正常，应采用前述三种方法作出资金结构决策，决策时适度地考虑财务风险因素即可。

【例 6－6】假设 B 公司的资金总额为 1 000 万元，息税前收益为 100 万元，所得税税率为 25%，债权资金年利率为 8%。该公司有以下四种资金结构方案：（1）100% 为股权资金；（2）70% 为股权资金，30% 为债权资金；（3）股权资金、债权资金各占 50%；（4）20% 为股权资金，80% 为债权资金。请利用比较财务风险法分析该公司的最优资金结构。

分析过程和结果如下：

计算该公司不同资金结构下的财务杠杆系数，如表 6－10 所示：

表 6－10　　　　B公司不同资金结构下的财务杠杆系数表

财务指标	方案1	方案2	方案3	方案4
资金总额（万元）	1 000	1 000	1 000	1 000
股权资金（万元）	1 000	700	500	200
息税前收益（万元）	100	100	100	100
年利息（万元）	0	24	40	64
税前收益（万元）	100	76	60	36
所得税（万元）	25	19	15	9
税后收益（万元）	75	57	45	27
财务杠杆系数	1	1.32	1.67	2.78
股权资金收益（%）	7.5	8.14	9	13.5

其中，当借款额为300万元时，财务杠杆系数和股权资金收益率计算如下：

$$DFL = \frac{EBIT}{EBIT - I} = \frac{100}{100 - 24} = 1.32$$

$$\text{股权资金收益} = \frac{\text{税后收益}}{\text{股权资金}} \times 100\% = \frac{57}{700} \times 100\% = 8.14\%$$

从表6－10可以看出，方案1（即100%为股权资金）的财务杠杆系数最小（为1），财务风险也最小。如果单纯从财务风险最小的角度去选择最优资金结构，方案1为最优方案。但方案1的股权资金收益率仅为7.5%，是股权资金收益率最小的方案；方案4的股权资金收益率为13.5%，但方案4的资产负债率却高达80%，财务杠杆系数为2.78，是财务风险最大的方案，不宜作为最优资金结构。

正如前面所述，在实际工作中，当公司的财务状况和经营成果属于正常的情况下，仅仅依靠比较财务风险法是不能作出最优资金结构决策的，应采用比较资金成本法、比较每股收益法、比较公司价值法中的一种或者二、三种方法同时进行资金结构决策分析，并在决策时适度地考虑财务风险因素。

【例6－7】 如日股份有限公司是在原如日有限责任公司的基础上由5个发起人共同发起、采用募集设立方式组建的拟上市公司。公司设计的资金总额（即投资总额）为100 000万元，预计组建后每年的息税前收益为15 000万元。公司组建过程中设计了5个档次的股本规模，即6 000万股、8 000万股、10 000万股、12 000万股、14 000万股。公司组建过程中经注册会计师模拟计算的前三年平均每股收益为0.25元，股票发行价格按20倍市盈率计算，每股发行价格为5元，发行费用率为5%。发行股票融资不足100 000万元的部分，通过借入长期债权资金补足，借款的筹资费用率为零，公司的所得税税率为25%，不同股本规模下的相关资料如表6－11所示：

表 6－11　　　　如日公司不同股本规模下的相关资料

股本规模（万股）	发行总价（万元）	股权资金（万元）	股利发放率（%）	债权资金（万元）	税前成本（%）	资金总额（万元）	资产负债率（%）
6 000	30 000	28 500	50	71 500	8	100 000	71.5

续表

股本规模（万股）	发行总价（万元）	股权资金（万元）	股利发放率（%）	债权资金（万元）	税前成本（%）	资金总额（万元）	资产负债率（%）
8 000	40 000	38 000	50	62 000	8	100 000	62.0
10 000	50 000	47 500	50	52 500	8	100 000	52.5
12 000	60 000	57 000	50	43 000	7	100 000	43.0
14 000	70 000	66 500	50	33 500	7	100 000	33.5

请根据以上资料进行资金结构决策分析。

分析过程和结果如下：

1. 计算不同股本规模下的股权资金成本

（1）股本规模为 6 000 万股时：

$$K=\frac{D}{P\times(1-f)}=\frac{(15\,000-71\,500\times8\%)\times(1-25\%)\times50\%\div6\,000}{5\times(1-5\%)}=12.21\%$$

（2）股本规模为 8 000 万股时：

$$K=\frac{D}{P\times(1-f)}=\frac{(15\,000-62\,000\times8\%)\times(1-25\%)\times50\%\div8\,000}{5\times(1-5\%)}=9.91\%$$

（3）股本规模为 10 000 万股时：

$$K=\frac{D}{P\times(1-f)}=\frac{(15\,000-52\,500\times8\%)\times(1-25\%)\times50\%\div10\,000}{5\times(1-5\%)}=8.53\%$$

（4）股本规模为 12 000 万股时：

$$K=\frac{D}{P\times(1-f)}=\frac{(15\,000-43\,000\times7\%)\times(1-25\%)\times50\%\div12\,000}{5\times(1-5\%)}=7.89\%$$

（5）股本规模为 14 000 万股时：

$$K=\frac{D}{P\times(1-f)}=\frac{(15\,000-33\,500\times7\%)\times(1-25\%)\times50\%\div14\,000}{5\times(1-5\%)}=7.14\%$$

2. 计算不同股本规模下的债权资金成本

当股本规模为 6 000 万股、8 000 万股、10 000 万股时，债权资金的税前成本均为 8%，债权资金的税后成本可按下式计算：

$$K=\text{税前成本}\times(1-\text{所得税税率})$$
$$=8\%\times(1-25\%)=6\%$$

即当股本规模分别为 6 000 万股、8 000 万股、10 000 万股时，债权资金的税后成本均为 6%。

同理，当股本规模分别为 12 000 万股、14 000 万股时，债权资金的税后成本均为 $K=7\%\times(1-25\%)=5.25\%$。

3. 计算不同股本规模下的综合资金成本

（1）股本规模为 6 000 万股时：

$$\overline{K}=12.21\%\times28.5\%+6\%\times71.5\%=7.77\%$$

（2）股本规模为 8 000 万股时：

$$\overline{K}=9.91\%\times38\%+6\%\times62\%=7.49\%$$

（3）股本规模为 10 000 万股时：

$$\overline{K}=8.53\%\times47.5\%+6\%\times52.5\%=7.20\%$$

（4）股本规模为 12 000 万股时：

$$\overline{K}=7.89\%\times57\%+5.25\%\times43\%=6.75\%$$

（5）股本规模为 14 000 万股时：

$$\overline{K}=7.14\%\times66.5\%+5.25\%\times33.5\%=6.51\%$$

4. 计算不同股本规模下的每股收益

（1）股本规模为 6 000 万股时：

$$EPS=\frac{(15\ 000-71\ 500\times8\%)\times(1-25\%)}{6\ 000}=1.16\ (元)$$

（2）股本规模为 8 000 万股时：

$$EPS=\frac{(15\ 000-62\ 000\times8\%)\times(1-25\%)}{8\ 000}=0.94\ (元)$$

（3）股本规模为 10 000 万股时：

$$EPS=\frac{(15\ 000-52\ 500\times8\%)\times(1-25\%)}{10\ 000}=0.81\ (元)$$

（4）股本规模为 12 000 万股时：

$$EPS=\frac{(15\ 000-43\ 000\times7\%)\times(1-25\%)}{12\ 000}=0.75\ (元)$$

（5）股本规模为 14 000 万股时：

$$EPS=\frac{(15\ 000-33\ 500\times7\%)\times(1-25\%)}{14\ 000}=0.68\ (元)$$

5. 计算不同股本规模下的公司价值

（1）股本规模为 6 000 万股时：

$$V=71\ 500+\frac{(15\ 000-71\ 500\times8\%)\times(1-25\%)}{12.21\%}$$
$$=71\ 500+57\ 002=128\ 502\ (万元)$$

（2）股本规模为 8 000 万股时：

$$V=62\ 000+\frac{(15\ 000-62\ 000\times8\%)\times(1-25\%)}{9.91\%}$$
$$=62\ 000+75\ 984=137\ 984\ (万元)$$

（3）股本规模为 10 000 万股时：

$$V=52\ 500+\frac{(15\ 000-52\ 500\times8\%)\times(1-25\%)}{8.53\%}$$
$$=52\ 500+94\ 959=147\ 459\ (万元)$$

（4）股本规模为 12 000 万元时：

$$V=43\ 000+\frac{(15\ 000-43\ 000\times7\%)\times(1-25\%)}{7.89\%}$$
$$=43\ 000+113\ 973=156\ 973\ (万元)$$

（5）股本规模为 14 000 万股时：

$$V = 33\ 500 + \frac{(15\ 000 - 33\ 500 \times 7\%) \times (1 - 25\%)}{7.14\%}$$

$$= 33\ 500 + 132\ 930 = 166\ 430\ (万元)$$

6. 计算不同股本规模下的财务杠杆系数

（1）股本规模为 6 000 万股时：

$$DFL_{(EBIT_0 = 15\ 000)} = \frac{15\ 000}{15\ 000 - 71\ 500 \times 8\%} = 1.62$$

（2）股本规模为 8 000 万股时：

$$DFL_{(EBIT_0 = 15\ 000)} = \frac{15\ 000}{15\ 000 - 62\ 000 \times 8\%} = 1.49$$

（3）股本规模为 10 000 万股时：

$$DFL_{(EBIT_0 = 15\ 000)} = \frac{15\ 000}{15\ 000 - 52\ 500 \times 8\%} = 1.39$$

（4）股本规模为 12 000 万股时：

$$DFL_{(EBIT_0 = 15\ 000)} = \frac{15\ 000}{15\ 000 - 43\ 000 \times 7\%} = 1.25$$

（5）股本规模为 14 000 万股时：

$$DFL_{(EBIT_0 = 15\ 000)} = \frac{15\ 000}{15\ 000 - 33\ 500 \times 7\%} = 1.19$$

7. 将以上计算结果列表反映，如表 6－12 所示：

表 6－12　　如日公司不同股本规模下相关财务指标表

股本规模（万股）	资产负债率（%）	股权资金成本（%）	债权资金成本（%）	综合资金成本（%）	每股收益（元）	债权价值（万元）	股权价值（万元）	公司价值（万元）	财务杠杆系数
6 000	71.5	12.21	6.00	7.77	1.16	71 500	57 002	128 502	1.62
8 000	62.0	9.91	6.00	7.49	0.94	62 000	75 984	137 984	1.49
10 000	52.5	8.53	6.00	7.20	0.81	52 500	94 959	147 459	1.39
12 000	43.0	7.89	5.25	6.75	0.75	43 000	113 973	156 973	1.25
14 000	33.5	7.14	5.25	6.51	0.68	33 500	132 930	166 430	1.19

由表 6－12 可知：

（1）随着股本规模的扩大，资产负债率会逐步降低，财务杠杆系数也逐步变小，财务风险将逐步变小，财务杠杆效应逐步减弱。

（2）随着股本规模的扩大，按税后收益的 50% 计算的每股股利逐步变小，股权资金成本逐步变小。

（3）随着股本规模的扩大，公司需要借入的债权资金逐步变小，债权资金成本（税后）也呈下降的趋势。

（4）由于股权资金成本和债权资金成本都随股本规模的扩大而变小，因此，综合资金成本也随股本规模的扩大而变小。如果从资金成本最低的目的出发，公司应把股本规模确定为 14 000 万股或更大。但若这样，则会使每股收益最小，这将怎样权衡？

（5）随着股本规模的扩大，每股收益将逐步变小，但每股股权价值却不变（大约为 9.50 元/股）。这说明，尽管股权价值总额在扩大，但每股股权价值却是一样的。因此，我们不应以股权价值总额和每股股权价值作为评价资金结构优劣的依据，而应以每股收益为依据。（说明：每股股权价值 = 股权价值总额 ÷ 股本规模。）

（6）随着股本规模的扩大，公司价值也逐步扩大，但公司价值包含债权价值和股权价值在内，从公司发起人的角度出发，是否应该把公司价值最大作为评价资金结构优劣的依据？此外，尽管股本规模扩大导致公司价值扩大，但同时也导致每股收益减少，这将如何权衡？

（7）综合以上分析，建议如日股份有限公司在决定其股本规模时，除了考虑表 6 – 12 中的相关财务指标外，还应充分考虑以下因素：①公司的筹资目标；②决策者的风险意识；③同行业资产负债水平；④公司的管理水平；⑤公司预期收益的稳定性；⑥股权结构；⑦股票发行难易程度；⑧债权资金取得的难易程度；等等。

复习思考题

1. 什么是资金结构？它与财务杠杆作用、财务风险之间有什么联系？
2. 什么是财务杠杆作用？它产生的原因是什么？它的大小可以用什么指标来衡量？它的正面表现和负面表现分别是什么？
3. 什么是财务风险？它和资金结构有什么关系？它的大小可以用什么指标来衡量？
4. 资金结构理论主要包括哪些？它们的含义分别是什么？
5. 最优资金结构的评价标准主要有哪些？它们分别适用于什么情形？
6. 筹资决策分析方法主要有哪些？它们分别适用于什么情形？
7. 什么是每股收益无差别点？它是如何计算的？
8. 什么是公司价值？它是如何计算的？

课外作业题

1. 某公司拟筹资 1 000 万元，现有甲、乙两个备选方案，有关资料如表 6 – 13 所示：

表 6 – 13　　某公司甲、乙两个筹资方案相关资料表

筹资方式	甲方案		乙方案	
	筹资额（万元）	资金成本（%）	筹资额（万元）	资金成本（%）
长期借款	200	9	180	9
债券	300	10	200	10
普通股	500	12	620	12
合计	1 000	—	1 000	—

试采用比较资金成本法确定该公司应该选择的筹资方案。

2. 某公司目前发行在外的普通股为100万股（每股面值1元），并发行有利率为10%的债券400万元。公司计划为一个新的投资项目融资500万元，预计新项目投产后每年的息税前利润将增加到200万元。现有两个方案可供选择：方案A，按12%的利率发行公司债券500万元；方案B，按每股20元的价格发行新股25万股。假设公司适用的所得税税率为25%。

要求：计算两个方案每股收益无差别点的息税前利润和财务杠杆系数，并判断两个方案的优劣。

3. 某公司有关资料如下：目前全部资金均为普通股资金，股票账面价值为1 000万元。该公司认为现在的资金结构不合理，打算举债回购部分股票予以调整。公司预计年息税前利润为300万元，适用所得税税率为25%，经测算，目前的债务利率和股票资金成本如表6-14所示：

表6-14　　某公司不同债权资金规模下的公司价值测算资料表

债权资金规模（万元）	债权资金成本 K_b（%）	β系数	无风险报酬率 R_f（%）	股票市场平均报酬率 K_m（%）	股权资金成本 K_s（%）
0	—	1.20	10	15	16
100	8	1.40	10	15	17
200	10	1.60	10	15	18
300	12	1.80	10	15	19
400	14	2.00	10	15	20
500	16	2.10	10	15	21

要求：测算不同债权资金规模下的公司价值，并确定公司最佳资本结构。

思政案例题

“狗不理”从新三板退市，专家：不能一味消耗招牌名气

2020年05月20日 07:30　来源：扬子晚报

扬子晚报/紫牛新闻　记者沈春宁 徐兢 李冲 马燕

在新三板上市近5年的狗不理，于5月11日正式退市。狗不理退市的原因是什么？折射出老字号哪些经营沉疴？其余一些知名包子品牌在资本市场表现如何？记者进行了调查探访。

“狗不理”缘于创始人小名

记者据Wind查询发现，证券代码为834100的狗不理，目前已经退市。5月9日，狗不理发布了《关于公司股票在全国中小企业股份转让系统终止挂牌的公告》和《关于天津狗不理食品股份有限公司股票终止挂牌的公告》。据公告，4月29日，全国中小企业股份转让系统有限责任公司（简称“股转公司”）受理了狗不理的终止挂牌申请材料。狗不理公司于5月7日收到股转公司出具的函，公司股票自2020年5月11日起终止在全国中小企业股份转让系统挂牌。

资料显示，2015 年 5 月，狗不理食品正式开始申请挂牌新三板；11 月，在新三板挂牌上市。母公司狗不理集团曾欲登陆中小板，但 2014 年 7 月冲刺 A 股 IPO 失败。

“狗不理”创始于 1858 年，是一家高端老字号餐饮品牌，旗下产品狗不理包子全国闻名。据说，创始人小名叫“狗子”，因为生意好，顾不上跟人说话，被开玩笑说“狗子卖包子，不理人”，后来简称“狗不理”。

不少网友评价“服务不佳”

消费者对狗不理包子的评价如何？记者据大众点评搜索发现，在南京并没有狗不理包子店。不过，记者搜索位于北京的狗不理包子（前门店）发现，该店的评分仅仅 3.17 分，评论 4 288 条，人均消费 76 元。在 4 000 多条点评中，“服务不佳”的有 531 条，位居各项分类的第一。接下来有 463 条认为“分量大”。

一位用户称“作为老北京人，要不是因为团购，肯定不会来的”“包子味道一般”“本来团了两份，尝过后决定退掉一份”。还有一位用户建议旅游的朋友要谨慎，“吃个早餐吃掉 400 多”。这位用户晒的价格单显示，什锦素包单价为 14 元，一品全蟹包单价 22 元。而狗不理包子回应称，包子的优质食材包括：加拿大和澳大利亚进口“麦心粉”、专供猪肉、宝坻鸡腿葱、山东莱芜姜、传统小磨香油、高盐稀态发酵半年的酱香型酱油。

老家在天津，如今在南京工作的贾先生介绍，他已十多年没吃过狗不理包子了。“都是做外地人生意，本地人很少吃吧，又贵又不好吃。”南京消费者王女士表示，大约 10 年前去天津旅游时尝过。“可能还是有南北口味差异，感觉不太吃得惯。用现在的话说，就是为了旅游打卡。价格不记得了，但肯定比一般的包子贵。”

记者搜索发现，狗不理包子也卖到了各类电商平台。口味有三鲜、牛肉、全素、猪肉、手工酱肉等。每袋售价均在 20 多元。

于女士表示，“包子特别小，基本上没有什么味道。像江南一带的肉包，里面有汤汁，微甜，很美味。但是狗不理包子没有汁，并且竟然有大葱，让人接受不了。”

在新三板摘牌或为“降成本”

著名经济学家宋清辉在记者采访时表示，新三板公司大多是中小微企业，与“财大气粗”的 A 股上市公司不同，在挂牌效果未能达到预期的情况下，企业谋划摘牌“降成本”也属意料之举。

他分析，狗不理新三板退市的原因或是餐饮板块发展不够顺畅，导致没有达到设想的预期。这背后折射出老字号陷入“因循守旧”怪圈。他认为，对于狗不理而言，不能一味消耗前人留下来的招牌名气，而是应该大胆创新、坚持本心，否则会逐渐被市场所淘汰。他观察到，其余一些知名的包子品牌在资本市场表现亦不尽如人意，大部分都缺乏亮点，无法成为高端餐饮的主流菜品。

“狗不理主要靠旅游支撑，业务本身就有脆弱性。”亿欧新消费分析师曹玥表示，老字号也有做得不错的，比如五芳斋大概是老字号里较早做数字化营销的，每年端午节以及各大购物节期间，会配合数字化营销做一些市场投放，而且五芳斋目前在冲击 IPO，有望在主板上市。她观察发现，老字号企业发展还是限于区域性，能够走向全国的不多。

需要讨论的问题：

1. 什么是新三板市场？对筹资的公司来说，新三板市场有什么优势？
2. “狗不理”为什么主动申请从新三板市场退市？

3. “狗不理”的市场定位是什么？这样的市场定位合理吗？

4. 作为著名的民族品牌，“狗不理”是如何一味消耗前人留下来的招牌名气的？“狗不理”应该怎样大胆创新才能使这个著名的民族品牌行稳致远？

5. 中国政府在保护和发展民族品牌方面应该如何作为？

第三篇　公司投资活动管理

第七章

公司投资活动概述

内容简介

本章主要介绍公司投资目标的确定、投资方向的选择、投资类型的选择、投资形式的选择、投资战略的选择和投资规模的确定。

学习目标

通过本章的学习，要求了解公司投资目标和投资规模的确定原则以及公司投资方向、投资类型、投资形式、投资战略的选择原则。

第一节　公司投资目标的确定和投资方向的选择

一、公司投资目标的确定

投资目标是指投资最终想要达到的效果。通常情况下，人们理解的投资目标就是为了获取经济利益（俗称赚钱），但国家（政府）投资或者代表国家（政府）投资的那些国有独资或国有控股公司的投资（以下统称“国有资本投资”），很多时候都不是以获取经济利益为唯一的投资目标，甚至一些国有资本投资并不考虑投资公司自身的经济利益（至少不考虑眼前或短期的经济利益）。国有资本投资的目标除了考虑经济利益之外，还要考虑社会利益、政治利益、生态利益和军事利益等。即便是民营资本投资，有时候也不单纯是为了经济利益。所以，不管是国有资本投资者还是民营资本投资者，在投资决策的过程中都必须首先明确自己的投资目标。

二、公司投资方向的选择

投资方向主要包括行业方向和地区方向。

（一）行业方向的选择

根据中国证券监督管理委员会发布的《上市公司行业分类指引》（2012 年修订），上市公司行业分类分为：A 农、林、牧、渔业，B 采矿业，C 制造业，D 电力、热力、燃气及水生产和供应业，E 建筑业，F 批发和零售业，G 交通运输、仓储和邮政业，H 住宿和餐饮业，I 信息传输、软件和信息技术服务业，J 金融业，K 房地产业，L 租赁和商务服务业，M 科学研究和技术服务业，N 水利、环境和公共设施管理业，O 居民服务、修理和其他服务业，P 教育，Q 卫生和社会工作，R 文化、体育和娱乐业，S 综合类共 19 个行业。根据工业和信息化部、国家统计局、国家发展和改革委员会、财政部于 2011 年联合印发的《中小企业划型标准规定》，中小企业行业分类分为农、林、牧、渔业，工业，建筑业，批发业，零售业，交通运输业，仓储业，邮政业，住宿业，餐饮业，信息传输业，软件和信息技术服务业，房地产开发经营业，物业管理业，租赁和商务服务业，其他未列明行业共十六个行业。选择行业方向，应该坚持“熟悉、国家鼓励、有市场前景、专精特新”等原则，选择那些自己熟悉的行业或者国家鼓励、有市场前景、具有专精特新（即专业化、精细化、特色化、新颖化）特征的行业。

（二）地区方向的选择

地区方向包括国内或国外。国内的地区方向又可以细分为省内、省外，市内、市外，县内、县外，乡镇内、乡镇外等。国外的地区方向又可以细分为亚洲地区、欧洲地区、非洲地区、美洲地区、大洋洲地区等。选择地区方向，应该坚持资源导向、市场导向、人才导向、成本导向、技术导向、纳税导向等，即应该选择到那些生产经营所需自然资源丰富、商品市场需求旺盛、社会人才充足但劳动力成本相对较低、生产经营所需技术先进、政府有税收优惠等的地方去投资。

第二节　公司投资类型和投资形式的选择

一、公司投资类型选择

投资类型可以分为实业投资、证券投资和其他投资三种。实业投资一般是指以经营、产出有形资产为主的投资，比如投资于农、林、牧、渔业，采矿业，制造业，电力、热力、燃气及水生产和供应业，建筑业，交通运输、仓储和邮政业，批发和零售业、房地产业等都属于实业投资。实业投资分为对内投资和对外投资。对内投资是指投资后所形成的资产归投资主体这个法人拥有、控制和经营，比如公司新建一栋办公楼或者新建一条生产线。对外投资是指投资后所形成的资产归投资主体这个法人之外的另一个法人拥有、控制和经营，比如公司投资入股另一家公司，或者公司投资新成立一家公司。实业投资一般都是长期投资。证券投资一般是指以获取资本利得为主要目的的股票投资、债券投资、基金投资、期货投资、期权投资等。证券投资分为长期投资和短期投资。其他投资比如放贷投资、理财投资、储蓄投资等。其他投资也分为长期投资和短期投资。投资者在决策过程中必须对投资类型作出选择。

二、公司投资形式的选择

投资形式可以分为现金投资或非现金资产投资，直接投资或间接投资，控制性投资、共同控制性投资、施加重大影响投资或其他投资。投资者应当根据自身和被投资单位的实际情况选择一个双方都接受的投资形式。

现金投资就是以库存现金、银行存款、其他货币资金等形式出资。非现金投资就是以非现金资产（通常是固定资产、无形资产等）出资。直接投资指投资者直接开厂设店从事经营，或者投资购买企业相当数量的股份，从而对该企业具有经营上的控制权的投资方式。

直接投资的主要特征是投资者对所投资的单位拥有永久利益，永久利益意味着直接投资者和该单位之间存在着长期的关系，并对该单位经营管理施加相当大的影响。间接投资是指投资者以其资本购买公司债券、金融债券或公司股票等各种有价证券，以预期获取一定收益的投资，由于其投资形式主要是购买各种各样的有价证券，因此也被称为证券投资。直接投资与间接投资同属于投资者对预期能带来收益的资产的购买行为，但二者有着实质性的区别：直接投资是资金所有者和资金使用者的合一，是资产所有权和资产经营权的统一运动，一般从事生产活动，会形成实物资产；而间接投资是资金所有者和资金使用者的分离，是资产所有权和资产经营权的分离运动，投资者对所投资的单位的资产及其经营没有直接的所有权和控制权，其目的是获得资本收益或保值。

控制性投资是指投资者出于经营与竞争的需要，谋求对被投资单位经营决策和财务决策能施加重大影响而进行的权益性投资。非控制性投资是指没有达到足以对被投资单位经营决策和财务决策施加重大影响或控制的份额的权益性投资，以及根本不具有控制作用的债权性投资。施加重大影响投资是指投资者对被投资单位的财务和经营政策有参与决策的权力，但并不能够控制或者与其他方一起共同控制这些政策制定的权益性投资。其他投资是指除了控制性投资、共同控制性投资和施加重大影响投资之外的投资。

第三节　公司投资战略的选择和投资规模的确定

一、公司投资战略的选择

投资者在确定了投资目标，选择了投资方向、投资类型和投资形式后，往往会面临投资战略的选择问题。

投资战略的类型主要包括发展型战略、稳定型战略、收缩型战略、成本领先战略、差异化战略和集中化战略等。

发展型战略包括一体化战略、多元化战略、密集型成长战略。

一体化战略包括纵向一体化战略和横向一体化战略。获得对经销商或者零售商的所有权或对其加强控制，称为前向一体化。获得对供应商的所有权或对其加强控制，称为后向一体化。获得与自身生产同类商品的企业的所有权或加强对它们的控制，称为横向一体化。横向一体化可以通过购买、合并、联合来实现。

多元化战略的类型包括同心多元化和离心多元化。同心多元化也称为相关多元化，是以现有业务为基础进入相关产业的战略。当投资者在产业内具有较强的竞争优势，而该产业的成长性或者吸引力逐渐下降时，比较适宜采取同心多元化战略。离心多元化，也称为不相关多元化。采用离心多元化的目标是从财务上考虑平衡现金流或者获取新的利润增长点。

密集型成长战略，也称为加强型成长战略，是指投资者以快于过去的增长速度来增加某个组织现有商品或业务的销售额、利润额及市场占有率。包括三种类型：市场渗透战略（投资者采取更积极的措施在现有市场上扩大现有商品的销售）、市场开发战略和商品开发战略。

稳定型战略，也称为防御型战略、维持型战略，包括四种类型：暂停战略、无变化战略、维持利润战略、谨慎前进战略。

收缩型战略，也称为撤退型战略，包括三种类型：转变战略、放弃战略、清算战略。

成本领先战略的优势包括：可以抵御竞争对手的进攻；具有较强的对供应商的议价能力；形成了进入壁垒。成本领先战略的适用条件包括：市场需求具有较大的价格弹性；所处行业大多生产标准化商品，价格因素决定了市场地位；实现商品差异化的途径很少；多数客户以相同的方式使用商品；用户购买从一个销售商改变为另外一个销售商时，转换成本很小，因而倾向于购买价格最优惠的商品。

采取差异化战略的风险包括：竞争者可能模仿，使得差异消失；保持商品的差异化往往以高成本为代价；商品和服务差异对消费者来说失去了意义；与竞争对手的成本差距过大；投资者要想取得商品差异，有时要放弃获得较高市场占有率的目标。

集中化战略可以分为集中成本领先战略和集中差异化战略。集中化战略的适用条件包括：投资者资源和能力有限，难以在整个产业实现成本领先或者差异化，只能选定个别细分市场；目标市场具有较大的需求空间或增长潜力；目标市场的竞争对手尚未采用统一战略。实施集中化战略的风险包括：竞争者可能模仿；目标市场由于技术创新、替代品出现等原因而需求下降；由于目标细分市场与其他细分市场的差异过小，大量竞争者涌入细分市场；新进入者重新细分市场。

二、公司投资规模的确定

投资规模的确定要坚持量力而行、量入为出的原则，投资者自己拥有多少资金、自己能够承载多大规模的债务，要有一个科学合理的评估，而且要留有余地、铺好后路，切勿好大喜功、过度负债。投资规模的确定通常有两个完全相反的逻辑思路。一个是投资者根据自己的筹资能力来确定投资规模，然后在这个投资规模的约束下去选择合适的投资项目；另一个是投资者选择了投资项目并确定了项目的投资规模，然后再调动自己的筹资能力去筹集资金。正常情况下，投资者应该是根据自己的筹资能力来确定投资规模，然后再选择投资项目。但现实中，投资者先确定投资项目和投资规模，然后再调动自己的筹资能力去筹集资金的情况也不少见。不管怎样，都不提倡投资者过度负债去投资。

复习思考题

1. 公司应该如何确定自己的投资目标？
2. 公司应该如何选择自己的投资方向？
3. 公司应该如何选择自己的投资类型？

4. 公司应该如何选择自己的投资形式？
5. 公司应该如何选择自己的投资战略？
6. 公司应该如何确定自己的投资规模？

思政思辨题

1. 代表中央和地方政府进行各项投资的国有独资或国有控股公司在确定投资目标时通常需要考虑哪些因素？

2. 代表中央和地方政府进行各项投资的国有独资或国有控股公司在选择投资战略时通常需要考虑哪些因素？

3. 中央和地方政府应该如何正确引导各类公司选择投资方向和投资类型？

第八章

公司投资项目现金流量

内容简介

本章主要介绍投资项目现金流量的构成和估算方法，包括初始现金流量的构成、经营现金流量的构成、终结现金流量的构成、现金流量估算应注意的问题、新建项目现金流量的估算方法、重置项目现金流量的估算方法等。

学习目标

通过本章的学习，要求了解投资项目初始现金流量、经营现金流量、终结现金流量的构成和现金流量估算应注意的问题，掌握新建项目和重置项目现金流量的估算方法等。

第一节　公司投资项目现金流量的构成

投资项目现金流量是指投资项目所发生或所引起的现金流出量、现金流入量和现金净流量。这里所讲的“现金”是指广义的现金，包括各种货币资金。

从现金流量的性质来看，投资项目现金流量包括现金流入量、现金流出量和现金净流量。它们之间的关系可表示为：现金流入量－现金流出量＝现金净流量。

从投资项目的生命周期来看，投资项目现金流量包括初始现金流量、营业现金流量和终结现金流量。即投资项目现金流量＝初始现金流量＋营业现金流量＋终结现金流量。

下面将按照投资项目的生命周期来介绍投资项目现金流量的具体构成。

一、初始现金流量

初始现金流量是指投资项目在建设初期所发生的现金流量，它通常表现为流出量，但对于一些重置项目（如旧项目的改造等）来说，也可能会有少许的现金流入量。

初始现金流量主要由以下项目构成。

（一）购建长期资产支出

长期资产，是指会计学中的“非流动资产”。投资者在进行项目投资时，通常都要购建长期资产，比如购买土地使用权、建造厂房、购买机器设备、购买专利技术等，都会发生现金流出。

（二）投资项目报建支出

公司在进行项目投资之前，通常都要向政府有关部门申报建设项目。因为公司在得到政府有关部门审批之前是不能进行投资的，只有得到政府有关部门审批之后才能进行投资。并且，在报建待批的过程中一般也会发生一些相关支出，这些支出也构成初始现金流量的一部分。

（三）投资项目管理支出

公司在进行项目投资时，通常都要对整个投资过程进行有效的管理。这个管理过程会发生一些甚至很多现金支出，比如管理人员的薪酬支出、办公费支出、差旅费支出、水电费支出等，这些支出也构成初始现金流量的一部分。

（四）投产之前垫支的营运资金

为了保证项目能够顺利投产，在项目建成将要投产之前，公司一般都要做一些必要准备，比如招聘员工并进行培训、购买投产所需要的原材料和其他物料等，这些准备工作所发生的支出称为公司为项目投产而垫支的营运资金，它们也是初始现金流量的构成项目。

（五）重建项目中旧项目的变现收入

公司对旧项目进行改造或完全撤销重建，旧项目原有的一些设备、物资等需要变现，这些变现所获得的变现收入构成了初始现金流量的抵减项目。

综上，初始现金净流量就是投资项目的投资净额，有时也叫投资总额。初始现金净流量的计算公式为：

初始现金净流量 = 购建长期资产支出 + 投资项目报建支出 + 投资项目管理支出 + 投产之前垫支的营运资金 − 重建项目中旧项目的变现收入。

二、营业现金流量

营业现金流量是指项目建成投产后，在正常营业期间发生的现金流量，包括现金流入量、现金流出量和现金净流量。

（一）营业现金流入量

营业现金流入量主要是指营业期间取得的营业收入（以全部实行现销政策为假设条件）。

（二）营业现金流出量

营业现金流出量是指营业期间发生的付现成本和所得税支出。其中，付现成本是指在当期营业期间导致现金流出的那些成本费用，比如薪酬支出、购买原材料支出、办公费支出、差旅费支出、水电费支出等。与付现成本对应的另一个概念是非付现成本。非付现成本是指在当期营业期间不导致现金流出的那些成本费用，比如固定资产折旧、无形资产和其他长期资产摊销等。

（三）营业现金净流量

营业现金净流量是指营业期间产生的现金收入量扣除所发生的现金流出量之后的余额。它通常按照以下公式来估算：

营业现金净流量 = 营业收入 − 付现成本 − 所得税支出

营业现金净流量 = 营业收入 − 付现成本 − 非付现成本 − 所得税支出 + 非付现成本

= 税后利润 + 非付现成本

三、终结现金流量

终结现金流量是指项目经济寿命期终了时产生的现金流量，包括流入量、流出量和净流量。

（一）终结现金流入量

1. 长期资产残值出售的税后现金净流量

项目寿命期终了时，假设公司将投资项目有关的固定资产、土地使用权等长期资产出售，所得价款净收入（价款扣除交易费用和不包括所得税在内的相关税费后的余额）如果高于资产的账面价值，需要缴纳所得税。所得价款净收入扣除缴纳的所得税后的余额构成终结现金净流量的重要组成部分。如果所得价款净收入等于资产的账面价值，则不需缴纳所得税，这时，所得价款净收入就全部构成终结现金净流量。如果所得价款净收入低于资产的账面价值，则不仅不需缴纳所得税，相反，其损失部分还可以在所得税前扣除，这时，所得价款净收入加上可以抵税的金额就构成终结现金净流量。

【例8－1】 某项目寿命期终了时的长期资产账面价值为100 000元，所得税税率为25%，试分别确定出售所得价款净收入为100 000元、90 000元、110 000元时的终结现金流入量。

分析过程和结果如下：

①当出售所得价款净收入为100 000元时，由于账面价值也是100 000元，故不需缴纳所得税，终结现金流入量等于100 000元。

②当出售所得价款净收入为90 000元时，由于账面价值是100 000元，故出售这项资产损失了10 000元，这时，不仅不需要缴纳所得税，而且还可以抵消2 500元的所得税，因此，终结现金流入量为92 500（90 000＋2 500）元，其中90 000元是价款净收入，2 500元是损失抵税的金额。

③当出售所得价款净收入为110 000元时，由于账面价值是100 000元，故需缴纳所得税2 500［（110 000－100 000）×25%］元，终结现金流入量为107 500（110 000－2 500）元。

2. 收回营业期间垫支的营运资金所产生的现金流量

项目寿命期终了时，随着商品或劳务的销售完毕，原先垫支的全部营运资金都将悉数收回，从而形成终结现金流量。

【例8－2】 某人在农贸市场从事蔬菜经营，开业前交付了2年的摊位租金共10 000元，购买了交通工具、装载工具、计量工具等开支5 000元，合计开支15 000元，这些开支属于长期资产投资，不属于营运资金垫支。

开业前一天，他又准备了500元现金，用作第二天早晨购进蔬菜的开支，这500元就是他在开业前垫支的营运资金，当他不经营时，这500元如何收回？

分析过程和结果如下：

开业第一天，他用500元营运资金购进一批蔬菜，到当天下午收市时，所购进的蔬菜全部卖完，所得收入为600元，这是他当天的营业现金流入量，扣去他当天的生活开支20元和进货成本500元（这520元是他当天的营业现金流出量）后，他当天的营业现金净流量就是80元。这时，他手头的现金是580元，包括开业前垫支的500元和当天的营业现金净流量80元。这说明，假设他只营业一天就不干了，那开业前垫支的500元就已经回到了他的手中。

第二天，他把这580元全部用作进货资金，购进580元的蔬菜，收市时全部卖完，所得收入为700元，这是他当天的营业现金流入量，扣去他当天的生活开支20元和进货成本580元（这600元是他当天的营业现金流出量）后，他当天的营业现金净流量就是100元。这时，他手头的现金是680元，包括开业前垫支的500元、第一天的营业现金净流量80元和第二天的营业现金净流量100元。这说明，假设他只营业两天就不干了，那开业前垫支的500元也已回到了他的手中。

第三天，由于是阴雨天气，他只从手头的680元现金中拿出了400元去进货，到收市时全部卖完，所得收入为460元，这是他当天的营业现金流入量，扣去他当天的生活开支20元和进货成本400元（这420元是他当天的营业现金流出量）后，他当天的营业现金净流量就是40元。这时，他手头的现金是720元，包括开业前垫支的500元、第一天的营业现金净流量80元、第二天的营业现金净流量100元和第三天的营业现金净流量40元。这说明，假设他只营业三天就不干了，那开业前垫支的500元也已回到了他的手中。

本例中，不管假设此人营业1天、2天还是3天，只要他停业了，他开业前垫支的营运资金都能全部收回。这里有一个前提条件，那就是他在营业期间的营业现金净流量（或其累计数）必须大于或等于零。如果他在营业期间的营业现金净流量（或其累计数）小于零，那他开业前垫支的营运资金就不能全部收回。比如，如果他3天的营业现金净流量累计数不是220元，而是−100元，那他开业前垫支的500元营运资金就只能收回400元。

（二）终结现金流出量

项目寿命期终了时要进行清算。清算过程中会发生各种支出，如清算人员薪酬、清算办公费、清算差旅费、清算水电费等，它们都构成项目的终结现金流出量。

（三）终结现金净流量

终结现金净流量 = 长期资产残值出售的税后现金流入量 + 收回开业前垫支的营运资金形成的现金流入量 − 清算支出所导致的现金流出量。

第二节　公司投资项目现金流量的估算

一、投资项目现金流量估算应注意的问题

（一）购置固定资产所发生的现金流出量包括固定资产的买价和使该项固定资产达到预定可使用状态的一切支出

项目投资初期经常需要较高的固定资产支出，它是现金流出量。在确定固定资产的支出中，除了固定资产买价，还应包括该固定资产的运输费和安装费等。这里对固定资产购置成本的计算与会计上的资产计价要求一样，固定资产的取得成本包括买价和使其达到预定可使用状态之前的一切支出。例如，设备买价2 000万元，运输和安装等费用50万元，则购置这台设备所导致的现金流出量为2 050万元。

（二）营业期间的非付现成本不会导致现金流出，把税后利润调整为营业现金净流量时，应该把已在税前利润中扣除的非付现成本加回

在会计收益的计量中，确认的费用有的是付现费用（财务上亦称付现成本），有的是非付现费用（财务上亦称非付现成本）。但是在现金流量的分析中，由于非付现费用没有引起现金的流出，所以非付现费用不应包括在现金流量的分析中。但是，由于这些非付现费用已在税前利润总额中扣除，因此当把税后利润调整为营业现金净流量时应该把它们加回，即：营业现金净流量 = 税后利润 + 非付现成本。

非付现成本对现金流量有着间接的影响。非付现成本的大小影响税前利润总额的多少，进而影响所得税支出的多少。当非付现成本增加时，它会节约公司的所得税支出，从而减少因所得税支出而导致的现金流出量。

由于非付现成本主要是固定资产折旧和其他长期资产摊销，因此，在税法允许的范围内，折旧和摊销方法的选择将会直接影响折旧额和摊销额，从而影响应纳税所得额，进而影响因所得税支出而导致的现金流出量。所以，在进行投资项目现金流量的估算时，要关注固定资产折旧和其他长期资产摊销方法的选择。

【例 8－3】某公司当前的固定资产总额为 5 000 万元，每年折旧费用为 500 万元。现有意进行固定资产更新，预计更新后的固定资产总额将达到 6 000 万元，每年折旧费用将达到 600 万元。假定除了折旧费用以外的其他费用都与更新前一样，销售收入也与更新前相同，所得税税率为 25%，试分析折旧费用的增加对所得税支出和营业现金流量的影响。

分析过程和结果如下：

在销售收入和其他费用不变的情况下，折旧费用增加 100（600－500）万元，税前利润总额就减少 100 万元，所得税支出则减少 25（100×25%）万元，营业现金流出量也减少 25 万元，营业现金净流量则增加 25 万元。

（三）营业期间，营运资金的增加，表示追加了营运资金，它会导致现金的流出；营运资金的减少，表示收回了营运资金，它会导致现金的流入

营运资金是指流动资产减去流动负债后的余额。营业期间，当产品的销售量增加时，货币资金、存货、应收账款等流动资产会相应增加，同时，应付账款、应付职工薪酬、其他应付款等流动负债也会相应增加；反之，当产品的销售量减少时，货币资金、存货、应收账款等流动资产会相应减少，同时，应付账款、应付职工薪酬、其他应付款等流动负债也会相应减少。流动资产减去流动负债后的余额若大于零，即营运资金大于零，表明公司增加了对营运资金的投资，会发生现金流出；相反，流动资产减去流动负债后的余额若小于零，即营运资金小于零，则意味着公司回收营运资金，会发生现金流入。

由于营运资金是由生产经营活动引起的，生产经营活动规模的大小取决于市场的需求，即销售预测。所以，现金流量分析中对各期营运资金占用额的估算一般建立在销售预测的基础上。首先，估算当期营运资金占用额与预测销售额之间的比例关系。其次，根据预测的各期营运资金占用额计算营运资金的变化额。例如，某项目营业期间第一年和第二年的销售额分别预计为 2 000 万元和 3 000 万元，假定营运资金占用额是销售额的 25%，那么，该项目营业期间第一年和第二年的营运资金占用额分别预计为 500（2 000×25%）万元和 750（3 000×25%）万元，营运资金占用额变化引起的第一年和第二年的现金流出量分别为 500（500－0）万元和 250（750－500）万元，亦即，第一年因满足营运资金的占用需求而发生的现金流出量为500万元，第二年因满足营运资金的占用需求而发生的现金流出量为250万元。

（四）还本付息支出不是增量现金流量，不予预测

一项投资所需资金不管是全部来源于投资者的自有资金还是有一部分来源于投资者借入的资金，它们都是投资者用于该项目投资的资金。如果所需资金有一部分来源于债权资金，计算这项投资的综合资金成本时已经把股权资金和债权资金一并加权计算了，也就是说，投资者这项投资的资金成本已经包含了股权资金成本和债权资金成本，因此，在预测这项投资未来的现金流量时，就不能把未来还本付息支出当做项目的现金流出量来预测，否则，当利用资金成本作为折现率来计算投资项目的净现值或动态投资回收期时，就会出现还本付息支出被重复计算的情况，导致净现值或动态投资回收期的计算结果不准确，误导决策者。

（五）一般情况下，投资项目现金流量估算只考虑增量现金流量，不考虑总量现金流量

所谓增量现金流量，是指新增的投资项目所产生的现金流量；所谓总量现金流量，是指新增投资项目与原有投资项目合计产生的现金流量。投资项目现金流量估算为什么只考虑增量现金流量而不考虑总量现金流量？那是因为原有投资项目已经既成事实，一般情况下，是否新增投资项目，对原有投资项目的经营已经不构成影响，原有投资项目的存在也并不影响新增投资项目的决策，所以，在进行投资项目现金流量的估算时，一般只考虑增量现金流量而不考虑总量现金流量。但如果新增投资项目对原有投资项目的现金流量造成增加或减少的影响，则这个影响额需要计入新增投资项目的现金流量。

（六）附带现金流量属于新增投资项目的增量现金流量，估算时应予考虑

所谓附带现金流量，是指原有投资项目因新增投资项目的影响而增加或减少的现金流量。在某些情况下，新增投资项目会对原有投资项目的现金流量造成影响，这种影响表现为会导致原有投资项目的现金流量增加或者减少。比如，某人经营一家宾馆，其经营的项目只有住宿和餐饮两项，生意比较清淡。现在他看到娱乐业很兴旺，决定把原来用作客房的其中一层楼改为经营娱乐项目，为此需要进行一项投资。此项投资就产生了附带现金流量：第一，由于经营娱乐项目，可能会带旺他的餐饮和住宿，导致餐饮和住宿的现金流量增加；第二，把原来用作客房的一层楼改为经营娱乐项目后，客房的数量减少了，住宿项目的现金流量也可能会因此而减少。这些附带的现金流量在进行娱乐项目的现金流量估算时都是要考虑的。

现实生活中，投资者经常会遇到投资项目附带现金流量的问题。再如，某公司计划投资建设一条新的生产线，专门用于新产品的生产。新产品与原有产品之间属于相互替代品，即顾客购买了新产品就不会再购买原有产品。因此，新产品投放市场后就有可能使原有产品的销量下降，从而使原有产品的现金流入量减少。原有产品减少的现金流入量就是新产品附带的现金流量，在进行新产品的现金流量估算时必须要加以考虑。如果新产品与原有产品不是相互替代品，而是相互促进品，即新产品的生产有助于原有产品的销售，那么，新产品投放市场后就有可能促进原有产品的销售，使原有产品的现金流入量增加。原有产品增加的现金流入量也是新产品附带的现金流量，在进行新产品的现金流量估算时必须要加以考虑。

（七）机会成本是增量现金流量，在现金流量估算中应予考虑

机会成本是指因选择了最优投资方案而放弃次优投资方案所丧失的那部分收益，或者因为将资金（资产）投资于某一个项目而放弃的资金（资产）当前的既得收益。例如，某公司欲进行一项投资，有A、B、C三个投资方案可供选择，假定三个方案的投资额均为5 000万元，其中，A为最优方案，投资后估计每年可获得1 000万元的营业现金净流量；B为次优方案，投资后估计每年可获得800万元的营业现金净流量。现公司决定选择A方案进行投资，因此而放弃的B方案每年800万元的营业现金净流量就是选择A方案的机会成本，A方案每年获得的营业现金净流量必须大于800万元才能弥补这个机会成本。又如，某人有一处临街的私人房产，现暂时闲置。他考虑了两个利用该房产的方案：一个是出租，每年可获得租金净收入10万元；另一个是自己经营旅馆，估计每年可获得营业现金净流量15万元。假如他最终决定自己经营旅馆，那么，他就放弃了每年10万元的租金净收入，这就是他选择自己经营旅馆的机会成本。再如，某公司现在经营着甲产品，但市场销路很不好，每年仅获得很少的营业现金净流量，为了求得生存和发展，该公司决定停止经营甲产品，转而经营乙产品，这时，它所放弃的甲产品既得的营业现金净流量就是经营乙产品的机会成本，乙产品投产后每年所获得的营业现金净流量必须大于甲产品既得的营业现金净流量，这个转产方案才是可行的（假定转产不需要另外增加投资）。

机会成本虽然并不导致现金的实际流出，但它放弃了现金的预期流入（比如上述举例的机会成本），因此，它是一种潜在的、假设的或者虚拟的成本，在投资项目现金流量估算中必须加以估算。有很多投资项目，如果不考虑机会成本，它是可行的，但考虑了机会成本后就不可行了。比如上述举例中，某人选择自己经营旅馆而放弃出租房产，假设他每年获得的营业现金净流量只有8万元，如果不考虑那10万元的机会成本，他仍然会选择自己经营旅馆，但考虑了那10万元的机会成本之后，他就会觉得还不如把房产租出去，这时，他会选择出租而放弃自己经营旅馆。

（八）沉没成本不是增量现金流量，在现金流量估算中不予考虑

沉没成本是指过去已经发生的、对投资决策不构成影响的成本。所谓对投资决策不构成影响，是指选择或放弃某一个投资方案都不需要考虑沉没成本。为什么投资决策时不需要考虑沉没成本？因为沉没成本已经发生，不管最终的决策是选择还是放弃某一个投资项目，都不会改变沉没成本已经发生的事实，决策时只需要根据投资项目未来的现金流量来进行分析，如果分析的结果是项目可行，就选择投资，否则就放弃投资。这时，过去已经发生的那些沉没成本对决策已经没有影响了，所以不需要考虑。

现实生活中，很多投资项目都存在沉没成本。例如，某大型连锁超市准备在某城市投资设立连锁店，花了30 000元请专业咨询公司进行投资可行性分析，这30 000元就是沉没成本，因为可行性分析的结果可能是值得投资，也可能是不值得投资。决策者在根据可行性分析结果作决策时，只关注这个投资项目未来的现金流量以及其他相关因素，无需考虑那30 000元的咨询费用。如果决策者最终的决策是放弃投资，那也是因为可行性分析的结果是不值得投资，他不会因为花了30 000元咨询费最终没有投资而觉得可惜或后悔；如果决策者最终的决策是投资，那也是因为可行性分析的结果是值得投资，而不是因为花了30 000元咨询费就必须投资。又如，某公司有开发矿山的投资意向，请专业钻探机构对某矿山进行探测，花了20万元探测费，但最后却因为矿藏的数量和质量达不到开采的标准和要求而最终决定放弃这项投资。这20万元的探测费就成了沉没成本。该公司不能因为花了20万元的探测费而在矿藏数量和质量都达不到开采标准和要求的情况下仍然决定开采，那样的话，公司必亏无疑。这20万元的沉没成本已经成为与决策无关的成本，投资者不能也没有必要再可惜它。但不可惜并不意味着沉没成本可以随意支出，投资者应该在决策之前谨慎支出前期费用，使每一元的沉没成本都花得有价值、有意义。

（九）要准确估算现金流量发生的时间

因为资金有时间价值，相同金额的资金，其取得或支出的时间不同，折算所得的现值也不同。投资项目中，不管是现金流入量还是现金流出量，其发生的时间都会影响其折现后的价值（即现值）。因此，在投资项目现金流量估算中，一定要准确估算现金流量发生的时间。比如，有一个投资项目，建设期 3 年，投资总额 50 000 万元，这些投资额不会在建设初期就一次性地流出，一般都是在 3 年的建设期内分期流出，这就要求根据实际情况准确估算什么时间流出多少现金。

初始现金流量发生时间的估算，有一个基本的原则，就是：建设期超过一年（含一年）的，以年初或年末作为现金流量发生的时间；建设期短于一年的，以建设初期作为现金流量发生的时间，这时，建设期可以忽略不计。但实际工作中，哪怕是相隔几个月，资金时间价值也是比较可观的，这时，如果能够准确地估算现金流量发生的具体时间，哪怕是相隔几个月或一个月，也要按照实际发生的时间来折算其现值。营业现金流量发生时间的估算，不管是流入量、流出量还是净流量，通常都以年末作为现金流量发生的时间。终结现金流量发生时间的估算，通常以营业期末作为现金流量发生的时间。

二、新建项目现金流量的估算

新建项目是指在原有投资项目（原有投资项目也可能是零）之外另外再投资建设的项目，其主要特征是初始现金流量只有流出量，没有流入量。

【例 8－4】 甲公司于 2023 年 1 月 1 日投资生产一种新型冰箱。生产这种冰箱需建造一栋厂房，建设期 1 年，2024 年 1 月 1 日可建成投产，成本为 4 000 万元，均发生在建设初期；投产前还需购买机器设备一批，总成本为 2 000 万元，还需垫支营运资金 1 000 万元，两项现金流量均发生在建设期末；该项目预期的经济寿命为 5 年，5 年中，第 1 年的销售额为 10 000 万元，第 2—4 年每年的销售额为 12 000 万元，第 5 年的销售额为 9 000 万元；5 年后厂房的市场价格为 2 000 万元，机器设备的市场价格为 300 万元，清算支出 100 万元，偿还债务本金支出 2 000 万元；厂房折旧年限为 20 年，机器设备折旧年限为 5 年，均采用直线法计提折旧且不考虑预计净残值；这种冰箱的变动成本率（即变动成本占销售额的比重）为 60%，固定成本（不含折旧）每年为 1 000 万元，营运资金占用比率（即营运资金占用额与销售额的比率）为 10%；甲公司所得税税率为 25%。

试根据以上资料，估算甲公司投资生产新型冰箱的初始现金流量、营业现金流量和终结现金流量。

分析过程和结果如下：

（1）估算初始现金流量：

因为该项目为新建项目，所以，初始现金流量只有流出量，没有流入量。流出量包括：厂房投资 4 000 万元，发生时间为建设初期，即 2023 年 1 月 1 日；机器设备投资 2 000 万元、营运资金垫支 1 000 万元，发生时间均为建设期末，即 2023 年 12 月 31 日。初始现金净流量 = 4 000 + 2 000 + 1 000 = 7 000（万元），即为项目的投资总额，其中，长期资产投资额为 6 000 万元。

（2）估算营业现金流量：

厂房每年折旧额 =4 000 ÷20 =200（万元）

机器设备每年折旧额 =2 000 ÷5 =400（万元）

各年营业现金净流量的估算结果如表 8 -1 所示。

表 8 -1　　甲公司投资生产新型冰箱的营业现金净流量估算表　　单位：万元

项目	2024 年	2025 年	2026 年	2027 年	2028 年
销售收入	10 000	12 000	12 000	12 000	9 000
减：变动成本	6 000	7 200	7 200	7 200	5 400
减：不含折旧的固定成本	1 000	1 000	1 000	1 000	1 000
减：厂房折旧	200	200	200	200	200
减：设备折旧	400	400	400	400	400
税前利润	2 400	3 200	3 200	3 200	2 000
减：所得税	600	800	800	800	500
税后利润	1 800	2 400	2 400	2 400	1 500
加：折旧	600	600	600	600	600
营业现金净流量	2 400	3 000	3 000	3 000	2 100

（3）估算终结现金流量：

项目终了时，厂房的折余价值（即账面价值） =4 000 -200 ×5 =3 000（万元），市场价格为 2 000 万元，变现收入比账面价值少 1 000 万元，不仅不需缴纳所得税，而且还可以抵消所得税 250 万元，故税后现金流入为 2 250 万元。

机器设备折余价值（即账面价值） =2 000 -400 ×5 =0（万元），市场价格为 300 万元，变现收入大于账面价值，需要缴纳的所得税 =（300 -0） ×25% =75（万元），所以，税后现金流入为 225（300 -75）万元。

发生清算支出 2 100 万元，属于现金流出。

收回投产前垫支的营运资金 1 000 万元，属于现金流入。

终结现金净流量为 1 375（2 250 +225 +1 000 -2 100）万元。

【例 8 -5】某人打算在某城市租赁一处房产从事酒店业经营，经营项目可能有住宿、餐饮、保健、娱乐等。作为投资者，他应该怎样进行决策前的初始现金流量估算、营业现金流量估算和终结现金流量估算？有没有沉没成本、机会成本和附带现金流量？

分析过程和结果如下：

1. 初始现金流量可以按租赁费、设施设备费、装修装饰费和其他费用支出四大项来分别估算。

（1）房产租赁费：根据相似条件的房产的市场租赁费行情来估算。

（2）住宿、餐饮、保健、娱乐等业务使用的设施设备的购买价、运输、安装费等支出：根据业务发生时的市场价格来估算（注：如果这些设施设备有租赁的部分，应估算一次或分期支付的租赁费）。

（3）所租房产的装修装饰费支出：根据相同或相近装修标准的市场价格来估算。

(4) 其他费用支出，如新进员工的培训费、广告宣传费、签订租赁合同的公证费和印花税、工商营业执照注册费等：按询证的费用标准来估算。

2. 营业现金流量可以按现金流入量和现金流出量来分别估算。

(1) 营业现金流入量主要包括：①营业收入，按估计的日客流量、消费标准、日营业额来估算。②营业过程中产生的废旧物品的销售收入，按询证的市场价格来估算。

(2) 营业现金流出量主要包括：①营业期间所消耗的食品、饮料、烟酒、蔬菜、餐饮用具等的买价，按估算的日客流量、不同顾客的消费标准、日营业额、销售毛利率来估算。②营业设备设施的维修保养费用，根据同类同规模酒店发生的同类费用水平来估算。③员工的工资、福利费、劳动保护费支出，按预计的人员数量、工资标准、费用标准来估算。④增值税、所得税、附加费等税费支出，按预计的营业额、费用额和确定的税率、附加费率来估算。⑤工商管理、卫生、消防等行政规费支出，按向行政主管部门询证的费用标准来估算。⑥营业过程中的水电费支出，根据估计的经营规模和定额消耗量、单价来估算。⑦经营期间的广告费支出，按预计的广告方式、广告次数、广告费标准来估算。

3. 终结现金流量可以按以下两个大项来分别估算。

(1) 购买的用于住宿、餐饮、保健、娱乐等业务的设施设备的残值出售收入带来的税后现金流入量，按预计的市场价格和现行的所得税税率来估算。

(2) 日常营业活动中使用的营运资金剩余部分的收回额，按预计的营运资金的垫支总额和剩余额来估算。

4. 本例中，如果投资者在投资酒店经营前，对酒店的选址、规模、经营风格、租赁费的高低等事项进行考查论证及咨询论证等可行性分析活动，则由此而发生的现金支出就形成了沉没成本。

5. 本例中，如果投资者投资所需资金是来源于他目前的银行存款，那么，他的机会成本就是他所放弃的银行存款利息收入；如果投资者投资所需资金是来源于转让他目前的另一项投资（比如股票或债券投资或其他投资），那么，他的机会成本就是他所放弃的这项投资的原有收入。

6. 本例中的投资项目通常会有附带现金流量，比如，如果同时经营住宿、餐饮、保健、娱乐等项目，各个项目之间因为相互带动、相互促进消费而带来的增量现金流量就属于附带现金流量。

三、重置项目现金流量的估算

重置项目是指在原有投资项目（原有投资项目不能是零）的基础上，对原有投资项目进行改建、扩建或更新设备的项目，其主要特征是初始现金流量既有流出量，也可能有流入量。

【例 8－6】 某公司为了提高生产效率，计划更新一台旧设备。旧设备的账面价值 40 万元，如果更新它，可以将它以 15 万元的价格出售给租赁公司，如果不更新它，它还可以继续使用 4 年。这台旧设备采用直线法计提折旧，不考虑预计净残值。新设备的市场价格 300 万元，运输及安装费 50 万元，经济使用年限 5 年，采用直线法计提折旧，不考虑预计净残值。由于新设备提高了生产效率，在使用初期需追加营运资金 5 万元。为满足新设备生产场地的需要，停止了一间厂房的出租，这间厂房若继续出租，每年可在年末得到租金收入 4 万元。使用新设备，公司每年的销售收入没有增加，但每年可以节约相关成本 60 万元。预计 5 年后，这台新设备的处理收入为 40 万元。公司的所得税税率为 25%。

试根据以上资料，估算该公司更新这台旧设备的初始现金流量、营业现金流量和终结现金流量。

分析过程和结果如下：

1. 估算初始现金流量

（1）旧设备出售收入 15 万元，小于其账面价值（40 万元），故不需缴纳所得税，税后现金流入量为 15 万元。

（2）旧设备残值损失 25（40 − 15）万元，确认后可抵减所得税支出 6.25（25 × 25%）万元，从而可减少现金流出 6.25 万元。

（3）支付新设备买价、运输及安装费导致现金流出 350 万元。

（4）新设备追加营运资金导致现金流出 5 万元。

初始现金净流量（净流出量）为 333.75（350 + 5 − 15 − 6.25）万元。

2. 估算营业现金流量

（1）使用新设备每年可以节约相关成本 60 万元，相当于每年可以获得 60 万元的税前营业现金净流量（净流入量），转换为税后营业现金净流量就是 60 × （1 − 25%） = 45（万元），即每年可获得税后现金净流入量 45 万元。

（2）使用新设备，每年放弃厂房出租收入 4 万元，相当于每年损失 4 万元，损失抵税后，税后净损失 = 4 × （1 − 25%） = 3（万元），即每年损失税后现金净流入 3 万元，相当于每年发生税后现金净流出 3 万元。

（3）使用新设备，每年新设备折旧 70（350 ÷ 5）万元，可抵减所得税支出 17.5（70 × 25%）万元，从而可减少现金流出 17.5 万元，相当于每年可获得 17.5 万元的税后现金净流入。

营业现金净流量为 59.5（45 + 17.5 − 3）万元。

3. 估算终结现金流量

（1）新设备寿命期终了时，账面价值为零，残值收入 40 万元，则税后现金净流入量 = 40 × （1 − 25%） = 30（万元）。

（2）新设备寿命期终了时，原来追加的营运资金 5 万元悉数收回。

终结现金净流量为 35（30 + 5）万元。

将以上估算过程和结果列表反映如表 8 − 2 所示。

表 8 − 2　　某公司更新旧设备现金流量估算表

现金流量项目		发生金额（万元）	发生性质	发生时间
初始现金流量	旧设备出售税后现金流入	15	流入	0 年年初
	旧设备残值损失减少现金流出	6.25	流入	
	新设备购置	350	流出	
	新设备追加营运资金	5	流出	
	现金净流量	333.75	净流出	

续表

现金流量项目		发生金额（万元）	发生性质	发生时间
营业现金流量	新设备节约相关成本获得的税后现金净流入	45	流入	1—5 年每年年末
	新设备放弃租金收入损失的税后现金净流入	3	流出	
	新设备折旧获得的税后现金净流入	17.5	流入	
	现金净流量	59.5	净流入	
终结现金流量	新设备残值税后现金净流入	30	流入	第 5 年年末
	新设备追加营运资金的收回	5	流入	
	现金净流量	35	净流入	

复习思考题

1. 什么是初始现金流量、营业现金流量和终结现金流量？它们分别主要由哪些现金流量项目构成？

2. 投资项目现金流量估算应该注意哪些问题？为什么？

3. 什么是非付现成本？为什么营业期间的非付现成本不导致现金流出？

4. 什么是沉没成本、机会成本和附带现金流量？投资项目现金流量估算中为什么不考虑沉没成本而考虑机会成本和附带现金流量？

5. 什么是新建项目和重置项目？它们的现金流量各有什么特征？

课外作业题

1. A 公司准备在明年 1 月 1 日投资生产一种新型空调。生产这种空调需建造一栋厂房，建设期 1 年，后年可建成投产，成本为 2 000 万元，均发生在建设初期；投产前还需购买机器设备一批，总成本为 1 000 万元，还需垫支营运资金 600 万元，两项现金流量均发生在建设期末；该项目预期的经济寿命为 5 年，5 年中，第 1 年的销售额为 6 000 万元，第 2—4 年的销售额在第 1 年的基础上逐年递增 5%，第 5 年的销售额为 5 000 万元；5 年后厂房的市场价格为 1 800 万元，机器设备的市场价格为 100 万元，清算支出 50 万元，偿还债务本金支出 1 000 万元；厂房折旧年限为 20 年，机器设备折旧年限为 5 年，均采用直线法计提折旧且不考虑预计净残值；这种空调的变动成本率（即变动成本占销售额的比重）为 60%，固定成本（不含折旧）每年为 500 万元，营运资金占用比率（即营运资金占用额与销售额的比率）为 10%；A 公司所得税税率为 25%。

试根据以上资料，估算 A 公司投资生产新型空调的初始现金流量、营业现金流量和终结现金流量。

2. 某公司为了提高生产效率，计划更新一台旧设备。旧设备的账面价值 100 万元，如果更新，可以将它以 80 万元的价格出售给租赁公司；如果不更新，它还可以继续使用 2 年。

这台旧设备采用直线法计提折旧，不考虑预计净残值。新设备的市场价格500万元，运输及安装费20万元，经济使用年限5年，采用直线法计提折旧，不考虑预计净残值。由于新设备提高了生产效率，在使用初期需追加营运资金30万元。使用新设备后，公司每年可增加销售收入300万元，变动成本率为60%，每年还增加其他相关成本10万元。预计5年后，这台新设备的处理收入为50万元。公司所得税税率为25%。

试根据以上资料，估算该公司更新这台旧设备的初始现金流量、营业现金流量和终结现金流量。

第九章

公司投资效益评估指标及其运用

内容简介

本章主要介绍投资效益评估静态指标、动态指标的含义和计算方法以及这些指标在独立项目决策分析、互斥项目决策分析、资金限量决策分析、投资时间决策分析和通货膨胀下投资决策分析中的具体运用。

学习目标

通过本章的学习，要求了解投资利润率、静态投资回收期、会计收益率、动态投资回收期、净现值、净现值率、现值指数、内部收益率八个指标的含义，并掌握这八个指标的计算方法和它们在独立项目决策分析、互斥项目决策分析、资金限量决策分析、投资时间决策分析和通货膨胀下投资决策分析中的具体运用。

第一节　公司投资效益评估的静态指标

投资决策分析指标按其计算过程是否考虑资金时间价值来划分，可以分为静态分析指标（计算过程不考虑资金时间价值）和动态分析指标（计算过程考虑资金时间价值）两大类。其中，静态分析指标主要有投资利润率、静态投资回收期和会计收益率。

一、投资利润率

投资利润率又称投资报酬率，是指年平均税后利润与项目总投资的比率。这个比率越高，说明获利能力越强。投资利润率的计算公式如下：

$$投资利润率=\frac{年平均利润额}{投资总额}\times 100\%$$

投资方案投资利润率≥期望投资利润率，接受投资方案；

投资方案投资利润率＜期望投资利润率，拒绝投资方案；

如果有若干个投资方案可供选择，应该选择投资利润率最高的投资方案。

【例 9－1】 某公司拟投资一个项目，该项目预期的寿命期为 5 年，年平均账面利润为 2 000元，该项目的初始投资为 20 000 元，试计算其投资利润率。

计算过程和结果如下：

$$该项目的投资利润率=\frac{年平均利润额}{投资总额}\times100\%=\frac{2\ 000}{20\ 000}\times100\%=10\%$$

投资利润率的主要优点是计算简单，主要缺点是采用的是会计利润而不是现金流量，它没有考虑现金流入及流出的时间性，资金时间价值被忽略了。

【例 9-2】 假设有三个投资项目，每个项目的投资总额均为 10 000 元，且每个项目都有 3 年的营业期。假设这三个项目在未来三年内预期提供的账面利润及现金流量如表 9-1 所示，请分析哪个项目更优。

表 9-1　项目预期账面利润及现金流量表　单位：元

年份	项目 A		项目 B		项目 C	
	账面利润	现金净流量	账面利润	现金净流量	账面利润	现金净流量
1	3 000	6 000	2 000	5 000	1 000	4 000
2	2 000	5 000	2 000	5 000	2 000	5 000
3	1 000	4 000	2 000	5 000	3 000	6 000

分析过程和结果如下：

项目 A 的投资利润率 =（3 000 + 2 000 + 1 000）÷3÷10 000 = 20%

项目 B 的投资利润率 =（2 000 + 2 000 + 2 000）÷3÷10 000 = 20%

项目 C 的投资利润率 =（1 000 + 2 000 + 3 000）÷3÷10 000 = 20%

从计算结果来看，三个项目有着相同的投资利润率 20%。然而，几乎没有哪个公司会觉得这三个项目是一样的。几乎所有的决策者都会喜欢项目 A，因为项目 A 在第一年就获得了 3 000 元的利润，而项目 B 在第一年只获得了 2 000 元的利润，项目 C 在第一年仅仅获得了 1 000 元的利润。此外，从各年现金净流量来看，三个项目年均现金净流量都是 5 000 元，但项目 A 第一年获得的现金净流量最多，达到 6 000 元，这也说明项目 A 优于项目 B 和项目 C。可见，投资利润率作为投资效益评估指标存在着局限性，主要表现在：第一，没有考虑资金时间价值因素，不能正确反映建设期长短及投资方式对不同项目的影响；第二，该指标的分子分母时间特征不一致（分子是时期指标，分母是时点指标），因而在计算口径上可比性基础较差；第三，该指标的计算无法直接利用现金净流量信息。

二、静态投资回收期

投资回收期简称回收期，是指以投资项目经营现金净流量抵偿原始投资额所需要的全部时间。静态投资回收期就是不考虑资金时间价值因素而计算出来的回收期。运用这个指标来评估投资效益时，要将投资方案的回收期同投资者主观上的期望回收期对比。

投资方案回收期≤期望回收期，则接受投资方案；

投资方案回收期 > 期望回收期，则拒绝投资方案；

如果同时存在几个投资方案可供选择，应该比较各个方案的回收期，择其短者。

投资回收期的计算分两种情形来进行。

（一）投产后每年的营业现金净流量都相等

这种情形下，静态投资回收期 = 投资总额 ÷ 年营业现金净流量

（二）投产后每年的营业现金净流量不相等

若投产后每年的营业现金流量并不全都相等，则回收期要根据每年年末尚未收回的投资额加以确定，计算公式如下：

静态投资回收期 = 投产后各年营业现金净流量累计数达到投资总额前一年的年数 +（投资总额 - 投产后各年营业现金净流量累计数达到投资总额前一年的累计数）/投产后各年营业现金流量累计数达到投资总额当年的营业现金净流量

【例 9 - 3】 某公司有两个投资项目 A 和 B，现金流量如表 9 - 2 所示，试计算两个项目的静态投资回收期并分析哪个项目更优。

表 9 - 2　某公司项目 A 和 B 的现金流量表　　单位：万元

项目	0	1	2	3	4	5
项目 A	(2 000)	1 000	1 000	1 000	1 000	1 000
项目 B	(2 000)	1 500	500	2 800	—	—

（说明：带括号的数字为负数，即流出量；不带括号的数字为正数，即流入量。）

分析过程和结果如下：

项目 A 的静态投资回收期 = 2 000 ÷ 1 000 = 2（年）

项目 B 的静态投资回收期 = 1 +（2 000 - 1 500）÷ 500 = 2（年）

从计算结果可知，两个项目的静态投资回收期都是两年，似乎分不出优劣，但从营业现金净流量的流入时间来看，项目 B 就优于项目 A，因为项目 A 第一年的现金净流量只有 1 000 万元，而项目 B 第一年的现金净流量达到 1 500 万元。

由【例 9 - 3】可以总结出静态投资回收期存在以下局限性：一是忽略了整个项目寿命期间现金净流量的发生时间；二是回收期的长短不能代表投资项目的获利程度，只是投资项目保本指标。在互斥项目的决策中，很难让决策者分辨孰优孰劣；三是没有考虑资金时间价值。

尽管如此，静态投资回收期还是适用于以下几种情况的：一是风险大的投资项目，采用静态投资回收期来评估其投资效益能够直观地判断项目是否可以接受，一般而言，静态投资回收期越短，表明项目的变现能力和规避风险的能力越强，项目可以接受；二是那些缺乏短期资产、没有能力外筹资金的公司，它们希望尽快回收投资以解决公司面临的流动资金困难的问题，因此，它们需要通过静态投资回收期来作出判断；三是那些只注重短期经营成果的公司，它们一般会选择那些回收期短的项目来进行投资，使资金尽快回笼。

三、会计收益率

会计收益率是项目寿命期内的年均税后利润与年均投资额的比率。

税后利润 = 营业现金净流量 - 折旧费用

年均税后利润 = 寿命期内税后利润总和 ÷ 寿命期

年均投资额 =（寿命期初投资额 + 寿命期末剩余的投资额）÷ 2

会计收益率 = 年均税后利润 ÷ 年均投资额

会计收益率越高，表明项目的投资价值越大。

【例 9 - 4】沿用【例 9 - 3】的资料计算项目 A 和项目 B 各年的税后利润如表 9 - 3 所示，假设两个项目在寿命期末时剩余的投资额均为零，试计算两个项目的会计收益率。

表 9 - 3　项目 A 和项目 B 各年税后利润计算表　单位：万元

项目	财务指标	0	1	2	3	4	5
项目 A	营业现金净流量	(2 000)	1 000	1 000	1 000	1 000	1 000
	折旧费用	—	400	400	400	400	400
	税后利润	—	600	600	600	600	600
项目 B	营业现金净流量	(2 000)	1 500	500	2 800	—	—
	折旧费用	—	667	667	666	—	—
	税后利润	—	833	(167)	2 134	—	—

（说明：①带括号的数字为负数，不带括号的数字为正数；②折旧费用的计算采用平均年限法且不考虑预计净残值。）

计算过程和结果如下：

(1) 项目 A 的计算过程和结果：

年均税后利润 = 600 × 5 ÷ 5 = 600（万元）

年均投资额 = (2 000 + 0) ÷ 2 = 1 000（万元）

会计收益率 = 600 ÷ 1 000 × 100% = 60%

(2) 项目 B 的计算过程和结果：

年均税后利润 = (833 - 167 + 2 134) ÷ 3 = 933（万元）

年均投资额 = (2 000 + 0) ÷ 2 = 1 000（万元）

会计收益率 = 933 ÷ 1 000 × 100% = 93.3%

会计收益率最大的缺陷在于舍弃现金净流量这个指标而采用会计账面上的税后利润和投资净值来评价投资效益。税后利润是按照权责发生制来计算的，现金净流量是按照收付实现制来计算的。很多时候，有税后利润却没有相应的现金净流量，税后利润就是一个虚数，而现金净流量却是看得见、摸得着的实打实的“钱”，它更能反映出项目的真实效益。会计收益率的其他缺陷与静态投资回收期类似。

第二节　公司投资效益评估的动态指标

投资效益评估的动态指标在计算时需要考虑资金的时间价值。这类指标主要有动态投资回收期、净现值、净现值率、现值指数、内部收益率等。

一、动态投资回收期

动态投资回收期是将项目各年的现金净流量都折为现值后计算出来的投资回收期，其计算公式如下：

动态投资回收期 = 投产后各年营业现金净流量现值累计数达到投资总额现值前一年的年

数+（投资总额现值-投产后各年营业现金净流量现值累计数达到投资总额现值前一年的累计数）/投产后各年营业现金流量现值累计数达到投资总额现值当年的营业现金净流量现值

【例9-5】 沿用【例9-3】的资料计算项目A和项目B各年的现金净流量现值及其累计数如表9-4所示，试计算两个项目的动态投资回收期（以项目的资金成本作为折现率，假设项目的资金成本为10%）。

表9-4　项目A和项目B的现金净流量现值及其累计数计算表　金额单位：万元

项目A	0	1	2	3	4	5
营业现金净流量	(2 000)	1 000	1 000	1 000	1 000	1 000
贴现系数	1.000	0.909	0.826	0.751	0.683	0.621
营业现金净流量现值	(2 000)	909	826	751	683	621
营业现金净流量现值累计	(2 000)	909	1 735	2 486	3 169	3 790
项目B	0	1	2	3	—	—
营业现金净流量	(2 000)	1 500	500	2 800	—	—
贴现系数	1.000	0.909	0.826	0.751	—	—
营业现金净流量现值	(2 000)	1 364	413	2 103	—	—
营业现金净流量现值累计	(2 000)	1 364	1 777	3 880	—	—

计算过程和结果如下：

项目A的动态投资回收期=2+（2 000-1 735）÷751=2.35（年）

项目B的动态投资回收期=2+（2 000-1 777）÷2 103=2.11（年）

计算结果表明，项目B的动态投资回收期短于项目A的动态投资回收期，从这个指标来看，项目B优于项目A。

二、净现值

净现值是指以项目的资金成本率或投资者期望的报酬率为折现率计算的各年现金净流量（包括初始现金净流量、营业现金净流量和终结现金净流量）的现值总和。或者说，净现值是指以项目的资金成本率或投资者期望的报酬率为折现率计算的投资项目各年的营业现金净流量现值与终结现金净流量的现值之和扣除建设期投资额的现值之和后的余值。

净现值的基本公式如下：

$$NPV = \sum_{t=1}^{n} \frac{CF_t}{(1+K)^t} - CF_0$$

式中：CF_t 为第t年的现金净流量（含营业现金净流量和终结现金净流量）；CF_0 为建设期投资额的现值（净投资额）；K为资金成本（或投资者期望的报酬率）；NPV为净现值。

【例9-6】 以【例9-3】的现金流量为依据，假设建设期忽略不计，资金成本为10%，试计算项目A和项目B的净现值。

计算过程和结果如下：

项目A的净现值 $=1\ 000 \times \frac{1-(1+10\%)^{-5}}{10\%} - 2\ 000$

$$=1\ 000\times3.791-2\ 000=1791\text{（万元）}$$

$$\text{项目 B 的净现值}=1\ 500\times(1+10\%)^{-1}+500\times(1+10\%)^{-2}+2\ 800\times(1+10\%)^{-3}-2\ 000$$

$$=1\ 500\times0.909+500\times0.826+2\ 800\times0.751-2\ 000$$

$$=1\ 364+413+2\ 103-2\ 000=1\ 880\text{（万元）}$$

对于独立项目，如果选择资金成本作为折现率，只有当净现值大于零时，项目才是可行的，反之则不可行；如果选择投资者期望的报酬率作为折现率，则只要净现值等于零或者大于零，项目就可行，否则不可行。对于互斥项目（即在两个或者两个以上的项目中选择一个项目），应该在可行的项目中接受净现值最高的项目。在【例 9－6】中项目 A 和项目 B 都有正的净现值，所以都是可行的，但项目 B 的净现值高于项目 A 的净现值，根据净现值指标来二者择其一时，应当选择项目 B。

但是，净现值指标在互斥项目决策中的运用还有一定的局限性。具体表现为：一是没有考虑互斥项目的投资期限差异。较短期限的项目结束后，公司能够利用所得现金再投资，这一点在【例 9－6】中没有考虑；二是没有考虑互斥项目的投资规模差异。【例 9－6】中项目投资规模是相同的，都是 2 000 万元。当互斥项目的投资规模不同时，仅仅比较互斥项目各自的净现值是不合理的；三是它是一个绝对数指标，没能反映出项目实际的报酬率。

三、净现值率

净现值率是指投资项目的净现值占原始投资额现值总和的百分比。计算公式为如下：

$$\text{净现值率}=\text{投资项目净现值}/\text{原始投资现值总和}\times100\%$$

【例 9－7】 仍以【例 9－3】的现金流量为依据，假设建设期为一年，初始投资额 2 000 万元中，两个项目均为建设初期投入 1 000 万元、建设期末再投入 1 000 万元，资金成本为 10%，试计算项目 A 和项目 B 的净现值率。

计算过程和结果如下：

（1）重新计算两个项目的净现值：

$$\text{项目 A 的净现值}=1\ 000\times\frac{1-(1+10\%)^{-5}}{10\%}\times(1+10)^{-1}-1\ 000\times(1+10\%)^{-1}-1\ 000$$

$$=1\ 000\times3.791\times0.909-1\ 000\times0.909-1\ 000=3\ 446-909-1\ 000$$

$$=1\ 537\text{（万元）}$$

$$\text{项目 B 的净现值}=1\ 500\times(1+10\%)^{-2}+500\times(1+10\%)^{-3}+2\ 800\times(1+10\%)^{-4}-1\ 000\times(1+10\%)^{-1}-1\ 000$$

$$=1\ 500\times0.826+500\times0.751+2\ 800\times0.683-1\ 000\times0.909-1\ 000$$

$$=1\ 239+376+1\ 912-909-1\ 000=1\ 618\text{（万元）}$$

（2）计算两个项目的净现值率：

$$\text{项目 A 的净现值率}=1\ 537/(909+1\ 000)\times100\%=81\%$$

$$\text{项目 B 的净现值率}=1\ 618/(909+1\ 000)\times100\%=85\%$$

计算结果仍然显示项目 B 优于项目 A。

净现值率的优点在于可以从动态的角度反映项目投资的资金投入与净产出之间的关系，比其他动态相对数指标更容易计算；其缺点与净现值指标相似，同样无法直接反映投资项目的实际报酬率。

四、现值指数

现值指数又叫获利指数，是指投资项目的营业现金净流量现值与终结现金净流量现值之和与初始现金净流量现值之和的比值，它反映了项目的投资效率，即投入现值为 1 元的资金能够获得多少元的现金净流量现值（含营业现金净流量现值与终结现金净流量现值），因此，该指标值越大越好。其计算公式如下：

现值指数 =（营业现金净流量现值 + 终结现金净流量现值）/初始现金净流量现值之和

现值指数大于 1，意味着项目不仅能收回投资成本，还能获利；现值指数等于 1，意味着项目刚好保本，不赚不亏；现值指数小于 1，意味着项目不能收回投资成本。

【例 9 - 8】 承【例 9 - 7】，试计算 A、B 两个项目的现值指数。

计算过程和结果如下：

$$\text{项目 A 的现值指数} = \left[1\,000 \times \frac{1-(1+10\%)^{-5}}{10\%} \times (1+10\%)^{-1}\right] \div [1\,000 \times (1+10\%)^{-1} + 1\,000]$$

$$= (1\,000 \times 3.791 \times 0.909) \div (1\,000 \times 0.909 + 1\,000)$$

$$= 3\,446 \div 1\,909 = 1.81$$

$$\text{项目 B 的现值指数} = \frac{1\,500 \times (1+10\%)^{-2} + 500 \times (1+10\%)^{-3} + 2\,800 \times (1+10\%)^{-4}}{1\,000 \times (1+10\%)^{-1} + 1\,000}$$

$$= (1\,500 \times 0.826 + 500 \times 0.751 + 2\,800 \times 0.683) \div (1\,000 \times 0.909 + 1\,000)$$

$$= 1\,239 + 376 + 1\,912 - 909 - 1\,000 = 3\,527 \div 1\,909 = 1.85$$

现值指数是一个折现的相对指标，利用这一指标进行投资项目决策的原则是：在评价独立项目时，若现值指数大于 1，表明现金净流入量现值超过现金净流出量现值，项目可行，此时项目的净现值为正，得到的评价结果与净现值法是一致的；在评价互斥项目时，在同等投资规模下，现值指数越大，净现值就越大，那么该项目对公司就越有利。

【例 9 - 8】中，项目 A 和项目 B 的现值指数都大于 1，都是可行的项目。它们的投资规模相同，项目 B 的现值指数较高，故其优于项目 A。

当互斥项目的投资规模不同时，使用现值指数评价会存在局限性，这与净现值的局限性是一致的，但有一个重要区别是，现值指数可从动态的角度反映项目的资金投入与总产出之间的关系，可以弥补净现值法在投资额不同方案之间不能比较的缺陷，使投资方案之间可直接用现值指数进行对比。

此外，现值指数除了无法直接反映投资项目的实际报酬率之外，计算起来也比净现值率复杂。因此，在实务中通常并不要求直接计算现值指数，如果需要参考这个指标，可在求得净现值率的基础上推算出现值指数。当原始投资在建设期内全部投入时，现值指数与净现值率有如下关系。

$$\text{现值指数} = 1 + \text{净现值率}$$

如【例 9 - 7】和【例 9 - 8】中，项目 A 的净现值率为 81%，项目 A 的现值指数为 1.81，符合“现值指数 = 1 + 净现值率”这个规律；项目 B 的净现值率为 85%，项目 B 的现值指数为 1.85，也符合“现值指数 = 1 + 净现值率”这个规律。

五、内部收益率

内部收益率又叫内含报酬率，是指能够使投资项目净现值等于零的那个折现率。显然，内含报酬率满足下列等式。

$$NPV = \sum_{t=1}^{n} \frac{CF_t}{(1+IRR)^t} - CF_0 = 0$$

式中，CF_t、CF_0 定义与前文所述相同，IRR 为内含报酬率，亦即净现值为零时的折现率。

内部收益率的计算分两种情况来进行：一种情况是项目投产后每年的现金净流量都相等；另一种情况是项目投产后每年的现金净流量不都相等。

【例 9－9】 表 9－2 中，假设将项目 A 和项目 B 的初始投资额改为 3 000 万元，建设期忽略不计，项目 A 投产后 5 年的现金净流量仍然均为 1 000 万元，都相等；项目 B 投产后 3 年的现金净流量仍然分别为 1 500 万元、500 万元和 2 800 万元，都不相等。试分别计算两个项目的内部收益率。

计算过程和结果如下：

（1）计算项目 A 的内部收益率：

令项目 A 的净现值 $=1\ 000 \times \frac{1-(1+IRR_A)^{-5}}{IRR_A} - 3\ 000 = 0$

则有：5 年的年金现值系数 $= \frac{1-(1+IRR_A)^{-5}}{IRR_A} = \frac{3\ 000}{1\ 000} = 3$

查年金现值系数表得：当折现率为 18% 时，5 年的年金现值系数为 3.127，大于 3；当折现率为 20% 时，5 年的年金现值系数为 2.991，小于 3。由此可知，所求的内部收益率必定介于 18%～20%，再用插值法就可求出真实的内部收益率。

根据插值法的计算原理有：$\frac{IRR_A - 18\%}{3-3.127} = \frac{20\% - 18\%}{2.991-3.127}$

移项得：$IRR_A = 18\% + \frac{3-3.127}{2.991-3.127} \times (20\% - 18\%) = 19.87\%$

即项目 A 的内部收益率为 19.87%。

（2）计算项目 B 的内部收益率

项目 B 的净现值 $=1\ 500 \times (1+IRR_B)^{-1} + 500 \times (1+IRR_B)^{-2} + 2\ 800 \times (1+IRR_B)^{-3} - 3\ 000$

$= 0$

上式中，要计算项目 B 的内部收益率 IRR_B，需要通过试算的办法，找到相邻的两个折现率，其中一个令项目 B 的净现值大于零，另一个令项目 B 的净现值小于零，这时，所求的 IRR_B 必然介于这两个相邻的折现率之间，然后再用内插法就可求出所求的 IRR_B。

试算一：假设折现率为 20%，项目 B 的净现值计算结果如下：

项目 B 的净现值 $=1\ 500 \times (1+20\%)^{-1} + 500 \times (1+20\%)^{-2} + 2\ 800 \times (1+20\%)^{-3} - 3\ 000$

$= 1\ 500 \times 0.833 + 500 \times 0.694 + 2\ 800 \times 0.579 - 3\ 000$

$= 1\ 250 + 347 + 1\ 621 - 3\ 000 = 218$，大于 0

试算二：假设折现率为 25%，项目 B 的净现值计算结果如下：

项目 B 的净现值 $=1\ 500\times(1+25\%)^{-1}+500\times(1+25\%)^{-2}+2\ 800\times(1+25\%)^{-3}-3\ 000$

$=1\ 500\times0.800+500\times0.640+2\ 800\times0.512-3\ 000$

$=1\ 200+320+1434-3\ 000=-46$，小于 0

由此可知，项目 B 的内部收益率必然介于 20% ~25%，再用插值法就可求出真实的内部收益率。

根据插值法的计算原理有：$\dfrac{IRR_B-20\%}{0-218}=\dfrac{25\%-20\%}{-46-218}$

移项得：$IRR_B=20\%+\dfrac{0-218}{-46-218}\times(25\%-20\%)=24.13\%$

即项目 B 的内部收益率为 24.13%。

在独立方案决策中，只要内部收益率大于资金成本，投资项目就是可行的，评价结果始终与净现值的结果相同。在互斥项目决策中，应选择内部收益率较高的项目。比如【例 9-9】中，项目 A 和项目 B 的内部收益率均大于资金成本 10%，都是可行的项目；但项目 B 的内部收益率高于项目 A 的内部收益率，从内部收益率指标分析，项目 B 优于项目 A。

内部收益率相比于净现值的优点是采用了百分比来表示，容易与资金成本比较，内部收益率运用了折现法，即考虑了资金时间价值及所有的现金流量，因此包含了所有与决策相关的资料。内部收益率的缺点是计算起来比较复杂。但是，这个问题完全可以采用计算机来解决，具体的操作本书不做介绍。

第三节　公司投资效益评估指标的具体运用

一、独立项目的决策分析

独立项目和互斥项目是两种最常见的项目类型。独立项目是指经济上互不相关的项目，即接受或拒绝某一项目并不影响其他项目的取舍。如公司准备建造仓库、投资新的生产流水线、修建行政办公楼等，各个项目是相互独立的。如果资金不受限制，所有满足公司最低投资标准的独立项目，都可以采纳。针对独立项目所作的决策又称采纳与否决策。这种投资决策可以不考虑其他投资项目是否得到采纳和实施。这种投资的收益和成本也不会因其他项目的采纳与否而受影响。从财务的角度看，两种独立性投资所引起的现金流量是不相关的。

对于独立项目的决策分析，可运用净现值、现值指数、内部收益率以及投资回收期、会计收益率等任何一个指标进行分析，决定项目的取舍，只要运用得当，一般都能作出正确的决策。

【例 9-10】 九洲投资（集团）有限公司是一家控股型的集团公司。现以 100 万元购得一项专利技术的产权，该项专利技术的法定有效年限为 6 年，购入时剩余的有限年限为 5 年。该公司欲以该项专利技术投资设立一家生产型全资子公司。该项投资需购入一块土地的使用权，购入成本为 1 000 万元，使用年限 50 年，在此土地上建造厂房需投资 700 万元，厂房建设期 2 年，第一年年初投入工程款 500 万元，第二年年初又投入工程款 200 万元，投产前还需投入设备价款900万元，运输及安装费40万元，投入营运资金200万元。该项目寿命期为5年，5年后厂房的税前净残值为1 600万元（含土地使用权转让价值1 200万元），设备的税前净残值为100万元，营运资金（含初始投入的200万元和营业后追加的金额）悉数收回。

该项目投产后，第一年实现营业收入2 000万元，第二年、第三年、第四年实现的营业收入分别比上一年增长10%、10%和5%，第五年实现的营业收入与第四年持平。项目的变动成本率为40%，不含折旧和无形资产摊销额的固定成本每年均为600万元，厂房按直线法在20年内全额折旧，机器设备按双倍余额递减法在5年内全额折旧，无形资产按直线法在有效年限内推销。项目的资金成本为10%，所得税税率为25%，各年营运资金占用额为当年营业收入的10%。

试根据上述资料分析该项目投资的可行性。

分析过程和结果如下：

1. 测算该项目的现金流量

（1）初始现金净流量测算见表9-5。

表9-5　九州公司投资项目初始现金净流量测算表　单位：万元

项目 \ 年份	-2	-1	0
①购入专利技术（5年）	-100		
②购入土地使用权（50年）	-1 000		
③建造厂房（20年）	-500	-200	
④购买设备（5年）			-940
⑤投入营运资金			-200
合　计	-1 600	-200	-1 140

项目投资额 = 1 600 + 200 + 1 140 = 2 940（万元）

（2）测算营业现金净流量：

厂房造价 = 工程投资 + 地价转入 = 700 + 1 000 ÷ 50 × 20 = 1 100（万元）

厂房每年折旧 = 1 100 ÷ 20 = 55（万元）

设备各年折旧：

第1年：940 × 2 ÷ 5 = 376（万元）

第2年：（940 - 376）× 2 ÷ 5 = 226（万元）

第3年：（940 - 376 - 226）× 2 ÷ 5 = 135（万元）

第4年：（940 - 376 - 226 - 135）÷ 2 = 102（万元）

第5年：940 - 376 - 226 - 135 - 102 = 101（万元）

土地使用权账面剩余价值 = 1 000 - 1 000 ÷ 50 × 20 = 600（万元），这部份价值是厂房寿命期终了后30年应摊销的价值，在项目营业期间不能摊销。

专利技术每年应摊销的价值 = 100 ÷ 5 = 20（万元）

各年营业现金净流量测算结果见表9-6。

表 9-6　　九州公司投资项目营业现金净流量测算表　　单位：万元

项目＼年份	1	2	3	4	5
①营业收入	2 000	2 200	2 420	2 541	2 541
减：变动成本（①×40%）	800	880	968	1 016	1 016
固定成本	600	600	600	600	600
厂房折旧	55	55	55	55	55
设备折旧	376	226	135	102	101
专利技术摊销	20	20	20	20	20
②税前利润	149	419	642	748	747
减：所得税（②×25%）	37	105	161	187	187
③税后利润	112	314	481	561	560
加：厂房折旧	55	55	55	55	55
设备折旧	376	226	135	102	101
专利技术摊销	20	20	20	20	20
减：营运资金增加额	0	20	22	12	0
④营业现金净流量	563	595	669	726	736

注：第一年营业收入 2 000 万元，需要的营运资金为 100 万元，营运资金占营业收入的比重为 10%。按此占比计算，第二年营业收入 2 200 万元，需要的营运资金为 220 万元，比第一年增加 20 万元；第三年营业收入 2 420 万元，需要的营运资金为 242 万元，比第二年增加 22 万元；第四年营业收入 2 541 万元，需要的营运资金约为 254 万元，比第三年增加 12 万元；第五年营业收入与第四年相同，需要的营运资金不增加。

（3）测算终结现金净流量：

营运资金收回 = 200 + 20 + 22 + 12 = 254（万元）

厂房（含土地使用权）出售税后净收入 = 1 600 -（1 600 - 55 × 15 - 600）× 25%

= 1 556（万元）

设备出售税后净收入 = 100 ×（1 - 25%）= 75（万元）

终结现金净流量合计 = 254 + 1 556 + 75 = 1 885（万元）

2. 计算该项目的静态投资回收期

投资总额 = 1 600 + 200 + 1 140 = 2 940（万元）

投产后各年营业现金净流量累计：第 1 年 563 万元，第 2 年 1 158 万元，第 3 年 1 827 万元，第 4 年 2 553 万元，第 5 年 3 289 万元。

静态投资回收期 = 4 +（2 940 - 2 553）÷ 736 = 4.5（年）

3. 计算该项目的会计收益率

年均会计利润 =（112 + 314 + 481 + 561 + 560）÷ 5 = 406（万元）

年均投资额 =（寿命期初投资额 + 寿命期末剩余的投资额）÷ 2

=（2 940 + 1 885）÷ 2 = 2 413（万元）

会计收益率 = 406 ÷ 2 413 = 16.83%

4. 计算该项目的净现值

(1) 初始现金净流量现值 $=1\ 600+200\times(1+10\%)^{-1}+1\ 140\times(1+10\%)^{-2}$

$=1\ 600+200\times0.909+1\ 140\times0.826=1\ 600+182+942$

$=2\ 724$（万元）

(2) 营业现金净流量现值 $=563\times(1+10\%)^{-3}+595\times(1+10\%)^{-4}+669\times(1+10\%)^{-5}+726\times(1+10\%)^{-6}+736\times(1+10\%)^{-7}$

$=563\times0.751+595\times0.683+669\times0.621+726\times0.565+736\times0.513$

$=423+406+415+410+378=2\ 032$（万元）

(3) 终结现金净流量现值 $=1\ 885\times(1+10\%)^{-7}=1\ 885\times0.513=967$（万元）

(4) 净现值 $=2\ 032+967-2\ 724=275$（万元）

5. 计算该项目的现值指数

$$现值指数=(2\ 032+967)/2\ 724=1.1$$

6. 计算该项目的内部收益率

(1) 试算一，当折现率为12%时：

净现值 $=563\times0.712+595\times0.636+669\times0.567+726\times0.507+736\times0.452+1\ 885\times0.452-1\ 600-200\times0.893-1\ 140\times0.797$

$=401+378+379+368+333+852-1\ 600-179-909=23$（万元）$>0$

(2) 试算二，当折现率为13%时：

净现值 $=563\times0.693+595\times0.613+669\times0.543+726\times0.480+736\times0.425+1\ 885\times0.425-1\ 600-200\times0.885-1\ 140\times0.783$

$=390+365+363+348+313+801-1\ 600-177-893=-90$（万元）$<0$

(3) 利用插值法计算内部收益率：

$$\frac{IRR-12\%}{0-23}=\frac{13\%-12\%}{-90-23}$$

$$IRR=12\%+\frac{0-23}{-90-23}\times(13\%-12\%)=12.20\%$$

即该项目的内部收益率为12.20%。

二、互斥项目的决策分析

互斥项目是指存在互不相容、相互间构成竞争的项目。当两个或多个投资项目是相互排斥的，以致只能选择其中之一时，按内部收益率、净现值或现值指数等指标给这些项目优劣进行排队可能会得出矛盾的结论。造成这种结果的原因：一是各个项目的投资规模大小不同；二是各个项目现金流量的时间分布不同，如某个项目的现金流量随着时间推移而递增，其他项目的现金流量则随着时间的推移而递减；三是各个项目的寿命期不同。当然，这些项目的差别只是出现项目优劣排列矛盾的必要条件，而非充分条件。因此，有可能存在某些互斥项目在上述三个方面都不相同，但在按内部收益率、净现值和现值指数进行优劣排序时却不出现任何矛盾的情况。下面将结合固定资产是否更新、更新还是大修、如何确定最优更新期的具体例子来进行说明。

（一）固定资产更新决策

在固定资产更新决策评价中，无论现有固定资产还是取代它的新的固定资产，都要着重考察其未来的有关数据，过去发生的"沉没成本"与更新改造决策无关，可以不予考虑。现有固定资产的价值应以其"现时价值"而不是按"原始成本"进行计量。

【例9-11】 龙腾公司计划更新一台旧设备以提高生产效率。旧设备的未计提折旧额（账面价值）为40万元，还可以使用4年。如果更新这台设备，可以将它出售给租赁公司，售价为15万元。这台设备采用直线法全额计提折旧。

市场上，具有同类功能的新设备的售价为300万元，运输及安装费50万元，经济使用寿命年限为5年，采用双倍余额递减法全额计提折旧。由于新设备提高了生产效率，在使用初期需追加营运资金5万元。同时，为满足新设备生产场地的需要，需停止一间厂房的出租，这间厂房若继续出租，每年租金为4万元，一般在年末收取租金。公司使用新设备后每年可以节约成本60万元。预计5年后，这台新设备的处置收入为40万元。公司的资金成本为10%，所得税税率为25%。

试分析龙腾公司更新这台旧设备的可行性。

分析过程和结果如下：

1. 测算该项目的现金流量

（1）测算初始现金净流量增量：

购买新设备的现金流出 = -3 500 000（元）

追加营运资金的现金流出 = -50 000（元）

出售旧设备的现金流入 = 150 000（元）

旧设备处理损益的纳税节约 = (400 000 - 150 000) ×25% = 62 500（元）

合计 = -3 500 000 - 50 000 + 150 000 + 62 500 = -3 337 500（元）

（2）测算营业现金净流量增量如表9-7所示：

表9-7　龙腾公司更新旧设备营业现金净流量增量测算表　单位：元

项目＼年份	1	2	3	4	5
①成本节约额	600 000	600 000	600 000	600 000	600 000
减：失去的厂房租金	40 000	40 000	40 000	40 000	40 000
新设备折旧增量	1 300 000	740 000	404 000	278 000	378 000
②税前利润增量	-740 000	-180 000	156 000	282 000	182 000
减：所得税增量	-185 000	-45 000	39 000	70 500	45 500
③税后利润增量	-555 000	-135 000	117 000	211 500	136 500
加：新设备折旧增量	1 300 000	740 000	404 000	278 000	378 000
④营业现金净流量增量	745 000	605 000	521 000	489 500	514 500

（3）测算终结现金净流量增量：

新设备处理的税后净收入 = 400 000 × (1 - 25%) = 300 000（元）

追加的营运资金收回 = 50 000（元）

终结现金净流量合计 = 300 000 + 50 000 = 350 000（元）

2. 计算该项目的静态投资回收期

投资净额 = 3 337 500（元）

投产后各年现金净流量累计：第 1 年 745 000 元，第 2 年 1 350 000 元，第 3 年 1 871 000 元，第 4 年 2 360 500 元，第 5 年 2 875 000 元。

投产后 5 年内的现金净流量累计数小于投资净额，说明投资回收期超过新设备的寿命年限。

3. 计算该项目的会计收益率

年均会计利润 = (−555 000 − 135 000 + 117 000 + 211 500 + 136 500) ÷ 5 = −45 000（元）

年均投资额 = (3 337 500 + 350 000) ÷ 2 = 1 843 750（元）

会计收益率 = −45 000 ÷ 1 843 750 × 100% = −2.44%

4. 计算该项目的净现值

净现值 = 745 000 × 0.909 + 605 000 × 0.826 + 521 000 × 0.751 + 489 500 × 0.683
+ (514 500 + 350 000) × 0.621 − 3 337 500
= 677 205 + 499 730 + 391 271 + 334 329 + 536 855 − 3 337 500
= 2 439 390 − 3 337 500 = −898 110（元）

5. 计算该项目的现值指数

现值指数 = 2 439 390/3 337 500 = 0.73

6. 计算该项目的内含报酬率

因投产后 5 年内的现金净流量累计数小于投资净额，所以内含报酬率必为负数，采用常规的查表试算法不能求出内含报酬率，这时可根据净现值等于零的计算公式利用计算机求出内含报酬率（IRR），计算结果必为负数。

从以上分析计算可知，龙腾公司更新这台旧设备的投资回收期大于新设备的寿命期，会计收益率、净现值、内含报酬率均为负数，现值指数小于 1。各项指标均表明，龙腾公司更新这台旧设备是不可行的，即没有必要更新这台旧设备。

（二）设备是大修理还是更新的决策

设备磨损到一定程度需要进行大修理。大修理的特点是支付的费用多，间隔时间长，而且大修理只针对局部的设备进行大修，不可能把设备的精度、性能、效率和寿命完全恢复如新。购置新设备的投资一般高于旧设备的大修理费用，但新设备比旧设备寿命长，在精度、性能、效率和消耗等方面也往往优于旧设备。因此，公司决策者常常面临大修还是更新的决策。在大修与更新之间需要比较的只是两者不同的收入和成本，即相关成本和相关收入。如果两者的销售收入相同，则只需比较两者的相关成本。一般地，新旧设备寿命不同，应采用“年均成本比较法”来进行决策，即计算大修和更新方案的年均成本，然后比较两种方案年均成本的大小，年均成本小者为优选方案。

所谓年均成本，就是根据已知现值求年金的计算原理，把大修和更新所花费的成本（支出）作为现值，分别计算为未来使用寿命年限内的年金。计算公式如下：

年金 = 现值/年金现值系数

或者：A = P/(P/A, i, n)

【例 9 − 12】 某公司有一台旧设备，花 10 000 元大修一次尚可使用 4 年，期满无残值。

如花 16 000 元买一台与旧设备性能相同的新设备，可用 8 年，期间不必大修，期满也无残值。使用新、旧设备的产量、消耗和产品售价都相同，公司资金成本为 12%，试问该如何决策？

分析过程和结果如下：

采用年均成本比较法进行比较。

大修年均成本 = 10 000/（P/A，12%，4）= 10 000/3.037 = 3 293（元）

更新年均成本 = 16 000/（P/A，12%，8）= 16 000/4.968 = 3 221（元）

通过对比可知，更新方案比大修方案每年可节约成本 72（3 293 − 3 221）元，故应采用更新方案。

（三）固定资产最优更新期的决策

固定资产最优更新期是指能够使固定资产的年均成本达到最低水平的那个更新时间。每一项固定资产都有一个正常的使用寿命，大多数固定资产在正常的使用寿命终了时更新，但也有的固定资产需要提前更新或延后更新。从财务管理的角度来说，固定资产何时更新应该看其是否能够使固定资产的年均成本达到最低水平，这就是固定资产最优更新期的决策问题。

【例 9 − 13】 某公司购置了一台设备，原值 10 000 元，正常使用寿命为 5 年，采用直线法计提折旧，期满无残值，每年运行成本 2 000 元，资金成本为 10%。现有三种更新期方案可供选择：方案一，在正常使用寿命期终了时更新；方案二，提前在第四年年末更新；方案三，延期到第六年年末再更新，但第六年的运行成本提高到 3 000 元。三种更新方案更新后的新设备的原值、使用寿命、年运行成本均相同。试作出最优更新期的决策。

分析过程和结果如下：

（1）计算正常使用寿命期终了时更新的年均成本：

年均成本 = ［10 000 + 2 000 ×（P/A，10%，5）］÷（P/A，10%，5）

= ［10 000 + 2 000 × 3.791］÷ 3.791 = 4 638（元）

计算原理说明：先把每年的运行成本按照 5 年的年金现值计算办法计算出 5 年的年金现值，与原值 10 000 元相加后再除以 5 年的年金现值系数，就得到了 5 年的年均成本。

（2）计算提前在第四年年末更新的年均成本：

提前一年更新，该项设备还有一年的折旧没有摊销，故尚有残值 2 000 元，这个残值取得的时点是第四年年末；同时少付了一年的运行成本 2 000 元，这个节约的运行成本发生的时点是第五年年末。计算年均成本的原理就应该是先把每年的运行成本按照 4 年的年金现值计算办法计算出 4 年的年金现值，同时把第四年年末取得的残值按照 4 年的复利现值计算办法计算出现值，同时把第五年年末节约的运行成本也按照 5 年的复利现值计算办法计算出现值，然后再与原值 10 000 元相加后除以 4 年的年金现值系数，就得到了 4 年的年均成本。

年均成本 = ［10 000 + 2 000 ×（P/A，10%，4）− 2 000 ×（P/F，10%，4）

− 2 000 ×（P/F，10%，5）］÷（P/A，10%，4）

= ［10 000 + 2 000 × 3.170 − 2 000 × 0.683 − 2 000 × 0.621］÷ 3.170

= ［10 000 + 6 340 − 1 366 − 1242］÷ 3.170

= 4 332（元）

（3）计算延期到第六年年末再更新的年均成本：

延期到第六年年末再更新，则第六年不需要摊销折旧费用，视为节约了2 000元，但第六年运行成本提高到了3 000元，这两项节约或发生的费用均发生在第六年年末。根据上述计算原理计算其年均成本。

$$\begin{aligned}\text{年均成本} &= [10\ 000 + 2\ 000 \times (P/A,\ 10\%,\ 5) + 3\ 000 \times (P/F,\ 10\%,\ 6) \\ &\quad - 2\ 000 \times (P/F,\ 10\%,\ 6)] \div (P/A,\ 10\%,\ 6) \\ &= [10\ 000 + 2\ 000 \times 3.791 + 3\ 000 \times 0.565 - 2\ 000 \times 0.565] \div 4.355 \\ &= [10\ 000 + 7\ 582 + 1\ 695 - 1\ 130] \div 4.355 = 4\ 167\ (\text{元})\end{aligned}$$

通过比较三个方案的年均成本可知，该公司的该项设备近期到第六年年末再更新的年均成本（4 167元）最低，即该项设备的最优更新期是6年。

三、资金限量的决策

公司在某个特定的时期所能投入的资金有一个预算上限或约束时，资金限量的问题就会发生。这种约束在公司中很普遍，特别是那些规定只能通过内部融资解决所有资金来源的公司。另一个发生资金限量的情况是一些大公司的子、分公司只能在某个特定的预算上限之内作出投资，超过该上限的投资支出，子、分公司没有决策权。有了资金限量的约束，公司会在不超过预算上限的情况下，尽量选择能最大限度地增加公司价值的投资项目或其组合。

【例9－14】 方圆置业投资有限公司可用于下年度投资的资金总额为600万元，公司计划用这批资金进行组合投资，以分散投资风险。为做好下年度的投资决策，公司有关人员对下年度的投资机会做了较为充分的调查分析，得出了如表9－8所示的调查分析结果。

表9－8　方圆公司投资机会及其相关信息表　金额单位：元

主要指标	项目1	项目2	项目3	项目4	项目5	项目6	项目7	项目8
投资额	4 500 000	3 000 000	1 200 000	800 000	1 000 000	500 000	3 200 000	2 500 000
投资年限	15	10	7	8	6	5	12	6
年现金净流量	586 000	550 000	500 000	240 000	350 000	140 000	710 000	870 000
净现值	－42 825	379 530	1 234 200	480 376	524 355	30 712	1 637 727	1 289 111
现值指数	0.99	1.13	2.03	1.60	1.52	1.06	1.51	1.52

表9－8中的项目均为独立项目，资金成本为10%。在此基础上，如何作出投资组合决策？

分析过程和结果如下：

1. 按现值指数的大小顺序重新排列投资项目如表9－9所示。现值指数是指投资项目的营业现金净流量现值与终结现金净流量现值之和与初始现金净流量现值之和的比值，它反映了项目的投资效率，即投入现值为1元的资金能够获得多少元的现金净流量现值（含营业现金净流量现值与终结现金净流量现值），该指标值越大越好，所以应按现值指数的大小顺序作为项目选择的先后顺序。

表 9－9　　方圆公司投资机会按现值指数大小排序表　　金额单位：元

主要	项目 3	项目 4	项目 8	项目 5	项目 7	项目 2	项目 6	项目 1
投资额	1 200 000	800 000	2 500 000	1 000 000	3 200 000	3 000 000	500 000	4 500 000
净现值	1 234 200	480 376	1 289 111	524 355	1 637 727	379 530	30 712	－42 825
现值指数	2.03	1.60	1.52	1.52	1.51	1.13	1.06	0.99

2. 选取现值指数大于 1 的项目进行组合，要求先从现值指数较大的项目开始选取，并且组合后的投资总额不超过但尽可能接近 600 万元，并同时计算各个组合的净现值总额如表 9－10 所示。

表 9－10　　方圆公司投资组合及其相关信息表　　单位：元

主要指标	组合一	组合二	组合三	组合四	组合五
	项目 3、4、8、5、6	项目 3、4、5、2	项目 3、4、7、6	项目 8、7	项目 8、2、6
投资总额	6 000 000	6 000 000	5 700 000	5 700 000	6 000 000
资金剩余	0	0	300 000	300 000	0
净现值总额	3 558 754	2 618 461	3 383 015	2 926 838	1 699 353

3. 确定最佳投资组合。由表 9－10 可知，组合一的净现值总额最大，且投资总额恰好是 600 万元，因此，可以认为组合一为最佳投资组合。组合三的净现值总额比组合一的净现值总额少 175 739 元，并且组合三有 30 万元的资金剩余，是否认为组合三比组合一更理想？此外，组合一中各项目的投资期限都较短，这一因素是否影响最后的决策？请读者一并讨论。

四、投资时间的决策

在进行投资时间决策时，其基本原理是寻求净现值最大化，但由于不同方案的投资时间不同，不能将净现值简单对比，而应将各个方案的净现值换算到同一时点进行对比。

【例 9－15】 某公司拥有一个稀有矿藏的开采权，法律规定这个开采权的有效年限为 12 年。经预测，5 年后该矿产品的价格将上涨 40%，因此公司面临的问题是现在投资开采还是 5 年后再投资开采。假设现在开采和五年后开采的相关资料如表 9－11 所示，试分析该公司应该何时开采该矿藏。

表 9－11　　某公司投资开发矿藏的有关资料表

有关指标	现在开采	5 年后开采
建设期（年）	1	1
营业期（年）	5	5
固定资产投资（万元）	200 000（建设期初投入）	250 000（建设期初投入）
营运资金垫支（万元）	30 000（建设期末投入）	33 000（建设期末投入）
固定资产残值（万元）	0	0
营运资金收回（万元）	30 000（开采期末收回）	33 000（开采期末收回）

续表

有关指标	现在开采	5 年后开采
年产销量（万吨）	1 000	1 000
矿产品价格（元/吨）	300	420
变动成本（元/吨）	120	200
不含折旧的固定成本（万元）	50 000	60 000
每年固定资产折旧（万元）	40 000	50 000
资金成本率	10%	12%
所得税税率	25%	25%

分析过程和结果如下：

1. 计算现在开采的净现值

（1）计算现在开采的初始现金净流量现值：

固定资产投资 200 000 万元，为建设期初一次性投入。

营运资金垫支 30 000 万元，为建设期末一次性投入。

初始现金净流量现值 = 200 000 + 30 000 ×（P/F，10%，1）

= 200 000 + 30 000 × 0.909 = 227 270（万元）

（2）计算现在开采的营业现金净流量现值：

每年的营业现金净流量 = 税后利润 + 折旧

=（销售收入 - 变动成本 - 不含折旧的固定成本 - 折旧）×（1 - 25%）+ 折旧

=（1 000 × 300 - 1 000 × 120 - 50 000 - 40 000）×（1 - 25%）+ 40 000

= 107 500（万元）

营业现金净流量现值 = 107 500 ×（P/A，10%，5）×（P/F，10%，1）

= 107 500 × 3.791 × 0.909 = 370 447（万元）

（3）计算现在开采的终结现金净流量现值：

终结现金净流量只有收回的营运资金垫支额 30 000 万元，则：

终结现金净流量现值 = 30 000 ×（P/F，10%，6）

= 30 000 × 0.565 = 16 950（万元）

（4）计算现在开采的净现值：

现在开采的净现值 = 营业现金净流量现值 + 终结现金净流量现值 - 初始现金净流量现值

= 370 447 + 16 950 - 227 270 = 160 127（万元）

2. 计算 5 年后开采的净现值

（1）计算 5 年后开采的初始现金净流量现值：

固定资产投资 250 000 万元，为建设期初一次性投入。

营运资金垫支 33 000 万元，为建设期末一次性投入。

初始现金净流量现值 = ［250 000 + 33 000 ×（P/F，10%，1）］×（P/F，10%，5）

= ［250 000 + 33 000 × 0.909］× 0.621 = 173 878（万元）

（2）计算 5 年后开采的营业现金净流量现值：

每年的营业现金净流量 = 税后利润 + 折旧

= (销售收入 − 变动成本 − 不含折旧的固定成本 − 折旧) × (1 − 25%) + 折旧

= (1 000 × 420 − 1 000 × 200 − 60 000 − 50 000) × (1 − 25%) + 50 000

= 132 500 (万元)

营业现金净流量现值 = 132 500 × (P/A, 10%, 5) × (P/F, 10%, 6)

= 132 500 × 3.791 × 0.565 = 283 804 (万元)

(3) 计算 5 年后开采的终结现金净流量现值:

终结现金净流量只有收回的营运资金垫支额 33 000 万元, 则:

终结现金净流量现值 = 33 000 × (P/F, 10%, 11)

= 33 000 × 0.351 = 11 583 (万元)

(4) 计算 5 年后开采的净现值:

5 年后开采的净现值 = 营业现金净流量现值 + 终结现金净流量现值 − 初始现金净流量现值

= 283 804 + 11 583 − 173 878 = 121 509 (万元)

3. 作出判断

计算结果表明, 现在开采可得到的净现值为 160 127 万元, 5 年后开采可得到的净现值为 121 509 万元, 故应选择现在开采。

五、通货膨胀下的投资决策

一般而言, 存在通货膨胀的经济环境会对投资决策产生影响。通货膨胀不仅影响投资项目的现金流量, 也影响投资项目的资金成本。因此, 在通货膨胀条件下作投资决策时, 为了消除通货膨胀的影响, 可以采取调整现金流量法或者调整折现率法来作决策分析。

(一) 调整现金流量法 (即将名义现金流量调整为实际现金流量)

名义现金流量是指未考虑通货膨胀影响之前的现金流量, 实际现金流量是指考虑了通货膨胀影响之后的现金流量。实际现金流量与名义现金流量之间的关系如下:

$$\text{实际现金流量} = \frac{\text{名义现金流量}}{1 + \text{通货膨胀率}}$$

【例 9 − 16】 某公司有一个投资项目, 总投资额为 100 000 元, 寿命期为 5 年, 预计每年有 35 000 元的现金净流量 (名义现金流量), 资金时间价值为 10%, 连续 5 年的通货膨胀率依次为 5%、6%、7%、8%、9%, 试分析通货膨胀对投资决策的影响。

分析过程和结果如下:

1. 若不考虑通胀影响, 则:

项目净现值 = 35 000 × (P/A, 10%, 5) − 100 000 = 32 685 (元)

2. 若考虑通胀影响, 则项目的净现值计算如表 9 − 12 所示。

表 9 − 12　某公司考虑通货膨胀下的项目净现值计算表　金额单位: 元

项目 \ 时间	0	1	2	3	4	5
名义现金流量	−100 000	35 000	35 000	35 000	35 000	35 000
实际现金流量	−100 000	33 333①	31 447	29 389	27 212	24 965

续表

项目＼时间	0	1	2	3	4	5
现值系数	1	0.909	0.826	0.751	0.683	0.621
现值	-100 000	30 300②	25 975	22 071	18 586	15 503
考虑通货膨胀后的净现值	12 435					

注：① 33 333 = 35 000/（1 + 5%）；31 447 = 35 000/（1 + 5%）/（1 + 6%）；29 389 = 35 000/（1 + 5%）/（1 + 6%）/（1 + 7%）；27 212 = 35 000/（1 + 5%）/（1 + 6%）/（1 + 7%）/（1 + 8%）；24 965 = 35 000/（1 + 5%）/（1 + 6%）/（1 + 7%）/（1 + 8%）/（1 + 9%）。

② 30 300 = 33 333 × 0.909；其余 4 年的现值均由各年实际现金流量乘以对应的现值系数而得。

3. 判断

受通货膨胀的影响，项目的净现值将减少 20 250（32 685 - 12 435）元，这将影响到决策者的决策。

（二）调整折现率法（即将名义资金成本调整为实际资金成本）

名义资金成本是指未考虑通货膨胀影响之前的资金成本，实际资金成本是指考虑了通货膨胀影响之后的资金成本。实际资金成本与名义资金成本之间的关系如下：

实际资金成本 = 名义资金成本 + 通货膨胀率 + 名义资金成本 × 通货膨胀率

【例 9 - 17】 某公司有一投资项目，总投资额为 200 000 元，寿命期 10 年，预计每年可有 50 000 元的现金净流量，名义资金成本为 10%，假设 10 年中通货膨胀率稳定在 5%，试分析通胀影响对决策的影响。

分析过程与结果如下：

1. 若不考虑通胀影响，则：

项目的净现值 = 50 000 ×（P/A，10%，10）- 200 000

= 50 000 × 6.145 - 200 000 = 107 250（元）

2. 若考虑通胀影响，则：

实际资金成本 = 10% + 5% + 10% × 5% = 15.5%

查 1 元年金现值系数表可知，折现率为 15% 时，10 年的年金现值系数为 5.019；折现率为 16% 时，10 年的年金现值系数为 4.833；则：折现率为 15.5% 时，10 年的年金现值系数为：5.019 -（5.019 - 4.833）÷ 2 = 4.926。

项目的净现值 = 50 000 ×（P/A，15.5%，10）- 200 000

= 50 000 × 4.926 - 200 000 = 46 300（元）

3. 判断

受通货膨胀的影响，项目的净现值将缩水 60 950（107 250 - 46 300）元，这也会影响到投资者的决策。

复习思考题

1. 投资效益评估的静态指标主要有哪些？

2. 投资效益评估的动态指标主要有哪些？
3. 什么是独立项目？什么是互斥项目？它们的决策分析方法有何不同？
4. 什么叫资金限量？在资金限量情况下，如何进行决策？
5. 投资时间的决策主要采用什么方法？
6. 在作投资决策时如何消除通货膨胀的影响？

课外作业题

1. 某投资项目需投资 30 000 元，使用寿命 5 年，采用直线法计提折旧，5 年中每年的销售收入均为 15 000 元，变动成本均为 5 000 元，不含折旧的固定成本均为 1 000 元。假设所得税税率为25%，资金成本为6%，请计算该项目的投资利润率、静态投资回收期和动态投资回收期。

2. 某公司有两个投资项目 A 和项目 B，初始投资均为 500 000 元。A 项目经济寿命为 5 年，预计每年的营业现金净流量均为 20 000 元；B 项目经济寿命为 3 年，3 年的营业现金净流量分别为 30 000 元、35 000 元、20 000 元；两个项目均无终结现金净流量。假设该公司的资金成本为 10%，请分别计算两个项目的净现值、净现值率、现值指数和内部收益率，并作出决策评价。

3. 某公司正在使用一台旧设备，原购置成本为40 000 元，已使用 5 年，估计还可使用 5 年，已计提折旧 20 000 元，假定使用期满后无残值；如果现在销售可得价款 20 000 元，如果继续使用每年可获收入 50 000 元，每年发生付现成本 30 000 元。该公司现准备用一台新设备代替正在使用的旧设备。新设备的购置成本为 60 000 元，估计可使用 5 年，期满有残值 10 000 元。使用新设备后，每年收入可达 80 000 元，每年发生付现成本 40 000 元。假定公司的资本成本为 10%，所得税税率为 25%，新旧设备均采用直线法计提折旧。请作出该公司是继续使用旧设备还是对其进行更新的决策。

4. 某公司拥有一个稀有矿藏的开采权，市场调查发现这种矿产品的价格在不断上涨，因此公司需要在现在开采和以后再开采之间作出选择。现在有两个开采方案：一是立即开采；二是 3 年后再开采。两个方案相关的投资和回报都不同，如表 9－13 所示。

表 9－13　　某公司两个开采方案比较表

相关指标	现在开采的方案	3 年后再开采的方案
固定资产投资额（万元）	345	405
年产销量（吨）	450	450
单位售价（万元）	1	1.4
每年的付现成本（万元）	240	210
所得税税率（%）	25	25
资本成本率（%）	15	15

如果已探明的储量可以开采 5 年，在固定资产采用直线法计提折旧、建设期忽略不计的

情况下，该公司应该采用哪个方案。

5. 某公司进行一项投资，正常建设期为3年，每年投资300万元，3年共需投资900万元，10年的营业期间每年营业现金净流量均为350万元。如果把建设期缩短为2年，每年需要投资500万元，2年共投资1 000万元，竣工投产后的项目寿命和每年营业现金净流量均与建设期为3年时的相同。假定寿命期终结时无残值，不用垫支营运资金，资本成本为8%。试分析应否缩短建设期。

第十章

公司投资风险分析

内容简介

本章主要介绍风险的概念、风险的分类、风险与报酬的关系、单项投资的风险分析方法、组合投资的风险分析方法和风险条件下的投资决策分析方法。

学习目标

通过本章的学习，要求了解风险的概念和分类，理解风险与报酬的关系，掌握单项投资、组合投资的风险分析方法和风险条件下的投资决策分析方法。

第一节　公司投资风险概述

一、风险的概念

风险是一个非常重要的财务概念。现实生活中的任何决策都会有风险，这使风险观念在理财中具有普遍意义。因此，有人说“时间价值和风险价值是财务管理中最重要的两个基本原则”，也有人说“时间价值是理财的第一原则，风险价值是理财的第二原则”。

“风险”一词，在人们生活中的使用频率越来越高。人们在不同意义上使用着“风险”一词。查阅《现代汉语词典》，它对“风险”的解释是“可能发生的危险”，似乎风险是危险的一种，是“危险”中“可能发生”的部分。因此，人们在日常生活中讲的“风险”，实际上指的是危险，意味着损失或失败，是一种不好的事情。从公司财务管理的角度看，风险是发生财产损失的可能性。发生财产损失的可能性越大，公司的风险就越大。

风险和其他科学概念一样，是反映客观事物本质属性的思维形态，是科学研究的成果。科学概念的形成，要靠研究人员对经验材料进行科学抽象，抽象出一般的、共同的属性，并通过词语把它表达出来。科学概念的形成离不开基本的逻辑思维方法，包括比较、分析、综合等。科学概念的形成还要以相关的科学理论为支撑。科学概念一旦形成，就不会终止它的变化和发展，因为它所反映的客观事物是一个无限变化和发展的过程。因此，风险概念也会随着理论和事物的发展变化而相应地发展变化。

人们在对风险进行深入研究以后发现，风险不仅可以带来超出预期的损失，也可能带来超出预期的收益。于是，风险的定义发展为："风险是预期结果的不确定性"，即风险不仅包括负面效应的不确定性，还包括正面效应的不确定性。新的定义区分了风险和危险两个概念。危险专指负面效应，是损失发生及其程度的不确定性。人们对于危险，需要识别、衡量、防范和控制。保险活动就是针对危险的，是集合同类危险聚集资金，对特定危险的后果提供经济保障的一种财务转移机制。风险的概念比危险要广泛，危险只是风险的一部分。风险的另一部分是正面效应，可以称为"机会"。人们对于机会，需要识别、衡量、选择和获取。风险的新概念，反映了人们对财务现象更深刻的认识，也就是危险与机会并存。

不过严格说来，风险和不确定性还是有区别的。风险是指事前可以知道所有可能的结果，以及每种结果的概率。不确定性是指事前不知道所有可能的结果，或虽然知道可能的结果，但不知它们出现的概率。例如，在一个新区找矿，事前知道只有找到和找不到两种结果，但不知两种结果的可能性各占多少，这就属于"不确定性"问题而非风险问题。但是，在面对实际问题时，两者很难区分，风险的概率往往不能准确知道，不确定性可以估计或为其规定一个概率，以便进行定量分析。因此，在实务领域对风险和不确定性不作区分，都视为"风险"对待，把风险理解为可测定概率的不确定性。概率的测定有两种方法：一种是客观概率法，是根据大量历史的实际数据推算出概率；另一种是主观概率法，是在没有大量历史的实际数据的情况下，根据有限数据和经验合理估计。

二、风险的分类

（一）从个别投资主体的角度看，风险分为系统风险和非系统风险

1. 系统风险

系统风险是指那些影响所有公司的因素引起的风险。例如，战争、经济衰退、通货膨胀、国家财政政策和货币政策变化、世界能源状况的改变等发生意外的、非预期的变动，对许多资产都会有影响。系统风险所影响的资产非常多，虽然影响程度的大小有区别。例如，各种股票处于同一经济系统之中，它们的价格变动有趋同性，多数股票的报酬率在一定程度上正相关。经济繁荣时，多数股票的价格上涨；经济衰退时，多数股票的价格下跌。尽管涨跌的幅度各股票有区别，但是多数股票的变动方向是一致的。所以，不管投资多样化多么充分，也不可能消除全部风险，始终会有系统风险存在，即使购买的是全部股票的市场组合。

由于系统风险是影响整个资本市场的风险，所以也称"市场风险"。由于系统风险没有有效的方法消除，所以也称"不可分散风险"。

2. 非系统风险

非系统风险，是指发生于个别公司的特有事件造成的风险。例如，一家公司的工人罢工、新产品开发失败、失去重要的销售合同、诉讼失败，或者宣告发现新矿藏、取得一个重要合同等。这类事件是非预期的、随机发生的，它只影响一个或少数公司，不会对整个市场产生太大影响。这种风险可以通过多样化投资来分散，即发生于一家公司的不利事件可以被其他公司的有利事件所抵消。

由于非系统风险是个别公司或个别资产所特有的，因此也称"特殊风险"或"特有风险"。由于非系统风险可以通过投资多样化分散掉，因此也称"可分散风险"。

（二）从公司本身来看，风险分为经营风险和财务风险

1. 经营风险

经营风险是指生产经营的不确定性带来的风险，它是任何商业活动都有的，也叫商业风险。

经营风险主要来自以下四个方面：①市场销售：市场需求、市场价格、公司可能生产的数量等不确定，尤其是竞争使供产销不稳定，加大了风险；②生产成本：原料的供应和价格、工人和机器的生产率、工人的工资和奖金都是不确定因素，因而产生风险；③生产技术：设备事故、产品发生质量问题、新技术的出现等，不好预见，产生风险；④其他：外部的环境变化，如天灾、经济不景气、通货膨胀、有协作关系的公司没有履行合同等，公司自己不能左右，产生风险。

经营风险使公司的报酬变得不确定。

2. 财务风险

财务风险是指因负债而产生的风险，是筹资决策带来的风险，也叫筹资风险。

例如，A 公司股本 10 万元，好年景每年盈利 2 万元，股东资本报酬率 20%；坏年景亏损 1 万元，股东资本报酬率是负 10%。假设公司预期今年是好年景，借入资本 10 万元，利息率 10%，预期盈利 4（20 × 20%）万元，付息后的盈利为 3 万元，资本报酬率上升为 30%。这就是负债经营的好处。但是，这个借款决策加大了原有的风险。如果借款后碰上的是坏年景，公司付息前亏损应当是 2 万元，付息 1 万元后亏损 3 万元，股东的资本报酬率是负 30%。这就是负债经营的危险。

三、风险与报酬的关系

（一）报酬的概念

报酬亦称投资报酬，是指投资者因进行投资而获得的超过其投资成本和管理成本的那部分收益，因此又称为收益或投资收益。报酬有报酬额和报酬率两种形式，通常情况下都是以报酬率来表示。

（二）风险报酬

风险报酬，又称风险收益，是投资者因冒风险投资而获得的超过无风险报酬的那部分额外报酬。风险报酬也有风险报酬额和风险报酬率两种形式，通常情况下也是以风险报酬率来表示。

（三）风险与报酬的关系

1. 基本模型

$$投资报酬率 = 无风险报酬率 + 风险报酬率$$

这个模型没有考虑通货膨胀因素，即没有考虑通货膨胀对投资报酬的影响，因为财务管理理论的建立通常需要一些假设条件，当考察报酬与风险的关系时，应当假设没有发生通货膨胀。

2. 派生模型

（1）风险报酬系数模型，是描述实业投资风险与报酬关系的模型。

$$投资报酬率 = 无风险报酬率 + 风险报酬系数 \times 风险系数$$

其中，风险报酬系数通常由专家或专业机构凭经验数据来估计或测算；风险系数通常以

标准差系数代替。

（2）资本资产定价模型，是描述证券投资风险与报酬关系的模型。

投资报酬率 = 无风险报酬率 + 证券市场平均的风险报酬率 × 某种证券（或证券组合）的风险系数

其中，证券市场平均的风险报酬率 = 证券市场平均报酬率 - 无风险报酬率；某种证券（或证券组合）的风险系数一般是用该种证券（或证券组合）的贝塔系数来表示。证券市场平均报酬率和某种证券（或证券组合）的风险系数均由专业机构计算而得。

由以上风险与报酬关系模型可知，风险越大，投资者所要求的报酬率也越高。或者说，风险大的投资项目往往隐藏着高的报酬，但也并非绝对。

第二节　公司投资风险分析

一、单项投资的风险分析

风险的分析和衡量，需要使用概率和统计方法。

（一）概率

在经济活动中，某一事件在相同的条件下可能发生也可能不发生，这类事件称为随机事件。概率就是用来表示随机事件发生可能性大小的数值。通常，把必然发生的事件的概率定为1，把不可能发生的事件的概率定为0，而一般随机事件的概率是介于0与1之间的一个数。概率越大，表示该事件发生的可能性越大。

【例10-1】 华益公司现有A、B两个投资机会供选择。A项目是投资高科技项目，该领域竞争很激烈，如果经济发展迅速并且该项目搞得好，预计会取得较大的市场占有率，利润会很大，否则，利润很小甚至亏本。B项目是投资老产品且是必需品，销售前景可以准确预测出来。假设未来的经济情况只有三种情形，即繁荣、正常、衰退，有关的概率分布和预期报酬率见表10-1。

表10-1　项目预期报酬率情况表

经济情况	发生概率	A项目预期报酬率	B项目预期报酬率
繁荣	0.2	80%	20%
正常	0.6	15%	15%
衰退	0.2	-50%	10%
合计	1.0	—	—

这里为了简化，假设其他因素都相同，只有经济情况一个因素影响报酬率。如果未来经济情况正常，A、B项目预期报酬率相等，无论选择哪个项目都是一样的。如果未来经济情况繁荣，A项目可获得高达80%的报酬率，而B项目却只有20%的报酬率，这时显然应该选择A项目。如果未来经济情况衰退，A项目的报酬率为-50%，B项目的报酬率为10%，

这时就应该选择B项目。未来经济情况既可能是正常，也可能是繁荣或衰退，该公司究竟应该选择哪个投资项目？这要等了解本节下面的内容之后才能作出回答。

（二）离散型分布和连续型分布

如果随机变量（如报酬率）只取有限个值，并且对应于这些值有确定的概率，则称随机变量是离散型分布，【例10-1】所说的情况就属于离散型分布。但实际上，经济情况可以在极度衰退和极度繁荣之间发生无数种可能的结果。如果对每种情况都赋予一个概率（注意概率的总和要等于1），并分别测定投资项目在这些不同经济情况下的报酬率，则称随机变量是连续型分布。

（三）期望值

以相应的概率为权数对随机变量的各个取值进行加权平均计算，所得到的加权平均数就是随机变量的期望值（数学期望值或均值），它反映了随机变量取值的平均化和集中趋势。

$$报酬率的期望值（\overline{K}）=\sum_{i=1}^{N}(P_i \cdot K_i)$$

式中：P_i为第i种可能结果出现的概率；K_i为第i种可能结果出现后的预期报酬率；N为所有可能结果的数目。

【例10-2】 承【例10-1】，计算A、B两个项目的报酬率期望值。

计算过程和结果如下：

A项目报酬率期望值=0.2×80%+0.6×15%+0.2×（-50%）=15%

B项目报酬率期望值=0.2×20%+0.6×15%+0.2×10%=15%

两个项目的报酬率期望值相同，但报酬率的分散程度不同。A项目报酬率的分散程度大，变动范围在-50%～80%；B项目报酬率的分散程度小，变动范围在10%～20%。这说明两个项目的期望报酬率虽然相同，但风险不同。为了定量地衡量风险大小，还需要使用统计学中衡量随机变量离散程度的指标。

（四）离散程度

表示随机变量离散程度的指标包括平均差、方差、标准差、标准差系数和全距等，最常用的是方差、标准差和标准差系数。

1. 方差

方差是用来表示随机变量的各种可能取值与期望值之间离散程度的一个量。

$$方差（\sigma^2）=\sum_{i=1}^{N}(K_i-\overline{K})^2 \cdot P_i$$

2. 标准差

标准差也叫均方差，是方差的平方根。

$$标准差（\sigma）=\sqrt{\sum_{i=1}^{n}(K_i-\overline{K})^2 \cdot P_i}$$

标准差越小，说明离散程度越小，风险也越小；反之，风险越大。

【例10-3】 承【例10-2】，计算A、B两个项目的标准差。

计算过程和结果如下：

A项目标准差的计算过程和结果见表10-2，B项目标准差的计算过程和结果见表10-3。计算结果表明，A项目的标准差（41.11%）大于B项目的标准差（3.16%），说明A项目的风险大于 B 项目。

表 10－2 **A 项目标准差计算表**

$K_i-\overline{K}$	$(K_i-\overline{K})^2$	$(K_i-\overline{K})^2\cdot P_i$
80%－15%	0.4225	0.4225×0.2＝0.0845
15%－15%	0	0×0.6＝0
－50%－15%	0.4225	0.4225×0.2＝0.0845
方差（σ^2）		0.169
标准差（σ）		41.11（%）

表 10－3 **B 项目标准差计算表**

$K_i-\overline{K}$	$(K_i-\overline{K})^2$	$(K_i-\overline{K})^2\cdot P_i$
20%－15%	0.0025	0.0025×0.2＝0.0005
15%－15%	0	0×0.6＝0
10%－15%	0.0025	0.0025×0.2＝0.0005
方差（σ^2）		0.001
标准差（σ）		3.16（%）

3. 标准差系数

标准差是反映随机变量离散程度的一个指标，但它是一个绝对数，不便于比较不同规模项目的风险大小。为了解决这个困难，引入了标准差系数的概念。标准差系数也叫变异系数，是标准差与期望值的比值，是用相对数表示的离散程度，即用相对数表示的风险大小，其计算公式如下：

$$\text{标准差系数（CV）}=\frac{\sigma}{\overline{K}}\times 100\%$$

【例 10－4】 承【例 10－3】，计算 A、B 两个项目的标准差系数。

结算过程和结果如下：

$$\text{A 项目标准差系数}=\frac{41.11\%}{15\%}=274.07\%$$

$$\text{B 项目标准差系数}=\frac{3.16\%}{15\%}=21.07\%$$

在上述【例 10－1】【例 10－2】【例 10－3】【例 10－4】中，由于 A、B 两个项目预期报酬率的期望值相等，因而可以直接根据标准差来比较风险程度。如果两个项目预期报酬率的期望值不同，就不能简单使用标准差来比较风险的大小，而要采用标准差系数才能比较风险的大小。此外，上述举例没有涉及投资额，如果涉及投资额且各个方案的投资额不相等，就不能直接用标准差而要用标准差系数来比较风险的大小。例如，有一年期的甲、乙两个投资方案，甲的投资规模是 5 000 元，乙的投资规模是 2 000 元，甲、乙营业现金净流量的期望值分别是 6 236 元和 4 000 元，标准差分别是 731.44 元和 547 元。若单从标准差来看，甲比乙大，因而可以简单得出甲的风险比乙大。但事实并非如此，由于甲、乙两个投资方案营业现金净流量的期望值不同，且投资额也不同，因此，不能简单地用标准差来比较，而要用标准差系数来比较。甲、乙两个投资方案营业现金净流量期望值的标准差系数计算如下：

$$甲方案标准差系数=\frac{731.44}{6\ 236}=11.73\%$$

$$乙方案标准差系数=\frac{547}{4\ 000}=13.68\%$$

通过计算得知，乙方案的标准差系数（13.68%）大于甲方案的标准差系数（11.73%），可见，乙方案的风险实际要比甲方案大。

（五）置信区间和置信概率

根据统计学原理，在报酬率为标准正态分布的情况下，随机变量出现在期望值 ±1 个标准差范围内的概率为 68.26%（见图 10－1）；出现在期望值 ±2 个标准差范围内的概率为 95.44%；出现在期望值 ±3 个标准差范围内的概率为 99.72%。把"期望值 ± X 个标准差"称为置信区间，把相应的概率称为置信概率。

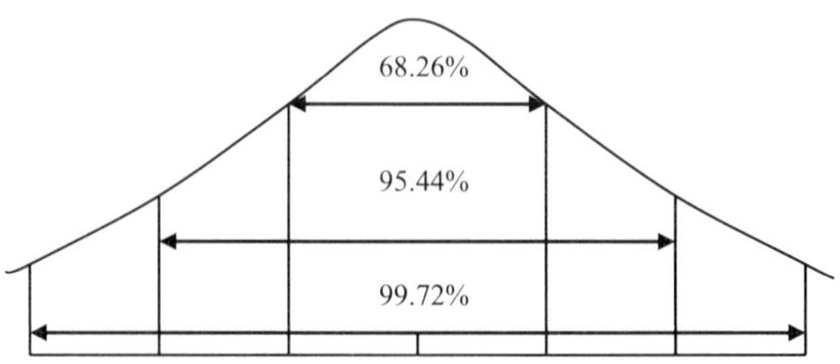

图 10－1　置信区间和置信概率图

已知置信概率，可求出相应的置信区间，反过来也一样。但是，这种计算比较麻烦，通常编成表格以备查用，此表称为正态分布曲线面积表（见本书附表 5）。此表第一列和第一行组成标准差的个数（X），列和行交叉处的数字是相应的正态分布曲线下的面积占总面积的比重（P），乘以 2 后表示置信概率，表中给出的是对称轴一侧的面积。利用此表可以实现标准差个数与置信概率的换算。例如，2.00 个标准差对应的数字是 0.4772，表示中轴两侧的面积占总面积的 95.44%（0.4772 × 2），置信概率是 95.44%。

以上述【例 10－1】【例 10－2】【例 10－3】【例 10－4】中的两个项目为例，如果 A、B 两个项目的报酬率都呈正态分布，则 A 项目的实际报酬率有 68.26% 的可能性是在 15% ± 41.11% 的范围内，风险较大；B 项目的实际报酬率有 68.26% 的可能性是在 15% ± 3.16% 的范围内，风险较小（见表 10－4）。

表 10－4　A、B 两个项目的置信区间和置信概率表

置信概率	A 项目的置信区间	B 项目的置信区间
68.26%	15% ± 1 × 41.11%	15% ± 1 × 3.16%
95.44%	15% ± 2 × 41.11%	15% ± 2 × 3.16%
99.72%	15% ± 3 × 41.11%	15% ± 3 × 3.16%

如果预先给定置信概率，能找到相应的报酬率的一个区间即置信区间；如果预先给定一个报酬率的区间，也可以找到其置信概率。

【例 10-5】 承【例 10-4】，假设 A、B 两个项目的报酬率符合连续正态分布，要求分别计算 A、B 两个项目盈利的概率，即计算报酬率的置信区间为 0～∞ 时的概率。

计算过程和结果如下：

1. 计算 A 项目盈利的概率

先计算 0～15%（均值）的面积。该区间含有标准差的个数：

X = 15% ÷ 41.11% = 0.36

查"标准正态分布曲线面积表"得知，X = 0.36 时对应的面积是 0.1406，表示 A 项目报酬率出现在 0～15% 区间的概率为 14.06%。而 A 项目报酬率出现在 15%～∞ 的部分占总面积的一半，即概率为 50%。因此，A 项目盈利的概率为：50% + 14.06% = 64.06%，对应地，A 项目亏损的概率为：50% - 14.06% = 35.94%。

2. 计算 B 项目盈利的概率

先计算 0～15%（均值）的面积。该区间含有的标准差个数：

X = 15% ÷ 3.16% = 4.75

查"标准正态分布曲线面积表"得知，X = 4.75 时对应的面积为 0.5，表示 B 项目报酬率出现在 0～15% 区间的概率为 50%。而 B 项目报酬率出现在 15%～∞ 的部分占总面积的一半，即概率为 50%。因此，B 项目盈利的概率为：50% + 50% = 100%，对应地，B 项目亏损的概率为：50% - 50% = 0。说明 B 项目肯定盈利，不会亏损。

【例 10-6】 承【例 10-5】，分别计算 A、B 两个项目报酬率在 20% 以上的概率。

计算过程和结果如下：

1. 计算 A 项目报酬率在 20% 以上的概率

X（A）=（20% - 15%）÷ 41.11% = 0.12

查"标准正态分布曲线面积表"得面积为 0.0478，则：

P（A，20% 以上）= 50% - 4.78% = 45.22%

表示 A 项目报酬率在 20% 以上的概率为 45.22%。

2. 计算 B 项目报酬率在 20% 以上的概率

X（B）=（20% - 15%）÷ 3.16% = 1.58

查"标准正态分布曲线面积表"得面积为 0.4429，则：

P（B，20% 以上）= 50% - 44.29% = 5.71%

表示 B 项目报酬率在 20% 以上的概率为 5.71%。

通过上述分析可知，两个项目的期望报酬率相同，但风险大小不同。A 项目取得高报酬率的概率接近 50%，但亏损的概率也达到 35.94%；B 项目取得高报酬率的概率虽然只有 5.71%，但亏损的概率为 0。

二、组合投资的风险分析

（一）组合投资及其风险

投资者同时进行两个或两个以上独立项目的投资称为组合投资。一般认为，组合投资可以分散风险，但并非绝对。组合投资能否分散风险以及分散风险的能力如何，取决于组合投资中两两投资之间的相关程度。两种投资之间相关程度的大小可以用相关系数来衡量。

两种投资之间的相关系数可由下式求得。

$$\rho_{AB} = \frac{COV\ (AB)}{\sigma_A \times \sigma_B}$$

式中，ρ_{AB}表示 A、B 两种投资之间的相关系数，σA 和 σB 分别为 A、B 两种投资预期收益的标准差，COV（AB）为 A、B 两种投资的协方差。

两种投资之间的相关系数介于 -1 和 1，主要有以下几种情形。

1. 相关系数 =1，属于完全正相关，即两种投资的预期收益率将以相同比例同升或同降，这时，风险完全不可分散。

2. 相关系数 = -1，属于完全负相关，即当一种投资的预期收益率下降时，另一种投资的预期收益率将会以相同幅度上升，这时，风险完全可分散。

3. 相关系数 =0，属于完全不相关，即两种投资的预期收益随机变动、飘忽不定，这时，风险分散是随机的。

4. 0 < 相关系数 <1，属于不完全正相关，即两种投资的预期收益率将分别按不同的幅度同升或同降，这时，风险可部分分散。

5. -1 < 相关系数 <0，属于不完全负相关，即两种投资的预期收益率将分别按不同的幅度一升一降，这时，风险也可部分分散。

（二）组合投资风险分析——概率分析法

利用概率分析法来分析组合投资的风险，一般遵循以下几个步骤。

1. 确定用作分析对象的收益指标，如投资收益率等。在众多静态的、动态的投资效益评估指标中，确定哪个指标作为分析对象取决于决策者最关注哪个指标。一般来说，决策者最关注哪个指标，就把这个指标确定为分析对象。

2. 分别确定乐观、正常、悲观三种经济情形出现的概率，然后分别测算这三种经济情形下分析对象（某一收益指标）的指标值。比如表 10 -5 所列的情形。

表 10 -5　　A、B 两个投资项目不同经济情形下的概率和内部收益率

经济情形	概率	内部收益率	
		A 投资	B 投资
乐观	0.3	15%	13%
正常	0.5	16%	14%
悲观	0.2	17%	15%

3. 计算期望值：即计算每一种投资预期收益率的期望值和组合投资预期收益率的期望值。

（1）计算单项投资预期收益率的期望值：

单项投资预期收益率的期望值利用下式计算。

$$\overline{R}_j = \sum_{i=1}^{n} R_{ji} \times P_i$$

式中，$\overline{R}_j$ 为第 j 种投资预期收益率的期望值，R_{ji}为第 j 种投资在第 i 种经济情形下的预期收益率，P_i 为第 i 种经济情形出现的概率，n 为经济情形的个数。

(2) 计算组合投资预期收益率的期望值:

组合投资预期收益率的期望值利用下式计算。

$$\overline{R}_P = \sum_{j=1}^{m} W_j \times \overline{R}_j$$

式中，$\overline{R}_P$ 为组合投资预期收益率的期望值，W_j 为第 j 种投资的投资额占组合投资全部投资额的比重，$\overline{R}_j$ 为第 j 种投资预期收益率的期望值，m 为组合投资中投资的项目数。

4. 计算标准差：即计算组合投资综合预期收益率的标准差。计算公式如下：

$$\sigma_P = \sqrt{\sum (\overline{R}_{P_i} - \overline{R}_P)^2 \times P_i}$$

式中，σ_P 为组合投资综合预期收益率的标准差，$\overline{R}_{P_i}$ 为第 i 种经济情形下组合投资综合收益率，$\overline{R}_{P_i} = \sum_{j=1}^{m} W_j \cdot R_{ji}$（其中，$W_j$ 为第 j 种投资投资额所占比重，R_{ji} 为第 j 种投资在第 i 种经济情形下的预期收益率），$\overline{R}_P$ 为组合投资预期收益率的期望值，P_i 为第 i 种经济情形出现的概率。

5. 计算标准差系数：即计算组合投资综合预期收益率的标准差系数。计算公式如下：

$$V_p = \frac{\sigma_P}{\overline{R}_P}$$

6. 计算相关系数：即计算组合投资中各种投资之间的相关系数。计算公式如下：

$$\rho_{AB} = \frac{COV\ (AB)}{\sigma_A \times \sigma_B}$$

7. 判断该组合投资是否可以分散风险。

(1) 若相关系数 =1，风险完全不能分散。

(2) 若相关系数 = -1，风险完全可以分散。

(3) 若相关系数 =0，风险的分散是随机的。

(4) 若 0 < 相关系数 <1，风险可以部分分散。

(5) 若 -1 < 相关系数 <0，风险也可以部分分散。

【例 10 -7】 回春药业有限责任公司通过年度财务预算，获知将在今年第四季度有 100 万元的闲置现金需要调剂使用。经研究，公司决定用这 100 万元闲置现金进行短期理财投资。通过分析市场行情，公司计划购买 A、B、C 三种理财产品，投资比例依次为 30%、40%、30%。经分析，这三种理财产品的预期收益率估算如表 10 -6 所示。

表 10 -6　　　　回春药业有限责任公司三种理财产品预期收益率估算表

经济情形	概率	预期收益率		
		A	B	C
乐观	0.25	16%	18%	10%
正常	0.50	14%	13%	12%
悲观	0.25	10%	9%	14%

试根据根据上述资料，分析该公司组合投资的风险。

分析过程和结果如下：

1. 分别计算三种理财产品预期收益率的期望值

$$\overline{R}_A = \sum_{i=1}^{3} R_{Ai} \cdot P_i = 16\% \times 0.25 + 14\% \times 0.50 + 10\% \times 0.25 = 13.50\%$$

$$\overline{R}_B = \sum_{i=1}^{3} R_{Bi} \cdot P_i = 18\% \times 0.25 + 13\% \times 0.50 + 9\% \times 0.25 = 13.25\%$$

$$\overline{R}_C = \sum_{i=1}^{3} R_{Ci} \cdot P_i = 10\% \times 0.25 + 12\% \times 0.50 + 14\% \times 0.25 = 12.00\%$$

2. 分别计算三种理财产品预期收益率期望值的标准差

$$\sigma_A = \sqrt{\sum_{i=1}^{3} (R_{Ai} - \overline{R}_A)^2 \cdot P_i}$$
$$= \sqrt{(16\% - 13.50\%)^2 \times 0.25 + (14\% - 13.50\%)^2 \times 0.50 + (10\% - 13.50\%)^2 \times 0.25}$$
$$= 2.2\%$$

$$\sigma_B = \sqrt{\sum_{i=1}^{3} (R_{Bi} - \overline{R}_B)^2 \cdot P_i}$$
$$= \sqrt{(18\% - 13.25\%)^2 \times 0.25 + (13\% - 13.25\%)^2 \times 0.50 + (9\% - 13.25\%)^2 \times 0.25}$$
$$= 3.2\%$$

$$\sigma_C = \sqrt{\sum_{i=1}^{3} (R_{Ci} - \overline{R}_C)^2 \cdot P_i}$$
$$= \sqrt{(10\% - 12\%)^2 \times 0.25 + (12\% - 12\%)^2 \times 0.5 + (14\% - 12\%)^2 \times 0.25} = 1.4\%$$

3. 分别计算三种理财产品预期收益率期望值的标准差系数

$$V_A = \frac{\sigma_A}{\overline{R}_A} = \frac{2.2\%}{13.50\%} = 0.16$$

$$V_B = \frac{\sigma_B}{\overline{R}_B} = \frac{3.2\%}{13.25\%} = 0.24$$

$$V_C = \frac{\sigma_C}{\overline{R}_C} = \frac{1.4\%}{12\%} = 0.12$$

将以上三项计算结果列表反映如表 10－7 所示。

表 10－7　　三种理财产品预期收益率期望值、标准差和标准差系数表

理财产品	$\overline{R}$	σ	V
A	13.50%	2.2%	0.16
B	13.25%	3.2%	0.24
C	12.00%	1.4%	0.12

4. 计算 A、B、C 三种理财产品投资的综合预期收益率

$$\overline{R}_P = \sum_{j=A}^{C} W_j \cdot \overline{R}_j$$
$$= 30\% \times 13.50\% + 40\% \times 13.25\% + 30\% \times 12.00\% = 12.95\%$$

5. 计算A、B、C三种理财产品组合投资综合预期收益率的标准差

(1) 分别计算乐观、正常、悲观三种经济情形下三种理财产品组合投资的综合预期收益率:

乐观情形: $\overline{R}_{P1} = 30\% \times 16\% + 40\% \times 18\% + 30\% \times 10\% = 15\%$

正常情形: $\overline{R}_{P2} = 30\% \times 14\% + 40\% \times 13\% + 30\% \times 12\% = 13\%$

悲观情形: $\overline{R}_{P3} = 30\% \times 10\% + 40\% \times 9\% + 30\% \times 14\% = 10.8\%$

(2) 计算A、B、C三种理财产品组合投资综合预期收益率的标准差:

$$\sigma_P = \sqrt{\sum_{i=1}^{3} (\overline{R}_{Pi} - \overline{R}_P)^2 \cdot P_i}$$
$$= \sqrt{(15\% - 12.95\%)^2 \times 0.25 + (13\% - 12.95\%)^2 \times 0.50 + (10.8\% - 12.95\%)^2 \times 0.25}$$
$$= 1.49\%$$

6. 计算A、B、C三种理财产品组合投资综合预期收益率的标准差系数

$$V_P = \frac{\sigma_P}{\overline{R}_P} = \frac{1.49\%}{12.95\%} = 0.12$$

通过计算，我们已经得出了A、B、C三种理财产品组合投资的综合预期收益率(12.95%)及其标准差(1.49%)和标准差系数(0.12)。这时，我们根据公司的投资政策回答两个问题:①12.95%的投资收益率是否满足了公司的投资欲望?②1.49%的标准差和0.12的标准差系数是否达到了公司对投资风险的控制标准?(说明:投资风险的控制标准一般由公司根据投资类型的特点、投资经验的积累和决策者的风险态度在公司投资政策中确定。)

7. 计算A、B、C三种理财产品之间的协方差和相关系数

(1) A、B两种理财产品的协方差和相关系数:

$$COV_{(AB)} = \sum_{i=1}^{3} (R_{Ai} - \overline{R}_A) \cdot (R_{Bi} - \overline{R}_B) \cdot P_i$$
$$= (16\% - 13.5\%) \times (18\% - 13.25\%) \times 0.25 + (14\% - 13.5\%) \times (13\% - 13.25\%) \times 0.25 + (10\% - 13.5\%) \times (9\% - 13.25\%) \times 0.25$$
$$= 0.00063$$

$$\rho_{AB} = \frac{COV_{(AB)}}{\sigma_A \cdot \sigma_B} = \frac{0.00063}{2.2\% \times 3.2\%} = 0.89$$

由$\rho_{AB} = 0.89$可知，A、B两种理财产品高度正相关，说明两种理财产品的预期收益率将以很相近的幅度同升或同降，其组合几乎不能分散风险。

(2) A、C两种理财产品的协方差和相关系数:

$$COV_{(AC)} = \sum_{i=1}^{3} (R_{Ai} - \overline{R}_A) \cdot (R_{Ci} - \overline{R}_C) \cdot P_i$$
$$= (16\% - 13.50\%) \times (10\% - 12\%) \times 0.25$$
$$+ (14\% - 13.50\%) \times (12\% - 12\%) \times 0.50$$
$$+ (10\% - 13.5\%) \times (14\% - 12\%) \times 0.25$$
$$= -0.0003$$

$$\rho_{(AC)}=\frac{COV_{(AC)}}{\sigma_A\cdot\sigma_C}=\frac{-0.0003}{2.2\%\times1.4\%}=-0.97$$

由 $\rho_{(AC)}=-0.97$ 可知，A、C 两种理财产品高度负相关，说明两种理财产品的预期收益率将以相近的幅度一升一降，其组合几乎可以完全分散风险。

(3) B、C 两种理财产品的协方差和相关系数：

$$\begin{aligned}COV_{(BC)}&=\sum(R_{Bi}-\overline{R}_B)\cdot(R_{Ci}-\overline{R}_C)\cdot P_i\\&=(18\%-13.25\%)\times(10\%-12\%)\times0.25\\&\quad+(13\%-13.25\%)\times(12\%-12\%)\times0.50\\&\quad+(9\%-13.25\%)\times(14\%-12\%)\times0.25\\&=-0.00045\end{aligned}$$

$$\rho_{(BC)}=\frac{COV_{(BC)}}{\sigma_B\cdot\sigma_C}=\frac{-0.00045}{3.2\%\times1.4\%}=-1.00$$

由 $\rho_{(BC)}=-1.00$ 可知，B、C 两种理财产品完全负相关，说明两种理财产品的预期收益率将以相同的幅度一升一降，其组合可以完全分散风险。

8. 分析 A、B、C 三种理财产品组合投资风险的可分散性

由上述计算分析可知，A 和 B 组合在一起几乎不能分散风险，但 A 和 C 组合在一起几乎可以完全分散风险，B 和 C 组合在一起则可以完全分散风险，因此，当 A、B、C 三种理财产品组合在一起时，其分散风险的能力是较强的，如果上述 12.95% 的投资收益率满足了公司的投资欲望，且 1.49% 的标准差和 0.12 的标准差系数达到了公司对投资风险的控制标准，则该公司完全可以进行这项组合投资。

第三节　风险条件下公司投资决策分析方法

风险条件下的投资决策分析方法有很多，但概括起来主要有两种——风险调整贴现率法和风险调整现金流量法。前者是扩大净现值模型的分母，使净现值减少；后者是缩小净现值模型的分子，也可以使净现值减少。

一、风险调整贴现率法

风险调整贴现率法是最为实际和常用的方法。其基本思路是，对于高风险的项目，采用较高的贴现率去计算净现值，然后根据净现值法则来选择方案。问题的关键是根据风险的大小确定风险因素的贴现率即风险调整贴现率。风险调整贴现率是风险项目应当满足的公司要求达到的报酬率。项目的风险越大，要求的报酬率越高。此时，净现值模型变为：

$$\text{调整后的净现值}=\sum_{t=0}^{n}\frac{\text{预期现金流量}}{(1+\text{风险调整贴现率})^t}$$

风险调整贴现率法又可以分为以下几种方法。

（一）用资本资产定价模型来调整贴现率

根据组合投资理论，证券的风险可区分为系统风险和非系统风险。非系统风险属于公司

特有风险，可以通过投资多样化分散掉，因此在高度分散化的资本市场上只有系统风险，并会得到相应的回报。系统风险属于整个市场的风险，其大小可以用β系数（即风险系数）来衡量。资本资产定价模型如下：

投资者要求的报酬率 = 无风险报酬率 + （市场平均报酬率 - 无风险报酬率）×β

由于资本资产定价模型是建立在有效的证券市场假设之上的，而实物资产市场不可能像证券市场那样有效，但是两者的基本逻辑关系是一样的。因此，上述资本资产定价模型的公式可以改为如下模型。

项目要求的报酬率 = 无风险报酬率 + （市场平均报酬率 - 无风险报酬率）×项目的β

【例 10－8】 今城公司现有A、B两个投资机会。A项目是出资40万元购买一条通用件生产线，预计使用年限为5年，每年预计产生现金净流量13万元，由于生产通用件的厂商很多、技术水平要求不高，所以虽然市场对通用件的需求很大，但市场竞争还是比较激烈，经测算其β值为1.5，即A项目的风险要高于市场平均风险。B项目是购买一条专用件生产线，此种专用件市场需求很大，若投产则在其预计使用年限5年内都可保证有较稳定的用户群。因此B项目的风险较小，经测算其β值为0.75，但初始投资为47万元，预计每年产生现金净流量14万元。假定当前的无风险报酬率是4%，市场平均报酬率是12%，则今城公司应如何在两个项目中进行决策？

分析过程和结果如下：

A项目的风险调整贴现率 = 4% + 1.5 ×（12% - 4%）= 16%

B项目的风险调整贴现率 = 4% + 0.75 ×（12% - 4%）= 10%

有关的数据计算和决策过程如表10－8和表10－9所示。

表 10－8 **A项目有关数据计算和决策过程** 金额单位：元

年	现金流量	现值系数（4%）	未调整现值	现值系数（16%）	调整后现值
0	-400 000	1.0000	-400 000	1.0000	-400 000
1	130 000	0.9615	124 995	0.8621	112 073
2	130 000	0.9246	120 198	0.7432	96 616
3	130 000	0.8890	115 570	0.6407	83 291
4	130 000	0.8548	111 124	0.5523	71 799
5	130 000	0.8219	106 847	0.4762	61 906
净现值			178 734		25 685

表 10－9 **B项目有关数据计算和决策过程** 金额单位：元

年	现金流量	现值系数（4%）	未调整现值	现值系数（10%）	调整后现值
0	-470 000	1.0000	-470 000	1.0000	-470 000
1	140 000	0.9615	134 610	0.9091	127 274
2	140 000	0.9246	129 444	0.8264	115 696
3	140 000	0.8890	124 460	0.7513	105 182
4	140 000	0.8548	119 672	0.6830	95 620
5	140 000	0.8219	115 066	0.6209	86 926
净现值			153 252		60 698

由表 10－8 和表 10－9 可知，如果不进行贴现率调整，A 项目的净现值为 178 734 元，B 项目的净现值为 153 252 元，A 项目好于 B 项目；但进行贴现率调整后，B 项目反而优于 A 项目。因此，在这种风险条件下，今城公司应选择投资 B 项目。

（二）按风险报酬模型来调整贴现率

该方法的理论依据是风险报酬模型，它认为一项投资的总报酬可分为两部分：无风险报酬和风险报酬。其计算公式是：

$$K = R_f + b \times V$$

因此，特定项目按风险调整的贴现率可按下式计算：

$$K_i = R_f + b_i \times V_i$$

式中：

K_i 代表项目 i 按风险调整的贴现率；

R_f 代表无风险报酬率；

b_i 代表项目 i 的风险报酬系数；

V_i 代表项目 i 的预期标准差系数。

此方法与用资本资产定价模型调整的方法很相似，其最大的不同在于此方法是用标准差系数来衡量项目的整体风险，而资本资产定价模型是用 β 系数来衡量项目的系统风险。因为后者假设投资人都是理智的，都会选择充分组合投资，因此非系统风险与资本市场无关，市场不会对它给予任何价格补偿。风险报酬模型中的风险报酬系数 b 与资本资产定价模型中证券市场线的斜率的经济含义类似，也取决于全体投资者的风险回避态度，其高低反映风险程度变化对风险调整贴现率影响的大小。b 值是经验数据，可以根据历史资料用高低点法或直线回归法求出。如果缺乏历史资料，则可由公司领导或公司组织有关专家确定。国家有关部门也可根据各行业的条件和有关因素，确定各行业的风险报酬系数，由国家定期公布，作为国家参数供投资者参考。

（三）按风险项目的风险等级来调整贴现率

这种方法是对影响投资项目风险的各种因素进行评分，根据评分来确定风险等级，并根据风险等级来调整贴现率，可通过表 10－10 来加以说明。

表 10－10　　按风险等级调整的贴现率

相关因素	投资项目的风险状况及得分									
	A		B		C		D		E	
	状况	得分	状况	得分	状况	得分	状况	得分	状况	得分
市场竞争	无	1	较弱	3	一般	5	较强	7	很强	9
战略上的协调	很好	1	较好	3	一般	5	较差	7	很差	9
投资回收期	1.5 年	4	1 年	1	2.5 年	7	3 年	10	4 年	15
资源供应	一般	7	很好	1	较好	4	很差	15	较差	10
总分	—	13	—	8	—	21	—	39	—	43

续表

总　分	风险等级	调整后的贴现率
0～8	很低	7%
8～16	较低	9%
16～24	一般	12%
24～32	较高	15%
32～40	很高	17%
40 分以上	最高	25% 以上
$K_A=9\%$　$K_B=7\%$	$K_C=12\%$	$K_D=17\%$　$K_E\geqslant25\%$

表 10－10 中的得分、风险等级和调整后的贴现率都是经验数值，由公司的管理人员根据以往的经验来确定。实际中的具体评分工作则应由销售、财务、生产、技术等部门组成的专家小组来进行，所列的影响风险的因素和项目的风险状况都可能会比表 10－10 所列的情况多。

（四）按投资项目类别调整贴现率

风险调整贴现率还可按投资项目的类别进行调整。该方法是把投资项目分成若干类别，然后根据经验判断各类投资项目的风险大小，并对它们的贴现率进行调整。具体如表 10－11 所示。

从表 10－11 中可以发现，按投资项目类别调整贴现率法是以公司当前的资本成本为基础来进行项目贴现率的调整。这是因为公司的资本成本也是一个含有风险报酬的报酬率，如果投资项目想要使用公司当前的资本成本作为项目自身的贴现率，则它必须满足两个条件：一是项目的风险与公司当前资产的平均风险相同；二是公司继续采用相同的资本结构为新项目筹资。如果项目不能同时满足这两个条件，就无法直接使用公司的资本成本作为其风险调整贴现率，而只能采取其他办法来计算项目自身的平均资本成本。按投资项目类别调整贴现率法正是根据经验、以公司资本成本为基础来找出项目的平均资本成本的。

表 10－11　　不同投资项目按风险调整的贴现率（假定资本成本＝10%）

投资项目分组	调整	按风险调整的贴现率
扩充：		
第一类：新的机器和设备，可生产出与目前一样的产品	资本成本＋2%	12%
第二类：新的机器和设备，可生产出与目前产品相互补充的产品	资本成本＋5%	15%
第三类：新的机器和设备，可生产出与目前产品无关的产品	资本成本＋10%	20%
更新：		
第一类：用新设备来更新与其基本相同的旧设备	资本成本－1%	9%
第二类：用新设备来更新与其性能相差不大的旧设备	资本成本＋1%	11%
第三类：用更先进的设备来更新目前的现代化设备	资本成本＋9%	19%

二、风险调整现金流量法

风险的存在使各年的现金流量变得不确定，因此，需要根据风险的大小对各年的现金流量进行调整。这种先按风险调整现金流量，后进行投资决策的评价方法，叫作风险调整现金流量法。常用的风险调整现金流量法是确定当量法。

确定当量法，又叫作肯定当量法、约当系数法，其直接源于效用理论概念。它的基本思路是先用一个系数（通常称为约当系数或肯定当量系数）把有风险的现金流量调整为无风险的现金流量，然后用无风险的贴现率去计算净现值，最后根据净现值法的规则判断投资机会的可取程度。

$$风险调整后的净现值 = \sum_{t=0}^{n} \frac{\alpha_t \times 现金流量期望值}{(1 + 无风险报酬率)^t}$$

式中：α_t 是第 t 年现金流量的约当系数，它介于 0 ~ 1。

约当系数是指不确定的一元现金流量期望值相当于使投资者满意的确定的金额的系数。它可以把各年不确定的现金流量换算成确定的现金流量。

$$\alpha_t = \frac{确定的现金流量}{不确定的现金流量期望值}$$

在实际决策中，可以根据各年现金流量风险的大小，选取不同的约当系数。当现金流量为确定时，可取 $\alpha = 1$；当现金流量的风险很小时，可取 $1.00 > \alpha \geqslant 0.80$；当风险一般时，可取 $0.80 > \alpha \geqslant 0.40$；当现金流量的风险很大时，可取 $0.40 > \alpha > 0$。在约当系数的选取过程中，还可能会因人而异，敢于冒险的决策者会选用较高的约当系数，而不愿冒险的决策者则可能选用较低的约当系数。由于标准差系数是衡量风险的一个十分常用的指标，所以人们在多年的决策实践中逐渐总结出了如表 10 - 12 所示的标准差系数与约当系数的经验关系。

表 10 - 12　　标准差系数与约当系数的经验关系对照表

标准差系数	约当系数
0.01 ~ 0.07	1
0.08 ~ 0.15	0.9
0.16 ~ 0.23	0.8
0.24 ~ 0.32	0.7
0.33 ~ 0.42	0.6
0.43 ~ 0.54	0.5
0.55 ~ 0.70	0.4
……	……

【例 10 - 9】 沿用【例 10 - 8】的资料，假设今城公司掌握的资料不全或测算项目的 β 系数有困难，因此无法使用资本资产定价模型来调整贴现率，而改用确定当量法进行决策。公司决策者根据 A 项目的风险较大、B 项目的风险较小以及决策者自身的风险喜好度和经验，对两项目各年的现金流量选取了不同的约当系数。有关的计算过程如表 10 - 13 和表 10 - 14 所示。

表 10－13　**A 项目净现值按确定当量法计算表**　金额单位：元

年	现金流量	约当系数	确定现金流量	现值系数（4%）	未调整现值	调整后现值
0	-400 000	1	-400 000	1.0000	-400 000	-400 000
1	130 000	0.9	117 000	0.9615	124 995	112 495.5
2	130 000	0.8	104 000	0.9246	120 198	96 158.4
3	130 000	0.7	91 000	0.8890	115 570	80 899
4	130 000	0.6	78 000	0.8548	111 124	66 674.4
5	130 000	0.5	65 000	0.8219	106 847	53 423.5
净现值					178 734	9 650.8

表 10－14　**B 项目净现值按确定当量法计算表**　金额单位：元

年	现金流量	约当系数	确定现金流量	现值系数（4%）	未调整现值	调整后现值
0	-470 000	1	-470 000	1.0000	-470 000	-470 000
1	140 000	0.9	126 000	0.9615	134 610	121 149
2	140 000	0.8	112 000	0.9246	129 444	103 555.2
3	140 000	0.8	112 000	0.8890	124 460	99 568
4	140 000	0.7	98 000	0.8548	119 672	83 770.4
5	140 000	0.7	98 000	0.8219	115 066	80 546.2
净现值					153 252	18 588.8

从表 10－13 和表 10－14 可看出，调整前 A 项目的净现值大，调整后 B 项目的净现值大。如果不根据风险对现金流量进行调整，就可能作出选择 A 项目的错误判断。

再比较【例 10－8】和【例 10－9】的结果。从最终的决策结果看，两种决策方法得出的结论是一样的，都是 B 项目的净现值要比 A 项目的大，应选择 B 项目进行投资。但是，两种方法计算出来的项目调整后的净现值却有较大的出入。原因可能是在约当系数的估计上带有较大的主观随意性，从而导致结果的准确性受到影响。因为相对而言 β 系数的测定更加客观、更具理论性和科学性，从而可靠性也更强。

复习思考题

1. 什么是风险？什么是系统风险？什么是非系统风险？
2. 如何解释风险与报酬之间的关系？
3. 单项投资的风险如何计量？
4. 组合投资的风险如何计量？
5. 风险条件下的投资决策分析方法有哪几种？

课外作业题

1. A、B 两个投资项目，投资额均为 10 000 元，其收益的概率分布如表 10－15 所示：

表 10－15　**A、B 两个投资项目的收益概率分布表**　单位：元

概率	A 项目投资收益额	B 项目投资收益额
0.2	2 000	3 500
0.5	1 000	1 000
0.3	500	－500

要求：计算两个项目的收益期望值和标准差，并判断两个项目的优劣。

2. 某公司面临两个期限均为 5 年的不同类型的投资项目，项目 A 是一个设备替换投资，项目 B 是一个与公司目前经营活动无关的投资，两个项目的期望现金流量如表 10－16 所示：

表 10－16　**A、B 两个项目期望现金流量表**　单位：元

年度	项目 A	项目 B
0	－250 000	－400 000
1	30 000	135 000
2	40 000	135 000
3	50 000	135 000
4	90 000	135 000
5	130 000	135 000

该公司采用按照项目类别决定风险投资贴现率的方法，设备更新投资的贴现率为 12%，与目前经营活动无关投资的贴现率为 18%，要求：计算项目 A 和项目 B 的净现值。

3. 某证券组合的 β 系数为 1.8，市场平均收益率为 13%，该证券投资组合的预期收益率为 17%，求无风险收益率。

4. N 公司有两个互斥的风险投资项目，两个项目各年的预期现金流量和肯定当量系数如表 10－17 所示：

表 10－17　**A、B 两个项目预期现金流量和肯定当量系数表**　金额单位：元

年度	项目 A		项目 B	
	预期现金流量	肯定当量系数	预期现金流量	肯定当量系数
0	－50 000	1.00	－50 000	1.00
1	15 000	0.95	20 000	0.90
2	15 000	0.85	25 000	0.85
3	15 000	0.80	25 000	0.80
4	45 000	0.70	30 000	0.75

项目的投资报酬率均为 10%。要求：分别计算两个项目的净现值，并作出决策。

第十一章

公司资产结构分析

内容简介

本章主要介绍资产结构决策的基本原理和方法，包括资产结构的概念、资产结构与经营杠杆作用的关系、资产结构与经营风险的关系、资产结构与获利能力的关系以及资产结构与竞争能力的关系以及资产结构决策分析方法等。

学习目标

通过本章的学习，要求了解资产结构的概念，理解资产结构与经营杠杆作用的关系、资产结构与经营风险的关系、资产结构与获利能力的关系、资产结构与竞争能力的关系，掌握资产结构决策分析方法。

第一节　公司资产结构概述

一、资产结构的概念

资产结构是指资产总额中各种资产的构成比例，主要表现为各种资产占资产总额的比重。由于短期资产具有同质性，长期资产也具有同质性，因此，资产结构可以表述为短期资产占资产总额的比重或长期资产占资产总额的比重。

二、资产结构与经营杠杆作用

（一）经营杠杆作用的概念和成因

经营杠杆作用是指当公司的销量（Q）发生较小幅度的变动时，息税前利润（EBIT）就会发生较大幅度的变动的财务现象。

为了讨论这种财务现象发生的原因，先看以下公式：

$$EBIT = Q \times (P - V) - F$$

式中，EBIT 为息税前利润，Q 为销量，P 为销售单价，V 为单位变动成本，F 为不包含利息在内的固定成本总额（以下所称的固定成本均不含利息）。

从公式“EBIT = Q ×（P − V）− F”可以看出，在销售单价（P）和单位变动成本（V）已经确定的情况下，如果固定成本（F）为零，Q 变动多大幅度，EBIT 也变动多大幅度，两者的变动幅度是相同的。但如果 F 不为零，则 EBIT 的变动幅度必然大于 Q 的变动幅度。由此可见，经营杠杆作用的产生是由于公司存在固定成本（F）。

而固定成本（F）的大小，主要受长期资产多少的影响。在资产总额已经确定的情况下，长期资产占的比重越大，固定成本就相对越大；反之就相对越小。

所以，长期资产是经营杠杆作用产生的根本原因。长期资产的比重（亦即资产结构）与经营杠杆作用有着必然的联系。合理的资产结构，是公司获得最佳经营杠杆效益的关键因素。

（二）经营杠杆作用的正反两方面表现

1. 正面作用

在保本和销量增长的前提下，固定成本越大，销量的增长能够引起息税前利润以更大的幅度增长。这时，保持较大的长期资产比重有助于加速息税前利润的增长。

2. 负面作用

在保本但销量下降的情况下，固定成本越大，销量的下降能够引起息税前利润以更大的幅度下降。这时，保持较大的长期资产比重会加速息税前利润的下降。

（三）经营杠杆作用大小的衡量：经营杠杆系数

经营杠杆系数是指息税前利润的变动幅度与销量的变动幅度的比值，它表示息税前利润的变动幅度是销量的变动幅度的倍数。经营杠杆系数越大，经营杠杆作用越大；反之，则越小。经营杠杆系数可以用两个不同的公式来计算，即：

$$DOL_{(Q_0)}=\frac{\Delta EBIT}{EBIT_0}\div\frac{\Delta Q}{Q_0}\quad 或者\quad DOL_{(Q_0)}=\frac{Q_0\times(P-V)}{Q_0\times(P-V)-F}$$

式中，$DOL_{(Q_0)}$ 为某一销量水平下的经营杠杆系数，Q_0 为某一销量水平，ΔQ 为销量的变动量，$EBIT_0$ 为 Q_0 时的息税前利润，$\Delta EBIT$ 为息税前利润的变动量，P 为销售单价，V 为单位变动成本，F 为不包含利息在内的固定成本总额。

三、资产结构与经营风险

经营风险也有广义和狭义之分。广义的经营风险泛指公司生产经营活动的不确定性。狭义的经营风险仅指公司由于存在固定成本而导致的息税前利润的不确定性。固定成本与长期资产直接相关，因此，资产结构与狭义的经营风险直接相关，与广义的经营风险间接相关。保持合理的资产结构，是防范经营风险的重要措施。

四、资产结构与获利能力

资产结构不仅直接影响固定成本，也可能直接影响单位变动成本，从而影响单位边际贡献。单位边际贡献包括单位边际贡献额和单位边际贡献率。前者是指单价减去单位变动成本后的差额，它表示保本之后每增加一个单位的销量，对息税前利润的贡献额。后者是指单位边际贡献额与单价的比率，它表示保本之后每增加一个单位的销量，对息税前利润的贡献率。单位边际贡献反映公司的获利能力。保持合理的资产结构，是提高公司获利能力的一个途径。

五、资产结构与竞争能力

资产结构不仅直接影响固定成本，也可能直接影响单位变动成本，从而影响公司的竞争能力。单位变动成本是公司产品价格的底线。当市场出现恶性的竞争态势时，面对同业之间的降价竞争，单位变动成本低的公司明显具有较强的竞争优势。因此，资产结构与公司的竞争能力息息相关。保持合理的资产结构，也是增强公司竞争能力的重要法宝。

第二节 公司资产结构决策

理论分析表明，资产结构与公司的获利能力、营运能力、偿债能力、发展能力、竞争能力以及经营风险等都有密切的联系。因此，资产结构决策是公司财务战略中一个非常重要的问题。但同时，资产结构决策又是一个非常复杂的问题，因为它需要考虑很多复杂的因素。比如：销量、单价、单位变动成本、固定成本、单位边际贡献、资产的创利性、资产的流动性、资产的成长性以及公司的经营风险和竞争环境等。

由于影响资产结构决策的因素多而且复杂，因此，资产结构决策的方法讨论起来非常困难。本书仅以一个例子，从资产结构与公司的经营杠杆作用、经营风险、获利能力、竞争能力之间的关系来尝试着讨论资产结构决策中应该关注的几个问题。

【例 11－1】 星火电子科技股份有限公司是一家以家电系列产品为龙头的非上市公司，当前的资产规模为 20 000 万元，其中，流动资产为 12 000 万元，固定资产为 8 000 万元，年产销量（指不同产品的产销量按约当系数换算后的约当产销量的总和）为 20 万件（固定资产尚有剩余的生产能力，但根据公司的市场开拓能力，目前最大的年产销量只有 20 万件），单位售价（换算后的约当售价）为 1 000 元，单位变动成本（换算后的约当成本）为 800 元，不含折旧在内的固定成本每年为 200 万元，每年的固定资产折旧为 1 000 万元。现公司计划进行一项技术改造，使一部分原来由生产工人手工操作的生产程序改为由机器自动操作，以此来提高产品生产的自动化程度，进而提高全员劳动生产率。这项技改项目需要投入的资金净额（即扣除旧设备变现收入后的投资额）为 5 000 万元，这笔投资全部形成固定资产，投资所需的资金中有 2 000 万元是动用原来的流动资产（留存收益形成的那部分流动资产），其余 3 000 万元为银行贷款。技改项目完成后，公司的资产规模达到 23 000 万元，其中，流动资产 10 000 万元，固定资产 13 000 万元，年产销量（约当产销量）仍为 20 万件（固定资产尚有剩余的生产能力，但根据公司的市场开拓能力，目前最大的年产销量只有 20 万件），单位售价（约当售价）仍为 1 000 元，单位变动成本（约当成本）降低为 760 元，不含折旧在内的固定成本每年仍为 200 万元，每年的固定资产折旧提高到 1 300 万元。

根据上述资料，分析该公司的资产结构与经营杠杆作用、经营风险、获利能力及竞争能力之间的内在联系。

分析过程和结果如下：

1. 列出该公司技改前后的资产结构及相关财务指标，如表 11－1 所示。

表 11－1　　星火电子公司技改前后的资产结构及相关财务指标表

指　标	技改前	技改后
资产总额（万元）	20 000	23 000
其中：流动资产（万元）	12 000	10 000
固定资产（万元）	8 000	13 000
固定资产比重（%）	40.00	56.52
年产销量（万件）	20	20
单位售价（元）	1 000	1 000
单位变动成本（元）	800	760
每年不含折旧的固定成本（万元）	200	200
每年折旧（万元）	1 000	1 300

2. 计算该公司技改前后的单位边际贡献和边际贡献率：

单位边际贡献＝单位售价－单位变动成本

边际贡献率＝（单位售价－单位变动成本）÷单位售价

（1）技改前：

单位边际贡献＝1 000－800＝200（元）

边际贡献率＝（1 000－800）÷1 000＝20%

（2）技改后：

单位边际贡献＝（1 000－760）＝240（元）

边际贡献率＝（1 000－760）÷1 000＝24%

3. 计算该公司技改前后的保本销售量和保本销售额：

保本销售量＝固定成本÷单位边际贡献

保本销售额＝固定成本÷边际贡献率

（1）技改前：

$$保本销售量=\frac{200+1\ 000}{200}=6（万件）$$

$$保本销售额=\frac{200+1\ 000}{20\%}=6\ 000（万元）$$

（2）技改后：

$$保本销售量=\frac{200+1\ 300}{240}=6.25（万件）$$

$$保本销售额=\frac{200+1\ 300}{24\%}=6\ 250（万元）$$

4. 计算该公司技改前后每年的息税前收益：

（1）技改前：

$EBIT_0=Q_0\times(P-V)-F=20\times(1\ 000-800)-(200+1\ 000)=2\ 800$（万元）

（2）技改后：

$EBIT_0=Q_0\times(P-V)-F=20\times(1\ 000-760)-(200+1\ 300)=3\ 300$（万元）

5. 分析该公司技改前后的经营杠杆作用和经营风险：

（1）现假设该公司的年产销量在20万件的基础上增长10%，达到22万件，这个增长水平与技改与否无关，主要是由于宏观环境的变化和公司营销策略的调整而带来的。这时，公司的息税前收益将发生如下变化：

①技改前：

$EBIT_1 = Q_1 \times (P - V) - F = 22 \times (1\ 000 - 800) - (200 + 1\ 000) = 3\ 200$（万元）

$\Delta EBIT = EBIT_1 - EBIT_0 = 3\ 200 - 2\ 800 = 400$（万元）

$\frac{\Delta EBIT}{EBIT_0} = \frac{400}{2\ 800} = 14.29\% > \frac{\Delta Q}{Q_0} = 10\%$

$DOL_{(Q_0)} = 14.29\% \div 10\% = 1.429$

②技改后：

$EBIT_1 = Q_1 \times (P - V) - F = 22 \times (1\ 000 - 760) - (200 + 1\ 300) = 3\ 780$（万元）

$\Delta EBIT = EBIT_1 - EBIT_0 = 3\ 780 - 3\ 300 = 480$（万元）

$\frac{\Delta EBIT}{EBIT_0} = \frac{480}{3\ 300} = 14.55\% > 14.29\% > \frac{\Delta Q}{Q_0} = 10\%$

$DOL_{(Q_0)} = 14.55\% \div 10\% = 1.455$

计算结果表明，由于技改前后都存在固定成本（F），所以当Q增长10%时，技改前后的EBIT的增长幅度都大于Q的增长幅度，这就是经营杠杆作用带来的结果。此外，技改后的固定资产比重（56.52%）比技改前的固定资产比重（40%）大，技改后的固定成本（1 300万元）比技改前的固定成本（1 000万元）多，因此，当Q增长10%时，技改后的EBIT的增幅（14.55%）就比技改前的EBIT的增幅（14.29%）大。这说明，技改后，由于生产的自动化程度提高，单位变动成本降低，固定成本增加，从而导致经营杠杆作用增大。

（2）若假设该公司的年产销量在20万件的基础上下降10%，降为18万件，公司的EBIT将发生如下变化：

①技改前：

$EBIT_1 = 18 \times (1\ 000 - 800) - (200 + 1\ 000) = 2\ 400$（万元）

$\Delta EBIT = EBIT_1 - EBIT_0 = 2\ 400 - 2\ 800 = -400$（万元）

$\frac{\Delta EBIT}{EBIT_0} = \frac{-400}{2\ 800} = -14.29\%$，降幅大于10%。

$DOL_{(Q_0)} = 14.29\% \div 10\% = 1.429$

②技改后：

$EBIT_1 = 18 \times (1\ 000 - 760) - (200 + 1\ 300) = 2\ 820$（万元）

$\Delta EBIT = EBIT_1 - EBIT_0 = 2\ 820 - 3\ 300 = -480$（万元）

$\frac{\Delta EBIT}{EBIT_0} = \frac{-480}{3\ 300} = -14.55\%$，降幅大于10%，也大于14.29%。

$DOL_{(Q_0)} = 14.55\% \div 10\% = 1.455$

以上正反两方面的假设均表明，技改后的经营杠杆作用均大于技改前的经营杠杆作用。

（3）现假设该公司的年产销量在22万件的基础上再增长10%，达到24.2万元，这个增长水平也与技改与否无关。这时，EBIT 将发生如下变化：

①技改前：

$EBIT_2 = 24.2 \times (1\,000 - 800) - (200 + 1\,000) = 3\,640$（万元）

$\Delta EBIT = EBIT_2 - EBIT_1 = 3\,640 - 3\,200 = 440$（万元）

$$\frac{\Delta EBIT}{EBIT_1} = \frac{440}{3\,200} = 13.75\% < 14.29\%$$

$DOL_{(Q_{10})} = 13.75\% \div 10\% = 1.375$

②技改后：

$EBIT_2 = 24.2 \times (1\,000 - 760) - (200 + 1\,300) = 4\,308$（万元）

$\Delta EBIT = EBIT_2 - EBIT_1 = 4\,308 - 3\,780 = 528$（万元）

$$\frac{\Delta EBIT}{EBIT_1} = \frac{528}{3\,780} = 13.97\% > 13.75\% < 14.55\%$$

$DOL_{(Q_{10})} = 13.97\% \div 10\% = 1.397$

计算结果表明，Q 在 22 万件的水平上增长 10%，技改前后的 EBIT 增幅均大于 10%，而且，技改后的 EBIT 增幅（13.97%）也大于技改前的 EBIT 增幅（13.75%），但这时，由于 Q 是在 22 万件（而不是 20 万件）的水平上发生变动，其发生变动的起点水平比 20 万件高，所以，其 EBIT 的变幅明显比 Q 在 20 万件水平上变动时的 EBIT 变幅小，这说明，随着 Q 的变动起点水平提高，EBIT 的变幅将减弱，即经营杠杆作用将减弱。

（4）若假设该公司的年产销量在 22 万件的基础上下降 10%，变为 19.8 万件，技改前的 EBIT 变幅将为 -13.75%，技改后的 EBIT 变幅将为 -13.97%，计算过程略。

现将上述有关经营杠杆作用的计算结果列表反映，如表 11 -2 所示。

表 11 -2　　星火电子公司技改前后经营杠杆作用比较表

Q 变动起点水平	20 万件	22 万件
技改前的 EBIT 变幅	14.29%	13.75%
技改前的经营杠杆系数	1.429	1.375
技改后的 EBIT 变幅	14.55%	13.97%
技改后的经营杠杆系数	1.455	1.397

由表 11 -2 可知，技改后的经营杠杆作用比技改前大；Q 变动起点水平越高，经营杠杆作用就越小。而经营杠杆作用的大小与经营风险的大小直接相关，经营杠杆作用越大，经营风险也越大；反之，经营风险就越小。因此，技改后的经营风险比技改前的大；同时，Q 越大，经营风险就越小。

此外，从前述保本点的计算结果我们看到，技改后的保本销售量（6.25 万件）和保本销售额（6 250 万元）比技改前的保本销售量（6 万件）和保本销售额（6 000 万元）大，说明当市场萧条时，技改后更容易发生亏损，这也从另一个侧面说明技改后的经营风险比技改前大。

6. 分析该公司技改前后的获利能力：

由前述单位边际贡献的计算结果可知，技改前的单位边际贡献为 200 元，技改后的单位边际贡献为 240 元。这说明，技改后的获利能力比技改前强。

7. 分析该公司技改前后的竞争能力：

根据所提供的背景资料可知，技改前的单位变动成本为800元，技改后的单位变动成本为760元。这表明，如果市场出现恶性竞争，技改后该公司可在短期内将产品销售价格降至760元，而技改前只能降至800元。由此可见，技改后的竞争能力比技改前强。

此此可以得出这样一个结论：资产结构既影响公司的经营杠杆作用（经营风险），也影响公司的获利能力和竞争能力。因此，公司在资产管理过程中必须重视资产结构的合理性。

复习思考题

1. 什么是资产结构？
2. 什么是经营杠杆作用？它的成因是什么？
3. 资产结构与经营杠杆作用、经营风险之间有什么必然联系？
4. 资产结构与获利能力、竞争能力之间有什么必然联系？
5. 为什么说单位变动成本是产品价格的底线？企业产品价格能否长期保持在单位变动成本的水平？企业产品价格短期内降至单位变动成本水平的前提条件是什么？

课外作业题

假设某公司只生产一种产品，当前的资产规模为500万元，其中，流动资产为200万元，固定资产为300万元，年产销量为5 000台（固定资产尚有剩余的生产能力，但根据公司的市场开拓能力，目前最大的年产销量只有5 000台），单位售价为600元，单位变动成本为400元，不含折旧在内的固定成本每年为50万元，每年的固定资产折旧为30万元。现公司计划进行一项技术改造，需要投入资金100万元，这笔投资全部形成固定资产，投资所需的资金中有40万元是动用原来的流动资产（留存收益形成的那部分流动资产），其余60万元为银行贷款。技改项目完成后，公司的资产规模达到了560万元，其中，流动资产160万元，固定资产400万元，年产销量仍为5 000台（固定资产尚有剩余的生产能力，但根据公司的市场开拓能力，目前最大的年产销量只有5 000台），单位售价仍为600元，单位变动成本降低为380元，不含折旧在内的固定成本每年仍为50万元，每年的固定资产折旧提高到40万元。

请根据上述资料，分析该公司的资产结构与经营杠杆作用、经营风险、获利能力及竞争能力之间的内在联系。

思政案例题

世上最险史上最难、总投资2 700亿元的铁路有了新消息

2020年01月17日　07：05　新浪新闻综合

来源：每日经济新闻

近日，川藏铁路有限公司注册成立，注册资本高达2 000亿元。该公司的成立，也标志

着川藏铁路建设再迈出重要一步。

被称为“史诗级”的川藏铁路属国家“十三五”规划的重点项目，从四川盆地攀上“世界屋脊”，也是继青藏铁路之后，“世界屋脊”通往内地的又一条大动脉。

川藏铁路起于成都，经雅安、康定、林芝等地到达拉萨，总投资2 700亿元。全线通车后，成都至拉萨的铁路运行时间有望从目前的36小时缩短至13小时。

川藏铁路有限公司正式成立

每日经济新闻记者查询国家企业信用信息公示系统时注意到，川藏铁路有限公司已于2020年1月10日成立。公司注册资本高达2 000亿元，注册地位于西藏自治区林芝市。中国国家铁路集团有限公司（以下简称国铁集团）持有该公司100%股权。川藏铁路有限公司的法定代表人为王建盛。记者注意到，早在2019年上半年，王建盛便多次会见四川省多地市（州）的主政官员，就川藏铁路的建设等交换意见。

在国铁集团所属单位名单上，川藏铁路有限公司被单独列出

在1月2日国铁集团工作会议上，国铁集团董事长、党组书记陆东福多次提及川藏铁路建设。他表示，2019年，国铁集团高质量完成川藏铁路深化可研报告，重点工程初步设计取得阶段性成果，开工准备工作不断深化落实。围绕川藏铁路规划建设，开展系统性重大科研课题研究，形成阶段成果140余项。

会议强调，新的一年，中国铁路要深入推进《川藏铁路重大科技攻关实施方案》，加强国家川藏铁路技术创新中心建设，编制川藏铁路专项技术标准、管理标准，推动川藏铁路重大科技攻关取得新突破。

1月14日，国铁集团召开2020年铁路建设工作会议，会上亦提及川藏铁路的建设。陆东福表示，要按照“科学规划、技术支撑、保护生态、安全可靠”的总体思路，积极做好可研批复配合和勘察设计工作，全面做好开工各项准备工作，科学合理安排好施工组织，进一步完善健全各项保障体系，确保川藏铁路规划建设科学扎实推进。

“史诗级”铁路80%以上穿隧道

2018年10月10日，中央财经委员会召开会议，研究提高我国自然灾害防治能力和川藏铁路规划建设问题。会议指出，规划建设川藏铁路，对国家长治久安和西藏经济社会发展具有重大而深远的意义，一定要把这件大事办成办好。

被称为“史诗级”的川藏铁路属国家“十三五”规划的重点项目，从四川盆地攀上“世界屋脊”，最高海拔4 400米左右，经过的地形高差达3 000米以上。

据新华社报道，川藏铁路实行分段建设，东段为成都经雅安至康定，中段为康定至林芝，西段为拉萨至林芝，其中成都至雅安段已于2018年底通车。中铁二院川藏铁路成都至康定段总体设计负责人张红伟说，拉萨至林芝段铁路已于2015年6月底全面开工建设，正线全长435公里，投资概算总额366.74亿元，建设总工期7年；四川康定至西藏林芝段是全线的最后一段，也是最长、最难的一段。

张红伟说，川藏铁路从建国初期就开始勘察，20世纪90年代就着手选线，但直到2014年才真正开始建设。

为川藏铁路山地灾害防治提供科技支撑的中国科学院水利部成都山地灾害与环境研究所总工程师游勇说，川藏铁路将穿越横断山区及西藏东南部高原、高山峡谷地带，无论是工程建设还是营运都是世界上风险最高的铁路，将是迄今为止人类历史上最具挑战性的铁路建设工程。

专家说，川藏铁路具有“显著的地形高差”“强烈的板块活动”“频发的山地灾害”和“脆弱的生态环境”四大环境特征。其中，山地灾害是川藏铁路建设面临的主要挑战之一。

中铁二院高级工程师、川藏铁路副总体设计负责人夏烈说：“川藏铁路八起八伏，80%以上将以隧道和桥梁的方式建设，累计爬升高度达16 000多米，相当于征服了两座珠穆朗玛峰的高度。沿线地质条件复杂，如同在艰险的高山峡谷当中修建‘巨型过山车’，是人类铁路建设史上难度最大的超级工程。”

在2018年8月的一场学术研讨会上，中国工程院副院长、中国科协副主席何华武介绍，为克服地形高差，绕避不良地质，川藏铁路出现了众多埋深大于1 000米、长度超过20公里的超深埋超长隧道。

为何风险这么高，也要迎难而上把这条铁路建成？

2018年7月，李克强总理在西藏考察，飞抵拉萨贡嘎机场后，直奔山南市川藏铁路拉林段施工现场，考察勘探设计和施工进度。

李克强强调，拉林铁路是川藏铁路的重要一段，川藏铁路建成后将成为继青藏铁路之后世界屋脊通往内地的又一条大动脉。它不仅会拉近西藏与内地的空间和发展距离，也会拉近彼此的心理距离。完成这项任务，责任重大、使命光荣，希望你们保质保量把这条铁路建成精品工程，经得起历史检验。

李克强说，川藏铁路不仅是西藏人民的期盼，也是全国人民的心愿，其投资建设将会带动巨大的经济和社会效益，是我们早已看准、迟早要建的有效投资项目。我国目前发展不平衡，中西部基础设施建设滞后，要加快补齐这个短板，通过扩大有效投资，加快中西部基础设施建设，逐步缩小东中西部发展差距。

需要讨论的问题：

1. 国家为什么要投入巨资建设世上最险、史上最难的川藏铁路？
2. 川藏铁路建成投产后，预期会产生哪些效益？
3. 川藏铁路建设过程中的初始现金流出量主要流出于哪些具体的项目？
4. 川藏铁路建成投产后，其经营活动现金流入量主要来源于哪些渠道？
5. 川藏铁路建成投产后，其经营活动现金流出量主要流出于哪些项目？

第四篇　公司经营活动管理

第十二章

公司采购活动管理

内容简介

本章主要介绍采购活动管理的概念、目标、意义，与采购活动有关的几个成本概念，采购决策基本模型、拓展模型及其具体运用以及公司采购活动中可能会面临的风险及其防控措施。

学习目标

通过本章的学习，要求了解采购活动管理的概念、目标、意义，了解与采购活动有关的几个成本概念，掌握采购决策基本模型、拓展模型的具体运用方法，了解公司采购风险及其防控措施。

第一节　公司采购活动管理概述

采购活动是公司生产活动的起点。公司生产经营过程中所需要的生产原料、辅助材料、零部件等都需要经过采购活动来实现。因此，在公司财务管理中，对采购活动进行管理至关重要，采购活动管理有助于降低公司成本，加速公司的资金周转以及提高公司经营质量。公司通过开展科学合理的采购管理活动，加强采购活动相关的财务管理，有助于公司竞争力的提升。一方面，科学的采购活动不仅能降低产品生产成本，而且也是产品质量的保证；另一方面，合理采购能保证经营资金的合理使用和控制，从而以有限的资金有效开展公司的经营活动。

一、采购活动管理相关概念

（一）采购活动的定义

采购活动是指采购主体基于自身需求从外部市场购买各种所需物资、工程或者服务的过程。这一过程既包括商品交易行为本身，也包括交易行为完成后需要进行的运输、存储、验收、入库等过程。

具体而言，采购活动的流程大致可以划分为8个步骤，如图12－1所示。

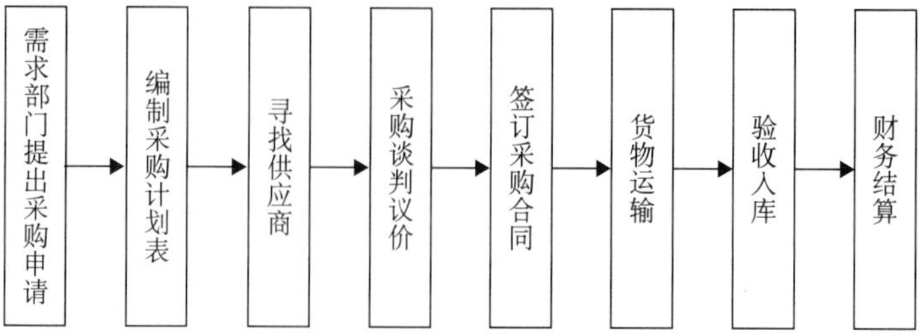

图 12－1　公司采购流程

（二）采购与购买的区别

购买是指使用货币交易所需商品的过程，购买行为更侧重于交易的过程，通常而言，购买行为的主体指的是消费者。采购有别于传统意义上的购买行为，采购活动的开展通常是有组织、有计划的行为，采购的对象品种多样，涉及的金额较大，而且过程更漫长和烦琐，采购活动也会面临着一定的风险。相较于购买，采购的概念更加广泛，也更加专业。采购活动是根据事前制定的采购计划开展的活动，不仅包括使用货币交换物品这一行为，还包含与供应商谈判、签订采购合同，以及交换行为完成后发生的运输、储存、验收、入库等流程，采购活动实际上是商流、物流、信息流以及资金流综合运行的过程。

（三）采购业务外包

随着公司经营的市场化程度和专业化分工程度的提高，业务外包已经成为越来越多的公司乐于采取的一种经营行为。其中，采购外包已经成为一种常见的现象，因此，采购活动管理也应考虑到外包采购业务的管理。

《企业内部控制应用指引第 13 号——业务外包》指出，业务外包是指公司利用专业化分工优势，将日常经营中的部分业务委托给本公司以外的专业服务机构或其他经济组织（以下简称“承包方”）完成的经营行为，通常包括研发、资信调查、可行性研究、委托加工、物业管理、客户服务、IT 服务等。采购业务外包是业务外包的一种具体行为。套用业务外包的定义，采购业务外包是指公司（发包方，下同）利用专业化分工优势，将日常经营中的部分或全部物资的部分或全部采购业务（如订货、运输、仓储等）委托给本公司以外的专业采购服务供应商或其他经济组织完成的经营行为。

当下，采购业务外包已经成为一种新的供应链策略，对于一次性采购、低价值且高频率的采购、国际性采购等，比较适用于采购业务外包的模式。采购外包有助于公司降低采购成本，减少固定资产方面的投资，减少采购人力资本投入，提高采购效率，可以使公司能够将精力聚焦于主要的生产活动中，专注于提升公司核心竞争力。

（四）采购活动管理

采购活动管理针对采购活动中发生的成本与风险，实施采购全过程管理，规范组织采购流程，有效防范采购风险，以确保能够及时、保质、保量地获取生产经营过程所需的各种物品和服务，满足公司的物资供应需求，实现公司的战略目标。采购活动管理不仅面向采购人员、采购部门、供应商等，还面向采购主体中的其他人员，采购人员直接参与了采购活动，而其他人员也会间接地参与到采购活动的计划或组织中。

二、采购活动的主体

采购活动的主体通常包括政府部门、事业单位、公司以及其他社会组织等。不同采购主体的采购需求不同，针对不同的采购主体，需要制定不同的采购策略。相对于其他采购主体，公司的采购活动更加频繁，涉及的采购品种也更多。本章的内容是基于以公司为主体的采购活动进行管理。

三、采购活动的对象

采购对象是开展采购活动的客体，根据采购对象的性质，可以将采购对象划分为有形物品和无形服务。在传统的采购活动中，采购对象主要是有形物品，但是随着社会经济的发展，无形服务的采购越来越普遍。具体而言，公司采购活动的对象主要包括以下几种类型。

（一）固定资产

固定资产是指公司使用期限超过一年或一个营业周期的房屋、机器、建筑物、运输工具以及其他与生产、经营有关的设备、工具、器具等，它是公司的劳动手段，也是公司赖以生产经营的主要资产。固定资产从会计的角度可划分为生产用固定资产、非生产用固定资产、不需用固定资产等。

（二）无形资产

无形资产是指公司拥有或者控制的没有实物形态的可辨认非货币性资产。无形资产具有广义和狭义之分，广义的无形资产包括货币资金、金融资产、长期股权投资、专利权、商标权等，表现为某种法定权利或技术。会计上通常将无形资产作狭义的理解，即将专利权、商标权、土地使用权等称为无形资产。

（三）原材料

原材料是指采购主体在生产经营过程中需要使用到的各种材料，例如，造纸公司在生产中需要用到的木材，建筑公司在建造过程中需要用到的水泥、钢筋等。这类物品与生产经营直接相关，是最终转化为产品的重要原料，具有使用时间长、使用数量多、采购规模大等特点。

（四）辅助材料

辅助材料也称为消耗品，是指公司在开展生产经营过程中为了确保生产的顺利开展，除了原材料之外所必须的辅助物品，这类物品本身无法像原材料一样转化为实体产品的一部分，但是却与生产经营密切相关。例如，催化剂、染料、润滑油、照明设备、包装材料、燃料以及零配件等。辅助材料是生产中的日用品，具有价格低、使用时间短、需要经常购买等特点。因此，这类商品的生产经营同消费品的生产经营有相似之处，要有分散的销售网点、较多的中间商，而且竞争集中于价格上。

（五）服务

服务也是采购的对象之一。对于公司而言，采购的服务类型一般包括咨询业务、培训业务、物业服务、餐饮服务、物流、广告等内容。

由于不同采购对象的特点各不相同，采购主体应该根据采购对象的特征和性质，制定相应的采购策略及措施，以提高采购活动管理的效率，更好地促进公司战略目标的实现。

四、采购活动管理的目标

采购活动管理的目标可以划分为总体目标和子目标。总体目标是实施采购活动管理的最终目的；子目标则是为了实现总体目标，在采购活动的各个方面需要实现的目标。采购活动管理的总体目标是满足公司的物资供应需求，保障公司的生产和销售，最终实现公司的战略目标。而这一总体目标需要通过各项子目标来实现，具体而言，采购活动管理的子目标包括以下几个方面。

（一）确保采购物资的品质

原材料的质量直接决定了最终生产出来的产品的质量，而辅助材料的质量则直接影响到生产环节是否能够顺利开展。材料质量不合格，不仅会造成采购环节人力和物力的耗费，造成资金浪费，还会影响最终产品的质量。产品的质量一旦出现问题，会损害消费者的权益，严重的还可能会引发产品安全问题，影响公司的声誉以及公司的可持续发展。因此，在对采购活动进行管理时，要严格把控好所采购物资的质量，挑选正规的供应商，确保采购物资的品质。

（二）权衡好采购物资的数量

物资采购数量过多，会导致公司存储成本的增加，还会造成公司资金的占用，不利于公司的发展。但是，如果物资采购数量不足，又会影响到生产活动的开展，在采购活动管理中，公司需要根据自身生产情况以及销售的实际情况，制定好公司的物资需求，根据物资需求确定每一批次采购活动的物资量，保障好公司物资的供应，以最小的资金占用保证生产活动的正常开展。

（三）实现采购成本最优

以最优采购成本完成采购任务是公司财务管理中进行采购活动管理的重要目标。原材料的价格过高，无疑会增加公司的生产成本，最终会导致公司的产品成本上升，利润空间下降，在产品市场上的竞争力也会随之降低。如何进行科学的采购规划，确定合理的采购价格，控制采购环节中发生的各项成本，实现采购成本的最优化，需要公司在开展采购活动之前事先制定好采购策略，通过采购活动管理实现采购成本最优。

（四）防范采购活动风险

采购活动中可能面临的风险包括人为因素导致的验收风险、合同风险、责任风险、合同欺诈风险等，由于经济环境变化导致的经济风险、价格风险等，以及突发自然灾害造成的意外风险等。在全球经济一体化背景下，公司所面对的市场由原先单一的国内市场进一步扩大到全球市场，在采购环节中需要面临的不确定因素也会随之增加，在全球市场下，公司的采购活动还可能会面临着国别风险。如何帮助公司有效防范和规避采购活动中的风险，是对采购活动进行管理的重要目标之一。

五、公司采购活动管理的意义

（一）有利于保证公司正常生产的开展，提升公司运营效率

对公司的采购活动进行管理有利于保证公司正常生产的顺利开展，并且还有利于提高公司的运营效率。供应、生产、销售是公司生产经营活动中环环相扣的三个环节，供应作为生产经营的起点，关乎公司的生存与发展。在采购管理的过程中，通过对物资的供应时间等进

行提前规划，采购人员根据生产需要适时适量地开展采购活动，能够确保在每一生产时点都有料可做，提高了产品的周转速度，提升了公司运营的效率。此外，在对公司采购活动进行管理的过程中，通过对原材料和辅助材料等物资的质量进行把控，可以促进公司产品质量的提高，有利于促进公司的长远发展。

对于国有公司而言，由于国有公司在固定资产投资立项和审批上，往往需要花费很长时间，在项目未得到批复前，由于计划、资金得不到落实，采购无法启动。而一旦获得批准，从设计到采购直至安装、开工，进度安排往往都十分紧张，留给采购的周期特别是进口采购的周期常常得不到保证。这不但会导致采购成本的上升，而且难以保证合理的生产周期。如果事先对采购活动进行协调、管理和控制，自项目启动后，预先选择好合理的时机，制定科学合理的采购计划，在具备一定条件时，先做预询价工作和正式签约前的一些准备工作，一旦项目获准，就可以节省时间，同时也使自己具有较多的谈判空间和回旋余地，使自己处于主动地位，以保证工期的顺利开展。

（二）有利于降低公司生产成本，提高公司市场竞争力

采购成本是产品生产成本的最主要组成部分。通过采购活动管理，制定采购计划，确定公司的最佳采购量，根据最佳采购量开展采购活动，防止物资的积压以及储存费用的增加，避免造成浪费，同时兼顾采购成本和储存成本，有利于降低公司生产成本，增加公司的经营效益，提高公司的产品市场竞争力。

随着经济全球化的发展，国内公司竞争日趋激烈，提高核心竞争力势必要求公司加快发展步伐，调整产品结构，对市场需求的变化进行快速反应。当前公司拉动式需求的经营模式，需要一套良好的采购机制与之配套，以确保产、供、销平衡发展，为公司争取有利的竞争地位。而传统的采购模式受理念陈旧、定位较低、体系僵化所限，难以适应这一要求。公司通过构建新的采购管理体系，对采购活动进行有计划、有组织的管理，能够促进公司资源的优化配置，避免优劣混用的现象发生，使资源能够得到合理有效的利用，从而提升核心竞争力。

（三）有利于加强供应链管理

随着经济全球化和信息网络技术的高速发展，全球经济运行方式和流通方式发生了巨大变化，公司采购模式也随之不断发展，由传统采购模式转化为供应链采购模式。传统采购模式下是为了库存而采购，而供应链采购模式下的采购是客户需求——制造订单——采购订单——供应商的订单驱动模式，该模式下采购工作需要通过恰当的时间、恰当的数量、恰当的地点、恰当的价格、恰当的来源来提高对市场需求的及时响应。在市场竞争越来越激烈的当今社会，公司之间的竞争实际上就是供应链之间的竞争。公司为了有效地进行生产和销售，除了需要自身的经营外，还需要供应商的协调配合。采购活动管理可以通过建立现代供应链采购新理念，充分运用供应链管理来优化供应和需求。一方面，只有把供应商组织起来，建立起一个供应链系统，才能够形成一个友好的协调配合采购环境，保证采购供应工作的高效顺利进行；另一方面，在公司中采购管理部门具有最多与供应商打交道的机会，只有它们最有可能通过耐心细致的工作，通过与供应商的沟通、协调和采购供应操作，才能建立起友好协调的供应商关系，从而建立起供应链，并进行供应链运作和管理。

供应链中各制造商通过外购、外包等采购方式从众多供应商中获取生产原料和生产信息，采购已经从单个公司的采购发展到供应链上的采购。在供应链中，采购使供应链各节点间的联系和依赖性进一步增强，对于降低供应链运作成本，提高供应链竞争力起着越来越重要的作用。

（四）有利于降低公司采购风险

采购活动管理对采购全过程进行跟踪和控制，能够及时发现存在的问题，迅速地作出反应，并采取相应的措施，从而能够使公司的采购风险降低。通过构建和完善采购风险控制体系，对采购过程中可能存在的风险进行提前预测，制定相应的应对策略，防患于未然。

在市场经济环境下，供求矛盾和价格行情直接受市场供求关系作用影响，所以在采购前需对市场形势和行业变化进行深入研究，了解市场供应的需求状况，调查可供选择的供货商的竞争程度，对于它们正常交货时间和交货风险的潜在因素进行分析，以降低采购的风险。

第二节　公司采购成本管理

一、采购成本管理概述

采购成本管理指采用科学的管理方法对公司采购活动中发生的各项成本进行计划、管理、控制，实施成本领先战略，在保证所购物资质量、数量及供货及时性的基础上，尽可能地降低与采购活动相关的成本。

采购成本与产品利润息息相关，尤其是对于制造行业而言，原材料等采购成本几乎占据了产品总成本的一半，对采购成本进行管理有利于提升公司的利润空间，以及提升公司的市场竞争力。但是值得注意的是，进行采购成本管理并不意味着降低产品的品质，采购成本管理是在进行成本控制的同时，保证生产产品的品质不能下降。

二、采购成本构成

（一）自营采购成本构成

1. 取得成本

取得成本是指为了取得原材料、辅助材料等存货物资而发生的支出。取得成本又可划分为购置成本和订货成本。通常使用 TC 表示公司的取得成本。

（1）购置成本。购置成本是指公司购买存货而需支付的买价，反映的是存货本身的价值。购置成本取决于采购存货的数量以及采购价格，年购置成本 = 年采购存货的数量 × 采购单价。

采购价格是购置成本的重要组成部分，采购价格的高低直接影响到公司最终产品的价格，如何实现以最低的价格采购到所需的存货是公司采购活动中需要关注的重点。影响采购价格的因素有很多种，大致可以分为以下几种情况：①供应商成本的高低。供应商成本直接决定了在采购谈判中的议价空间，供应商的成本越高，采购的价格越贵。②采购存货的规格和品质。一般而言，规格越大、品质越好的存货物资需要支付更高的对价，而对于品质一般的存货，供应商的让利空间会更大。但是存货物资的品质直接决定了最终产品的质量，因此，公司不可盲目追求低成本而忽略产品的质量问题。③市场供求情况。新价格理论认为供求决定价格，当市场上供不应求时，供应商处于主动地位，会推动价格的上涨；当市场上供过于求时，商品价格会下降，此时买方处于主动地位。④采购规模。采购规模越大，在与供应商议价时，供应商更倾向于给予一定的价格折扣，从而降低采购的价格。通常大型公司会采取大批量、集中采购的模式以降低采购价格。

在开展采购活动前，采购人员应该对采购价格进行事先的调查。通过收集采购市场信息，对采购环境进行分析，提前了解采购市场的行情以及存货的价格走势供公司参考，制定科学合理的采购策略，使存货购置成本能够尽可能地降低。

（2）订货成本。订货成本是指在采购过程中发生的除了购置成本之外的各项成本，包括采购人员的工资以及采购部门发生的一般性费用，如办公费、差旅费、水电费、通讯费等。根据订货成本的性态，又可以将订货成本划分为两种类型：①固定订货成本。固定订货成本是指订货成本中与订货次数无关的、为了维持正常采购活动而发生的成本，如采购部门发生的办公费、水电费等。②变动订货成本。变动订货成本是指跟订货次数相关的成本，如采购过程中发生的差旅费、邮资以及检验费等，该部分成本随着订货次数的增加而增加。

公司存货的取得成本则等于订货成本与购置成本之和，具体计算公式如下：

取得成本 = 购置成本 + 订货成本 = 购置成本 + 固定订货成本 + 变动订货成本

2. 储存成本

储存成本是指存货采购回来后为了储存存货而发生的各项费用，储存成本包括两部分：

（1）机会成本。机会成本是指由于公司将资金用于购买存货而不得不放弃的其他方面的收益，若公司将资金存入银行或是投资于证券，可获得相应的收益。

（2）付现成本。储存过程中发生的付现成本包括仓储费用、保险费用、存货报废损失等。

根据储存成本的性态，可以将储存成本分为固定储存成本和变动储存成本。固定储存成本是指发生金额固定，与存货采购数量和存货存储时间长短无关的成本，例如，仓库折旧、仓管人员的固定月工资等。固定储存成本反映的是形成和维持公司最起码生产能力的成本，属于公司生产经营活动中必须要负担的成本。该部分成本与公司的经营能力直接相关，短期内难以轻易削减。变动储存成本则是随着存货数量多少以及存储时间长短变动的那部分成本，例如，储存的机会成本、存货报废损失、存货的保险费用等。一般而言，变动储存成本随着存货采购数量的增加而增加，公司可以通过缩短存储时间、简化入库手续、合理规划装卸流程等方法来降低变动储存成本。

公司发生的储存成本的计算公式如下：

储存成本 = 固定储存成本 + 变动储存成本

3. 缺货成本

缺货成本是指存货供应出现中断，公司存货数量不足以满足生产和销售的需要而导致的经济损失。例如，因材料供应中断造成的停工损失，因无法按期交货而造成的拖延发货损失，因采取紧急措施补足存货而发生的超额费用等。

在考虑了取得成本、储存成本以及缺货成本后，公司在采购活动中发生的总成本的计算公式如下：

采购总成本 = 取得成本 + 储存成本 + 缺货成本

（二）采购外包的成本构成

物资采购业务外包的成本包括物资的采购费用和库存费用。在作业成本法下，物资采购业务外包管理流程包括供货方管理、承包方管理、现场管理三个作业中心，因此，物资采购业务外包的成本就由供货方管理成本、承包方管理成本和现场管理成本三部分构成。其中：（1）供货方管理成本主要包括合同签订成本（含谈判过程中发生的费用和合同签订时发生的费用）和合同管理成本（含通知发货、核对到货、货款结算等过程中发生的费用，但不含货款本身）。（2）承包方管理成本主要包括合同签订成本（含谈判过程中发生的费用和合同签订时发生的费用）、合同管理成本（含通知送货、核对送货、承包费结算等过程中发生的费用）和合同履约成本（即支付的承包费）。（3）现场管理成本主要包括入库成本（即验收入库过程中发生的费用）、出库成本（即计量出库过程中发生的费用）和库存成本（即库存过程中发生的费用）。

三、采购成本控制

采购成本是公司生产成本的最重要组成部分，采购成本的降低意味着公司的支出减少，产品成本下降，利润空间提高。因此，对采购成本进行控制对于降低公司成本，提高经营业绩，提升公司市场竞争力具有重要的意义。采购活动涉及范围较广，不仅与公司内部息息相关，还涉及外部的供应商，采购环节又比较烦琐，公司应该制定科学有效的采购成本控制方法，对采购成本进行管理和控制，以降低公司的采购成本，提高公司绩效，同时谨防采购人员在采购过程中进行暗箱操作，保障公司的利益。

公司可以从以下几个方面进行采购成本控制。

（一）建立科学、合理、透明的采购管理体制

进行采购成本控制首先应该建立科学、合理、完善、公开透明的采购管理制度。制度可以通过激励、约束等方面的规则来规范个体和组织的行为，科学、合理、完善的采购管理制度能够有效规范公司的采购活动，有效防范采购环节中可能发生的暗箱操作行为，提高公司采购效率，降低采购成本。采购活动的开展需要各个部门各司其职，相互配合，因此，公司制定的采购管理制度需要明确采购环节中各个部门的职责以及各相关人员的职责，将采购任务和采购目标明确到个人。采购管理制度中应该对采购的计划管理、采购方法、价格管理、质量管理、储备管理、绩效管理、采购队伍建设等方面内容作出统一规定，以规范采购流程。

此外，不同类型的公司应该从自身实际情况从发，制定适宜的采购体制。对于集团公司而言，集团下属子公司较多，如果采购过于分散，容易导致管理混乱，采购成本增加，而且还容易滋生腐败现象。因此，对于该类型的公司，适用于集中采购、统一管理的采购体制，实现采购资源的整合，提高采购效率，降低采购成本。

例如，中国石化实行的集团化采购制度通过归口管理、集中采购、统一储备、统一结算，形成了物归一家、对内统一管理、对外集中采购、上下分工协同的采购管理体制。归口管理体现在中国石化从总部到各直属公司均由一位领导分管物资采购工作、一个部门归口负责采购管理工作。在这种管理体制下，职责明确，避免了采购多头领导的问题。集中采购体现在中国石化对生产经营、工程建设、科研开发等所需物资实施统一对外采购。大宗通用重要物资则由中国石化总部物资装备部牵头统一对外实施集团化采购，其他物资由各直属公司

采购部门集中采购。统一储备体现在中国石化实行总部统一储备和各直属公司集中储备相结合的储备体制，通过电子商务系统和ERP系统实现储备资源共享。集团化采购物资由总部物资装备部牵头组织统一储备和统一配送，各直属公司对本单位所需物资实施集中储备和统一配送，实现了公司内部库存资源的共享，降低了库存成本。统一结算体现在采购资金由中国石化总部和各直属公司采购部门统一使用，财务部门依据采购付款申请统一结算，中国石化内部实行转账结算。在集团化的采购体制下，集团内部资源得到了整合优化，而集中批量采购大大提高了公司的市场议价能力，提高了各直属公司的资源控制能力，极大提高了采购的效率。

（二）加强存货的日常管理

存货的储存成本不容忽视，开展采购成本控制需要加强对存货的日常管理。特别是对于大型公司而言，存货项目多种多样，存货涉及金额有大有小，如果不加强对存货的日常管理，不仅在日常生产使用存货过程中容易出现差错，还会加大存货的储存成本。对于不同种类的存货，公司应该分门别类存储，每一项存货都要进行周密的计划和严格的控制，根据采购成本最低原则，制定好每次订货的数量，选择适当的订货时间和适当的订货方式。

公司可以通过以下两种方法来进行存货日常管理。

1. ABC分类法

ABC分类法，又称ABC分类库存控制法，该方法由意大利经济学家帕累托提出，1951年，管理学家戴克首先将ABC分类法用于库存管理。ABC分类法强调要根据存货的金额和数量等对其进行分类排序，将存货划分为重点、次要和一般三个类别，并分别用A、B、C序号来表示，不同类别的存货应该制定不同的管理方法，对存货进行区别化管理，以提高管理的有效性。

ABC分类法可以从金额大小和品种数量两个维度来对存货进行分类，其中金额大小是基本分类标准，品种数量是参考分类标准。如图12-2所示，图中，横坐标表示存货数量占总存货的比重，纵坐标表示存货的资金占用比例。ABC分类法将存货划分为A、B、C三种类型：（1）A类存货，资金占用额大，但是品种数量较少。图12-2中，A类存货的资金占用额为70%，数量只占总存货的10%。该类型的存货虽然品种较少，但是因为其占用资金最多，需要加强对这类存货的管理，对其实行重点管理和规划，定期盘点和检查，严格控制库存数量，制定科学的经济批量开展采购活动，有效控制成本，节约资金的占用。（2）B类存货，资金占用额和数量都介于A类和C类存货之间。图12-2中，该类型存货的资金占用额为20%，数量占比也为20%，对于该种类型的存货应当进行适当的管理，在人力、物力的投入上较A类存货减少，以降低管理成本。（3）C类存货，资金占用额最少，数量占比大。图12-2中，该类型存货的资金占用额为10%，数量占比为70%，该种类型的存货，虽然品种繁多，但是占用资金不多，因此在管理上无需花费过多的时间和精力，可以采用总额控制的方法进行管理。

运用ABC分类法进行存货管理，不仅可以提高公司的存货管理效率，减少总库存量，使库存结构更加合理；而且还减少了资金的占用，有效地控制了存货成本。

2. 运用适时制库存控制系统

适时制库存控制系统又称零库存管理、看板管理系统。它最早由丰田公司提出并将其应用于实践，随后越来越多的公司开始使用这一方法进行存货的管理与控制。适时制库存控制

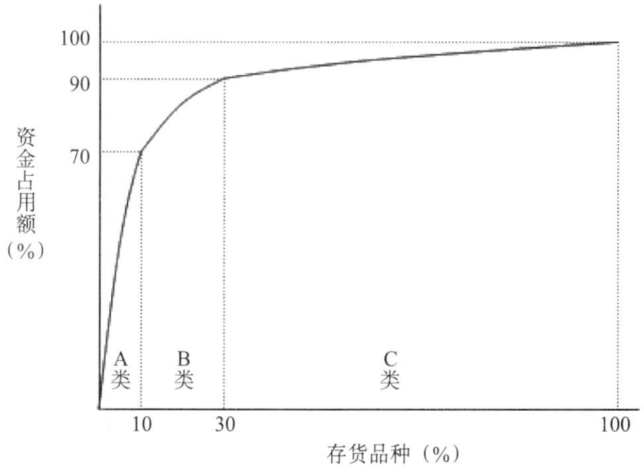

图 12－2　存货 ABC 分类图

系统是指制造公司事先与供应商和客户协调好，只有当制造公司在生产过程中需要原料或零件时，供应商才会将原料或零件送来；而每当产品生产出来就被客户拉走。适时制库存控制系统大大降低了公司的库存量，提高了公司运营管理效率，也降低了公司的存货储存成本。但是，并非所有公司都适用适时制库存控制系统。首先，使用适时制库存控制系统进行存货管理，需要事先与供应商提前协商按需送货，这就对供应商的诚信水平和供货能力提出了一定的要求，一旦供应商未能及时送货，将会对公司生产经营造成极大的影响。其次，使用适时制库存控制系统进行存货管理，要求公司具备稳定、标准的生产线，这样公司才能更加准确地制定采购决策。

目前，已有越来越多的公司利用适时制库存控制系统进行存货管理，比如，沃尔玛、丰田、海尔等。使用该方法进行库存控制可以减少甚至消除对库存的依赖，以降低公司存货储存环节的成本，减少资金的占用。随着适时制库存控制系统的进一步发展，该系统也被应用于公司整个生产管理过程中，集开发、生产、库存和分销于一体，大大提高了公司的运营管理效率。

（三）实行供应商差异化管理

当前，市场供过于求现象严重，产品同质化的竞争越来越激烈，公司为了实现低成本、高质量生产，还必须加强对供应商的管理，对供应商进行纵深度分析，实行供应商差异化管理。供应商差异化管理需要公司先根据自身的物资采购、生产情况以及供应商的供货能力、供货价格等因素确定公司的战略供应商（指公司战略发展所必需的少数几家供应商），然后针对战略供应商和非战略供应商采取不同的管理策略。对于战略供应商，公司应该与它们之间建立长期、稳定的战略联盟关系，促进与战略供应商的沟通交流，构建共同的利益机制，了解对方的发展方向和战略，根据公司需求来推动战略供应商向自身有利的方向发展，尽量避免不利因素。而对其他供应商的管理，则要以控制总成本、增加供应商之间的竞争为主，来进一步提升公司自身的优势和话语权，通过差异化管理为公司实现资源利用最大化。通过实行供应商差异化管理，有助于公司提高管理效率，降低库存积压，控制成本。

（四）开展战略采购成本控制

20 世纪 80 年代，全球著名的管理咨询公司科尔尼公司提出了“战略采购”的概念。战略采购是计划、实施、控制战略性和操作性采购决策的过程，目的是指导采购部门的所有活动都围绕提高公司能力展开，以实现公司战略目标。传统采购管理追求的是“单一最低采购价格”，而战略采购则注重的是“总成本最低”原则。战略采购是一种系统性的、以数据分析为基础的采购方法，将战略采购引入成本控制中，能够使公司对自身采购成本、内外部需求、采购策略等方面作出战略性的决策，可以有效地降低公司的采购总成本。战略采购成本控制主要包括四个方面：（1）提前了解供应商的产品成本，提高谈判空间，与供应商建立双赢机制；（2）估算竞争对手的成本，了解市场行情；（3）设定自身的目标成本；（4）根据目标成本制定采购策略。

战略采购成本控制可以帮助公司针对各类物资制定采购战略，帮助公司更好地挑选、确认供应商，以及与供应商之间进行谈判。通过运用全球采购和采购量集中等策略，公司可以进入更大的供应市场，并增强对各个供应商的影响力和谈判能力。另外，公司可以通过改善加强与供应商之间的关系，简化采购过程，从而降低采购成本。除了降低存货的采购成本，战略采购也使公司在运作上的灵活度大大提高，例如，通过更新采购程序以及与供应商的协调从而减少库存，降低资金的占用，提高公司资金运用效率。

（五）加强供应链成本管理

供应链成本管理是指以成本为核心的供应链管理方法。供应链成本管理将成本管理的内容从公司内容扩展到整个供应链上与公司相关的交易成本，加强供应链成本管理，能够帮助公司降低采购成本。供应链管理通过集成化的思想将供应商、制造公司、仓库、配送中心、渠道商等各个供应环节连接起来，协调公司内外部资源，优化整个采购流程，以使公司能够以最小的成本完成采购活动，更好地满足客户的需要。供应链管理以需求为导向，根据顾客需求开展采购和生产活动，有利于减少公司资金的占用，降低存储成本以及尽可能地避免存货的损失。供应链管理实现了公司的物流、信息流、资金流以及组织流的统一，不仅整合了公司自身的流通环节，还促进了上下游公司之间的整合，使公司的成本管理活动具有整体性。

公司可以通过加强供应链中的成本管理来控制成本，加强供应链成本管理需要公司更加重视对信息技术的应用和信息的收集工作，供应链管理的实现主要通过利用信息技术和供求信息实现公司之间的整合。公司需要建立客户关系管理系统、公司资源规划系统、供应链管理系统、产品资讯系统、全球采购管理系统、全球需求管理系统和电子商务系统等技术支撑体系，改善公司传统的业务流程，降低成本。

（六）实现数字化采购转型

在数字化时代，传统的采购模式已经难以满足公司的经营需求，越来越多的公司开始向数字化采购转型。数字化采购通过 AI、数据分析、流程自动化等技术构建数字化采购体系，实现更便捷、更高效、更透明的可持续采购，提高采购智能效率和公司的运营效率，降低公司成本。

在数字化采购模式下，公司可以通过庞大的供应商协作平台，快速地获取供应商的相关信息，挖掘潜在供应商，建立自己的战略供应商体系，对供应商的风险、绩效等方面进行全方位、自动化的分析，提高采购效率。此外，公司还可以通过数字化采购系统实现采购数据的收集与分析，实现从采购到发票管理、付款管理等环节的全自动化作业，使采购流程更加规范，避免人为因素可能导致的采购风险，增强公司的风险把控能力，大大降低采购相关成本。

（七）加强采购业务外包的管理

公司应根据自身的实际情况决定采购业务是否外包，物资采购业务外包决策，核心问题是成本问题，即外包成本和自营成本孰低孰高的问题。因此，外包决策的基本模型就是“外包成本 < 自营成本”。对于采用采购业务外包模式的公司，需要制定外包决策分析机制，建立科学、合理的采购外包管理体系，把外包成本控制在可以接受的范围之内。

公司决定将物资采购业务外包出去之后面临的问题就是外包服务商的选择问题。选择外包服务商既要考虑外包的显性成本，又要考虑外包的隐性成本。显性成本包括供货方管理成本、承包方管理成本和现场管理成本。隐性成本主要是指因外包管理不善而造成的缺货成本以及外包后公司可以将资源集中用于主业经营所带来的边际效益。显性成本与隐性成本通常存在此消彼长的关系，即选择实力强大、服务质量好的外包服务商，其显性成本通常比较大，但隐性成本却比较小；反之，选择实力不强、服务质量不很好的外包服务商，虽然显性成本比较小，但隐性成本却可能会很大。因此，必须在综合权衡显性成本与隐性成本的基础上来选择合适的外包服务商。

按照采购业务外包项目的内容制定相应的管理措施，提高业务外包的精细化水平，建立定期分析制度，定期对物资采购业务外包的成本进行分析，及时了解外包成本的发生情况，发现外包成本管理中的异常现象，分析外包成本异常的程度和原因，及时采取措施有效控制外包成本的异常现象，把外包成本控制在可以接受的水平之下。

第三节　公司采购决策管理

一、经济采购批量基本模型分析

实现采购成本最优是公司进行采购活动管理的重要目标，从采购成本的构成来看，固定订货成本和固定存储成本与采购数量无关，在公司年存货需求量不变的情况下，每次采购存货的数量（又称采购批量）以及采购存货的时间是直接影响采购总成本的因素。这就需要公司事先制定最佳的进货批量，以及确定最佳订货周期，使存货的总成本最低。经济采购批量简称经济批量，它是指能够使公司采购总成本最低时的每次订货量。经济批量模型的建立，需要对存货的采购和耗用作一些假设。这些假设包括以下几方面。

（一）存货需求总量可预知且固定不变

即：在未来的某一会计期间，公司经营对某一种存货的需求总量（比如耗用量或销售量）是可以可靠地预测出来的，而且这个需求总量的预测数一般不会随着经营环境的变化而变动。这时，需求总量就是一个已知的确定数。

（二）存货单位采购成本可预知且固定不变

即：在未来的某一会计期间，公司经营所要采购的某一种存货的单位采购成本是可以可靠地预测出来的，而且这个单位采购成本的预测数一般不会随着经营环境的变化而变动。这时，单位采购成本也是一个已知的确定数。

（三）存货取得渠道畅通，不存在缺货现象

即：在未来的某一会计期间，公司经营所要采购的某一种存货可以随时随地采购得到，不会因为采购不到该种存货而造成经营上的缺货。

（四）每次订购的存货均为一次集中到货

即：在未来的某一会计期间，公司每一次所订购的存货都能一次集中到货，不存在分次陆续到货的现象。

（五）存货耗用均衡，不存在忽多忽少现象

即：在未来的某一会计期间，公司经营所耗用或销售的某一种存货，每一天的耗用量或销售量都是相同的，不存在有时候耗用量或销售量较大、有时候耗用量或销售量较小的现象。

（六）存货订货成本只与订货次数有关，而与每次订货量无关

即：在未来的某一会计期间，公司发生的订货成本只与订货次数有关，而与每次订货量无关。订货次数越多，订货成本就越大；反之，订货次数越少，订货成本就越小。

（七）公司现金流充裕，不会出现由于资金紧张而影响进货的情况

在上述假设条件下，存货采购成本固定不变，缺货成本为零，则存货采购总成本只受订货成本和储存成本变动的影响，而不受采购成本和缺货成本变动的影响。即当订货成本与储存成本之和最小时，存货采购总成本也最小。而所谓经济批量，就是指能够使存货采购总成本最小的那个批次订货量。

订货成本与储存成本之间存在着此消彼长的关系。在存货需求总量已经确定的情况下，每次订货量越少，则订货次数就越多，订货成本也越高；而此时，由于每次订货量少，则存货库存量也少，储存成本也就低。反之，如果每次订货量越多，则订货次数就越少，订货成本也越低；而此时，由于每次订货量多，则存货库存量也多，储存成本也就高。正是由于订货成本与储存成本之间存在着这种此消彼长的关系，所以，两者的总和才会有一个最低点。存货采购经济批量的基本模型就是在这个原理的基础上建立起来的。

设 D 为某一会计期间存货的需求总量，K 为每次订货成本，Kc 为单位储存成本，Q 为每次订货量（经济批量），TC 为订货成本与储存成本的总和，P 为存货单位采购成本，则：

$$TC = \frac{D}{Q} \cdot K + \frac{Q}{2} \cdot K_c$$

对上式进行数学运算，得出经济批量的基本模型如下：

$$Q = \sqrt{\frac{2DK}{K_c}}$$

与这个基本模型有关的经济订货次数的计算如下：

$$N = \frac{D}{Q} = \sqrt{\frac{DK_c}{2K}}$$

最佳订货周期计算公式如下：

$$T = \frac{360}{N}$$

与经济批量有关的存货总成本计算公式如下：

$$TC（Q）= \sqrt{2DKK_c}$$

经济批量占用资金的计算公式如下：

$$C=\frac{Q}{2}\times P=\sqrt{\frac{KD}{2K_c}}\times P$$

【例 12－1】 某公司每年需耗用某种材料 16 000 千克，该材料单位采购成本为 100 元，单位储存成本为 10 元，订货成本为每次 50 元，每次订购的材料一次送达，每天均衡使用，试计算该公司该种材料采购的经济批量、经济订货次数、经济订货周期、经济批量下的订货成本与储存成本总和以及经济批量占用的资金。

计算过程和结果如下：

1. 采购经济批量 Q 为：

$$Q=\sqrt{\frac{2DK}{K_c}}=\sqrt{\frac{2\times 16\ 000\times 50}{10}}=400\text{（千克）}$$

2. 经济订货次数 N 为：

$$N=\frac{D}{Q}=\frac{16\ 000}{400}=40\text{（次），或者 }N=\sqrt{\frac{DK_c}{2K}}=\sqrt{\frac{16\ 000\times 10}{2\times 50}}=40\text{（次）}$$

3. 经济订货周期 T 为：

$$T=\frac{360}{N}=\frac{360}{40}=9\text{（天）}$$

4. 经济批量下的订货成本与储存成本总和 TC（Q）为：

$$TC(Q)=\sqrt{2DKK_c}=\sqrt{2\times 16\ 000\times 50\times 10}=4\ 000\text{（元）}$$

5. 经济批量占用的资金 C 为：

$$C=\frac{Q}{2}\cdot P=400\div 2\times 100=20\ 000\text{（元）}$$

二、经济采购批量模型的扩展

经济批量模型是在若干个假设条件下建立起来的，在实践中，这些假设条件很难得到全部满足。因此，在采购活动管理中还需根据实际情况对这个基本模型进行修正。

（一）不同订货方式下经济批量模型的拓展运用

实践中，由于订货时间与供货时间往往有一个间隔期（称为供货间隔期），因此，公司不能等到库存为零时才去采购，而必须提前一定的时间去订货。究竟公司应该提前在什么时间订货？亦即公司的再订货点应该安排在什么时候才能使物资的采购成本最低？这要根据公司采取的订货方式来考虑。

常见的订货方式主要有两种，即定期订货方式和定量订货方式。下面就来讨论这两种订货方式下经济批量模型的拓展运用。

1. 定期订货方式

在定期订货方式下，公司事先根据经济批量和平均每日耗用量来确定一个固定的订货间隔天数（即前后两次订货物资的间隔天数），到了订货日就组织订货，至于每次订货量为多少，则根据经济批量、保险储备量和当次订货时的剩余库存量来确定。在这种订货方式下：

订货间隔天数＝经济批量÷平均每日耗用量

每次订货量＝经济批量＋保险储备量－剩余库存量

这时，公司每次订货就不是按经济批量来订，但经济批量对确定订货间隔天数和每次订货量仍然起到至关重要的作用。

【例 12－2】 某公司某种材料的经济批量为 600 千克，平均每日耗用量为 40 千克，保险储备量为 150 千克，采购日剩余库存量为 100 千克，试确定该公司该种材料的订货间隔天数和每次订货量。

计算过程和结果如下：

1. 确定订货间隔天数

订货间隔天数 = 经济批量 ÷ 平均每日耗用量 = 600 ÷ 40 = 15（天）

2. 确定每次订货量

每次订货量 = 经济批量 + 保险储备量 − 剩余库存量
= 600 + 150 − 100 = 650（千克）

2. 定量订货方式

在定量订货方式下，公司每次订货都按经济批量来订，但每次订货间隔天数都不固定，只要库存量降到某一个事先确定好的再订货点水平时，公司就按经济批量组织订货。在这种订货方式下：

再订货点 = 平均每日耗用量 × 供货间隔天数 + 保险储备量

其中，供货间隔天数又称交货天数，它是指从订货日到供货日的间隔天数，需要根据公司与供应商之间的约定来确定。

定量订货方式直接运用经济批量作为每次订货量，在确定再订货点时同时考虑了供货间隔期内的耗用量和保险储备量。

【例 12－3】 承【例 12－2】，假设该公司该种材料的供货间隔天数（交货天数）为 8 天，试确定该公司该种材料的再订货点。

计算过程和结果如下：

再订货点 = 40 × 8 + 150 = 470（千克）

即该公司该种材料的库存量降到 470 千克时，该公司就要按照经济批量（即 600 千克）组织订货，这样才能使公司的采购成本最低。

（二）存货一次订货、分批入库的情况下经济批量模型的拓展运用

经济批量基本模型是在一次集中到货的假设条件下建立起来的，而实践中，经常存在一次订货、分批到货（入库）的情况。这时就需要对经济批量模型进行修正，以满足分批到货（入库）情况下计算经济批量的需要。

设需求量为 D，经济批量为 Q，每日到货量为 X，每次订货成本为 K，单位储存成本为 Kc，订货成本与储存成本的总和为 TC，每日耗用量为 Y，由于每日到货量 X 大于每日消耗量 Y，则每日形成的库存量为（X − Y），每批订货量的到货天数为 $\frac{Q}{X}$，送货完毕达到的最高库存量为 $(X-Y)\times\frac{Q}{X}$，则：

年平均储存量为：$\frac{1}{2}\times(X-Y)\times\frac{Q}{X}$

年储存成本为：$\frac{1}{2}\times(X-Y)\times\frac{Q}{X}\times K_c$

全年的订货成本与储存成本总和为：$TC=\frac{D}{Q}\times K+\frac{1}{2}\times(X-Y)\times\frac{Q}{X}\times K_c$

令$\frac{D}{Q}\times K=\frac{1}{2}\times(X-Y)\times\frac{Q}{X}\times K_c$

解得修正后的经济批量模型，亦即一次订货、分批到货（入库）情况下的经济批量计算公式为：

$$Q=\sqrt{\frac{2DK}{K_c\left(1-\frac{Y}{X}\right)}}$$

进一步地，可以简化得出一次订货、分批到货（入库）情况下最经济的采购总成本计算公式为：

$$TC=\sqrt{2DKK_c\left(1-\frac{Y}{X}\right)}$$

【例 12－4】 某公司某种材料全年耗用量 D 为 6 000 件，每日送达量 X 为 100 件，每日耗用量 Y 为 80 件，每次订货成本 K 为 225 元，单位储存成本 Kc 为 13.5 元，试确定该公司该种材料的经济批量 Q 和经济订货次数 N，并计算该公司采购活动中发生的总成本。

计算过程和结果如下：

把有关数据代入一次订货、分批到货（入库）情况下的经济批量模型，得：

$$Q=\sqrt{\frac{2DK}{K_c\left(1-\frac{Y}{X}\right)}}=\sqrt{\frac{2\times6\ 000\times225}{13.5\times\left(1-\frac{80}{100}\right)}}=1\ 000\text{（件）}$$

即该公司该种材料的经济批量为 1 000 件。

根据计算得出的经济批量计算经济订货次数：

$$N=\frac{6\ 000}{1\ 000}=6\text{（次）}$$

计算采购活动中发生的总成本：

$$TC=\sqrt{2DKK_c\left(1-\frac{Y}{X}\right)}=\sqrt{2\times6\ 000\times225\times13.5\times\left(1-\frac{80}{100}\right)}=2\ 700\text{（元）}$$

（三）供货商给出数量折扣的情况下经济批量模型的拓展运用

实践中，供货商为了扩大销售，有时会定出数量折扣的标准，即当公司（购货方）一次订货数量达到一定的标准时，供货商可以提供优惠的价格。这时，对公司（购货方）来说，上述经济批量模型均不适用，需要把存货的采购成本考虑进来后重新建立经济批量模型。具体模型如下：

$$TC=\frac{D}{Q}\cdot K+\frac{Q}{2}\cdot K_c+D\cdot P\cdot(1-R)$$

式中，TC 为包括采购成本在内的存货采购总成本，D 为存货需求总量，Q 为每次订货量，K 为每次订货成本，Kc 为单位储存成本，P 为存货正常单价，R 为数量折扣率。

根据上式来确定经济批量需要通过试算和比较的办法来解决问题。即：将基本模型计算所得的经济批量和符合数量折扣标准的订货量都分别代入上式计算存货采购总成本，哪一个订货量能使存货采购总成本最低，哪一个订货量就是真正的经济批量。

【例 12-5】某公司使用的某种材料，每年的需求总量为 9 000 件，单位采购成本为 10 元，单位储存成本为 3 元，每次订货成本为 60 元。供应商规定，当一次性购买该材料达到 1 000 件时，可以享受 5% 的折扣。试确定该公司是否应该享受 5% 的数量折扣？

计算过程和结果如下：

1. 按经济批量的基本模型计算经济批量下的采购总成本

（1）公司采购的经济批量为：

$$Q=\sqrt{\frac{2DK}{K_c}}=\sqrt{\frac{2\times 9\ 000\times 60}{3}}=600\text{（件）}$$

（2）计算公司的采购总成本：

$$TC=\frac{D}{Q}\cdot K+\frac{Q}{2}\cdot K_c+D\cdot P\cdot(1-R)$$

$$=\frac{9\ 000}{600}\times 60+\frac{600}{2}\times 3+9\ 000\times 10\times(1-0)=91\ 800\text{（元）}$$

2. 按达到折扣条件的采购数量 1 000 件计算采购总成本

$$TC=\frac{D}{Q}\cdot K+\frac{Q}{2}\cdot K_c+D\cdot P\cdot(1-R)$$

$$=\frac{9\ 000}{1\ 000}\times 60+\frac{1\ 000}{2}\times 3+9\ 000\times 10\times(1-5\%)=87\ 540\text{（元）}$$

从上面的计算结果可知，按照每次采购 1 000 件的数量来采购，采购总成本为 87 540 元，而按照经济批量来采购，采购总成本为 91 800 元。因此，该公司应该按照每次 1 000 件的数量来采购，享受供货商给出的数量折扣，以降低采购总成本。

（四）联合订货情况下经济批量模型的拓展运用

联合订货是指公司为了节省订货成本而向同一供应商一次订货多种存货的情形。在联合订货的情况下，公司购进的各种存货的再订货点和经济批量一般都不相同，如果不进行统筹管理势必会给公司带来许多麻烦：从一个供应商购买的几种存货要各自订货，这样会加大订货业务量、增加订货成本以及其他相关费用；如果每次都统一订货并按经济批量订货，这样可相应地减少订货成本。但是，由于不同存货的消耗速度不一，消耗速度较慢的存货会产生剩余存货过多、占用资金过多、增加储存成本的现象。因此，公司应该采用科学的管理方法，使成本降到最低。解决这一问题的一个有效的途径就是采用联合订货的方式。

采用联合订货的方式，就是对在同一供应商采购的存货按其是否达到再订货点来组织采购。采购批量可划分为两类，即自发经济批量和附属经济批量。自发经济批量是指联合订购的一组存货中，首先达到再订货点，需立即进行订货的某一项存货的经济批量，这是一种正常的经济批量。附属经济批量是指联合订购的一组存货中，未达到再订货点的一项或几项存货随同已达到再订货点的一项或几项存货一起订货的经济批量。

采用联合订货的方式，首先要将在同一供应商购买、性质相近、使用数量相当的存货编为一组，然后计算出该组存货中各种存货的订货次数、订货间隔期、自发经济批量和附属经济批量。当某种存货达到再订货点时就要组织订货，同组的其他存货未达到再订货点，应根据运输容量和各项存货的库存量来决定是否随同订货。

【例 12-6】某公司有五种存货需要联合订货，其相关资料见表 12-1。试采用联合订货的方法确定各种存货的每次订货量（即实际的经济批量）。

表 12－1　某公司联合订货的存货相关资料　单位：件

存货编号	再订货点	自发经济批量	附属经济批量	目前库存量
1	60	120	100	120
2	100	160	130	150
3	120	180	150	120
4	180	220	200	250
5	250	300	260	350

计算过程和结果如下：

从表 12－1 可知，3 号存货的再订货点为 120 件、目前库存量为 120 件，已达到再订货点，应立即组织订货。其他四种存货未达到再订货点，是否应该随同订货，需要根据运输容量来决定。

假设运货车的容量为 500 件，3 号存货占用 120 件的容量，还有 380 件的剩余容量，为了获得最经济的订货成本，应作出联合订货的决策。但联合订货中应订购哪种存货，必须根据其库存量而定。这时，需要计算库存量超过再订货点的百分比，计算结果见表 12－2。

表 12－2　某公司四种存货库存量超过再订货点百分比计算表

存货编号	库存量超过再订货点百分比
1	（120－60）÷60＝100%
2	（150－100）÷100＝50%
4	（250－180）÷180＝38.89%
5	（350－250）÷250＝40%

从表 12－2 中可知，4 号存货的库存量超过再订货点的百分比最低，表明 4 号存货的库存量最接近再订货点，其次是 5 号存货和 2 号存货，而 1 号存货的库存量是再订货点的 2 倍，可以暂时不考虑订货。4 号存货与 3 号存货联合订货后，仍有 180 件的剩余运输量，而 5 号存货的附属经济批量为 260 件，比较接近 180 件的剩余运输量，所以应该订购 5 号存货 180 件。

最终的采购决策如表 12－3 所示。

表 12－3　某公司最终采购决策表

存货编号	订货批量（件）
3	120（自发经济批量）
4	200（附属经济批量）
5	180（运输余量）
合计	500（运输容量）

三、存货的保险储备量：采购成本管理必须考虑的因素

上述关于经济批量模型的讨论是基于供货正常、不缺货且均衡耗用存货等假设条件。但实践中，由于各种因素（特别是市场因素）的影响，供货中断、耗用量忽多忽少的现象时有发生。因此，保持必要的存货保险储备量是十分重要的。

保持存货保险储备量的目的是保证生产经营活动不因缺货而造成损失，但如果保险储备量太大，则会导致储存成本增加，造成不必要的资金浪费。因此，研究保险储备量必须坚持成本与效益相兼顾的原则，寻求一个能使缺货成本与储存成本之和最小的保险储备量。

保险储备量的确定主要有两种方法：

（一）根据存货的每日最大可能耗用量与每日正常耗用量之间的差量来确定保险储备量

针对不同的订货方式，保险储备量分别按以下公式计算：

1. 定期订货方式下

保险储备量 =（每日最大可能耗用量 - 每日正常耗用量）×订货间隔天数

2. 定量订货方式下

保险储备量 =（每日最大可能耗用量 - 每日正常耗用量）×供货间隔天数

【例 12 -7】 某公司耗用的某种材料，订货间隔天数为 15 天，供货间隔天数为 8 天，每日正常耗用量为 40 千克，每日最大可能耗用量为 60 千克，试确定其保险储备量。

计算过程和结果如下：

保险储备量 =(每日最大可能耗用量 - 每日正常耗用量)×订货间隔天数

= (60 -40) ×15 =300（千克）

或者：

保险储备量 =（每日最大可能耗用量 - 每日正常耗用量）×供货间隔天数

=（60 -40）×8 =160（千克）

利用这种方法计算出来的保险储备量往往过于“保险”，因为按这种保险储量来储备存货，即使在订货间隔期内或交货期内每日都达到最大耗用量，也不会缺货。因此，按这种方法来确定保险储备量通常会造成资金浪费。

（二）根据缺货成本与储存成本之和最小的原则来确定保险储备量

这种方法需要分析并确定存货每日耗用量的若干个可能值及其对应的概率，在此基础上假设保险储备量有若干个可能值，然后计算每一个保险储备量的可能值所对应的缺货成本与储存成本之和，以这两种成本之和最小的保险储备量为应选的保险储备量。

【例 12 -8】 某公司耗用的某种材料，在连续 100 天的统计中，每天耗用量出现的可能值及其对应的概率如表 12 -4 所示。试确定其保险储备量和再订货点。

表 12 -4　　某公司某种材料每天耗用量的可能值及其概率

每天耗用量可能值（件）	出现天数	概率
150	3	0.03
200	7	0.07
250	8	0.08

续表

每天耗用量可能值（件）	出现天数	概率
300	65	0.65
350	9	0.09
400	5	0.05
450	3	0.03
合计	100	1.00

分析过程和结果如下：

表12－4中，每天耗用量为300件的出现天数最多，达到65天，概率为0.65，表明该公司该种材料的每日正常耗用量为300件。假设该种材料的订货间隔天数和供货间隔天数均为10天，则经济批量应为3 000（10×300）件，经济订货次数为36（360÷10）次，全年需求总量为108 000件，在不设保险储备量的情况下，再订货点亦为3 000（10×300）件，这时，发生缺货的可能值及其对应的概率为：50件，概率0.09；100件，概率0.05；150件，概率0.03。

若保险储备量为50件，则发生缺货的可能值及其对应的概率为：50件，概率0.05；100件，概率0.03。

若保险储备量为100件，则缺货的可能值为50件，概率为0.03。

若保险储备量为150件，则不会出现缺货。

设单位缺货成本为10元，单位储存成本为5元，在保险储备量分别为0、50件、100件、150件、200件的情况下，缺货成本与储存成本的计算如表12－5所示。

表12－5　各种保险储备量下的缺货成本与储存成本计算　金额单位：元

保险储备量	缺货数量	缺货概率	全年缺货成本	储存成本增量	成本合计
0件	50件	0.09	50×0.09×10×36＝1 620	0	5 040
	100件	0.05	100×0.05×10×36＝1 800		
	150件	0.03	150×0.03×10×36＝1 620		
	小计		5 040		
50件	50件	0.05	50×0.05×10×36＝900	50×5＝250	2230
	100件	0.03	100×0.03×10×36＝1 080		
	小计		1 980		
100件	50件	0.03	50×0.03×10×36＝540	100×5＝500	1 040
150件	0件	0	0	150×5＝750	750
200件	0件	0	0	200×5＝1 000	1 000

注：全年缺货成本＝（缺货量×缺货概率×单位缺货成本×经济订货次数）。储存成本增量是指因设保险储备量而增加的储存成本，储存成本增量＝保险储备量×单位储存成本。

从表12－5的计算结果可知，当保险储备量为150件时，缺货概率为0，缺货成本也为0，缺货成本与储存成本之和最小，所以，该公司该种材料的保险储备量应该确定为

150 件。这时，再订货点为：每日正常耗用量 × 供货间隔天数 + 保险储备量 = 300 × 10 + 150 = 3 150（件）。

第四节　公司采购风险管理

一、采购风险类别

（一）市场风险

市场风险是指由于市场环境的变化引起市场供求变化，从而导致采购价格上涨或者采购活动难以顺利开展。市场环境瞬息万变，公司要及时跟踪市场最新行情，提前根据市场环境的变化采取相应的应对策略。

（二）人为风险

人为风险是指在开展采购活动过程中由于人为因素而导致的风险。人为风险又可以分为采购计划风险、合同风险、供应商风险、管理风险等。

1. 采购计划风险

采购计划风险是指采购计划的编制者出于个人或小团体利益的考虑，在编制采购计划时虚编计划而发生的风险。采购计划风险会直接影响公司的正常生产运作，还可能会增加公司的采购成本。

2. 合同风险

合同风险是指在采购合同签订过程中发生的风险，包括合同欺诈、合同纠纷、合同条款模糊不清、合同违约等情形。出现合同风险不仅会影响公司采购活动的正常进行，还可能会使公司陷入诉讼中，增加了公司的法律风险。

3. 供应商风险

供应商风险是指由于供应商方面因素导致的风险，例如，供应商生产出现状况而导致存货断供，不能按时交付存货；供应商停止供货；供应商垄断市场导致公司采购渠道受限；供应商提供的产品不符合质量规定等。

4. 管理风险

管理风险是指在采购管理过程中由于公司内部管理不善而导致的风险。例如，存货的库存管理不到位导致存货毁损、存货积压，增加损坏成本和储存成本；在再订货点或是再订货时间未能及时组织订货，导致公司停产或产品脱销；公司内部管理制度和内控制度存在缺陷，导致工作出现纰漏；公司内部监督机制缺失，导致出现采购腐败问题等。

（三）意外风险

意外风险是指由于突发事件造成的不可抗力风险。意外风险主要包括重大自然灾害、社会安全事件等。重大自然灾害如地震、火灾、海啸、洪水等。社会安全事件，包括战争、暴动、重大公共卫生安全事件等。意外风险无法提前预测，也难以避免，只能在意外发生时和意外发生后及时采取相应的应对措施。

二、采购风险管理措施

（一）制定科学、合理的采购计划

科学、合理的采购计划是顺利开展采购活动的重要前提，也是公司生产经营能否顺利运营的重要保障。公司应该根据自身经营状况以及市场的行情，事先制定好年度采购计划和采购预算，要确保采购计划的及时性和准确性，在采购上要预留足够的时间，避免采购不及时导致的生产中断。

国有公司在制定采购计划时，更应该要预留充裕的时间。与民营公司不同，由于国有公司的实际控制人一般为国资委，项目的采购特别是重大物资的采购必须要经过严格的立项和审批程序，这一过程往往需要耗费较多的时间，而在采购活动结束后也需要经过一系列严格的验收程序，留给采购的周期特别是进口采购的周期常常得不到保证，面临的采购风险较大。因此，在制定采购计划时，公司需要提前对该种情况作出预测，充分考虑各种可能出现的情况，预留足够的时间。

对于采购业务外包而言，其预算一般是一年一审，每年公司都会根据当年的预算组织采购活动，签订新的采购合同。因此，公司必须制定好采购业务外包预算，实施全方面的外包预算控制，需要建立业务外包预算费用长效机制，避免出现由于预算原因导致的外包项目延续性发生中断，导致外包合同出现“真空期”。

（二）充分做好市场调研和行情分析

采购部门应该事先充分做好市场调研和行情分析，掌握市场发展情况，如市场发展趋势、技术进步趋势、产品生命周期等，随时把握市场的资源供需情况和物资价格的变动情况，以便能够及时对市场的变化迅速地作出采购策略调整。还要了解产业的政策变化，以及国家相关的法律法规的变化，例如，产业政策的调整、税率方面的变动、税收政策的变化，使公司的采购活动能够紧跟国家战略目标，降低公司的采购风险。

利用大数据平台，借助于数字化和信息化手段开展数据分析，拓宽市场信息的获取渠道，保持信息的通畅，以确保公司能够掌握市场的最新动态，分析潜在的市场风险，采取风险规避措施。

（三）加强合同管理和供应商管理

加强采购合同管理，严格审查订货合同，确保合同的签订合法合规。完善合同条款，在合同中要细化项目要求，合同内容要求做到具体明确，便于执行，规定好物资的品种、数量、质量标准、物资价格、结算方式、交货日期、运输方式、验收方法等内容。为了避免合同出现争议，在合同中必须事先明确好各方责任以及违约责任，明确规定如果供应商出现不能按时交货、交货不符合质量标准、不按合同供货等情形时应该要承担的责任，以降低合同风险。聘请专业律师对采购合同进行合同审查，通过律师的专业判断分析合同中可能存在的法律问题，降低潜在的法律风险。由专人负责合同的登记、检查、保管等管理工作，统一合同的保管和监督，及时检查合同的执行情况，一旦发现问题及时采取应对措施，处理违约，解决纠纷，保证合同的履行。

加强对供应商的管理，事先应该对供应商进行背景调查，考察供应商的诚信水平、履约能力、生产能力、市场风险承受能力等，充分运用供应链管理优化供应和需求。一般而言，大规模供应商诚信水平更高，供货能力也更强，更能够保证存货的质量和物资的按期交付。

而小规模供应商则更可能面临违约风险。针对不同类型的供应商，可以采取不同的采购策略，例如，中石化通过与主要的供应商建立长期稳定的战略合作关系，与一般供应商建立有序竞争关系来防范供应商风险。

对于采购业务外包，公司可以根据物资采购业务外包的范围、类型和方式，分别签订一份主合同和若干份具体的子合同，形成一个合同体系。公司可以通过建立专职的合同管理队伍，设计全面、准确的合同条款，聘请专家参与合同谈判，建立合同跟踪管理制度，建立合同信息沟通渠道和矛盾协商制度等途径来加强外包合同控制。

（四）建立风险预警机制，完善风险控制体系

建立风险预警机制，加强对采购风险的事前管理，提高公司的采购风险控制意识和采购风险识别能力，对采购过程中可能存在的风险进行评估，对潜在的各种采购风险进行系统、全面的分析，并制定相应的应对策略。设定采购风险警戒值，对可能出现的采购风险进行重点监测，实时监控，及时发现问题，准确地预报风险。例如，对存货库存设定警戒库存量，一旦存货数量低于警戒值出现“亮灯”情况时，立刻采取应对策略。完善风险控制体系，通过风险评估、风险评价、风险管控等措施来降低风险发生的概率以及造成损失的概率，建立快速反应的事后处置程序，通过流程跟踪和控制，发现问题及时采取措施处理，及时止损，尽可能地将风险降至最低。此外，还要加强对公司员工特别是采购人员的职业道德建设，加强员工的法律意识，坚决杜绝采购流程腐败等人为风险的出现。

复习思考题

1. 与自营采购活动有关的成本主要包括哪几种？
2. 采购活动决策的基本模型（经济批量模型）主要设置了哪些假设条件？
3. 什么是再订货点？如何确定再订货点？
4. 如何对公司在采购过程中发生的成本进行控制？
5. 公司如何防范采购过程中遇到的风险？

课外作业题

1. 某公司全年需耗用甲材料 43 200 千克，一次订货成本为 400 元，单位储存成本为 20 元，该公司的订货陆续到货，每日到货量为 200 千克，求该公司陆续到货情况下的经济批量。（注：一年按 360 天计算。）

2. 某公司正在考虑是否选择在购入原材料时享受 1% 的销售价格折扣。如果每次订购超过 2 000 千克，就可以享受 1% 的销售折扣。该公司每年需要这种材料 16 000 千克，每次订货成本为 100 元，单位储存成本为 12. 8 元，折扣前每千克材料售价为 100 元。请作出决策：该公司是否应该享受这种折扣政策？

3. P 公司是一家百货公司，正在考虑销售一种新产品，据预测，该产品年销售量为 1 800台，一年按 360 天计算，平均日销售量为 5 台，每年储存成本为 180 元/台，定货成本为 180 元/次，公司的进货价格为每台 450 元，售价为每台 600 元，如果供应中断，单位缺货成本为 100 元。从订货至到货的时间为 4 天，在此期间销售需求的概率分布如表 12－6 所示，试确定该公司该种商品的保险储备量和再订货点。

表 12－6　　P 公司新产品销售需求概率

需求量（台）	19	20	21	22	23	24	25
概率	0.04	0.08	0.18	0.40	0.18	0.08	0.04

第十三章

公司生产活动管理

内容简介

本章主要介绍生产活动管理的概念、目标、意义，直接材料、直接人工、制造费用的分配与归集和标准成本的制定方法，产品生产规模决策、品种决策、产量决策的理论与方法以及公司生产活动中可能存在的风险及其管控措施。

学习目标

通过本章的学习，要求了解生产活动管理的目标和意义，掌握直接材料、直接人工、制造费用的归集与分配方法和标准成本的制定方法，掌握产品生产规模决策、品种决策、产量决策的方法，了解公司在生产过程中可能会面临的风险及其管控措施。

第一节　公司生产活动管理概述

一、生产活动管理的概念

生产活动管理是指对公司生产过程中的各项工作进行计划、组织、协调、控制的过程，主要包括以下几方面的内容：（1）编制生产计划，即对公司的生产项目进行具体的规划，做好生产前的技术准备工作；（2）组织生产，即组建生产线，根据生产目标设置可行的生产系统，组织人力、物力、财力等各方面资源开展生产活动；（3）生产流程控制，即对生产流程进行控制，保障生产系统的正常运行，确保生产活动按照生产计划开展，做好产品成本控制和产品质量控制。

狭义的生产活动管理是基于财务管理视角对生产活动进行的管理，是围绕公司在生产过程中发生的制造成本、生产决策过程以及潜在风险进行管理的过程。本章的生产活动管理是基于狭义的生产活动管理而展开。

二、生产活动管理的目标

生产活动管理的目标主要包括以下几个方面。

（一）确保生产流程有效运行

生产流程是否能够有效运行直接关乎公司的存亡，确保公司生产流程的有效运行是进行生产活动管理的首要目标。生产活动管理通过制定严密的生产计划和产品管理制度，对产品的生产过程进行严格的控制和管理，调动公司的一切资源，稳定、有序、安全地组织生产活动，保证产品的质量符合标准，产量符合生产计划，生产工期进度正常，能够在交货期按合同规定交付产品，最终达到生产流程有效运行的目的。

（二）降本增效

利润最大化是公司经营的最终目的，因此进行生产活动管理，降低产品生产成本，提高公司经营效益是进行生产活动管理的主要目标。通过对公司的生产活动进行管理，能够有效控制直接材料、直接人工、制造费用等各项成本费用的发生，不断降低资源的消耗，减少资金的占用，达到降本增效的目的，从而提高公司的盈利水平。

（三）生产风险最小化

有效规避和防范生产过程中的风险是生产活动管理的重要目标。在公司的生产过程中，存在着各种各样的风险，如果不能及时识别和防范这些风险，将会极大地影响公司的正常生产经营。在生产活动管理的过程中，需要通过全过程管理的理念，有效识别和分析在整个生产环节中存在的风险，并针对不同的风险类别，制定不同的风险应对策略，将公司的生产风险降至最低。

三、生产活动管理的意义

（一）有利于降低产品生产成本，提高公司经营效益

进行生产活动管理有利于降低产品生产成本，提高公司经营效益。通过生产活动管理，可以对公司发生的各项成本费用进行严格的把控，一旦生产成本超过预期成本，需要及时进行调整，以有效地降低产品成本，提升公司的利润空间。

（二）有利于提高公司市场竞争力

对生产活动进行管理，随时把握市场环境和市场需求的变化，公司根据市场的需求及时调整生产经营，不断提高公司生产系统的柔性，推陈出新，进行产品的升级调整，可以使公司的产品更加适应市场的发展，提高公司的市场竞争力。

（三）有利于提升公司管理水平

生产活动管理不仅涉及公司成本层面的管理和控制，还涉及生产过程中的方方面面。例如，公司资源的优化配置、公司员工的管理、各部门之间的协调与配合等，在对生产进行管理的过程中，可使公司各生产环节与公司各个部门统一协调动作，充分调动公司的人力、物力、财力等资源，公司各环节有组织地、系统地运行，在这一过程中使公司的管理水平得到更好提升。

（四）有利于降低公司风险

通过生产活动管理，识别生产过程中可能出现的各种风险，对这些风险进行提前监测，并制定相应的风险应对策略。这样，当风险真正出现时，公司能够及时采取应对措施，将风险造成的损害降至最低，最大限度地保证公司的生产能够继续安全、有序地开展。

第二节　公司直接材料管理

一、直接材料的概念

直接材料是指可以直接追溯到每一个产品，在生产过程中直接用于产品生产的材料，包括原材料、半成品、辅助材料等。原材料直接构成产品的一部分，而辅助材料是产品形成过程中必不可少的一部分。例如，造纸公司在生产过程中耗费的木浆、废纸浆、烧碱，汽车制造公司在生产汽车时需要使用到的钢材和轮胎等。直接材料包括原材料、外购半成品、辅助材料等，公司持有原材料一方面是为了能够应对材料供应方面季节性变动和供需不均衡等可能会对生产造成的影响；另一方面由于原材料在购买时是批量采购，购买原材料可以享受批量采购的价格折扣，而且还能降低将来价格上涨带来的影响。公司外购半成品的主要目的是为生产过程提供缓冲，避免原材料供应出现问题而导致公司生产中断的现象出现。

二、材料领料单的编制

（一）限额领料单的编制

直接材料费用是产品生产成本的最重要组成部分，需要单设成本项目反映其发生情况，公司需要编制直接材料领料单，用来反映各种产品在生产过程中领用直接材料的情况。

领料单不仅能够反映材料的领用情况，为采购部门制定采购决策提供参考，为公司提供会计核算的基础，而且领料单还能作为一种材料成本控制的手段。如限额领料单一般是根据公司产品的计划投产量和相关材料的消耗定额确定限额，严格规定了各种产品在消耗定额内使用材料，一旦发生超限额领料的情况，必须向相关部门解释超限额的原因，并且需要经过技术部门和库存部门的批准，才能增加材料领用额。

限额领料单的基本格式如表 13－1 所示。

表 13－1　　限额领料单

领料部门：　　凭证编号：

产品名称：　　消耗定额：

计划产量：　　领用日期：

序号	材料编号	材料名称	规格	计量单位	请领数量	领先限额	实发数量	限额结余
1								
2								
3								
4								
5								
6								
7								
8								
9								
10								

库存部门负责人：　　生产部门负责人：　　领料人：　　发料人：

（二）领料登记表的编制

对于一些需要经常领用的辅助材料，为了节约控制成本，可以简化控制手段，通过领料登记表进行登记。一般这些辅助性材料具有单位价值较低，使用频率高等特点，通过领料登记表类简化登记流程，可以省去审批的环节，也能大大提高生产领用材料的效率，简化会计核算工作。领料登记表的格式如表 13 - 2 所示。

表 13 - 2 领料登记表

年 月

序号	材料编号	材料名称	领料时间	领料人	请领数量	备注
1						
2						
3						
4						
5						
6						
7						
8						
9						
10						

三、材料发出成本的计算

公司在领用材料时，需要计算发出材料的成本，以供后续计算产品生产成本。材料发出的计价方法包括先进先出法、移动加权平均法、月末一次加权平均法和个别计价法等。

材料发出计价方法的选择取决于各类材料的实物流转方式、公司管理的要求以及材料的性质等，对于不同类型的材料，应当选择合理的材料发出计价方法，以合理地确定产品的实际生产成本。对于同性质或是同类型的材料，应该采用同一种材料发出计价方法。

（一）先进先出法

采用先进先出法，在生产需要领用材料时，首先领用先购入的材料，在先购入的材料耗用完之后，再领用后购入的材料。先进先出法以材料的实物流转假设为前提，在该方法下，发出材料的成本根据先购入材料成本来确定。先进先出法的特点在于可以随时结转材料的发出成本，但是在实际操作上会比较烦琐，一旦材料收发业务频繁，材料的价格不稳定时，会大大增加该种计价方法的工作量。而且，如果材料的市场价格不断上涨，那么就会出现期末材料结存成本接近于市价，而材料发出成本却很低的现象，这种情况下会高估公司当期利润和库存材料的价值。而当材料的市场价格下降时，则会出现低估公司当期利润和库存材料价值的问题。

【例 13 - 1】 假设某公司材料发出采用先进先出法计价，10 月该公司发生的 A 材料业务如下：10 月 1 日采购部门购进 A 材料 400 件，单价为 2 元；8 日采购部门购进 A 材料 200 件，单价为 2 元；10 月 10 日生产车间领用 A 材料 300 件；10 月 14 日采购部门购进 A 材料

160 件，单价为 3 元；10 月 17 日生产车间领用 A 材料 400 件；10 月 20 日采购部门购进 A 材料 500 件，单价为 2.5 元；10 月 24 日生产车间领用 A 材料 500 件，10 月 27 日采购部门购进 A 材料 300 件，单价为 2 元；10 月 30 日生产车间领用 A 材料 100 件。具体的材料发出情况如表 13-3 所示。

要求计算该公司每次领用材料的成本以及 10 月末的最终结存成本。

表 13-3　　某公司材料发出计价表

年　　月

日期	购进数量（件）	单价（元）	发出数量（件）	发出成本（元）	结存成本（元）	备注
10 月 1 日	400	2			800	
10 月 8 日	200	2				
10 月 10 日			300			
10 月 14 日	160	3				
10 月 17 日			400			
10 月 20 日	500	2.5				
10 月 24 日			500			
10 月 27 日	300	2				
10 月 30 日			100			

计算过程和结果如下：

根据先进先出法，则该公司材料的发出成本计算如表 13-4 所示。

表 13-4　　先进先出法下某公司发出材料成本计算

日期	购进数量（件）	单价（元）	发出数量（件）	发出成本（元）	结存成本（元）
10 月 1 日	400	2			800
10 月 8 日	200	2			800 + 200 × 2 = 1 200
10 月 10 日			300	300 × 2 = 600	1 200 - 600 = 600
10 月 14 日	160	3			600 + 160 × 3 = 1 080
10 月 17 日			400	300 × 2 + 100 × 3 = 900	1 080 - 900 = 180
10 月 20 日	500	2.5			180 + 500 × 2.5 = 1 430
10 月 24 日			500	60 × 3 + 440 × 2.5 = 1 280	1 430 - 1 280 = 150
10 月 27 日	300	2			150 + 300 × 2 = 750
10 月 30 日			100	60 × 2.5 + 40 × 2 = 230	750 - 230 = 520

（二）移动加权平均法

移动加权平均法采用移动平均的思想计算每批材料的发生成本，在该种方法下，需要先计算材料的移动平均单价作为计算材料发出成本的依据，每当新购入一批材料时，需要重新计算加权平均单位成本，作为下一次进货前计算材料发出成本的依据。

采用移动加权平均法计量材料的发出成本和结存成本，有利于管理层及时了解材料的结存情况，根据该方法计算得出的加权平均单位成本以及材料发出成本、结存成本也比较客观。但是，移动加权平均法的缺点在于每次购入材料都需要重新计算平均单位成本，工作量较大，只适用于材料采购和领用不频繁的公司。

在移动加权平均法下，材料加权平均单位成本、材料发出成本以及结存成本的计算公式如下：

$$材料加权平均单位成本=\frac{原有库存材料的实际成本+本次进货的实际成本}{原有库存材料数量+本次进货数量}$$

本次发出材料成本 = 本次发出材料数量 × 本次材料领用前材料加权平均单位成本

本月月末库存材料成本 = 月末库存材料数量 × 本月月末材料加权平均单位成本

（三）月末一次加权平均法

月末一次加权平均法是指以当月全部材料进货数量加上月初存货数量作为权数，去除当月全部进货成本加上月初材料成本，计算得出材料的加权平均单位成本，并以此计算材料每月发出成本和月末结存成本的方法。

月末一次加权平均法只需要在月末计算一次材料的加权平均单价，简化了计算工作，但是这种方法也存在着一个较为严重的弊端，即该种方法下公司平时无法从账上提供发出材料和结存材料的单价与金额。因此，月末一次加权平均法不利于材料成本的日常管理与控制。

在月末一次加权平均法下，材料的单位成本、当月发出材料的成本以及月末库存材料成本的计算公式如下：

$$月末一次加权平均单位成本=\frac{期初结存材料实际成本+本期进货材料实际成本}{期初库存材料数量+本月材料进货数量}$$

本月发出材料成本 = 本月发出材料数量 × 材料月末一次加权平均单位成本

本月月末库存材料成本 = 月末库存材料数量 × 材料月末一次加权平均单位成本

【例 13-2】 某公司年初结存 A 材料 400 元，库存数量 200 件。1 月 1 日，采购部门购入 A 材料 200 件，单价为 1.5 元；1 月 6 日采购部门购入 A 材料 300 件，单价为 1.8 元；1 月 10 日生产车间领用 A 材料 400 件；1 月 15 日采购部门又购入 A 材料 150 件，单价为 2 元；1 月 20 日生产车间领用 A 材料 200 件。该公司采用全月一次加权平均法计算发出 A 材料的成本。请计算该公司 1 月发出 A 材料的成本以及 1 月末结存 A 材料的成本。

计算过程和结果如下：

1. 计算 A 材料 1 月末的加权平均单位成本

$$A材料1月末一次加权平均单位成本=\frac{400+200\times1.5+300\times1.8+150\times2}{200+200+300+150}$$

$$=\frac{1540}{850}\approx1.81（元）$$

2. 计算 A 材料 1 月发出成本

$$1月发出A材料成本=(400+200)\times1.81=1\,086（元）$$

3. 计算 1 月末 A 材料结存成本

$$1月末A材料结存数量=200+200+300-400+150-200=250（件）$$

$$1月末A材料结存成本=250\times1.81=452.5（元）$$

（四）个别计价法

个别计价法又称个别认定法、分批实际法或具体辨认法。个别计价法是指根据材料的购进类别或生产类别，按照各批次材料购入时或生产时的单位成本来计算材料发出成本和期末结存成本的方法。个别计价法注重发出材料具体项目的实物流转与成本流转之间的关系，相较于其他计价方法，该种方法计算得出的成本更具准确性，并且也更加符合公司的实际情况。但是个别计价法的弊端在于，一旦材料的采购次数和领用次数频繁，需要花费很多的时间和精力来分辨材料的批次。因此，个别计价法不适用于材料收发频繁的公司，更适用于一些不能替代使用的存货或某些特定制造的存货。例如，珠宝和首饰等贵重物品。不过，随着公司信息化和数字化水平不断提高，公司也可以采用该方法来计算那些收发频繁的材料。

【例 13-3】 某公司本月发生如下几次采购业务：2 日购入一批比较贵重的材料 400 件，单价为 1 000 元，仓储部门将该批材料分类为 A 批次；6 日又购入一批材料 300 件，单价为 1 200 元，仓储部门将该批材料分类为 B 批次。本月发生如下材料领用业务：10 日领用 300 件 A 批次材料，20 日领用 200 件 B 批次材料。该公司采用个别计价法计算材料的发出成本和结存成本，请分别计算两次材料领用的发出成本。

计算过程和结果如下：

1. 计算 10 日材料的发出成本

$$10\text{日材料发出成本} = 300 \times 1\,000 = 300\,000\ (\text{元})$$

2. 计算 20 日材料的发出成本

$$20\text{日材料发出成本} = 200 \times 1\,200 = 240\,000\ (\text{元})$$

四、直接材料归集和分配

若公司只生产一种产品，直接材料在发生时可直接计入该种产品的生产成本。但是现代化的公司一般都会同时生产多种产品，在这种情况下，在生产过程中同一种材料需要用于多种产品，则直接材料需要在这几种产品之间分配，再计入产品的生产成本，在“生产成本”科目中予以反映。

（一）直接材料归集和分配的方法

根据直接材料的特征，直接材料的分配标准可以按照材料的重量、体积等来确定。一般而言，在各种产品的材料消耗定额已经确定的情况下，通常采用产品的材料定额消耗量比例或材料定额成本的比例进行分配。

1. 按材料定额消耗量比例分配

该分配方法主要包括以下几个步骤：（1）计算各种产品的直接材料定额消耗量；（2）计算直接材料消耗量分配率；（3）计算各种产品应分配的直接材料费用。具体的计算公式如下：

$$\text{某种产品直接材料定额消耗量} = \text{该种产品实际产量} \times \text{单位产品直接材料定额消耗量}$$

$$\text{直接材料消耗量分配率} = \frac{\text{直接材料实际消耗总量}}{\text{各种产品直接材料定额消耗量之和}}$$

$$\text{某种产品应分配的直接材料数量（费用）} = \text{该种产品的直接材料定额消耗量（或定额成本）} \times \text{直接材料消耗量分配率}$$

【例 13-4】 某公司生产甲、乙两种产品，某种原材料的单价为 60 元，该原材料实际消耗 632 千克，合计消耗额为 37 920 元。该公司生产甲产品 500 件，乙产品 300 件，甲产品的消耗定额为 1.5 千克/件，乙产品的消耗定额为 2 千克/件，计算该原材料的材料消耗量分配率以及两种产品应分配的材料费用。

计算过程和结果如下：

1. 计算各种产品的材料定额消耗量

甲产品的材料定额消耗量 = 500 × 1.5 = 750（千克）

乙产品的材料定额消耗量 = 300 × 2 = 600（千克）

2. 计算直接材料消耗量分配率

$$材料消耗量分配率 = \frac{37\ 920}{750 + 600} \approx 28.09\ （元/千克）$$

3. 计算两种产品应分配的材料费用

甲产品应分配原材料费用 = 750 × 28.09 = 21 067.5（元）

乙产品应分配原材料费用 = 600 × 28.09 = 16 854（元）

2. 按材料定额成本（费用）比例分配

当公司出现生产多种产品的情况或出现多种产品共同耗用多种原材料的情况时，为了简化核算，也可以采用按材料定额成本（费用）比例分配材料费用的方法。计算步骤为：（1）计算各种产品的原材料定额费用；（2）计算单位原材料定额费用应分配的原材料实际费用（即原材料费用分配率）；（3）计算各种产品应分配的原材料实际费用。具体计算公式如下：

某种产品原材料定额费用 = 该种产品实际产量 × 单位产品原材料费用定额

$$原材料费用分配率 = \frac{各种产品原材料实际费用总额}{各种产品原材料定额费用总额}$$

某种产品应分配的实际原材料费用 = 该种产品原材料定额费用 × 原材料费用分配率

【例 13 – 5】 某公司生产甲、乙两种产品，这两种产品在生产过程中都需要耗用 A、B 两种材料。A、B 两种材料的领料单显示，这两种材料一共被耗用 72 960 元。7 月份，该公司生产甲产品 200 件，乙产品 300 件。每件甲产品在生产过程中的材料消耗定额为：A 材料 5 千克，B 材料 10 千克。每件乙产品在生产过程中的材料消耗定额为：A 材料 6 千克，B 材料 8 千克。A 材料的单价为 6 元，B 材料的定价为 10 元。试计算 A、B 两种产品应分配的材料费用。

计算过程和结果如下：

1. 分别计算甲、乙两种产品的材料定额费用

（1）甲产品：

A 材料定额费用 = 200 × 5 × 6 = 6 000（元）

B 材料定额费用 = 200 × 10 × 10 = 20 000（元）

甲产品材料定额费用合计 = 6 000 + 20 000 = 26 000（元）

（2）乙产品：

A 材料定额费用 = 300 × 6 × 6 = 10 800（元）

B 材料定额费用 = 300 × 8 × 10 = 24 000（元）

甲产品材料定额费用合计 = 10 800 + 24 000 = 34 800（元）

2. 计算材料费用分配率

材料费用分配率 = 72 960 ÷ (26 000 + 34 800) = 1.2

3. 计算甲、乙两种产品应分配的材料费用

甲产品应分配的材料费用 = 26 000 × 1.2 = 31 200（元）

乙产品应分配的材料费用 = 34 800 × 1.2 = 41 760（元）

公司发生的原材料、主要材料以及辅助材料费用都可以按照上述分配方法来进行，这些直接材料费用在发生时应记入“生产成本”科目，并按照类别在“生产成本”明细账中按照“直接材料”“燃料和动力”等分别反映。

（二）直接材料费用分配表的编制

在实际工作中，公司需要通过编制材料费用分配表来反映材料费用的分配情况。在分配表中需要列明成本归集的总账科目和明细账科目、成本或费用的类型、材料的分配情况、直接领用原材料以及耗用的直接材料总额等内容。

【例 13 - 6】 续【例 13 - 4】，某公司甲产品直接领用的原材料为 30 040 元，乙产品直接领用的原材料为 12 840 元。辅助生产部门直接领用的材料情况如下：供电车间领用 2 000 元，锅炉车间领用 3 000 元。在生产过程中，发生 2 700 元的管理费用，基本车间发生的机物料消耗为 2 500 元。根据上述情况，试编制该公司的材料费用分配表。

编制过程和结果如下：

根据该公司的生产情况，编制的材料费用分配表如表 13 - 5 所示。

表 13 - 5　　材料费用分配表

应计项目		共同耗用原材料的分配						直接领用的原材料（元）	耗用原材料总额（元）
总账科目	明细科目	成本或费用项目	产量（件）	单位消耗定额（千克）	定额消耗用量（千克）	分配率	应分配材料费（元）		
基本生产成本	甲产品	直接材料	500	1.5	750	28.09	21 067.5	30 040	51 107.5
	乙产品	直接材料	300	2	600	28.09	16 854	12 840	29 694
	小计						37 921.5	42 880	80 801.5
辅助生产生产成本	供电车间	直接材料						2 000	2 000
	锅炉车间	直接材料						3 000	3 000
	小计							5 000	5 000
制造费用	基本车间	机物料消耗						2 500	2 500
管理费用		其他						2 700	2 700
合计							37 921.5	53 080	91 001.5

五、直接材料标准成本的制定

标准成本是指公司根据自身生产经营能力而制定的，运用一定的技术测定方法对公司在有效经营情况下应该发生的成本的一种预期。标准成本是用于评价实际发生的成本，衡量公司生产效率的一种目标成本。标准成本在制定时，已经严格控制了不应发生的浪费，因此，标准成本也可以说是一种“应该成本”。

直接材料标准成本是针对公司在生产过程中发生的直接材料费用制定的成本标准，公司开展后续的生产活动可以参考直接材料标准成本来展开。直接材料标准成本的制定取决于产品在生产过程中直接材料的耗用量标准以及直接材料的价格标准。直接材料耗用量标准规定了生产单位产品需要耗用的材料数量，在制定直接材料耗用量标准时公司不仅需要结合自身的生产能力、管理水平、降低材料消耗的空间等，更需要考虑到产品的设计和生产工艺的情况。直接材料价格标准的制定会面临更大的不确定性，因为随着市场供需的不断变化，材料的市场价格也会随之发生改变。因此，在制定直接材料价格标准时，公司不仅需要结合市场的当前行情，也需要结合市场未来可能会发生的变化。

直接材料标准成本的计算公式如下：

$$直接材料标准成本 = 直接材料耗用量标准 \times 直接材料价格标准$$

【例 13－7】 某公司在生产甲产品的过程中需要耗用 A、B 两种直接材料，其中 A 材料的用料标准是 100 千克，价格标准是 8 元/千克，B 材料的用料标准是 80 千克，价格标准是 12 元/千克，计算该公司生产一单位甲产品的直接材料标准成本。

计算过程和结果如下：

甲产品在生产过程中同时耗用 A、B 两种材料，因此在计算甲产品的直接材料标准成本时需要同时考虑所耗用的 A 材料的标准成本和 B 材料的标准成本。具体计算如下：

$$甲产品直接材料标准成本 = 100 \times 8 + 80 \times 12 = 1\ 760\ (元)$$

直接材料标准成本的制定需要做到合理、科学。直接材料标准成本制定的目的一方面是方便公司管理者和生产部门了解生产每单位产品预计需要消耗的直接材料，为公司安排生产活动提供参考；另一方面，直接材料标准成本还可以作为公司控制直接材料成本支出的一种手段，在生产过程中公司可以根据直接材料标准成本对实际发生的成本进行控制，尽可能地降低产品的直接材料成本，使公司成本能达到最小化目标，以提高经营效益。

第三节　公司直接人工管理

一、职工和职工薪酬的定义

（一）职工的定义

职工是指与公司订立正式劳动合同的所有人员，含全职、兼职和临时职工，也包括未与公司订立正式劳动合同但由公司正式任命的人员，如董事会成员、监事会成员和内部审计委员会成员等。

在公司的计划、领导和控制下，虽未与公司订立劳动合同或未由其正式任命，但向公司所提供服务与职工所提供服务类似的人员，也属于职工的范畴，包括通过公司与劳务中介公司签订用工合同而向公司提供服务的人员。

（二）职工薪酬的定义

职工薪酬是指公司为获得职工提供的服务或解除劳动关系而给予的各种形式的报酬或补偿。具体包括：短期薪酬、离职后福利、辞退福利和其他长期职工福利。公司提供给职工配偶、已故员工遗属及其他受益人等的福利，也属于职工薪酬。

二、职工薪酬的范围

根据《企业会计准则第 9 号——职工薪酬》的规定，职工薪酬范围包括：

（一）短期薪酬

短期薪酬是指公司在职工提供相关服务的年度报告期间结束后 12 个月内需要全部予以支付的职工薪酬，因解除与职工的劳动关系给予的补偿除外。短期薪酬具体包括：

1. 职工工资、奖金、津贴和补贴；
2. 职工福利费；
3. 医疗保险费、工伤保险费和生育保险费等社会保险费；
4. 住房公积金；
5. 工会经费和职工教育经费；
6. 短期带薪缺勤；
7. 短期利润分享计划；
8. 非货币性福利；
9. 其他短期薪酬。

（二）离职后福利

离职后福利是指公司为获得职工提供的服务而在职工退休或与公司解除劳动关系后，提供的各种形式的报酬和福利，短期薪酬和辞退福利除外。

（三）辞退福利

辞退福利是指公司在职工劳动合同到期之前解除与职工的劳动关系，或者为鼓励职工自愿接受裁减而给予职工的补偿。

（四）其他长期职工福利

其他长期职工福利是指除短期薪酬、离职后福利、辞退福利之外所有的职工薪酬，包括长期带薪缺勤、长期残疾福利、长期利润分享计划等。

三、直接人工的概念

直接人工是指企业在生产产品和提供劳务过程中，直接从事产品生产工人的工资、津贴、补贴和福利费等。直接人工主要包括以下各项：（1）计时工资或计件工资，是指按计时工资标准和工作时间或对已做工作按计件单价支付给个人的劳动报酬。（2）奖金，是指对超额劳动和增收节支支付给个人的劳动报酬，如节约奖、劳动竞赛奖等。（3）津贴补贴，是指为了补偿职工特殊或额外的劳动消耗和因其他特殊原因支付给个人的津贴，以及为了保证职工工资水平不受物价影响支付给个人的物价补贴，如流动施工津贴、特殊地区施工津贴、高温（寒）作业临时津贴、高空津贴等。（4）加班加点工资，是指按规定支付的在法定节假日工作的加班工资和在法定日工作时间外延时工作的加点工资。（5）特殊情况下支付的工资，是指根据国家法律、法规和政策规定，因病、工伤、产假、计划生育假、婚丧假、事假、探亲假、定期休假、停工学习、执行国家或社会义务等原因按计时工资标准或计时工资标准的一定比例支付的工资。

四、工资费用的计算

工资费用的计算有按计时工资计算和按计件工资计算两种方法。

（一）计件工资制

计件工资制是指按照生产工人生产产品的数量来结算工资费用的一种工资管理制度。计件工资制又可以进一步分为个人计件工资和集体计件工资两种类型。

1. 个人计件工资。个人计件工资按照每位生产工人生产产品的数量来计算其工资费用。采用个人计件工资方法结算工资费用，公司需要在生产过程中及时登记每一位生产工人生产产品的数量。值得注意的是，只有合格产品才能计入工资费用的核算中，返工产品或毁损产品都不应计入工资费用。当返工和毁损过多时，还应要求工人赔偿产品损失。在个人计件工资制下，应支付给每位工人的工资费用计算公式如下：

$$\text{应付工资} = \text{工人生产的产品数量} \times \text{计件单价}$$

在公司中，可能会出现同一个工人参与不同类型产品生产的情况，由于不同类型产品的生产工序不同，生产过程难度也有差异，因而计件工资的单价也会随之不同。在这种情况下，计件工资的计算公式如下：

$$\text{应付工资} = \sum \text{月内工人生产的每种产品数量} \times \text{该种产品的计件单价}$$

2. 集体计件工资。集体计件工资是指以生产小组生产产品的产量作为计算组内人员工资费用标准的一种工资管理制度。采用这种工资计算方法，需要按照每个成员的贡献度（如出勤天数或具体工时等）将工资费用在组内成员之间进行分配，秉持多劳多得、少劳少得的原则，这样才能体现公平，也能更好地激励工人积极生产。

（二）计时工资制

计时工资制是指按照生产工人的工作时间来核算其工资费用的一种工资计算方法。具体又可以分为按月计算的月薪，按日计算的日薪以及按小时计算的时薪。公司应该编制考勤记录表记录每一位工人的出勤情况，并据以计算工人的工资。

五、直接人工的分配与归集

直接人工的发生与产品生产直接相关，是生产车间直接从事产品生产的人员发生的工资费用，因此，在发生时应当计入产品成本中的“直接人工费”项目，用以反映公司生产产品需要耗用的人工成本。但是在不同的工资制度下，直接人工计入产品成本的方法也不尽相同。计件工资制按照工人生产产品的产量来结算工资费用，在这种工资制度下，已经清楚工人的劳动作用于何种产品，因此可以根据产量凭证上计算的工资费用直接计入产品成本。在计时工资制下，只统计了工人的工作时长，而对于产品的具体耗用工时尚不明晰。在这种情况下，若公司只生产一种产品，则可将生产工人发生的工资费用全部计入该种产品的直接生产成本。但是如果公司同时生产多种产品，就需要采用一定的分配方法将发生的生产人工工资费用在不同产品之间进行合理的分配。通常情况下，当公司同时生产多种产品时，按照产品的实用人工工时比例分配的方法来分配工资费用。具体的计算公式如下：

$$\text{工资费用分配率} = \frac{\text{生产工人工资总额}}{\text{各种产品实用工时之和}}$$

某种产品应分配的工资费用＝该种产品实用工时×工资费用分配率

值得注意的是，在按产品实用人工工时比例分配工资费用时，需要严格区分应计入产品成本的工资费用和不应计入产品成本的工资费用。例如，生产工人安装固定资产而发生的工资费用，就不应计入产品成本，而应该计入固定资产的成本。

【例 13－8】 某公司生产甲、乙两种产品，两种产品的生产均采用计时工资制度，两种产品的计时工资总额为 480 000 元，生产甲、乙两种产品分别需要耗用工时 12 000 小时和 8 000小时。要求分别计算这两种产品应分配的工资费用。

计算过程和结果如下：

$$工资费用分配率=\frac{生产工人工资总额}{各种产品实用工时之和}=\frac{480\ 000}{12\ 000+8\ 000}=24\ （元/小时）$$

$$甲产品应分配的工资费用=12\ 000\times 24=288\ 000\ （元）$$

$$乙产品应分配的工资费用=8\ 000\times 24=192\ 000\ （元）$$

六、直接人工分配表的制定

为了便于按工资的用途和发生地点归集并分配员工的工资及其他职工薪酬，公司应该根据工资结算单和有关的生产工时记录，分别编制各生产部门的“工资费用分配表”，然后再汇总编制“工资及其他职工薪酬分配汇总表”，最后根据“工资及其他职工薪酬分配汇总表”登记总账和有关的明细账。

“工资及其他职工薪酬分配汇总表”的具体样式如表 13－6 所示。

表 13－6　　工资及其他职工薪酬分配汇总表　　单位：元

应借科目		工资				其他职工薪酬	职工薪酬合计
总账及二级科目	明细科目	分配标准（工时）	直接生产人员（元/工时）	管理人员工资	工资合计		
生产成本——基本生产成本	甲产品						
	乙产品						
	小计						
生产成本——辅助生产成本	供电车间						
	锅炉车间						
	小计						
制造费用	基本生产车间						
	供电车间						
	锅炉车间						
小计							
管理费用							
合计							

七、直接人工标准成本的制定

直接人工标准成本是指公司在生产每单位产品时预计需要耗用的直接人工支出。直接人工标准的制定取决于公司制定的工时标准和工资率标准。

工时标准是指公司为了生产每单位某种产品需要耗用的生产时间，工时标准的确定不仅需要考虑直接人工工时，还需要考虑机器的生产工时。工时标准在技术测定的基础上，根据对产品直接加工所用的时间，并适当考虑正常的工作间隙加以制定。

工资率标准的制定则取决于公司采用的工资制度。在不同的工资制度下，标准工资率的制定也不尽相同。在采用计件工资制度的公司，标准工资率是计件工资的标准单价，而在采用计时工资制的公司中，标准工资率则是单位工时标准工资率。在计时工资制度下，标准工资率的计算公式如下：

$$标准工资率=\frac{标准工资总额}{标准总工时}$$

在计时工资制下，直接人工标准成本的计算公式如下：

$$直接人工标准成本=工时标准\times标准工资率$$

【例 13-9】 某公司生产甲产品的月标准总工时为 1 000 小时，月标准总工资为 12 000 元，单位产品工时标准为 8 小时，要求计算生产甲产品的直接人工标准成本。

计算过程和结果如下：

1. 计算该公司的标准工资率

$$标准工资率=\frac{标准工资总额}{标准总工时}=\frac{12\ 000}{1\ 000}=12\ （元/小时）$$

2. 计算甲产品的直接人工标准成本

$$直接人工标准成本=8\times12=96\ （元）$$

公司可以通过制定直接人工标准成本，并将其作为参考，对直接人工成本进行管理和控制，力求公司能以最小的直接人工成本生产产品，降低产品的生产成本，提升公司的利润空间。

第四节　公司制造费用管理

一、制造费用的概念

制造费用是指公司各生产单位在组织和管理生产过程中而发生的各项不应直接计入产品成本的间接费用，以及虽然直接用于产品生产，但是不便于直接计入产品成本的费用。制造费用又可以具体分为间接材料成本、间接人工成本以及其他制造费用。具体地，制造费用一般包括生产车间管理人员的薪酬和福利、固定资产折旧费和租赁费、取暖费、办公费、低值易耗品耗用、保险费、试验检测费、劳动保护费、机物料消耗等。

二、制造费用的归集与分配

公司发生的制造费用，应该按照其具体用途和发生地点通过“制造费用”科目进行归集和分配。对于拥有多个生产车间的公司，可以在“制造费用”科目下按照生产车间开设明细账，账内按照费用项目开设专栏，进行明细核算，以反映各个生产车间发生的制造费用支出的情况。归集在“制造费用”科目下的各项费用需要在月末全部转入“生产成本”科目，计入产品成本。

制造费用归集和分配，需要根据公司的生产情况进行区分。对于只生产一种产品的生产车间所发生的制造费用，可以直接计入该种产品的生产成本。而对于同时生产多种产品的生产车间所发生的制造费用，则需要采取科学、合理的分配方法，将发生的制造费用分配计入各种产品的成本。

对于同时生产多种产品的生产车间，公司可以采用实用人工工时、定额人工工时、机器加工工时、直接人工费用等方法将发生的制造费用分配计入各种产品的成本。

（一）实用人工工时法

实用人工工时法是指按照车间在生产产品时实际发生的人工工时来分配制造费用的一种方法，采用该分配方法的公司需要统计生产各类型产品需要耗用的人工工时。实用人工工时法能将劳动生产率的高低与产品负担的制造费用有机结合起来，使分配结果更加准确，它是一种较好的分配方法，在实际工作中用得也较多。但是，必须组织好产品生产工时的记录和核算工作，以保证生产工时的正确、可靠。

在实用人工工时法下，公司制造费用分配率和各产品应分配额的计算公式如下：

$$制造费用分配率=\frac{制造费用总额}{各种产品生产实用人工工时之和}$$

$$某种产品应负担的制造费用=制造费用分配率\times该种产品实用人工工时$$

【例 13－10】某公司的生产车间同时生产甲、乙两种产品，在基本生产车间发生的制造费用总额为 48 000 元，生产甲产品耗用的实际人工工时为 32 000 小时，生产乙产品耗用的实际人工工时为 28 000 小时。该公司采用实用人工工时法进行制造费用的分配，请将该公司发生的制造费用在甲、乙两种产品之间进行分配。

计算过程和结果如下：

1. 计算该公司的制造费用分配率

$$制造费用分配率=\frac{48\ 000}{32\ 000+28\ 000}=0.8\ （元/小时）$$

2. 计算甲产品应负担的制造费用

$$甲产品应负担的制造费用=0.8\times32\ 000=25\ 600\ （元）$$

3. 计算乙产品应负担的制造费用

$$乙产品应负担的制造费用=0.8\times28\ 000=22\ 400\ （元）$$

（二）定额人工工时法

在缺乏实用人工工时，但制定了定额人工工时的公司，可以采用定额人工工时法来分配制造费用。在定额人工工时法下，公司制造费用分配率和各产品应分配额的计算公式如下：

$$制造费用分配率=\frac{制造费用总额}{各种产品生产定额人工工时之和}$$

$$某种产品应负担的制造费用=制造费用分配率\times该种产品定额人工工时$$

（三）机器工时法

机器工时法是指按照生产车间机器的耗用工时来分配制造费用的一种方法。机器工时法更适用于机械化程度较高的生产车间，在机械化程度较高的车间中，机器的折旧费用以及维修费用等与机器的工作时长密切相关。采用机器工时法的公司，需要在生产过程中登记好生产各类型产品实际耗用的机器工时。在机器工时法下，公司制造费用分配率和各产品应分配额的计算公式如下：

$$制造费用分配率=\frac{制造费用总额}{各种产品生产耗用的机器工时之和}$$

某种产品应负担的制造费用 = 制造费用分配率 × 该种产品耗用机器工时

（四）直接人工费用法

直接人工费用法是指按照生产各类型产品需要耗用的生产工人工资来分配制造费用的一种方法。在直接人工费用法下，公司制造费用分配率和各产品应分配额的计算公式如下：

$$制造费用分配率=\frac{制造费用总额}{车间产品生产工人工资总额}$$

某种产品应负担的制造费用 = 制造费用分配率 × 该种产品生产工人工资

由于公司在对产品的直接人工费用进行核算时，已经编制了“工资及其他职工薪酬分配汇总表”用以反映各种产品耗用的直接人工费用情况，采用直接人工费用法分配制造费用的公司无需再记录生产各产品耗用的直接人工费用。因此相较于其他制造费用分配方法，直接人工费用法可以简化会计核算工作。但是，直接人工费用法更适用于各种产品生产过程中的机械化程度差不多的车间，否则会影响费用分配的合理性。例如，机械化程度低的产品，所需工资费用多，分配的制造费用也多；反之，机械化程度高的产品，所需工资费用少，分配的制造费用也少，会出现不合理情况。

三、制造费用分配表的编制

计算出制造费用分配率以及各种产品应负担的制造费用后，公司可以通过编制制造费用分配表来反映各产品应分担的制造费用。通过制造费用分配表，不仅可以对每种产品发生的制造费用进行监督和控制，而且还可以根据制造费用分配表中的数据正确地将制造费用计入各个产品的生产成本。

沿用【例 13－10】的数据，以实用人工工时分配法为例编制制造费用分配表，如表 13－7 所示。

表 13－7　　制造费用分配表　　金额单位：元

科目	生产工时（小时）	分配金额（分配率：0.8）
生产成本——基本生产成本		
——甲产品	32 000	25 600
——乙产品	28 000	22 400
合计	60 000	48 000

四、制造费用标准成本的制定

制造费用标准成本是指公司在生产产品时预计需要耗用的制造费用。根据制造费用的性态，可以将制造费用进一步划分为固定制造费用和变动制造费用。固定制造费用是指在产品的生产过程中固定需要支付的那部分制造费用，包括生产设备的折旧摊销、管理人员工资等。变动制造费用则是指会随产量变动，与产量成正比的那部分制造费用。因此，制造费用标准成本的制定可以分为固定制造费用标准成本和变动制造费用标准成本。

（一）固定制造费用标准成本的制定

在变动成本法下，固定制造费用在发生时作为期间费用直接计入当期损益，不在产品成本中进行反映，在这种情况下，无需计算单位产品的固定制造费用标准成本。而在完全成本法下，需要在不同的产品之间对固定制造费用进行分配，则需要计算单位产品的固定制造费用标准成本。

单位产品固定制造费用标准成本的制定取决于直接人工标准工时以及固定制造费用标准分配率。而直接人工标准工时在制定直接人工标准成本时已经确定。固定制造费用标准分配率的具体计算公式如下：

$$固定制造费用标准分配率=\frac{固定制造费用预算总额}{直接人工标准总工时}$$

确定了固定制造费用标准分配率和直接人工标准工时后，可以进一步计算固定制造费用标准成本，具体计算公式如下：

$$固定制造费用标准成本=直接人工工时标准\times 固定制造费用标准分配率$$

（二）变动制造费用标准成本的制定

变动制造费用标准成本的制定取决于直接人工标准工时以及变动制造费用标准分配率。变动制造费用标准分配率的具体计算公式如下：

$$变动制造费用标准分配率=\frac{变动制造费用预算总额}{直接人工标准总工时}$$

确定了变动制造费用标准分配率和直接人工标准工时后，可以进一步计算变动制造费用标准成本，具体计算公式如下：

$$变动制造费用标准成本=直接人工工时标准\times 变动制造费用标准分配率$$

【例 13-11】 某公司在生产甲产品的过程中，预计每个月需要耗用的标准总工时为16 000小时，单位产品工时标准为 8 小时。预计每个月需要发生变动制造费用 24 000 元，固定制造费用 80 000 元。要求计算甲产品的固定制造费用和变动制造费用标准分配率和标准成本。

计算过程和结果如下：

1. 计算固定制造费用的标准分配率

$$固定制造费用标准分配率=\frac{80\ 000}{16\ 000}=5\ （元/小时）$$

2. 计算固定制造费用标准成本

$$固定制造费用标准成本=5\times 8=40\ （元）$$

3. 计算变动制造费用的标准分配率

$$变动制造费用标准分配率=\frac{24\ 000}{16\ 000}=1.5\ （元/小时）$$

4. 计算变动制造费用标准成本

$$变动制造费用标准成本=1.5\times 8=12\ （元）$$

第五节 公司生产决策管理

生产决策是在公司经营目标的总体要求下，为实现经济资源的合理利用和经济效益的不断提高，对未来一定期间的产品生产活动进行科学策划的过程。产品生产决策是公司经营决策的重要环节。一个公司在经营过程中遇到的决策问题中，生产决策占很大一部分。例如，生产规模的确定、新产品的开发与投产、几种产品生产的合理安排、产品的生产产量、亏损产品是否转产或停产等。这些需要决策的问题，一般会有多种可行的方案。不同的方案会产生不同的效益。通过生产决策，选择最优的方案，以提高公司的利润率。

与生产决策最密切的是产品的成本问题。因为从经济效益角度进行生产决策，离不开成本。评价一个决策方案经济效益的优劣是通过此方案的收入减去成本后的利润的高低来评判的。与生产决策密切相关的还有技术问题。在比较几个决策方案的优劣时，首先要确保这几个决策方案在技术方面都是可行的。本书所讨论的生产决策不考虑技术问题、只考虑经济效益，主要包括生产规模决策、产品品种决策、产品产量决策。

一、生产规模决策

生产规模决策实质上是工厂的规模决策。在投资新建一个工厂时都会遇上工厂的规模应为多大的问题。如果生产规模过大，所需的投资额庞大，固定资产占用过多资金，难以周转，且规模过大的工厂，往往机构也很庞大，管理层次过多，运作效率低下，管理成本加大，较难随市场的转变而迅速转变。如果工厂规模小，效率比较低，生产能力也较低，当生产量超过一定程度时就需加班加点赶工，从而提高单位人工成本，但由于小厂的固定成本低，专用设备少，在销路不景气的时候比较经得起打击，同时也比较容易转行。如果工厂规模适中，则其效率就会高，单位成本也相应较低，可是在销售不好的情况下，仍有一定的固定资产闲置，进而增加单位成本。因此，在投资新建工厂时应做好工厂规模决策。

在进行工厂规模决策时，应根据未来销量的确定与否来选择决策方式。

（一）未来销量确定情况下的生产规模决策

当公司未来的销量确定或产品的销路不成问题时，可以把不同工厂的生产规模视为不同的投资项目，用净现值指标进行衡量、选择。但是值得注意的是，这里不应以投资项目的内含报酬率的高低作为衡量的标准，因为内含报酬率低的项目可能带来较大的净现值。较好的方法是用差量分析法，即根据大规模厂比小规模厂增加的投资额与大规模厂比小规模厂增加的现金流量来计算增加的净现值。如增加的净现值为正值，则说明建设规模较大的工厂比较有利，如为负值，则应建设规模小的工厂。

【例 13－12】 设某公司要投资建一个工厂，生产 A 产品，A 产品未来的销路没有问题。工厂的规模有年生产能力为 2 500 件和 4 500 件两种（以下简称“小厂”和“大厂”），该投资项目的建设期可忽略不计，寿命期为 4 年，资金成本率为 11%，各年现金流量及相关数据如表13－8 所示。

表 13-8　**某公司大厂、小厂现金流量表**　单位：万元

建厂规模	投资额	寿命期内每年营业现金净流量
小厂	55 000	24 000
大厂	108 000	52 800
现金流量差量（大厂—小厂）	53 000	28 800

试分析该公司应该建小厂还是建大厂。

分析过程和结果如下：

由表 13-8 可知，大厂比小厂多投资 53 000 万元，但每年可多获得营业现金净流量 28 800万元，据此，可计算大厂比小厂可多获得的净现值为：

$$\text{大厂增加的净现值} = 28\ 800\ (P/A,\ 11\%;\ 4)\ -53\ 000$$
$$= 28\ 800 \times 3.1024 - 53\ 000 = 36\ 349.12\ (\text{元})$$

从计算结果可知，大厂增加的净现值为正值。因此，在资金充裕而又没有其他更好的投资渠道的情况下，该公司应该建大厂。

（二）未来销量不完全确定情况下的生产规模决策

虽然公司的销量不能完全确定，但仍有一定的规律，这时，可用概率分析法计算年销售量。这里仍采用差量分析法计算。首先计算大厂相对于小厂可能会增加的净现值，然后用加权平均法计算出增加的净现值的期望值。如增加的净现值的期望值为正值，则应选择投资建设大厂；反之，则投资建设小厂。

【例 13-13】 设某公司欲投资建设一个钢铁厂，正面临工厂规模的决策问题。该项目的资金成本率为 11%，所得税税率为 40%，钢铁厂的经济寿命为 10 年，采用直线法计提折旧，估计年销售量的概率分布如表 13-9 所示，产品价格及成本资料如表 13-10 所示。

表 13-9　**某公司产品销量概率分布**

销售量（千克）	5 000	6 000	7 000
概率	0.3	0.6	0.1

表 13-10　**某公司投资小厂、大厂的相关信息**　金额单位：元

项目	小厂	大厂
设备投资	1 400 000	2 200 000
流动资金垫支	500 000	500 000
残值	—	—
单价	2 000	2 000
单位变动成本：		
单位直接材料	800	800
单位直接人工		
年产 5 000 千克以下部分	300	250
年产 5 000 千克以上部分	400	250
单位制造费用	100	100
年固定成本（不包括折旧）	50 000	90 000

为了方便分析，只考虑建设大厂比建设小厂增加的投资额、增加的现金流量以及增加的净现值，而不考虑增加的流动资金和残值等因素。

试根据以上资料，作出建设大厂或小厂的决策。

分析过程和结果如下：

1. 计算年销量为 5 000 千克时投资大厂增加的净现值

小厂的年折旧 = 1 400 000 ÷ 10 = 140 000（元）

大厂的年折旧 = 2 200 000 ÷ 10 = 220 000（元）

小厂的年相关成本 = 5 000 × 300 + 50 000 + 140 000 = 1 690 000（元）

大厂的年相关成本 = 5 000 × 250 + 90 000 + 220 000 = 1 560 000（元）

大厂增加的年营业现金净流量 =（1 690 000 − 1 560 000）×（1 − 40%）+（220 000 − 140 000）= 158 000（元）

大厂增加的净现值 = 158 000 ×（P/A，11%，10）−（2 200 000 − 1 400 000）= 130 493.6（元）

2. 计算年销量为 6 000 千克时投资大厂增加的净现值

小厂的年相关成本 = 5 000 × 300 +（6 000 − 5 000）× 400 + 50 000 + 140 000 = 2 090 000（元）

大厂的年相关成本 = 6 000 × 250 + 90 000 + 220 000 = 1 810 000（元）

大厂增加的年营业现金净流量 =（2 090 000 − 1 810 000）×（1 − 40%）+（220 000 − 140 000）= 248 000（元）

大厂增加的净现值 = 248 000 ×（P/A，11%，10）−（2 200 000 − 1 400 000）= 660 521.6（元）

3. 计算年销量为 7 000 千克时，投资大厂增加的净现值

小厂的年相关成本 = 5 000 × 300 +（7 000 − 5 000）× 400 + 50 000 + 140 000 = 2 490 000（元）

大厂的年相关成本 = 7 000 × 250 + 90 000 + 220 000 = 2 060 000（元）

大厂增加的年营业现金净流量 =（2 490 000 − 2 060 000）×（1 − 40%）+（220 000 − 140 000）= 338 000（元）

大厂增加的净现值 = 338 000 ×（P/A，11%，10）−（2 200 000 − 1 400 000）= 1 190 549.6（元）

4. 计算大厂增加的净现值的期望值

大厂增加的净现值期望值 = 130 493.6 × 0.3 + 660 521.6 × 0.6 + 1 190 549.6 × 0.1 = 554 516（元）

从计算结果可知，投资建设大厂增加的净现值的期望值为 554 516 元，为正值，故该公司应投资建设大厂。

二、产品品种决策

确定了生产规模之后，公司的生产能力已经确定。当同一时点上不能同时生产多种产品时，就必须在不同种产品间作出决策。在生产经营过程中，有时还会出现亏损产品，这些亏损产品是否应停产或转产，公司也要为此作出相应的决策。这些决策，就是产品

品种决策。

（一）生产何种产品的决策

【例 13－14】 设某公司的同一套机器设备既可以生产 A 产品，也可以生产 B 产品，但由于生产能力有限，只能生产其中一种。若该套机器设备的最大生产能力为 8 000 机器小时，两种产品的相关资料如表 13－11 所示。

表 13－11　A、B 两种产品的相关资料

项目	A 产品	B 产品
每件机器小时	2	2.5
预计单位售价（元）	16	14
单位变动成本（元）	9	7
固定成本总额	15 000	

试作出生产何种产品的决策。

分析过程和结果如下：

1. 计算 A、B 两种产品的最大产量

A 产品的最大产量＝8 000÷2＝4 000（件）

B 产品的最大产量＝8 000÷2.5＝3 200（件）

2. 计算 A、B 两种产品的总成本

A 产品的总成本＝9×4 000＋15 000＝51 000（元）

B 产品的总成本＝7×3 200＋15 000＝37 400（元）

3. 计算 A、B 两种产品的总收入

A 产品的总收入＝16×4 000＝64 000（元）

B 产品的总收入＝14×3 200＝44 800（元）

4. 计算 A、B 两种产品的利润

A 产品的利润＝64 000－51 000＝13 000（元）

B 产品的利润＝44 800－37 400＝7 400（元）

5. 计算 A、B 两种产品的利润差额

利润差额＝13 000－7 400＝5 600（元）

根据以上计算结果可知，生产 A 产品比生产 B 产品可多获利润 5 600 元，因此，该公司应当选择生产 A 产品。

（二）开发新产品的品种决策

开发新产品的品种决策，是指利用公司现有的剩余生产能力开发某种在市场上有销售前景的新产品。这种决策建立在公司已掌握了可供选择的多种新产品有关资料的基础之上。

【例 13－15】 某工厂在投建时设计的生产规模为 80 000 机器小时，但在实际生产时只用了 60 000 机器小时，现准备用剩余生产能力开发新产品。现有 A、B 两种新产品可供选择。两种新产品的相关预测资料如表 13－12 所示。此外，该工厂的年固定成本为 65 000 元。假定开发 A、B 产品都需要追加专属成本，其中 A 产品需追加 20 000 元，B 产品需追加 25 000 元。试根据以上资料作出开发新产品的决策。

表 13-12 A、B 两种新产品的相关资料

项目	A 产品	B 产品
单位售价（元）	70	50
单位变动成本（元）	32	25
单位产品定额机器小时	16	10

分析过程和结果如下：

由于该厂是利用剩余生产能力开发新产品，所以原本消耗的年固定成本 65 000 元属于沉没成本，是无关成本，不需考虑。具体分析步骤如下：

1. 分别计算 A、B 两种新产品的单位边际贡献，计算结果如表 13-13 所示。

表 13-13 A、B 两种新产品的单位边际贡献计算表 单位：元

项目	A 产品	B 产品
单位售价（1）	70	50
单位变动成本（2）	32	25
单位边际贡献（3）＝（1）－（2）	38	25

由表 13-13 可知，A 产品的单位边际贡献比 B 产品大，如果不考虑追加的专属成本，应该选择开发 A 产品。

2. 分别计算 A、B 两种新产品的最大产量，计算过程如下：

最大产量＝剩余机器小时÷单位产品定额机器小时

A 产品的最大产量＝（80 000－60 000）÷16＝1 250（件）

B 产品的最大产量＝（80 000－60 000）÷10＝2 000（件）

3. 分别计算 A、B 两种新产品的边际贡献总额，计算过程如下：

边际贡献总额＝单位边际贡献×最大产量

A 产品的边际贡献总额＝38×1 250＝47 500（元）

B 产品的边际贡献总额＝25×2 000＝50 000（元）

从计算结果来看，B 产品的边际贡献总额比 A 产品大，如果不考虑追加的专属成本，应该选择开发 B 产品。

以上步骤 1 和步骤 3 的分析结果相互矛盾，即：步骤 1 的分析结果应该选择开发 A 产品；步骤 3 的分析结果应该选择开发 B 产品。所以，必须把追加的专属成本考虑进去，分别计算出两种新产品的边际利润总额后才能作出最后的决策。

4. 分别计算 A、B 两种新产品的边际利润总额，计算过程如下：

边际利润总额＝边际贡献总额－追加的专属成本

A 产品的边际利润总额＝47 500－20 000＝27 500（元）

B 产品的边际利润总额＝50 000－25 000＝25 000（元）

由计算结果可知，开发 A 产品获得的边际利润总额比开发 B 产品获得的边际利润总额多出 2 500（27 500－25 000）元，所以，最终应该选择开发 A 产品。

（三）亏损产品是否停产或转产的决策

工厂在生产经营过程中往往会出现亏损产品，这时工厂就会面临是否要停产此种产品或

是转产另一种产品的问题，这就需要进行亏损产品是否停产或转产的决策。

【例 13－16】 某工厂生产 A、B、C 三种产品，该工厂按完全成本法计算三种产品的损益。三种产品的相关资料如表 13－14 所示。

表 13－14　　A、B、C 三种产品相关资料

项目	A 产品	B 产品	C 产品
年销量（件）	1 500	2 200	1 000
单位售价（元/件）	40	30	25
单位变动成本（元/件）	18	15	8
单位生产工时（小时/件）	5	8	7
固定成本总额（元）	64 200（按生产总工时分配）		

根据表 13－14 的资料计算 A、B、C 三种产品的边际贡献和营业利润如表 13－15 所示。

表 13－15　　A、B、C 三种产品的边际贡献和营业利润计算表　　单位：元

项目	A 产品	B 产品	C 产品	合计
销售收入	60 000	66 000	25 000	151 000
变动成本	27 000	33 000	8 000	68 000
边际贡献	33 000	33 000	17 000	83 000
固定成本	15 000	35 200	14 000	64 200
营业利润	18 000	(2 200)	3 000	18 800

表 13－15 中，A、B、C 三种产品的固定成本是按照以下步骤计算出来的：A 产品的生产总工时 =1 500×5 =7 500（工时），B 产品的生产总工时 =2 200×8 =17 600（工时），C 产品的生产总工时 =1 000×7 =7 000（工时）；固定成本分配率 =64 200÷（7 500 +17 600 +7 000）=2（元/小时）；A 产品负担的固定成本 =2×7 500 =15 000（元），B 产品负担的固定成本 =2×17 600 =35 200（元），C 产品负担的固定成本 =2×7 000 =14 000（元）。

从表 13－15 的计算结果可知，B 产品全年亏损 2 200 元，试分析是否应停产 B 产品。

分析过程和结果如下：

从单一产品生产的角度看，B 产品属于亏损产品，应该停止生产。但停止生产 B 产品后，B 产品的边际贡献额 33 000 元就没有了，这时，全年的固定成本 64 200 元就要全部由 A、C 两种产品来分摊。因此，是否停产 B 产品，关键是看停产 B 产品后公司的利润总额的变化情况。停产 B 产品后公司的利润总额计算结果如表 13－16 所示。

表 13－16　　停产 B 产品后公司的利润总额计算表　　单位：元

项目	A 产品	C 产品	合计
销售收入	60 000	25 000	85 000
变动成本	27 000	8 000	35 000
边际贡献	33 000	17 000	50 000
固定成本	33 190	31 010	64 200
营业利润	(190)	(14 010)	(14 200)

表 13－16 中，固定成本分配率＝64 200÷（7 500＋7 000）＝4.43（元/小时）；C 产品负担的固定成本＝4.43×7 000＝31 010（元），A 产品负担的固定成本＝64 200－31 010＝33 190（元）。

从表 13－16 可以看出，如果停产 B 产品，只生产 A、C 两种产品，公司的利润总额为负的 14 200 元，亦即亏损 14 200 元，这主要是因为停产 B 产品后，公司失去了 B 产品 33 000元的边际贡献，全年 64 200 元的固定成本全部由 A、C 两种产品来消化，而 A、C 两种产品的边际贡献总和只有 50 000（33 000＋17 000）元，不足以弥补 64 200 元的固定成本。因此，最终的决策是：不应该停产 B 产品。

总结以上分析，可得出以下基本结论：

（1）当公司生产的某种产品亏损时，如不能转产，只要亏损产品提供的边际贡献额为正值，就不应停产该产品。

（2）当公司可转产时，若转产的产品所提供的边际贡献额大于亏损产品所提供的边际贡献额，就应转产；否则不应转产。

（3）如果停产亏损产品后，有关设备可以出租，而且租金高于亏损产品提供的边际贡献额，则应该停产出租；反之，则不应该停产出租。

（4）停产而不转产或者停产出租后，公司必然面临裁员，裁员是否会造成公司内部或者社会的重大影响，也是决策时需要考虑的非经济因素。

下面举例分析亏损产品是否要转产。

【例 13－17】 承【例 13－16】，假设该厂停产 B 产品后，把 B 产品原有的生产能力用于扩大 A 产品或者 C 产品的生产。如扩大 A 产品的生产，需购买一台价值 15 000 元的设备；而扩大 C 产品的生产则不需增加任何额外成本。试为该厂作出转产 A 产品或者 C 产品的决策。

分析过程和结果如下：

1. 若停产 B 产品，则剩余的生产能力为：8×2 200＝17 600（工时），这些工时可生产 A 产品 3 520（17 600÷5）件，或者可生产 C 产品 2 514（17 600÷7）件。

2. 若扩产 A 产品，则增加的边际贡献额＝（40－18）×3 520＝77 440（元）；若扩产 C 产品，则增加的边际贡献额＝（25－8）×2 514＝42 738（元）。

3. 若扩产 A 产品，则增加的利润＝77 440－15 000＝62 440（元）；若扩产 C 产品，则增加的利润＝42 738－0＝42 738（元）。

由以上计算分析可知，扩产 A 产品或扩产 C 产品所增加的利润额都大于原生产 B 产品所获得的边际贡献额 33 000 元，而且也都大于原生产 B 产品所应承担的固定成本 35 200 元，因此，该厂应该停产 B 产品，扩产 A 产品或 C 产品。而扩产 A 产品增加的利润额 62 440 元大于扩产 C 产品增加的利润额 42 738 元，因此，该厂最终的决策应该是：停产 B 产品，扩产 A 产品。

三、产品产量决策

产品产量决策是公司生产决策的一个重要环节。在产品产量决策分析中，常用的方法是本—量—利（成本—业务量—利润）分析法。公司的生产管理一般以产量、销售量、成本为起点，以利润为终点。公司的销售量和成本影响着公司的利润。它们之间的关系可用公式表述为：

利润 = 销售量 ×（单价 - 单位变动成本）- 固定成本

这一关系式包含了销售量、单价、单位变动成本、固定成本、利润五个变量。在本—量—利分析中，只要上述公式中的四个变量确定了，就可以确定第五个变量。这就是本—量—利分析法的基本原理。公式中，变动成本和固定成本是成本性态的两种表现。成本性态，也称成本习性，是指成本变动与业务量变动之间的相互关系，它体现成本的性质。成本按其性态划分，可分为固定成本、变动成本和混合成本三种。

固定成本是指在一定的业务量范围内不随业务量的变动而变动的成本，如折旧费、财产保险费、广告费、租赁费等一般都属于固定成本。在直角坐标系上，固定成本总额是一条平行于 X 轴的直线，如图 13 - 1 所示。但单位产品的固定成本会随着产量的增加而减少、随着产量的减少而增加，它在直角坐标系上是一条反比例曲线，如图 13 - 2 所示。

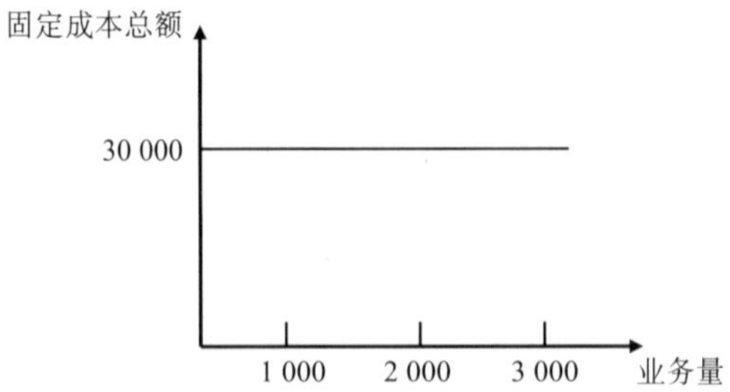

图 13 - 1　固定成本总额坐标图

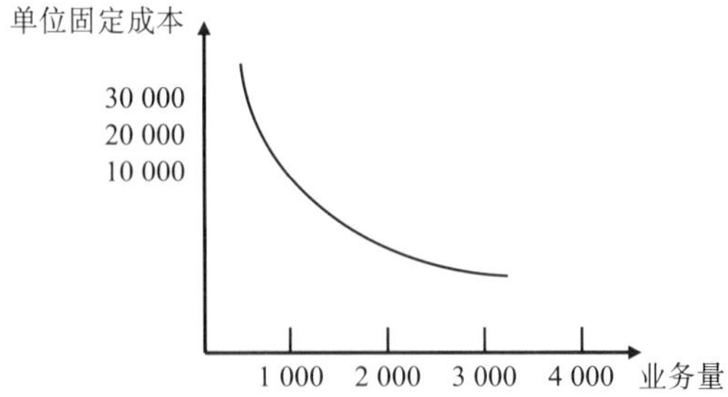

图 13 - 2　单位固定成本坐标图

变动成本是指在一定的业务量范围内随着业务量的变动而呈正比例变动的成本。变动成本总额是变动的，它随业务量的变动而呈正比例变动，如图 13 - 3 所示；单位变动成本是固定的，它一般不随业务量的变动而变动，如图 13 - 4 所示。

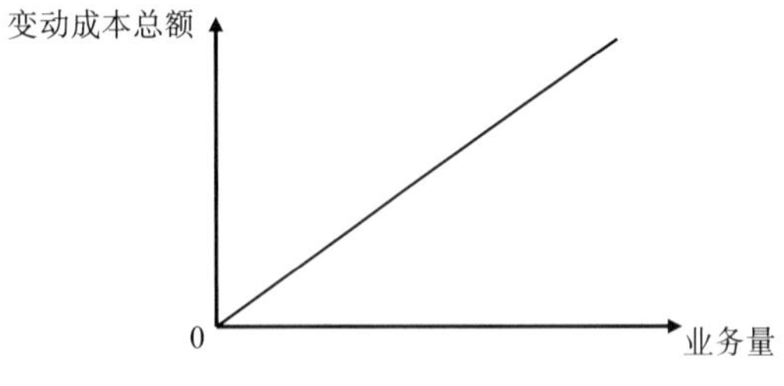

图 13 - 3　变动成本总额坐标图

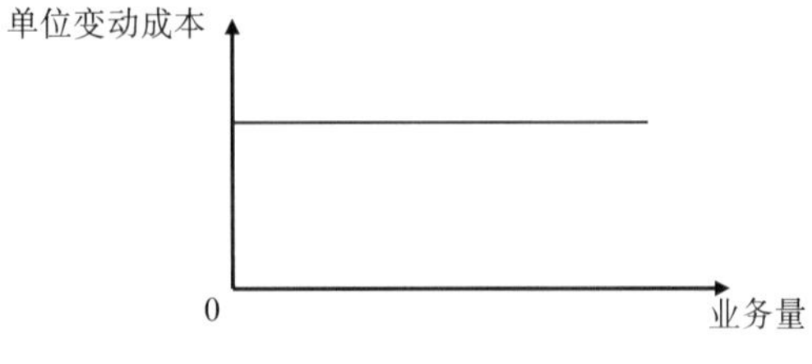

图 13 - 4　单位变动成本坐标图

混合成本是指在一定的业务量范围内随着业务量的变动而变动，但变动幅度不与业务量的变动成严格的正比例关系的成本。按照变动趋势的不同，可将混合成本分为阶梯式混合成本、标准式混合成本、低坡式混合成本和曲线式混合成本。

在产品产量决策分析中，通常需要解决两个问题：一是要生产多少产品才能保本，即保本点分析；二是要生产多少产品才能实现既定的目标利润，即保利点分析。下面分别介绍这两个问题的解决方法。

（一）保本点和保利点的涵义

保本点也称盈亏平衡点，它是指能够使利润为零的那个销售量或者销售额。在保本点下，产品的边际贡献总额刚好等于固定成本总额。这时，只要销售量或者销售额有所增加，公司就会有利润；反之，只要销售量或者销售额有所减少，公司就会发生亏损。

保利点是指在保本的基础上，能够实现目标利润的那个销售量或者销售额。在保利点下，产品的边际贡献总额扣除固定成本总额后的余额刚好等于目标利润。这时，只要销售量或者销售额有所增加，公司就会超额完成目标利润；反之，只要销售量或者销售额有所减少，公司就会完不成目标利润。

（二）单一品种保本点和保利点的确定方法

单一品种保本点的表现形式有两种，即保本销售量和保本销售额。单一品种保利点的表现形式也有两种，即保利销售量和保利销售额。

根据公式“利润 = 销售量 ×（单价 - 单位变动成本）- 固定成本”，当利润为零时，则有：销售量 ×（单价 - 单位变动成本）- 固定成本 = 0，因此：

$$\text{保本销售量} = \frac{\text{固定成本}}{\text{单价} - \text{单位变动成本}} = \frac{\text{固定成本}}{\text{单位边际贡献}}$$

$$\text{保本销售额} = \frac{\text{固定成本}}{\frac{\text{单价} - \text{单位变动成本}}{\text{单价}}} = \frac{\text{固定成本}}{\frac{\text{单位边际贡献}}{\text{单价}}} = \frac{\text{固定成本}}{\text{边际贡献率}}$$

或者：保本销售额 = 保本销售量 × 单价

当利润为某一个目标利润时，则有：销售量 ×（单价 - 单位变动成本）- 固定成本 = 目标利润，因此：

$$\text{保利销售量} = \frac{\text{固定成本} + \text{目标利润}}{\text{单价} - \text{单位变动成本}} = \frac{\text{固定成本} + \text{目标利润}}{\text{单位边际贡献}}$$

$$\text{保利销售额} = \frac{\text{固定成本} + \text{目标利润}}{\frac{\text{单价} - \text{单位变动成本}}{\text{单价}}} = \frac{\text{固定成本} + \text{目标利润}}{\frac{\text{单位边际贡献}}{\text{单价}}} = \frac{\text{固定成本} + \text{目标利润}}{\text{边际贡献率}}$$

或者：保利销售额 = 保利销售量 × 单价

【例 13 - 18】 设某公司经营 A 产品，每件产品的变动成本为 8 元，单位售价为 24 元，年固定成本总额为 64 000 元，目标利润为 100 000 元。假设该公司 A 产品市场前景比较好，当年生产出来的产品均能在当年销售完毕。试确定该公司 A 产品的保本点和保利点。

分析过程和结果如下：

1. 确定 A 产品的保本销售量和保本销售额

$$\text{保本销售量} = \frac{\text{固定成本}}{\text{单价} - \text{单位变动成本}} = \frac{64\ 000}{24 - 8} = 4\ 000\ (\text{件})$$

$$\text{保本销售额} = \text{保本销售量} \times \text{单价} = 4\ 000 \times 24 = 96\ 000\ (\text{元})$$

2. 确定 A 产品的保利销售量和保利销售额

$$\text{保利销售量} = \frac{\text{固定成本} + \text{目标利润}}{\text{单价} - \text{单位变动成本}} = \frac{64\ 000 + 100\ 000}{24 - 8} = 10\ 250\ (\text{件})$$

$$\text{保利销售额} = \text{保利销售量} \times \text{单价} = 10\ 250 \times 24 = 246\ 000\ (\text{元})$$

（三）多品种条件下保本点和保利点的确定方法

现实中，公司经常需要进行多个品种的保本点和保利点分析。多品种保本点的表现形式也有两种，即保本销售量和保本销售额。多品种保利点的表现形式也有两种，即保利销售量和保利销售额。

多品种条件下保本点和保利点的确定方法主要有：综合边际贡献率法、标准产品法和固定成本分摊法。

1. 综合边际贡献率法

综合边际贡献率法是指利用多种产品的综合边际贡献率来确定保本销售量、保本销售额以及保利销售量、保利销售额的一种方法。这种方法不要求对各种产品分配固定成本，固定成本由公司的边际贡献总额来弥补。

在综合边际贡献率法下，多品种保本销售总额、单一品种保本销售额、单一品种保本销售量以及多品种保利销售总额、单一品种保利销售额、单一品种保利销售量的计算公式如下：

$$多品种保本销售总额 = \frac{固定成本总额}{综合边际贡献率}$$

$$单一品种保本销售额 = 多品种保本销售总额 \times 该品种销售收入比重$$

$$单一品种保本销售量 = 该品种保本销售额 \div 该品种单价$$

$$多品种保利销售总额 = \frac{固定成本总额 + 目标利润额}{综合边际贡献率}$$

$$单一品种保利销售额 = 多品种保利销售总额 \times 该品种销售收入比重$$

$$单一品种保利销售量 = 该品种保利销售额 \div 该品种单价$$

其中，$综合边际贡献率 = \frac{边际贡献总额}{销售总收入}$

或者：综合边际贡献率 = ∑（某种产品的边际贡献率 × 该产品的销售比重）

【例 13－19】设某公司经营 A、B、C 三种产品，目标利润为 1 300 000 元，其他相关资料见表 13－17。试确定该公司的多品种保本销售总额、单一品种保本销售额、单一品种保本销售量以及多品种保利销售总额、单一品种保利销售额、单一品种保利销售量。

表 13－17　　某公司 A、B、C 三种产品相关资料　　金额单位：元

产品	销售量（件）	单价	单位变动成本	销售收入	边际贡献	边际贡献率	固定成本
	①	②	③	④＝①×②	⑤＝①×（②－③）	⑥＝⑤÷④	⑦
A	150 000	20	16	3 000 000	600 000	20%	
B	40 000	30	20	1 200 000	400 000	33.3%	
C	20 000	50	25	1 000 000	500 000	50%	
合计	—	—	—	5 200 000	1 500 000	28.85%	700 000

分析过程和结果如下：

1. 确定 A、B、C 三种产品的综合边际贡献率

$$综合边际贡献率 = \frac{边际贡献总额}{销售总收入} = \frac{1\ 500\ 000}{5\ 200\ 000} = 28.85\%$$

2. 确定多品种保本销售总额、单一品种保本销售额、单一品种保本销售量

（1）$多品种保本销售总额 = \frac{固定成本总额}{综合边际贡献率} = \frac{700\ 000}{28.85\%} = 2\ 426\ 343$（元）

（2）单一品种保本销售额 = 多品种保本销售总额 × 该品种销售收入比重

A 产品保本销售额 = 2 426 343 × 3 000 000 ÷ 5 200 000 = 1 399 757（元）

B 产品保本销售额 = 2 426 343 × 1 200 000 ÷ 5 200 000 = 560 000（元）

C 产品保本销售额 = 2 426 343 × 1 000 000 ÷ 5 200 000 = 466 586（元）

（3）单一品种保本销售量 = 该品种保本销售额 ÷ 该品种单价

A 产品保本销售量 = 1 399 757 ÷ 20 = 69 988（件）

B 产品保本销售量 = 560 000 ÷ 30 = 18 667（件）

C 产品保本销售量 = 466 586 ÷ 50 = 9 332（件）

3. 确定多品种保利销售总额、单一品种保利销售额、单一品种保利销售量

$$（1）多品种保利销售总额 = \frac{固定成本总额 + 目标利润额}{综合边际贡献率} = \frac{700\ 000 + 1\ 300\ 000}{28.85\%}$$

$$= 6\ 932\ 409（元）$$

（2）单一品种保利销售额 = 多品种保利销售总额 × 该品种销售收入比重

A 产品保利销售额 = 6 932 409 × 3 000 000 ÷ 5 200 000 = 3 999 307（元）

B 产品保利销售额 = 6 932 409 × 1 200 000 ÷ 5 200 000 = 1 600 000（元）

C 产品保利销售额 = 6 932 409 × 1 000 000 ÷ 5 200 000 = 1 333 102（元）

（3）单一品种保利销售量 = 该品种保利销售额 ÷ 该品种单价

A 产品保利销售量 = 3 999 307 ÷ 20 = 199 965（件）

B 产品保利销售量 = 1 600 000 ÷ 30 = 53 333（件）

C 产品保利销售量 = 1 333 102 ÷ 50 = 26 662（件）

2. 标准产品法

标准产品法是指先确定一种产品为标准产品，然后将其他产品按照一定的标准折算为标准产品，最后按标准产品总量来确定公司总的保本点和保利点以及各种产品的保本点和保利点的一种方法。其中，将其他产品折算为标准产品，折算的方法主要有单价比例法和单位变动成本比例法等。

【例 13 - 20】 承【例 13 - 19】，设该公司的标准产品是 A 产品，将 B 产品和 C 产品折算为 A 产品采用的方法是单价比例法。试采用标准产品法确定多品种的保本点和保利点以及单一品种的保本点和保利点。

分析过程和结果如下：

1. 计算该公司的标准产品总量

标准产品总量 = 标准产品量 + 非标准产品量 × 折算率

其中，单价比例法下，折算率 = 非标准产品单价 ÷ 标准产品单价

本例中，B 产品的折算率 = 30 ÷ 20 = 1.5，C 产品的折算率 = 50 ÷ 20 = 2.5，则：

标准产品总量 = 150 000 + 40 000 × 1.5 + 20 000 × 2.5

= 260 000（件）

2. 计算该公司的标准单位变动成本

标准单位变动成本 = 各种产品的变动成本总和 ÷ 标准产品总量

=（150 000 × 16 + 40 000 × 20 + 20 000 × 25）÷ 260 000

= 14.23（元）

3. 计算该公司的标准保本销售量和保本销售额

$$标准保本销售量=\frac{固定成本}{标准产品单价-标准单位变动成本}$$

$$=\frac{700\ 000}{20-14.23}$$

$$=121\ 317（件）$$

标准保本销售额 = 标准保本销售量 × 标准产品单价 = 121 317 × 20 = 2 426 340（元）

标准保本销售额的计算结果与上述综合边际贡献率法下保本销售额的计算结果2 426 343元基本一致，只是尾数有一点误差而已。

4. 计算该公司的标准保利销售量和保利销售额

$$标准保利销售量=\frac{固定成本+目标利润}{标准产品单价-标准单位变动成本}$$

$$=\frac{700\ 000+1\ 300\ 000}{20-14.23}$$

$$=346\ 620（件）$$

标准保利销售额 = 标准保利销售量 × 标准产品单价 = 346 620 × 20 = 6 932 400（元）

标准保利销售额的计算结果与上述综合边际贡献率法下保利销售额的计算结果6 932 409元基本一致，只是尾数有一点误差而已。

各种单一产品的保本销售额、保本销售量、保利销售额、保利销售量的计算方法与【例 13－19】相同，计算结果也仅有微小误差而已，这里不再重复计算。

3. 固定成本分摊法

固定成本分摊法是指先将公司的固定成本按照一定的方法分摊给各个单一产品，然后再按照单一品种保本点和保利点的确定方法来确定各个单一品种的保本点和保利点的一种方法。其中，计算保利点时还需要按照一定的方法将目标利润分摊给各个单一产品。固定成本和目标利润的分摊方法主要有销量比例法和销售收入比例法等。

【例 13－21】 承【例 13－19】，假定该公司按照销售收入比例法来分摊固定成本，试确定 A、B、C 三种产品的保本销售量、保本销售额、保利销售量、保利销售额。

分析过程和结果如下：

1. 将固定成本 700 000 元分摊给 A、B、C 三种产品

固定成本分摊率 = 固定成本总额 ÷ 销售收入总额 = 700 000 ÷ 5 200 000 = 13.4615%

某种产品应分摊的固定成本额 = 该种产品销售收入 × 固定成本分摊率

A 产品应分摊的固定成本额 = 3 000 000 × 13.4615% = 403 846（元）

B 产品应分摊的固定成本额 = 1 200 000 × 13.4615% = 161 539（元）

C 产品应分摊的固定成本额 = 1 000 000 × 13.4615% = 134 615（元）

2. 将目标利润 1 300 000 元分摊给给 A、B、C 三种产品

目标利润分摊率 = 目标利润额 ÷ 销售收入总额 = 1 300 000 ÷ 5 200 000 = 25%

A 产品应分摊的目标利润 = 3 000 000 × 25% = 750 000（元）

B 产品应分摊的目标利润 = 1 200 000 × 25% = 300 000（元）

C 产品应分摊的目标利润 = 1 000 000 × 25% = 250 000（元）

3. 分别计算 A、B、C 三种产品的保本销售量和保本销售额

$$A\text{产品保本销售量}=\frac{A\text{产品应分摊的固定成本}}{A\text{产品单价}-A\text{产品单位变动成本}}$$

$$=\frac{403\ 846}{20-16}$$

$$=100\ 962\text{（件）}$$

$$A\text{产品保本销售额}=A\text{产品保本销售量}\times A\text{产品单价}=100\ 962\times 20=2\ 019\ 240\text{（元）}$$

$$B\text{产品保本销售量}=\frac{B\text{产品应分摊的固定成本}}{B\text{产品单价}-B\text{产品单位变动成本}}$$

$$=\frac{161\ 539}{30-20}$$

$$=16\ 154\text{（件）}$$

$$B\text{产品保本销售额}=B\text{产品保本销售量}\times B\text{产品单价}=16\ 154\times 30=484\ 620\text{（元）}$$

$$C\text{产品保本销售量}=\frac{C\text{产品应分摊的固定成本}}{C\text{产品单价}-C\text{产品单位变动成本}}$$

$$=\frac{134\ 615}{50-25}$$

$$=5\ 385\text{（件）}$$

$$C\text{产品保本销售额}=C\text{产品保本销售量}\times C\text{产品单价}=5\ 385\times 50=269\ 250\text{（元）}$$

4. 分别计算A、B、C三种产品的保利销售量和保利销售额

$$A\text{产品保利销售量}=\frac{A\text{产品应分摊的固定成本}+A\text{产品应分摊的目标利润}}{A\text{产品单价}-A\text{产品单位变动成本}}$$

$$=\frac{403\ 846+750\ 000}{20-16}$$

$$=288\ 462\text{（件）}$$

$$A\text{产品保利销售额}=A\text{产品保利销售量}\times A\text{产品单价}=288\ 462\times 20=5\ 769\ 240\text{（元）}$$

$$B\text{产品保利销售量}=\frac{B\text{产品应分摊的固定成本}+B\text{产品应分摊的目标利润}}{B\text{产品单价}-B\text{产品单位变动成本}}$$

$$=\frac{161\ 539+300\ 000}{30-20}$$

$$=46\ 154\text{（件）}$$

$$B\text{产品保利销售额}=B\text{产品保利销售量}\times B\text{产品单价}$$

$$=46\ 154\times 30=1\ 384\ 620\text{（元）}$$

$$C\text{产品保利销售量}=\frac{C\text{产品应分摊的固定成本}+C\text{产品应分摊的目标利润}}{C\text{产品单价}-C\text{产品单位变动成本}}$$

$$=\frac{134\ 615+250\ 000}{50-25}=15\ 385\text{（件）}$$

$$C\text{产品保利销售额}=C\text{产品保利销售量}\times C\text{产品单价}=15\ 385\times 50=769\ 250\text{（元）}$$

将【例13－21】计算所得的各种产品的保本销售量、保本销售额、保利销售量、保利销售额与【例13－19】计算所得的各种产品的保本销售量、保本销售额、保利销售量、保利销售额进行比较，如表13－18所示。

表 13－18　某公司 A、B、C 三种产品保本点、保利点采用不同计算方法的结果比较

产品种类	计算指标	【例 13－21】的计算结果	【例 13－19】的计算结果
A 产品	保本销售量（件）	100 962	69 988
	保本销售额（元）	2 019 240	1 399 757
	保利销售量（件）	288 462	199 965
	保利销售额（元）	5 769 240	3 999 307
B 产品	保本销售量（件）	16 154	18 667
	保本销售额（元）	484 620	560 000
	保利销售量（件）	46 154	53 333
	保利销售额（元）	1 384 620	1 600 000
C 产品	保本销售量（件）	5 385	9 332
	保本销售额（元）	269 250	466 586
	保利销售量（件）	15 385	26 662
	保利销售额（元）	769 250	1 333 102

由表 13－18 可知，A 产品的保本点、保利点，【例 13－21】的计算结果比【例 13－19】的计算结果提高很多；而 B 产品、C 产品的保本点、保利点，【例 13－21】的计算结果却比【例 13－19】的计算结果降低很多。出现这种比较结果的原因主要是，【例 13－21】先分摊固定成本和目标利润，然后再计算保本点和保利点，而且固定成本和目标利润是按照销售收入的比例来分摊的。由于 A 产品的产量很大、销售收入也很高，因此，A 产品分摊到的固定成本和目标利润就很多，其保本点和保利点就提高了。而【例 13－19】是根据综合边际贡献率来计算总的保本点和保利点，然后再按照销售收入的比重将总的保本点和保利点分配给各种产品，由于 B 产品、C 产品的单位边际贡献都比 A 产品大，所以，【例 13－19】中，B 产品、C 产品的保本点、保利点就比 A 产品的保本点、保利点高。由此可见，计算方法不同，保本点和保利点的高低也不同，选择正确的计算方法，对公司准确地把握保本点和保利点有着非常重要的意义。

此外，在采用固定成本分摊法时，固定成本的分摊应注意以下几点：（1）如果各种产品均有或只有某种产品有专属固定成本，应首先将专属固定成本分摊到各种相应产品，然后再按照一定的方法分摊各种产品共有的固定成本。（2）在产品种类繁多的情况下，公司可按产品类别来分摊共有的固定成本。（3）固定成本不管按何种方法分摊，都有可能出现分配不公的问题，因此，固定成本分摊法一般只适用于专属固定成本较多、共有固定成本较少的多品种条件下保本点和保利点的确定。

第六节　公司生产风险管理

一、生产风险的概念

生产风险是指公司在生产过程中由于原材料供应、机器设备、生产系统、生产流程、生

产技术、市场环境等各个方面存在的难以预料的不确定性而导致的风险。生产风险的存在可能会直接威胁到公司生产的正常开展，导致公司无法按期完成生产任务。

生产风险主要包括以下几个方面：

（一）人为风险

人为风险是指由于人为因素而导致公司生产出现不确定性的风险。例如，由于不能及时采购原材料导致生产延误；由于工人的技术掌握不扎实导致工序出错；在对产品、半成品管理时出现管理不到位现象而发生损失；公司缺乏安全意识，无法保障安全生产管理，导致出现安全问题等。

（二）市场风险

市场风险是指由于市场的环境变化而可能给公司生产带来的风险。例如，原材料的价格上涨导致原材料采购成本上升；产品市场供过于求导致公司的生产停工等。

（三）技术风险

技术风险是指由于公司的生产技术落后，生产工艺制作不当等而导致公司的生产过程面临的风险。

（四）意外风险

意外风险是指由于意外事件而给公司带来的不确定或损失，如火灾、自然灾害、战争、社会性安全事件等。

二、生产风险管理措施

（一）制定严密的生产计划，实行生产全过程管理

公司应该根据自身生产力水平以及市场环境状况，严格编制年度、月度的生产计划，明确生产的具体要求，生产计划中还应该对生产过程中可能出现的各种不确定性提前进行预测，综合考虑每一种可能会出现的生产风险，并事先制定相应的应对策略。在生产活动过程中生产部门应该根据生产计划组织生产，一旦出现实际生产与生产计划存在偏差的，要及时找出原因，进行纠偏，将风险控制在最小范围。

实行生产的全过程管理，不仅生产部门需要参与生产管理，技术部门、财务部门、采购部门、销售部门等其他部门都应该参与到生产管理过程中来，要将风险管控落实到个人，强调全员参与、全员控制，严控生产风险。

（二）落实成本精细化管理和标准成本控制

加强对公司成本的管理，进行成本的精细化管理也是生产风险管理的措施之一。传统的成本控制方法试图通过单纯的成本节约来控制发生的成本支出，但是这种成本控制方法往往只治标不治本。

进行成本精细化管理，可以做到事前预防，事中控制，事后调整。构建健全的成本管理体系，对成本动因进行深入分析；实现精细化的成本分摊，明确责任成本，在公司内部建立成本管理的分工协作，落实降本目标，实现全员参与的成本管控。值得注意的是，成本的精细化管理，需要以信息化手段作为辅助，可以通过 ERP 系统中的生产管理模块，来满足生产现场管理的记录要求。

标准成本控制是成本控制中应用最为广泛和有效的一种成本控制方法，进行标准成本控制可以有效地优化成本、管控成本，有助于提高公司的成本管理精细化水平，有效防范生产风险。通过合理科学地制定标准成本，控制每一项成本的实际支出，将实际成本与标准成本进行比较，计算成本差异，并分析造成成本差异的原因，明确造成成本差异的责任归属，采取问责制或采取其他措施进行改进。

（三）进行技术改造升级

在传统的生产方式中，公司的生产技术和机器设备落后，不仅导致产品的质量低下，生产成本上升，加大了公司的生产风险，而且还会导致公司的市场竞争力下降，限制了公司的长远发展。

随着社会经济的不断发展，公司传统的生产方式已经难以适应市场的要求，如果公司不进行技术改造，很快就会被市场淘汰。因此，公司必须实施技术改造，加大技术改造投入，对机器设备等进行改造升级，提高公司的智能化水平，通过构建智能化生产线、智能化生产车间，提高生产效率。技术改造升级有助于促进公司的转型升级，降低公司的生产风险，提高公司的市场竞争力，实现公司的高质量发展。

（四）建立信息化的生产风险监控体系

在传统的风险控制体系下，各个部门的信息只能依靠纸质资料传递，在公司内部会出现信息孤岛，难以随时对公司生产过程中出现的风险进行及时的监控和事先预警，只能靠人为识别风险和监控，不仅工作效率低下，还可能会出现风险应对不及时而导致公司生产经营遭受重创的现象。

而通过建立信息化的风险监控体系，可以实现风险信息化管理，不仅能够为公司的生产风险防范和预警指示方向，还可以通过信息化手段对风险的识别、上报、处置、整改等过程进行严格的管理和监督。通过信息化管理手段可以随时监控生产过程各个环节可能存在的问题，并能够根据系统中搜集的数据及时对风险进行分析，及时制定相应的应对策略，从而能够大大降低公司的生产风险。

复习思考题

1. 为什么要进行生产活动管理？
2. 材料的发出计价方法有哪些？各种方法的优缺点是什么？
3. 在制定直接材料标准成本时需要考虑哪些因素？
4. 简述制造费用分配方法的优缺点。
5. 亏损产品是否一定要停产或转产？如何决策？
6. 什么是保本点和保利点？
7. 如何对公司的生产风险进行防范？

课外作业题

1. 某公司的材料发出采用先进先出法计价，2 月该公司发生的 A 材料业务如下：5 日采购部门购进 A 材料 600 件，单价 2 元；8 日采购部门购进 A 材料 400 件，单价 2.5 元；12 日生产车间领用 A 材料 400 件；14 日采购部门购进 A 材料 200 件，单价 2 元；19 日生产车间领用 A 材料 300 件；23 日采购部门购进 A 材料 500 件，单价 2.5 元；26 日生产车间领用 A 材料 500 件；27 日采购部门购进 A 材料 350 件，单价 2.1 元；30 日生产车间领用 A 材料 400 件。

要求：计算该公司每次领用材料的成本以及 2 月末的最终结存成本。

2. 某公司 2 月末结存 B 材料 550 元，库存数量 300 件。3 月 1 日，采购部门购入该材料 250 件，单价 2 元；7 日采购部门购入该材料 400 件，单价 1.8 元；10 日生产车间领用该材料 500 件；16 日采购部门购入该材料 150 件，单价 2.5 元；20 日生产车间领用该材料 400 件。该公司采用全月一次加权平均法计算发出材料的成本，请计算该公司 3 月发出材料的成本以及 3 月末结存材料的成本。

3. 某公司生产甲、乙两种产品，某种原材料的单价为 75 元，该原材料实际消耗 800 千克，合计消耗额为 60 000 元。该公司生产甲产品 450 件，乙产品 550 件，甲产品的消耗定额为 2 千克/件，乙产品的消耗定额为 5 千克/件，两种产品的生产均采用计时工资制度，两种产品的计时工资总额为 500 000 元，生产甲、乙两种产品分别需要耗用工时 24 000 小时和 16 000小时。

要求：计算该原材料的材料消耗量分配率以及两种产品应分配的材料费用和工资费用。

4. M 公司一直产销乙产品，其生产能力未充分利用，剩余生产能力为 9 600 个工时，公司现考虑生产新产品 A 或新产品 B，这两种新产品的相关资料如表 13－19 所示。请根据以上资料，分析公司在不压缩乙产品生产规模的情况下应该生产 A 产品还是 B 产品。

表 13－19　　M 公司两种新产品的相关资料

产品	A	B
单价（元）	18	20
单位变动成本（元）	11	12
单位定额工时（小时）	4	5

5. 某公司经营 A、B、C 三种产品，目标利润为 3 000 000 元，其他相关资料如表 13－20 所示。

表 13－20　　某公司 A、B、C 三种产品相关资料　　金额单位：元

产品	销售量（件）	单价	单位变动成本	销售收入	边际贡献	边际贡献率	固定成本
	①	②	③	④＝①×②	⑤＝①×（②－③）	⑥＝⑤÷④	⑦
A	600 000	20	16	12 000 000	2 400 000	20%	
B	100 000	30	20	3 000 000	1 000 000	33.33%	
C	50 000	50	25	2 500 000	1 250 000	50%	
合计	—	—	—	17 500 000	4650 000	26.57%	2 000 000

请按照综合边际贡献率法计算该公司的多品种保本销售总额、单一品种保本销售额、单一品种保本销售量以及多品种保利销售总额、单一品种保利销售额、单一品种保利销售量。

第十四章

公司销售活动管理

内容简介

本章主要介绍销售活动管理的概念、目标，销售费用的归集及其管理措施，价格决策和应收账款决策的方法，以及公司销售活动中可能存在的风险及其防控措施。

学习目标

通过本章的学习，要求了解销售活动管理的概念和目标，了解销售费用的归集与分配方法，掌握价格决策和应收账款决策的方法，了解公司在销售过程中可能面临的风险及其管控措施。

第一节　公司销售活动管理概述

一、销售活动管理的概念

销售活动是公司经营的最终环节，公司最终经济效益的实现离不开销售活动的管理。销售活动管理的概念有广义和狭义之分。广义的销售活动管理是指对公司的整个产品销售过程进行计划、组织、执行以及控制的过程，包括销售计划的制定、销售活动的开展、广告策划、销售货款的追回等。而狭义的销售活动管理是指对公司销售活动过程中的销售费用、销售决策以及销售风险进行的管理。广义的销售活动管理概念贯穿公司销售活动的整个流程，狭义的销售活动管理则是从公司财务管理的视角进行界定。

二、销售活动管理的目标

销售活动管理的目标是降低公司的销售费用，提高公司经营绩效，有效防范公司在销售过程中可能面临的风险，将风险最小化，以实现公司的利润最大化目标。

（一）降本增效目标

销售费用是公司期间费用中占比较大的费用，与公司的利润息息相关，降低销售费用是销售活动管理的重要目标之一。通过销售活动管理增强公司内部对销售费用管理的意识，通过制定销售费用计划、编制销售费用预算、设定销售费用定额等措施提前规划好各项销售费用的支出情况；在销售活动中严格按照销售费用计划对销售活动中发生的各项费用进行控制和调整，定期进行销售费用分析，寻找降费增效的空间；建立销售费用监督机制，严控非必要的支出，对于费用异常的情况要进行动因分析，并采取控制措施。

（二）销售风险最小化目标

由于市场环境和公司内部环境的不确定性等原因，公司在开展销售活动的过程中会面临各种各样的风险，如何防范销售风险，将销售风险最小化是销售活动管理的另一重要目标。在销售活动管理过程中，设置销售风险的预警机制，对可能出现的各种风险进行原因分析，并针对不同的风险采取不同的应对策略。当风险出现时，迅速作出反应，并采取应对策略及时控制风险，将风险可能对公司销售活动造成的危害降至最低，保证销售活动的正常、有序进行。

（三）公司利润最大化目标

公司生产经营的目的是盈利，最终目标是实现公司的利润最大化。因此，销售活动管理的最终目标就是实现公司的利润最大化。在销售活动管理过程中，通过对销售费用进行管理和控制，降低公司的期间费用，提升公司的盈利空间，最终实现公司的利润最大化。通过对销售活动进行决策，选择最优的销售方案开展销售活动，降低公司成本，提高公司绩效。通过对销售过程中可能出现的风险进行防范和控制，对可能会影响公司产品销售的不确定性因素进行控制，最大限度地保证销售活动的顺利进行，促进公司利润最大化目标的实现。

第二节　公司销售费用管理

一、销售费用的概念

销售费用是指公司在销售产品的过程中发生的各种费用，以及公司为销售产品而设立的销售机构（包括销售网点、售后服务网点等）发生的员工工资及福利、房租等各方面的经营费用。

销售费用一般可以分为以下几个方面：（1）销售部门（销售网点、售后服务网点等）发生的员工工资及福利；（2）销售部门（销售网点、售后服务网点等）发生的租赁费、水电费、固定资产折旧与摊销费等；（3）产品的包装费；（4）产品的运输费和装卸费；（5）产品的展览费、广告费等促销费用。

二、销售费用的归集和结转

销售费用属于期间费用，与产品的制造过程无关，在发生时不直接归属于某种特定的产品，因此不能直接归集到产品成本中，不参与产品成本的核算过程。销售费用与产品的经营管理和销售有关，应当直接列入当期利润表。公司应当设置“销售费用”科目用以反映公司在销售产品过程中发生的各项费用，年末，“销售费用”科目余额结转至“本年利润”科目，结转后，“销售费用”科目及其明细科目应该没有余额。

公司应该设置销售费用明细账来登记和反映公司当期发生的销售费用情况。销售费用明细账的大致格式如表 14－1 所示。

表 14－1 销售费用明细账

20××年×月 单位：元

摘要	职工薪酬	租赁费	水电费	包装费	运输及装卸费	广告促销费	固定资产折旧及摊销	合计	转出	余额

三、销售费用管理措施

（一）强化销售费用控制意识

销售费用属于期间费用，不计入产品的成本，许多公司销售费用管理意识较差，在管理过程中往往容易忽略对销售费用的管理和控制，更多地将成本费用的控制重心放在产品成本的管理和控制上。需要注意的是，销售费用虽然不直接计入产品生产成本中，但是实际上销售费用在公司的成本费用中仍占据较大的比重，销售费用的管理不容忽视。

对销售费用进行管理首先应该要加强公司和员工的销售费用控制意识，提高公司内部对销售费用管理的重视度。将销售费用管理目标进行任务分解，按照相关人员进行层层分解，强调全员参与意识，将销售费用管理任务落实到个人。明晰相关部门和相关人员的职责，可以通过将销售费用管理任务与部门绩效、个人绩效相挂钩等激励方法来促进公司内部加强对销售费用的管理。

（二）制定销售费用管理计划，实行定额管理制度

由财务部门牵头，联合销售部门制定科学、合理的销售费用计划，作为对后续销售活动中发生的销售费用进行管理和控制的依据。公司在制订销售费用管理计划时，不仅要基于公司自身的实际情况，而且还要参考同行业公司的销售费用控制情况，特别是参考与本公司生产规模类似、市场竞争地位相近的同行业公司的销售策略情况。此外，还可以参考同地区公司或是同一经济区域公司的情况。

销售费用计划中要明确包装、运输、装卸、广告支出等各个环节可能会发生的费用情况，各项预算的用途和金额必须明晰，要严格控制非必要的费用支出。实行销售费用定额管理制度，每个会计期间都要设定销售费用的定额上限。销售部门应该根据销售费用计划和销售费用限额来组织销售活动，对于发生的每一项费用支出都应该做到有据可依，对于超限额的情况需要进行说明，并且需要经相关部门领导审批。

（三）定期进行销售费用分析，寻找降费增效空间

在销售活动管理过程中，公司需要定期对销售费用的各项支出情况进行分析，寻找可能

的降费增效空间。

通过对销售费用的历史变动趋势进行分析，将销售费用与上期或上年同期进行对比，分析当期发生的销售费用的变化情况，并且针对这些变化进行动因分析，对于非必要原因导致的销售费用增加，不仅在未来的销售活动中要严格缩减，而且还应该追究相关人员的责任。

通过对销售费用的结构进行分析，了解销售费用的构成是否合理，是否存在某些销售费用项目支出过大的问题。如果发现广告支出金额过高，应及时进行调整，广告虽然能够扩大公司的知名度，但是也应对其进行合理的控制，过高的广告支出会导致公司的利润下降，出现适得其反的效果。通过对销售费用中固定费用项目与变动费用项目进行分析，定位需要降费的项目。一般来说，销售费用中最容易发生费用过高的项目包括差旅费、业务招待费、市场推广费等变动项目。针对这些项目，公司应该制定具有针对性的降费规划。

此外，公司还可以通过与同行业公司和同地区公司的销售费用进行对比分析，建立参考系，判断相较于这些公司，本公司发生的销售费用是否合理，是否存在问题。可以参考同行业的销售费用发生情况，挖掘费用降低的空间，及时调整控制本公司的销售费用。

（四）建立销售费用的监督制度

建立销售费用的监督制度，对日常销售费用的实际发生情况进行及时的监督，控制非必要的支出，保证销售费用的合理、有效使用，降低销售费用。尤其要重点关注可能的降费项目，对这些项目进行控制，尽可能地降低费用。对销售费用的异常情况要及时进行分析，了解明细的费用情况，以便及时找寻原因进行控制。

销售费用的监督制度不仅需要对销售费用进行监督和控制，而且还需要对设立的销售网点和售后服务网点进行监督，根据公司的生产计划和实际生产情况判断销售网点和售后服务网点的设置是否合理，是否存在组织资源浪费的情况。如果存在资源浪费的现象，需要对组织结构进行优化，缩减多余的销售网点和售后服务网点，降低网点门店的开支，以降低销售费用。

建立严格的报销管理制度与规定，如建立差旅费报销制度、业务招待费报销制度等，从制度上规范费用的发生，限制不合理费用的支出，从而降低销售费用。

第三节 公司销售决策管理

一、价格决策

（一）影响价格的基本因素

一种产品的价格制定得是否合理，往往决定了该产品能否为市场所接受，并直接影响该产品在市场上的竞争力及占有率。一般而言，影响价格的因素包括：

1. 成本因素

成本是影响产品价格制定的最基本因素。从长期来看，产品价格应等于总成本加上合理的利润，否则公司收不抵支，无利可图，就会停止该产品的生产；从短期来看，公司应根据成本结构，确定公司产品价格，即产品价格必须高于平均变动成本，以便掌握盈亏情况，减少经营风险。

2. 需求因素

市场需求与价格的关系可以简单地用市场需求潜力与需求价格弹性来反映。市场需求潜力是指在一定的价格水平下，市场需求可能达到的最高水平。需求价格弹性是指在其他条件不变的情况下，某种商品的需求量随其价格的升降而变动的程度，它是需求变化率与价格变化率之比。需求价格弹性大的商品，其价格的制定和调整对市场需求影响大，需求价格弹性小的商品，其价格的制定和调整对市场需求的影响小。

3. 产品的市场周期因素

产品的市场周期包括四个阶段，即投入期、成长期、成熟期、衰退期。产品在投入期的价格，既要补偿高成本，又要能为市场所接受；成长期和成熟期正是扩大产品销量，占领市场的大好时机，应采用稳定价格策略；进入衰退期后，一般应采取降价措施，以便充分挖掘老产品的经济效益。

4. 政策法规因素

每个国家对市场物价的高低和变动都有限制和法律规定，公司应充分了解本国及出口国有关物价方面的政策和法规，并以此作为自己制定定价策略的依据。

5. 竞争因素

产品竞争的激烈程度不同，对定价的影响也不相同，竞争越激烈，对价格的影响越大。公司要做好产品定价工作，必须充分了解竞争对手的情况，如竞争对手的实力及其定价策略。

（二）产品的定价方法

1. 标准产品定价方法

标准产品定价方法有很多种，主要有成本导向定价法、需求导向定价法和竞争导向定价法。

（1）成本导向定价法。在实际工作中，运用较多的是以成本为基础的定价方法。成本是公司生产和销售产品所发生的各项费用的总和，是构成产品价格的基本因素，也是产品价格的最低限度。采用以成本为基础的定价方法，是基于这样一种观念：售价必须补偿全部生产、管理及销售成本，并为公司提供合理的利润，以维持公司的生存和发展。这种方法包括成本加成定价法和目标利润定价法。

①成本加成定价法。成本加成定价法是指在单位产品成本的基础上，按一定的加成率计算相应的加成额，进而确定商品价格的方法。其价格计算公式如下：

价格 = 单位产品成本 + 加成额 = 单位产品成本 × （1 + 加成率）

其中，由于成本计算有全部成本法与变动成本法之分，按两种不同的成本计算法所求得的单位产品成本的内涵各不相同，故成本加成定价法又分为完全成本加成定价法和变动成本加成定价法。

完全成本加成定价法是指按产品的完全成本，加上一定百分比的销售利润，作为确定产品销售价格的依据。这种定价方法计算简单，易于操作，并且可以使公司全部成本获得补偿，为公司提供一定的利润。其计算公式是：

单位产品销售价格 = 产品预计单位完全成本 × （1 + 利润加成百分比）

【例 14－1】 A 公司计划生产销售 B 产品 10 000 件，该产品预计单位变动成本为：直接材料 10 元，直接人工 8 元，变动性制造费用 7 元，固定成本总额为 75 000 元，预计利润总额按完全成本总额的 10% 予以加成。试确定 B 产品的销售价格。

计算过程和结果如下：

$$B\text{产品的销售价格} = \left(10 + 8 + 7 + \frac{75\ 000}{10\ 000}\right) \times (1 + 10\%) = 35.75\ (\text{元/件})$$

变动成本加成定价法是指按单位产品的变动成本，加上一定的加成率来确定产品销售价格。其计算公式为：

$$\text{单位产品销售价格} = \text{单位产品变动成本}\ (1 + \text{加成率})$$

其中：

$$\text{加成率} = \frac{\text{目标利润} + \text{固定成本}}{\text{产量} \times \text{单位产品变动成本}} \times 100\%$$

【例 14－2】 A 公司 C 产品的有关资料为：预计产量 10 000 件；直接材料 140 000 元，单位产品直接材料为 14 元；直接人工 100 000 元，单位产品直接人工为 10 元；变动制造费用 80 000 元，单位产品变动制造费用为 8 元；固定制造费用 160 000 元，单位产品固定制造费用为 16 元；变动销售及管理费用 40 000 元，单位产品耗用为 4 元；固定销售及管理费用 30 000 元，单位产品耗用为 3 元。公司经分析后拟定该产品的目标利润为 170 000 元，试计算该产品的销售价格。

计算过程和结果如下：

$$\text{加成率} = \frac{170\ 000 + (160\ 000 + 3\ 0000)}{10\ 000 \times 36} \times 100\% = 100\%$$

$$\text{价格} = (14 + 10 + 8 + 4) \times (1 + 100\%) = 72\ (\text{元/件})$$

②目标利润定价法。目标利润定价法是根据保利销售量的计算公式来确定产品销售价格的方法。保利销售量的计算公式如下：

$$Q = \frac{F + Y}{P \times (1 - T) - V}$$

式中：Q 为保利销售量，F 为固定成本，Y 为目标利润，P 为保利销售价格，V 为单位变动成本，T 为销售税率。

由上式可推导出保利销售价格的计算公式如下：

$$P = \frac{F + Y + V \times Q}{Q \times (1 - T)}$$

上式中，撤掉目标利润 Y 这个变量，就得到保本销售价格 P_0 如下：

$$P = \frac{F + V \times Q}{Q \times (1 - T)}$$

【例 14－3】 A 公司生产某种产品，固定成本为 40 000 元，目标利润为 60 000 元，单位变动成本为 5 元，销售税率为 10%，预计销售量为 50 000 件，试确定该产品的保利销售价格和保本销售价格。

计算过程和结果如下：

$$\text{保利销售价格} = \frac{40\ 000 + 60\ 000 + 50\ 000 \times 5}{50\ 000 \times (1 - 10\%)} = 7.78\ (\text{元})$$

$$\text{保本销售价格} = \frac{40\ 000 + 50\ 000 \times 5}{50\ 000 \times (1 - 10\%)} = 6.44\ (\text{元})$$

（2）需求导向定价法。需求导向定价法是以消费者对商品的需求或对商品价值的理解和认识程度，以及可能支付的价格水平为依据来确定商品价格的一种方法。主要有以下几种方法：

①需求价格倒推法。需求价格倒推法又称可销价格倒推法，是公司通过市场调研和价格预测，先确定商品的消费者价格（市场可销售价格），再依据此价格向后推定经营者价格（批发价格）和生产者价格（出厂价、收购价）的定价方法。其特点是：市场需求不是按公司实际成本制定价格，所以价格有更大的可行性。其计算公式为：

出厂价（收购价）= 市场可销零售价 - 批零差价 - 进销差价

②需求差别定价法。需求差别定价法又称价格区别对待法，是公司在具有不同需求弹性的市场上，对同一商品采用不同价格或对不同商品确定不同的成本利润比例的定价方法。其通常有以下几种类型：

第一，以消费者收入为基础的差别定价法。消费者的收入水平不同，其收入弹性也有所不同。一般而言，低收入的消费者对市场上商品价格的变动比较敏感，而高收入者对价格变动的敏感程度较低。因此，公司应针对不同收入的顾客，区别对待，以适应收入弹性强弱不同的消费者群体。

第二，以商品式样、用途为基础的差别定价法。一般来说，式样新颖的产品要比式样陈旧的产品的价格要高。

第三，以地理位置为基础的差别定价法。在不同的地理位置上商业成本不同，因此同一商品在同一城市的不同位置商店中可以按不同的价格出售。在中心商业区的商品价格可以高些，而在居民区的销售价格可以低些。

第四，以时间为基础的差别定价。人们在不同的时间里，对商品的需求程度有明显的区别。因此，同一商品可以根据不同时间制定不同价格。

③理解价值定价法。理解价值定价法是指以消费者对商品价值的理解和认识程度为依据确定商品价格的方法。其基本思路是：定价的关键在于消费者对商品价值的理解水平，而不是公司的成本。因此，公司在确定商品价格时，首先要估测该商品在消费者心目中的价格水平，然后以此为依据来确定商品的价格。

（3）竞争导向定价法。竞争导向定价法是以同行业竞争对手的价格作为制定公司同类产品价格依据的一种定价方法。这种定价方法包括积极开展竞争的定价方法和小心应付竞争的定价方法两大类。具体有竞争投标定价法和相关商品定价法。

2. 特别订货定价方法

特别订货定价是指公司在完成正常的销售任务后，生产能力尚有富余，此时遇到一些出价比较低的临时订货，公司是否按其出价接受订货。对特别订货的定价，应区别不同的情况予以确定。具体方法有以下几种：

（1）只利用暂时闲置的生产能力而不减少正常销售时，按以下方法定价：

特别订货价格 > 单位变动成本

公司由此增加的利润为：特别订货单位边际贡献 × 特别订货数量

【例 14-4】 A 公司只生产 B 产品，生产能力为 200 件，正常产销量为 160 件，固定成本为 1 600 元，单位变动成本为 40 元，正常销售价格为 70 元，现在某客商欲订 40 件，但最高出价每件只为 45 元，问此项订货应否接受。

分析过程和结果如下：

特别订货价格 45 元 > 单位变动成本 40 元，故此项订货可接受。

（2）利用闲置的生产能力，并暂时减少部分正常销售以接受特别订货，按以下方法定价：

$$特别订货价格 > 单位变动成本 + \frac{因减少正常销量而损失的边际贡献额}{特别订货数量}$$

由此增加的利润为：

$$特别订货单位边际贡献特别订货数量 - 因减少正常销量而损失的边际贡献额$$

【例 14-5】 承【例 14-4】，假设 A 公司接到 B 产品的订货为 50 件，最高出价仍为 45 元，问应否接受订货？

分析过程和结果如下：

公司的剩余生产能力只有 40 件，如果再接受 50 件的订货，必须减少正常产量中的 10 件，因此而损失的边际贡献额为 (70-40) ×10 = 300（元）。这时：

由于特别订货价格 45 元 $<46\left(40+\frac{(70-40)\times 10}{50}\right)$ 元，故不能接受此项订货。

（3）利用暂时闲置生产能力转产其他产品，需要增加专属固定成本，按以下方法定价：

$$转产产品价格 > 单位变动成本 + \frac{新增专属固定成本}{转产产品数量}$$

由此增加的利润为：

$$转产产品单位边际贡献 \times 转产产品数量 - 新增专属固定成本$$

【例 14-6】 承【例 14-4】，某客商向 A 公司订购 C 产品 30 件，出价每件为 45 元，该公司利用闲置生产能力并增加专属固定成本 240 元后即可生产，C 产品的单位变动成本为 30 元。试分析是否可以接受此项订货。

计算过程和结果如下：

因转产产品价格 45 元 $>38\left(30+\frac{240}{30}\right)$ 元，故可接受此项订货，这样，可获得的新增利润为 (45-30) ×30-240 = 210（元）。

二、应收账款决策

应收账款是指公司因销售商品、提供劳务等应向购货单位或接受劳务单位收取的款项。应收账款的产生是公司采取赊销政策的结果。公司采取赊销政策的目的是增加公司的销售量，扩大市场份额，提高知名度，从而增加公司的收益。由于采取赊销政策增加应收账款而带来的收益，称为应收账款收益。应收账款的增加既有可能增加公司的成本，也有可能给公司带来收益。因此，必须加强应收账款的管理，权衡应收账款成本和应收账款收益的大小，并据以制定应收账款政策，最大限度地提高应收账款投资的净收益。

（一）应收账款的成本

应收账款是公司短期投资的重要组成部分，其成本主要包括以下几个方面：

1. 持有成本

持有成本也称为机会成本，是指由于公司将资金投放于应收账款而放弃其他投资机会所丧失的收益。通常情况下，其他投资机会的收益主要是以有价证券的投资收益率为标准来衡量。因此，应收账款的持有成本必须考虑以下三个因素：应收账款数额的大小、有价证券的利息率或报酬率、应收账款结算时间的长短。

2. 管理成本

应收账款的管理成本主要包括：调查客户资信情况而花费的费用；收集各种信息的费用；应收账款的收账费用；其他管理费用。一般来说，公司的应收账款越多，其管理成本也越大。

3. 坏账损失成本

坏账损失是指由于债务人破产、解散以及其他各种原因致使公司无法收回应收账款所造成的损失。坏账损失在公司采取赊销手段销售商品时，是不可避免的。坏账损失成本一般与应收账款的数量有关，即应收账款越多，发生坏账损失的概率就越大。

（二）应收账款政策的制定

应收账款政策又称为信用政策，是指公司为了对应收账款进行管理和控制而制定的行为准则。信用政策一般由信用标准、信用条件和收账政策组成。公司要加强对应收账款的管理，就必须事先制定合理的信用政策。

1. 信用标准

（1）信用标准的制定。信用标准是公司同意向客户提供商业信用而提出的基本要求。它规定了公司向客户提供商业信用的标准，即当客户满足这些标准时，公司就对其采取赊销手段；反之，则采取现销手段。信用标准一般以预期的坏账损失率作为判断标准。一般来说，如果信用标准高，公司允许的坏账损失率就低，公司只愿意向信誉良好的客户提供赊销，这样，公司遭受坏账损失的可能性就会降低。但是，如果采取较严的信用标准，符合标准的客户就会大大减少，这就势必造成公司销售量的下降，增加产品的库存，从而影响公司的竞争力。另外，如果采取较宽松的信用标准，公司愿意向信誉较差的客户提供赊销，公司的销售量就有可能会增加，产品的市场占有率也得以提高，但是，公司面临坏账损失的可能性也会增大。因此，制定最优的信用标准，需要比较信用标准变化带来的收益和成本。只有当收益大于成本时，这个信用标准才是可取的。公司应根据具体情况进行取舍。

【例 14-7】 A 公司 20××年的经营情况和信用标准如表 14-2 所示：

表 14-2　　A 公司 20××年的经营情况和信用标准

项目	数据
年度销售收入（元）	500 000
年末应收账款余额（元）	50 000
年度利润总额（元）	60 000
销售利润率	12%
信用标准（预期坏账损失率的限制）	6%
平均坏账损失率	4%
信用条件	30 天付清货款
平均收款期	36 天
应收账款持有成本（债券利率）	8%

公司为了扩大销售，增加利润总额，采取向客户放宽信用标准的策略，提出了甲、乙两个新方案。其信用标准及对公司的影响如表 14-3 所示：

表 14-3　A 公司放宽信用标准的甲、乙两个方案相关资料

甲方案	乙方案
信用标准：只对预期坏账损失率低于 8% 的客户提供商业信用	信用标准：只对预期坏账损失率低于 10% 的客户提供商业信用
由于信用标准放宽增加销售收入 40 000 元	由于信用标准放宽增加销售收入 43 200 元
新增销售收入的平均收账期 45 天	新增销售收入的平均收账期 60 天
新增销售收入的坏账损失率 6%	新增销售收入的坏账损失率 9%
新增销售收入增加的管理成本 400 元	新增销售收入增加的管理成本 500 元

试分析 A 公司应该采取那个放松信用标准的方案。

分析过程和结果如下：

分别计算甲、乙两个方案对利润总额的影响：

甲方案：

信用标准变化影响销售利润 = 40 000 × 12% = 4 800（元）

信用标准变化影响坏账损失 = 40 000 × 6% = 2 400（元）

信用标准变化影响持有成本 = 40 000 × 45/360 × 8% = 400（元）

信用标准变化增加利润总额 = 4 800 - 2 400 - 400 - 400 = 1 600（元）

乙方案：

信用标准变化影响销售利润 = 43 200 × 12% = 5 184（元）

信用标准变化影响坏账损失 = 43 200 × 9% = 3 888（元）

信用标准变化影响持有成本 = 43 200 × 60/360 × 8% = 576（元）

信用标准变化增加利润总额 = 5 184 - 3 888 - 576 - 500 = 220（元）

计算结果表明，放宽信用标准后，甲方案增加利润总额 1 600 元，乙方案增加利润总额 220 元，显然，公司应该采用甲方案。

（2）信用标准的影响因素。影响信用标准的因素有很多，如同行业之间的竞争、公司承担发生坏账损失的能力、客户的信用状况等。其中，客户的信用状况是最主要的因素。因此，公司在制定信用标准、决定是否给予客户商业信用之前，必须了解客户的信用状况，对客户的信用状况作出评价，才能更好地保护自身的利益。客户信用状况的评价方法主要有以下两种。

①“5C”系统分析法。“5C”系统分析法是指对影响客户信用状况的五个主要因素进行分析评价，据以确定是否给予信用的一种方法。这五个方面内容分别是：品质（Character）、能力（Capacity）、资本（Capital）、抵押品（Collateral）和经济状况（Conditions）。因这五个因素的英文单词的第一个字母都是“C”，故称“5C”系统分析法。

品质。品质是指客户履行其偿还义务的态度和可能性。这是决定是否给予客户商业信用的首要因素，可以根据客户以前偿还债务的记录进行分析评价。

能力。能力是指客户履行其偿还债务的能力。可以通过对客户的有关财务报表进行分析，进而判断客户的偿债能力。

资本。资本是指客户拥有的所有者权益的数额，亦即客户的净资产数额。可以通过有关

财务指标，如负债比率、流动比率、有形资产净值等来对客户的资本进行判断。

抵押品。抵押品是客户为获得商业信用而能够提供的担保资产。当公司对客户的具体情况不了解时，可以要求客户提供担保品，然后才给予其商业信用。这样一旦客户发生违约行为，公司就可以对该抵押品进行处置，以弥补公司遭受的损失。

经济状况。经济状况是指社会经济环境对客户履行其偿债义务的综合影响。通常需要根据宏观、中观的经济环境来判断客户的整体经济状况。

公司通过各种途径了解了客户的五个方面的信用状况后，就可以对其信用状况进行综合评估。对于那些评价高的客户，公司可以给予较宽的信用标准，而对于那些评价低的客户，则应采取严格的信用标准，以规避信用风险。

②信用评分法。信用评分法是公司根据自身的实际情况和关注的侧重点，对客户的财务指标给予不同的权数，最终对客户的信用状况进行评分并据此决定是否给予对方信用的一种定量评价方法。具体做法是：公司规定一定的评分公式，制定评分标准（如风险大小），把客户的有关财务数据代入公式得出评分结果，如评分结果大于制定的评分标准，则说明该客户的信用风险较大，应当对其采取较为谨慎的信用政策；反之，则可以对其采取较为宽松的信用政策。

2. 信用条件

信用条件是指公司就信用期限、现金折扣、折扣期限等提出的条件。信用期限是指规定的客户最迟的付款日期；现金折扣是指公司为鼓励客户在规定的期限内付款而向客户提供的货款减让；折扣期限是指规定客户可以享受现金折扣的付款期限。信用条件一般在发票中用分式表示，表示方式如 3/10，2/20，n/30 等，其代表的含义分别是：在发票开出后 10 天内付款可享受 3% 的现金折扣；10 天后、20 天内付款，可以享受 2% 的现金折扣；超过 20 天才付款则不能享受现金折扣；信用期限为 30 天，超过 30 天才付款则属于违约行为，应承担相关责任。在这项信用条件中，3%、2% 是现金折扣率，10 天、20 天是折扣期限，30 天是信用期限。公司向客户提供比较优惠的信用条件可以扩大销售量，但同时会增加应收账款的机会成本、管理成本、坏账成本和现金折扣成本。公司应根据具体情况来决定给予客户什么样的信用条件。

【例 14－8】 妙手工艺品有限责任公司当前的信用期为 30 天，不提供信用折扣，坏账损失率估计为 2%，收账费用估计为 24 万元，本年度销售额（全部为赊销额，下同）估计为 2 400万元。为了扩大销售，公司打算调整当前的信用政策，现有两个调整方案，有关资料如下：

A 方案：信用期为 60 天，不提供信用折扣，坏账损失率估计为 3%，收账费用估计为 40 万元，本年度销售额估计可达到 2 640 万元。

B 方案：信用期为 90 天，信用条件为 2/30、全/90，坏账损失率估计为 5%，收账费用估计为 56 万元，本年度销售额估计可达到 2 800 万元，估计有 50% 的销售额要给予信用折扣。

假设该公司的变动成本率为 65%，机会成本率为 10%，试分析该公司是否应该变更信用政策，如果变更，应采取哪个变更方案。

分析过程和结果如下：

列表计算信用政策变更后的增量收益和增量成本，如表 14－4 所示。

表 14－4　　妙手工艺品公司信用政策变更后的增量收益和增量成本计算表

指　标	当前方案	变更方案 A	变更方案 B
销售额（万元）	2 400	2 640	2 800
销售额增量（万元）	0	240	400
变动成本增量（万元）	0	156	260
边际收益增量（万元）	0	84	140
应收账款平均收账期（天）	30	60	30×50%＋90×50%＝60
应收账款周转次数（天）	12	6	6
应收账款平均余额（万元）	200	440	467
应收账款占用资金额（万元）	130	286	303
应收账款机会成本（万元）	13	28.6	30.3
坏账成本（万元）	48	79.2	140
收账成本（万元）	24	40	56
折扣成本（万元）	0	0	28
信用成本合计（万元）	85	147.8	254.3
信用成本增量（万元）	0	62.8	169.3
净收益增量（万元）	0	21.2	－29.3

由表 14－4 的计算结果可知，该公司应该选择 A 方案来变更其信用政策，这样，可增加 21.2 万元的收益。

3. 收账政策

收账政策是指客户违反信用条件拖欠货款时公司所采取的收账策略和收账措施。公司对客户拖欠的货款进行催收，通常会发生收账费用。一般而言，收账费用支出越多，收回的货款就越多，平均收款期也相应缩短，应收账款发生坏账的可能性就越小。但收账费用与货款收回数额、平均收账期、坏账损失率之间并不一定存在线性关系。刚开始时支出一些收账费用，应收账款余额和坏账损失率会有所降低；当收账费用逐渐增加时，平均收账期会大大缩短，应收账款余额和坏账损失率就会明显降低；但当收账费用达到一定限度后，追加的收账费用对降低应收账款余额和坏账损失率就不再产生明显的效果。因此，公司在制定收账政策时，需要在增加收账费用与减少应收账款机会成本和坏账损失之间进行权衡。

【例 14－9】 乙公司 20××年决定在原有收账政策的基础上加强收账的力度，制定了 A、B 两个收账政策方案，其相关资料如表 14－5 所示。

表 14－5　　乙公司新旧收账政策相关资料表

项目	原收账政策	A 方案收账政策	B 方案收账政策
年收账费用（元）	10 000	15 000	20 000
应收账款平均收账期（天）	35	30	25
坏账损失率	5%	4%	3%

假设该公司全年销售收入为 2 500 000 元，全部采用赊销方式。应收账款持有成本以债券年利率 10% 为标准。试分析该公司变更收账政策的可行性。

分析过程和结果如下：

比较原收账政策与新制定的两个收账政策的收账总成本。

1. 原方案

收账费用 = 10 000（元）

持有成本 = 2 500 000 × 10% /360 × 35 = 24 306（元）

坏账损失 = 2 500 000 × 5% = 125 000（元）

坏账总成本 = 10 000 + 24 306 + 125 000 = 159 306（元）

2. A 方案

收账费用 = 15 000（元）

持有成本 = 2 500 000 × 10% /360 × 30 = 20 833（元）

坏账损失 = 2 500 000 × 4% = 100 000（元）

坏账总成本 = 15 000 + 20 833 + 100 000 = 135 833（元）

3. B 方案

收账费用 = 20 000（元）

持有成本 = 2 500 000 × 10% /360 × 25 = 17 361（元）

坏账损失 = 2 500 000 × 3% = 75 000（元）

坏账总成本 = 20 000 + 17 361 + 75 000 = 112 361（元）

通过比较得知，B 方案的收账政策最佳，它虽然比原方案增加了收账费用 10 000 元，但收账总成本却比原方案节约了 46 945 元。因此，该公司可以按照 B 方案来变更收账政策。

（三）应收账款的日常管理

应收账款的日常管理主要包括货款收回管理、坏账损失管理和应收账款监控三个方面的工作。

1. 货款收回的管理

及时收回货款是公司应收账款管理的一项重要工作。货款收回管理主要包括以下内容。

（1）对应收账款实施监控。公司向客户提供赊销后，应经常对客户的信用状况、经济状况等方面进行分析，以了解应收账款总额是否合理，结构是否合理，为应收账款的催收工作指明方向。

（2）制订合理的收账程序。催收账款是一项需要工作人员耐心和细心的工作，合理的收账程序，可使收账工作事半功倍。一般的收账程序有：信函通知、电话催收、派员面谈、法律行动。总的来说，当客户拖欠货款时，可以先给客户发一封较有礼貌的通知函；随后，可以寄给客户一封措辞较为平和的信件；如无效果，应进行电话催收；再无效的话，公司应派员到客户处直接面谈进行协商解决。如果谈判失败，公司应付诸法律，切实维护自身权益。

（3）确定有效的讨债方法。收账工作是一项艰难的工作，需要讲究方法。一般的讨债方法有讲理法、恻隐术法、疲劳战法、激将法、软硬兼施法等。

2. 坏账损失的管理

（1）做好悬账、呆账的清算工作。悬账是指公司与客户因业务纠纷而引起结算过程中断，从而暂时无法收回的账款。呆账是指公司长期逾期未清的账款。公司应加强对悬账、呆账的清算工作，防止悬账、呆账转变为坏账，给公司带来不必要的损失。

（2）坏账损失的确认与处理。根据企业会计准则的规定，公司的应收账款符合下列条件，应确认为坏账：一是债务人死亡，以其遗产清偿无法收回；二是债务人破产，以其破产清偿后仍无法予以收回；三是债务人逾期3年以上未履行其偿债义务，并有足够的证据表明无法收回或收回的可能性极小。公司对发生的坏账损失，应采用备抵法进行核算，按期估计坏账损失。估计坏账损失的方法有应收账款余额百分比法、账龄分析法和销货百分比法。公司应根据自身情况选择适当的方法来核算坏账损失。

3. 应收账款的监控

为了降低商业信用的负面影响，公司需要对应收账款实行单户监控和总体监控。单户监控主要采取应收账款平均收账期法和账龄分析法；总体监控主要采取付款速度分析法和账龄分析法。

（1）应收账款的单户监控。应收账款的单户主要是指按客户划分的应收账款明细账户。客户既可能是自然人，也可能是非自然人。

①应收账款平均收账期法。应收账款平均收账期可按以下公式计算：

$$\text{应收账款平均收账期} = \frac{\sum(\text{计算期各单笔收账期} \times \text{该单笔收款额})}{\text{计算期收款总额}}$$

【例14－10】 表14－6是某公司A、B两个客户应收账款平均收账期的计算过程。试对这两个客户的应收账款平均收账期进行分析。

表14－6　　某公司A、B两个客户的应收账款平均收账期计算表

客户	发票日期	收回现金日期	收账期（天）	收款额（元）	收账期×收款额
A	3.6	4.5	30	5 000	150 000
	3.11	4.14	34	6 000	204 000
	3.20	4.22	33	3 000	99 000
	4.1	4.13	10	2 000	20 000
	小计			16 000	473 000
B	3.6	4.10	35	5 000	175 000
	3.14	4.30	47	6 000	282 000
	3.23	5.15	53	7 000	371 000
	4.2	6.2	61	4 000	244 000
	小计			22 000	1 072 000

分析过程和结果如下：

$$\begin{aligned}\text{A客户应收账款平均收账期} &= \frac{\sum(\text{计算期各单笔收账期} \times \text{该单笔收款额})}{\text{计算期收款总额}} \\ &= \frac{473\ 000}{16\ 000} \\ &= 29.56(\text{天})\end{aligned}$$

$$B客户应收账款平均收账期 = \frac{\sum(计算期各单笔收账期 \times 该单笔收款额)}{计算期收款总额}$$

$$= \frac{1\ 072\ 000}{22\ 000}$$

$$= 48.73（天）$$

从计算结果看，A 客户的平均收账期为 29.56 天，B 客户的平均收账期为 48.73 天，B 客户的平均收账期比 A 客户的平均收账期长了 19.17 天。这是否意味着 A 客户应收账款管理就比 B 客户好呢？回答是：不一定！因为还没有将这两个客户的平均收账期与它们的信用期进行比较，因此不能仅仅根据平均收账期的长短来评价应收账款管理的好坏。

假设公司给予 A 客户和 B 客户的信用期分别为 30 天和 60 天，则 A 客户实际的平均收账期比信用期提前了 0.44 天，提前率为 1.47%；而 B 客户实际的平均收账期比信用期提前了 11.27 天，提前率为 18.78%。从提前率来看，反而是 B 客户应收账款管理比 A 客户好。由此可见，单纯从应收账款平均收账期来评价应收账款日常管理的好坏是片面的，应该结合提前率来综合评价才能更为全面地反映应收账款日常管理的好坏。

②账龄分析法。账龄是指应收账款挂账的时间，或者说是客户欠账的时间。公司可以采用账龄分析法对客户的信用进行监控。为了及时了解客户欠账的情况，公司至少应当于每月的月末编制各个客户的账龄分析表来了解每一个客户挂账时间的长短。

账龄分析法需要将客户的各笔欠账划分为若干个账龄段，然后统计出各个账龄段的欠账金额及其所占比重。账龄段的划分可以根据公司的管理要求来进行规定。例如，某公司在某月末将某客户的各笔欠账划分为未逾期、逾期 1—30 天、逾期 31—60 天、逾期 61—90 天、逾期 90 天以上五个账龄段，然后分别统计出各个账龄段的欠款额及其比重依次为：60 万元，占比 60%；15 万元，占比 15%；10 万元，占比 10%；10 万元，占比 10%；5 万元，占比 5%。

账龄段中逾期天数的多少完全由公司根据自身的管理要求来确定。一般来说，应收账款逾期的时间越长，其发生坏账的可能性越大，公司越要采取更为有效的措施进行催收。

（2）应收账款的总体监控：

①付款速度分析法。公司对应收账款进行管理，除了要全额收回货款外，更为重要的是要加快货款的收回速度。货款的收回速度即是客户的付款速度，它对公司的现金流量状况产生重大影响。公司财务人员应了解客户付款速度的变化，以便及时发现应收账款管理方面的问题，采取适当的措施，以避免公司遭受损失。客户的付款速度可以按照货款额的各月还款比例来表示。

②账龄分析法。应收账款的总体监控也可以采用账龄分析法。这时，通常需要将单户监控与总体监控结合起来进行。即在月末编制账龄分析表时，同时在表中列示单户的账龄和应收账款总额的账龄，使账龄分析表既能反映单户的账龄情况，又能反映总额的账龄情况。

【例 14－11】 表 14－7 是某公司 6 月末的账龄分析表。表中既有各个单户的账龄金额及其比重，又有应收账款总额的账龄金额及其比重。公司可以利用这个账龄分析表同时进行单户监控和总体监控。

表 14－7 某公司 6 月末账龄分析表 金额单位：万元

客户	应收账款总额		未逾期	逾期 1—30 天	逾期 31—60 天	逾期 61—90 天	逾期 90 天以上
A	金额	7 000	5 000	2 000	—	—	—
	比重	100%	71.43%	28.57%	0	0	0
B	金额	8 000	8 000	—	—	—	—
	比重	100%	100%	0	0	0	0
C	金额	15 000	8 000	2 000	2 000	2 000	1 000
	比重	100%	53.33%	13.33%	13.33%	13.33%	6.67%
D	金额	30 000	—	—	—	—	30 000
	比重	100%	0	0	0	0	100%
……		……	……	……	……	……	……
合计	金额	200 000	170 000	20 000	4 000	2 000	4 000
	比重	100%	85%	10%	2%	1%	2%

第四节 公司销售风险管理

一、销售风险的概念与分类

（一）销售风险的概念

销售风险是指由于公司环境的复杂性、多变性以及不确定性，导致公司在产品的经营销售过程中面临的各种风险。销售风险是一种损失的可能性，意味着这些风险可能会给公司销售活动带来危害，造成公司的损失。

（二）销售风险分类

销售风险的种类繁多，可以按照不同的标准将销售风险划分为不同的类型。

1. 按照销售风险的性质划分

按照销售风险的性质，可以将销售风险划分为自然风险和人为风险。自然风险是指由于自然环境的重大变化而对公司销售活动造成的不确定性。例如，地震灾害、洪涝灾害、气候极端干旱等对公司销售活动带来的危害。自然风险属于不可规避风险，公司本身无法消除风险的发生，只能通过相应的风险应对策略将自然风险可能导致的损失降至最小。人为风险是指由于人为因素可能给公司销售活动造成的危害。例如，由于管理不当而导致销售受到影响；由于对市场行情或竞争对手策略预测分析不准确而导致产品的定价错误；由于对顾客消费行为进行调整而可能引发的风险；销售人员舞弊；经销商故意扰乱市场价格等。人为风险属于可规避风险，公司可以通过相应的风险管控措施避免风险的发生。

2. 按照销售风险的发生范围划分

按照销售风险的发生范围可以将销售风险划分为局部性销售风险和全局性销售风险。局部性销售风险是指在某一销售网点、某一销售分市场或是某一种产品中出现的风险，这种风险会带来局部性的危害，不会危害到公司整体。虽然局部性销售风险不会波及到公司整体，但是也不能忽视，一旦不加以防范和控制，也会给公司带来极大的损失。全局性销售风险是指这种风险一旦发生就会危害到公司整体销售活动，对公司所有产品的经营销售都会造成影响的风险。例如，市场环境的变化、经济形势下行、政治风险等都会对公司的整体销售活动造成不利影响。相较于局部性销售风险，全局性销售风险更难防范和控制，对公司造成的危害也会更大。

3. 按照销售风险的感知程度划分

根据销售风险的感知程度可以将销售风险划分为有形销售风险和无形销售风险。有形销售风险是指可以根据一定的依据进行判断，按照一定的价值标准评估出其损失大小的风险。例如，对产品进行折价处理造成的损失；在产品的流通环节发生意外导致产品毁损造成的损失；某批次产品生产流程不规范导致产品出现质量问题等。无形销售风险是指无法对风险造成的损失大小进行衡量，缺乏判断依据和价值标准的风险。无形销售风险在发生时往往难以察觉，在发生后也无法评估具体的损失，难以估计其危害程度，因此对于无形销售风险公司应该加以重视。如因销售人员士气下降而给销售带来的损失，由于没有维护好与客户的关系而导致订单损失等都属于无形销售风险。

二、销售风险管理措施

（一）提高公司销售风险识别和防范能力

进行销售风险管理首先必须提高公司销售风险的识别和防范能力。销售活动关乎公司的生存，公司应该提高自身的风险危机意识，增强对销售风险的敏感性。对于大型公司，可以设立专门的销售风险管控岗位，对公司的销售风险进行管理和控制。由销售风险管控岗位人员负责搜集和分析公司内外部环境中可能潜在的各种风险，提前对风险进行预测。一旦发现销售异常应立即警惕，提醒相关部门作出应对策略，妥善处理，避免存在侥幸心理，将风险控制在可控范围内，尽早采取措施规避风险，避免销售风险进一步扩散为公司整体风险。

此外，销售人员也应该加强对市场法规及相关规范的认识和了解，重视合同法律文件，提高销售人员的风险意识和法律意识以及风险应对能力。提高员工的素质，防范销售人员的道德风险。

（二）注重市场调研分析

随着市场环境的不断变化，消费者行为的多变性，公司面临的市场竞争越来越激烈，一旦出现销售风险，传统的事后危机处理模式已经难以为公司挽回风险损失。如果公司的经营活动未能及时跟随市场需求变化而作出销售策略调整，不仅会出现产品销售困难、库存积压、资金回笼困难、市场竞争力下降等问题，还可能会导致公司被市场淘汰。而销售人员的任务不仅仅是将产品销售出去，实现公司的盈利，还应该在销售商品的同时随时关注市场环境的变化，加强对市场环境的调研、分析以及预测，及时收集市场信息，随时把握市场动态，研究分析市场变化可能会对公司造成的影响，提高销售风险的识别能力。公司可以通过大数据分析以及其他数字化手段了解和掌握市场的最新行情，掌握消费者的偏好变化，根据市场的变化及时调整产品定位和产品的营销策略。

对现有市场以及潜在市场进行 SWTO 分析，分析公司在市场中所具有的竞争优势，存在的劣势以及所面临外部市场的机会和威胁。针对SWTO分析的结果，制定销售策略，要继续发挥优势，采取措施弥补劣势，及时抓住和利用市场机会，而市场威胁很多时候也可能会转化为市场机会。

（三）加强对经销商的管理

经销商风险也是公司在销售活动中可能会遇到的重要风险。公司在与经销商建立合作关系之前，要先对经销商的背景进行调查分析，通过实地调查或通过行业协会、专业信用管理公司等渠道加深对经销商的认识与了解，不仅要了解经销商的资信情况，还要分析经销商的经营能力和还款能力。

当前的市场竞争不再是公司产品之间的竞争，而是供应链之间的竞争，公司需要维护好与经销商之间的关系。与经销商签订战略合作协议，实现与经销商的共赢，为了避免销售回款困难出现风险，公司可以采取经销商先付款再发货，同时给予经销商一定的利息折扣的方法，有效规避风险的发生。

（四）建立完善的销售风险控制制度

在公司内部建立风险防范和处理机构，加强公司的风险控制水平，建立完善的销售风险控制制度，制定销售风险预防和应对的规章制度。实行风险责任制，明确销售风险管理和控制的职责权限，确定销售风险的责任主体和风险责任范围。实行销售业务的全流程风险控制，明确各个业务环节的职能和权限，确保每个业务的开展都有据可依。

复习思考题

1. 销售费用管理的目标是什么？
2. 进行销售费用管理有什么意义？
3. 销售费用管理的措施有哪些？
4. 影响价格决策的基本因素有哪些？
5. 什么是应收账款政策？其内容包括什么？
6. 如何进行应收账款政策变更的决策分析和应收账款的日常管理？

课外作业题

1. 某公司预计甲产品全年产销量为50 000件，单位产品耗用直接材料5元、直接人工3元、变动制造费用1.5元，固定制造费用总额为50 000元。要求：

（1）假设加成率为15%，请按完全成本定价法确定甲产品的销售价格，并预测利润总额。

（2）假设变动成本率为80%，请按变动成本定价法确定甲产品的销售价格，并预测利润总额。

2. 某公司生产A产品，固定成本为300 000元，目标利润为100 000元，单位变动成本为8元，销售税率为8%，预计销售量为100 000件，请采用目标利润定价法确定该产品的保利销售价格和保本销售价格。

3. 公司当前的信用期为20天，不提供信用折扣，坏账损失率估计为1.5%，收账费用估计为20万元，本年度销售额（全部为赊销额，下同）估计为2 000万元。为了扩大销售，公司打算调整当前的信用政策，现有两个调整方案，有关资料如下：

甲方案：信用期为30天，不提供信用折扣，坏账损失率估计为2%，收账费用估计为30万元，本年度销售额估计可达到2 500万元。

乙方案：信用期为40天，信用条件为2/20、全/40，坏账损失率估计为4%，收账费用估计为50万元，本年度销售额估计可达到3 000万元，估计有50%的销售额要给予信用折扣。

假设该公司的变动成本率为65%，机会成本率为10%，试分析该公司是否应该变更信用政策，如果变更，应采取哪个变更方案。

第十五章

公司财务分配管理

内容简介

本章主要介绍公司财务分配的概念、作用、原则以及公司职工薪酬分配、公司债权人利益分配、公司政府利益分配、公司下游客户和社会公众利益分配与公司股东利益分配的理论和方法。

学习目标

通过本章的学习，要求了解公司财务分配的概念、作用、原则，掌握公司职工薪酬分配、公司债权人利益分配、公司政府利益分配、公司下游客户和社会公众利益分配以及公司股东利益分配的理论和方法。

第一节　公司财务分配概述

一、财务分配的概念

关于财务分配的概念，理论界有两种不同的观点：一种是狭义分配观；另一种是广义分配观。

狭义的财务分配是指公司将净利润按照持股比例或者公司章程约定的其他分配依据，依照法定的程序分配给投资人的过程。这里，分配的主体是公司法人，分配的实体是净利润，分配的客体是投资人，分配的依据是持股比例或者公司章程约定的其他依据，分配的程序由公司法等法律法规规定。

广义的财务分配是指公司将营业收入（即商品价值 C + V + M）用于补偿生产资料消耗（即商品价值中 C 这部分）后，将余下的部分（即商品价值中 V + M 这部分）按照相关法律法规或规章制度的规定分配给各个利益相关者的过程。这里，分配的主体也是公司法人，但分配的实体是营业收入（即商品价值 C + V + M），分配的客体是各种利益相关者，分配的依据和程序由相关法律法规或规章制度规定。其中，各种利益相关者主要包括公司法人本身、职工、债权人、政府、下游客户、社会公众、股东等。本书坚持广义分配观，但在阐述对各个利益相关者进行分配时略去对公司法人的分配，即本书不论及生产资料消耗的补偿问题。

公司财务分配是公司财务管理活动的重要组成部分，它至少具有两个特点：一是财务分配是物质生产领域中的初次分配。通过初次分配，一部分用于生产资料耗费的补偿，另一部分用于支付职工工资，剩余的部分就是剩余产品价值；二是财务分配是个别公司的非集中性分配。是在国家统一政策、统一制度指导下，在财政集中性分配指导和监督下，分别在各个公司进行的非集中性分配。

二、财务分配的作用

（一）公司财务分配能够补偿所消耗掉的生产资料

公司开展生产经营活动需要消耗一定量的生产资料，这些生产资料主要包括原材料、辅助材料、周转材料、固定资产、无形资产等。公司要想维持简单的再生产，就必须对所消耗的这些生产资料进行补偿。而要补偿这些消耗掉的生产资料，就要进行财务分配。

（二）公司财务分配能够补偿所消耗掉的活劳动

公司开展生产经营活动同样需要消耗一定量的活劳动，即需要使用一定数量的管理人员、技术人员、生产人员和勤杂人员等，这些人员统称为职工。公司要想维持简单的再生产，也需要对所消耗的这些活劳动进行补偿。而要补偿这些消耗掉的活劳动，就要进行财务分配。

（三）公司财务分配能够使公司得以履行债务人的义务

银行等金融机构、供应商、经销商、消费者（用户）等都有可能成为公司的债权人。根据广义分配观，财务分配是对所有利益相关者进行利益分配。一旦这些单位或个人成为公司的债权人，它们就成了公司的利益相关者，它们在本公司享有的利益就是本金和利息，公司有向它们还本付息的义务。通过财务分配，公司还本付息，从而履行债务人的义务。

（四）公司财务分配能够使公司得以承担相应的环境责任

根据《中华人民共和国环境保护法》等法律法规的规定，公司在产品的设计、材料选购、工艺制造、成品出厂等所有活动和过程中，严格按国家标准，注重减少污染和保护环境。公司应当对建设项目进行严格的环境评估，逐步淘汰一批落后的生产工艺，采用清洁生产、少废无废工艺，加强绿色科技产品的开发。公司应当科学、合理地利用自然资源，提高自然资源的回收利用率。公司注重研发无害于环境和人体健康的产品。要遵守和执行这些法律规定，公司必定要投入一定规模的资金，而这些资金的投入就是通过财务分配来安排的，财务分配能够使公司得以承担相应的环境责任。

（五）公司财务分配是政府财政收入的重要来源

公司以纳税的形式（有的国有公司还以上缴利润的形式）对政府进行利益分配，这是政府财政收入的重要来源。如果公司没有进行财务分配，或者说公司不向政府分配，那么，政府的财政收入就少了重要的来源。古今中外，政府向公司征税或者公司向政府纳税（进行财务分配）是政企关系中的一种重要关系，而且是理所当然、天经地义的关系。

（六）公司财务分配是投资人取得回报的主要途径

投资人取得回报的途径主要有利润分配、剩余财产分配、股权出售等。一般认为，利润分配、剩余财产分配属于财务分配的范畴，股权出售则不属于财务分配的范畴。而且利润分配属于常态化的行为，每年一般都会有一次，有时甚至一年两次，而股权出售则不属于常态化的行为。可见，财务分配是投资人取得回报的主要途径。

三、财务分配的原则

（一）依法分配原则

公司财务分配涉及公司法人本身、职工、债权人、政府、下游客户、社会公众、股东等各个利益相关者，利益关系错综复杂。为了规范公司财务分配行为，维护各利益相关者的合法权益，国家颁布了许多相关的法律法规。这些法规法规规定了公司财务分配所涉及的方方面面，公司必须严格执行，不得违反。

（二）各方利益有效兼顾原则

公司财务分配涉及公司法人本身、职工、债权人、政府、下游客户、社会公众、股东等各个利益相关者，利益关系错综复杂。公司必须正确处理各个利益相关者之间的利益关系，不能厚此薄彼、顾此失彼。正确处理各个利益相关者之间的利益关系，协调好各方的矛盾，照顾好各方的诉求，尽可能保障各方的合法权益，对公司的生存、发展至关重要。

（三）分配与积累并重原则

公司财务分配必须坚持积累与分配并重的原则。公司通过经营活动赚取收益，既要保证公司简单再生产的持续进行，又要不断积累公司扩大再生产的财力基础。恰当处理分配与积累之间的关系，留存一部分净收益以供未来分配之需，能够增强公司抵抗风险的能力，同时，也可以提高公司经营的稳定性与安全性。

（四）投资与收益对等原则

公司进行财务分配应当体现“谁投资谁受益”“收益大小与投资比例相对等”的原则。这是正确处理投资者利益关系的关键。公司在向投资者分配收益时，应本着平等一致的原则，按照投资者投资额的比例进行分配，不允许任何一方随意多分多占，以从根本上实现收益分配中的公开、公平和公正，保护投资者正当的、合法的利益。

（五）资本保全原则

资本保全是现代公司制度的基础性原则之一，公司在分配中不能侵蚀资本。利润的分配是对经营中资本增值额的分配，不是对资本金的返还。按照这一原则，一般情况下，公司如果存在尚未弥补的亏损，应首先弥补亏损，再进行其他分配。

第二节　公司职工薪酬分配管理

一、职工和职工薪酬的定义

（一）职工的定义

职工是指与公司订立正式劳动合同的所有人员，含全职、兼职和临时职工，也包括未与公司订立正式劳动合同但由公司正式任命的人员，如董事会成员、监事会成员和内部审计委员会成员等。

在公司的计划、领导和控制下，虽未与公司订立劳动合同或未由其正式任命，但向公司所提供服务与职工所提供服务类似的人员，也属于职工的范畴，包括通过公司与劳务中介公司签订用工合同而向公司提供服务的人员。

（二）职工薪酬的定义

职工薪酬是指公司为获得职工提供的服务或解除劳动关系而给予的各种形式的报酬或补偿。具体包括：短期薪酬、离职后福利、辞退福利和其他长期职工福利。公司提供给职工配偶、已故员工遗属及其他受益人等的福利，也属于职工薪酬。

二、职工薪酬的范围

根据《企业会计准则第 9 号——职工薪酬》的规定，职工薪酬范围包括：

（一）短期薪酬

短期薪酬是指公司在职工提供相关服务的年度报告期间结束后 12 个月内需要全部予以支付的职工薪酬，因解除与职工的劳动关系给予的补偿除外。短期薪酬具体包括：

1. 职工工资、奖金、津贴和补贴；
2. 职工福利费；
3. 医疗保险费、工伤保险费和生育保险费等社会保险费；
4. 住房公积金；
5. 工会经费和职工教育经费；
6. 短期带薪缺勤；
7. 短期利润分享计划；
8. 非货币性福利；
9. 其他短期薪酬。

（二）离职后福利

离职后福利是指公司为获得职工提供的服务而在职工退休或与公司解除劳动关系后，提供的各种形式的报酬和福利，短期薪酬和辞退福利除外。

（三）辞退福利

辞退福利是指公司在职工劳动合同到期之前解除与职工的劳动关系，或者为鼓励职工自愿接受裁减而给予职工的补偿。

（四）其他长期职工福利

其他长期职工福利是指除短期薪酬、离职后福利、辞退福利之外所有的职工薪酬，包括长期带薪缺勤、长期残疾福利、长期利润分享计划等。

三、职工薪酬政策的制定

职工薪酬政策是组织制定的、为薪酬决定与支付的重要环节提供基本指导方针的政策。对各级各类员工的工资和福利水平、等级、发放方式产生影响，同时也对工资增长基准、提升与降级政策、加班工资政策等产生作用。通常由董事会委派的人力资源或薪酬政策委员会制定确认，由人力资源部门负责具体的实施。

（一）制定原则

职工薪酬政策的制定原则可以概括为以下几点：

1. 公平性原则：外部公平性、内部公平性、个人公平性。

2. 竞争性原则：与同地区同行业同等要求同等职位相比，薪酬福利具有竞争力。

3. 激励性原则：结构和指标比较合理，能最大限度调动广大员工的积极性。

4. 经济性原则：按“所产生的价值比成本更重要”的原则，用最少的钱办最多的事。

5. 合法性原则：符合国家劳动法和其他相关法律法规。

具体而言，作为职工薪酬政策的制定者，应该考虑和其他公司的同等工作相比，本公司应该支付什么样的薪酬水平，如何获得劳动力市场的薪酬竞争力，报酬收入如何在员工之间分配，什么样的分配方式可以最大限度地调动员工的积极性，什么样的报酬结构更适应公司对人力资源开发管理的需要，等等。

（二）职工薪酬政策

职工薪酬政策可以分为外部薪酬政策和内部薪酬政策。外部薪酬政策侧重公司的薪酬水平和外部竞争力，内部薪酬政策主要调整薪酬的纵向等级结构和横向要素组合方式。两个问题都与公平付薪有直接的关系。具体如下：

1. 外部薪酬政策

外部薪酬政策制定的目标是加大公司的竞争力。在激烈的市场竞争中，人才的竞争是关键，而依靠高薪吸引人才是公司普遍实施的战略手段之一。公司在大多数情况下会面临这样的两难选择：没有薪酬优势，无法吸引高质量的人才，还会导致已获得人才的流失：如果工资水平过高，又会面临加大成本预算、价格上涨，以及工资冻结、延滞支付等问题。因此，选择什么样的工资水平和工资支付方式，是公司外部薪酬政策关注的焦点。

外部薪酬政策有三种对策模式：

（1）领先对策，即在同行业或同地区市场上保持优势薪酬水平。一般而言，实施这种政策的公司有以下几种情况：公司处于快速成长期，企图利用薪酬机制吸引人才：公司效益好，崇尚劳资合作与利益分享；公司资力雄厚，为了体现公司实力等。当然，采取领先薪酬水平政策的公司也不乏一些求贤若渴的中小公司。

（2）居中对策，即在同行业或同地区市场上保持中等薪酬水平。这是一种跟随战略，薪酬水平随市场波动。实施这种政策的公司风险小，不刻意通过报酬获得外部竞争优势，或者说可以不主要依靠外部薪酬优势来吸引和获取人才。现实中，一些实力雄厚的大公司比实力并不十分雄厚的中小公司更倾向于采取这种薪酬政策。

（3）滞后对策，即在同行业或同地区市场上保持较低薪酬水平。一般而言，实施这种政策的公司有以下几种情况：受人工成本约束，公司处于衰退期或遇到财务危机；注重其他形式的补偿（高福利），注重长期报酬激励（期权）等。

至于公司选择哪一种薪酬政策，要视公司的性质和现状而决定。目前通用的对薪酬水平的确定指标一般是根据薪酬调查来确定标准值。它的专用术语是价位值。例如，25P—50P（低位值）、50P—75P（中位值）、75P 以上（高位值）等。

2. 内部薪酬政策

内部薪酬政策的重点是如何提高薪酬效率和激励员工。概括而言，就是处理好公司内部的公平与效率的关系。付给员工的报酬是公司成本的主要组成部分，在总投入一定的情况下，人工成本的降低，意味着收益的增加，这是不言而喻的。但是一味地降低人工成本，并不一定能够为公司带来更大的效益，因为人力资源是一种特殊的公司资源，它的内在价值外在于对公司的贡献之上。要实现这一点，就要设法将公司的经营目标通过薪酬管理，落实在员工的行为激励上。

公司内部薪酬政策有两项任务：其一，促进公司薪酬结构的合理性。具体而言，就是使公司的薪酬等级、级差以及薪酬在岗位和职务之间的分布合理，体现公平付薪的原则；其二，促进员工薪酬结构的有效性，即使各薪酬要素之间的配置有效，集中体现按照贡献支付劳动报酬的原则。组织能否留住和激励员工，很大程度上是通过公司内部的报酬机制和报酬结构实现的。合理而公平的薪酬结构，是报酬机制的核心，也是公司薪酬政策制定的基准线。

四、职工薪酬方案的制定

（一）薪酬方案的目标

薪酬方案，也称薪酬项目、薪酬计划等，一般是指为贯彻公司薪酬战略和薪酬政策，配合公司现存的薪酬制度而实施的短期行动部署和具体措施，包括薪酬抑制和薪酬激励两类方案。

在现代公司薪酬管理中，薪酬方案的设计与实施是为了达到三个目的：

1. 促进薪酬管理与公司经营的更好结合。

2. 促进薪酬管理与公司人力资源需求的有效配置。

3. 提高员工绩效。

（二）制定原则

在制定职工薪酬方案时，需要掌握四个原则：

1. 提供能够吸引和留住公司急需人员的薪酬水平。

2. 避免人工成本的盲目上升，维持组织有支付能力的薪酬水平。

3. 避免因部分员工薪酬水平的提高，导致公司整体薪酬结构严重失衡。

4. 坚持薪酬分配“两个公平原则”，关注新方案实施后可能产生的负面影响，特别是对非受益者或较小受益者的影响。

（三）使用较为普遍的职工薪酬方案

1. 人工成本控制方案

人工成本控制方案主要是针对薪酬脱离公司效益刚性上涨的问题而采取的一种薪酬对策。引起薪酬刚性上涨的原因有：生活费用的上涨、工会斗争、劳动力市场需求变化等。这种状况对公司造成两种不利的影响：一是加大了人工成本；二是难以推行以绩效为主的薪酬制度，打击员工的积极性。薪酬长期脱离公司效益，会导致公司经营业绩不佳，迫使公司不得不缩减人员规模，控制人工成本的支出。人工成本控制方案的核心是降低公司薪酬水平、调整薪酬结构，或者降低部分人员的薪酬。

2. 货币激励方案

货币激励方案是一种物质奖励方案，目的是吸引和留住公司所需要的人才，特别是公司紧缺人才。从薪酬要素的作用看，基础薪酬是保底薪酬，激励性不强。为了调动员工的积极性，或者为了在劳动力市场上取得薪酬优势，需要发挥浮动薪酬的作用，实施货币薪酬奖励方案。

3. 福利激励方案

目前，一些现代大公司越来越重视公司福利对激励员工的重要作用。在当今的人才市场竞争中，高质量的公司福利是吸引员工的必不可少的“秘密武器”。在传统的公司薪酬福利管理中，公司之所以热衷于福利，主要是为了安抚员工和享受政府对福利的优惠政策。

除此之外，薪酬方案还包括实施以单一或几种薪酬要素为主的综合性薪酬管理计划，其目的是引导和约束员工的某些绩效行为，或者对某员工群体的绩效进行激励等。例如，为了提高员工的技能水平，推行技能薪酬方案；为了激励员工的团队意识，推行增益分享方案；为了强化公司与员工的合作关系，推行员工持股、股权激励等长期激励薪酬方案等。

第三节　公司债权人利益分配管理

一、公司债权人的定义和范围

公司债权人是指公司外部拥有本公司债权的机构和个人，主要包括金融机构、债券持有者、提供赊购的上游客户、预付货款的下游客户等。

1. 金融机构。金融机构是公司债权资金的主要提供者，公司通过与金融机构签定借款合同，从金融机构取得各种类型的贷款。金融机构在给公司提供贷款时，一般都要求公司以信用担保或财产抵押、质押的形式给金融机构提供还款保障，并要求和监督公司按照贷款合同约定的用途使用资金。

2. 债券持有者。债券持有者是指持有公司发行在外的债券的机构和个人。在采用发行债券的方式筹措长期资金时，资金贷方即为债券持有者，为购买债券之人，在债券法律关系中处于债权人地位。债券持有者主要有个人和机构投资者，后者如保险公司、投资信托公司、商业银行、公司法人等。各类债券持有者购买债券的共同目的是获取利息和资本收益。

3. 提供赊购的上游客户。提供赊购的上游客户是指公司采取赊购的方式购买商品或劳务时，给公司提供商品或劳务的单位和个人。在公司产业链中，提供商品或劳务的供应商就是上游客户。公司从上游客户赊购的商品或劳务构成公司的债务性资金来源，上游客户构成公司赊购商品或劳务的债权人。公司这种债务性资金来源一般无需支付利息，合约只规定到期支付货款。

4. 预付货款的下游客户。预付货款的下游客户是指购买本公司商品或劳务、提前预付货款的单位和个人。预先收取下游客户的货款、在未来某一个约定的时间再给客户提供商品或劳务，这也构成公司的债务性资金来源。

二、公司债权人利益分配的形式

公司债权人利益分配的形式主要包括偿还本金和支付利息两种。公司应该按照合同的约定积极筹措资金来偿还到期的本金并支付利息。常见的还本付息方式主要有分期付息到期还本、分期还本付息、分期等额偿还本息以及到期一次性偿还本息等，公司应该与债权人协商具体的还本付息方式。如果是发行债券，公司应该充分考虑资本市场（尤其是债券市场）的行情，确定一个合理的还本付息方式。

第四节　公司政府利益分配管理

一、公司政府利益的定义和形式

公司政府利益是指政府以国家权力机关的身份而不是以投资人的身份从公司所获取的利益，其获取的形式主要是征收各项税费和要求国有或国有控股公司上缴利润等。

二、税收的种类和征收办法

（一）税收的种类

目前我国的税收制度共设有18种税，不同的征税对象是一个税种区别于另一个税种的主要标志。税种的名称一般以征税对象来命名，如对增值额课税的税种，称为增值税，对资源课税的税种，称为资源税等。我国现行的18个税种按照其性质和作用大致可以分为下列五类，如表15－1所示。

表15－1　我国现行18个税种分类表

类别	税种
商品和劳务税类	增值税、消费税、关税
所得税类	企业所得税、个人所得税
财产税类	房产税、车船税、契税、车辆购置税
资源税类	资源税、城镇土地使用税、土地增值税
行为目的税类	印花税、耕地占用税、环境保护税、烟叶税、城市维护建设税、船舶吨税

（二）税款的征收办法

《中华人民共和国税收征收管理法实施细则》第三十八条规定：税务机关根据保证国家税款及时足额入库、方便纳税人、降低税收成本的原则，确定税款征收的方式。目前我国主要有以下几种税款征收管理方法：

1.“查账”征收方法

查账征收是指税务机关根据纳税人的会计账册资料，依照税法规定计算征收税款的一种方式。它适用于经营规模较大、财务会计制度健全、能够如实核算和提供生产经营状况，以及正确计算应纳税款的纳税人。

2.“查定”征收方法

查定征收是指税务机关根据纳税人的从业人员、生产设备、原材料耗用情况等因素，查实核定其在正常生产经营条件下应税商品的产量、销售额，并据以征收税款的一种方式。如果纳税人的实际产量超过查定产量时，由纳税人报请补征；实际产量不及查定产量时，可由纳税人报请重新核定。这种方式适用生产经营规模较小、商品零星、税源分散、会计账册不健全的小型厂矿和作坊。

3.“查验”征收方法

查验征收是指税务机关对纳税人应纳税商品，通过查验数量，按照市场一般销售单价计算其收入并据以征收税款的一种方式。这种方式适用于对零星分散、流动性大的税源，如城乡集贸市场的临时经营和机场、码头等场外经销商品的税款征收。

4.“定期定额”征收方法

定期定额征收是指税务机关根据纳税人自报及有关单位评议情况，核定其一定时期应税收入及应纳税额并分月征收的一种方式。这种方式适用于对生产经营规模较小、营业额和所得额不能准确计算的小型工商业户的税款征收。若纳税人在定期内生产经营情况发生较大变化，应税收入超过或低于其原定数额20%时，应及时向税务机关申报调整；税务机关应在规定时间内予以核定。

5.“代收代缴”征收方法

代收代缴是指依照税法规定，负有代收代缴税款义务的单位和个人，在向纳税人收取款项的同时，依法收取纳税人应纳的税款并按照规定的期限和缴库办法申报解缴的一种方式。如《消费税暂行条例》规定，纳税人委托加工的应税消费品，由受托方在向委托方交货时代收代缴税款。这种方式的适用范围仅限于税法中明确规定的情形。

6.“代扣代缴”征收方法

代扣代缴是指按照税法规定，负有代扣代缴税款义务的单位和个人，在向纳税人支付款项时，依法从其支付款项中扣收纳税人应纳的税款并按照规定的期限和缴库办法申报解缴的一种方式。采用这种方法是为了简化征收手续，方便群众纳税，便于管理，对减少逃税、偷税具有一定作用。

7.“委托代征代缴”征收方法

委托代征代缴是指税务机关委托某些单位或个人代替税务机关执行税收征收任务的一种征收管理方法。采用这种征收管理方法的是零星、分散和流动性大的税款征收，如集贸市场的税收、车船税收等。采用这种方式，有利于加强零散税源的控管，提高征管效率。税务机关应加强代征单位和人员的管理，以确保应收尽收。

三、公司政府利益分配的原则

1. 依法纳税原则

依法纳税是每个法人、自然人应尽的义务，国家法规不容忍任何单位和个人践踏，各种逃税、偷税行为是国家法律所不允许的。作为纳税主体的公司法人，依法纳税不仅仅是公司的义务也是公司生存的根本原则。

税收征管法规定："对纳税人偷税的，由税务机关追缴其不缴或者少缴的税款、滞纳金，并处不缴或者少缴的税款50%以上5倍以下的罚款；构成犯罪的，依法追究刑事责任。"

2. 准确计税原则

纳税人应正确理解纳税人、课税对象、税率、纳税期限、纳税地点、有关减免税的规定等方面内容，全面掌握各种税费的计税依据和税率，正确计算应纳税款。计税依据判断是否准确是正确计算应纳税款的关键。

3. 按时缴税原则

按时缴税是指纳税人应当按照税收法律、行政法规的规定，将当期应该缴纳的税款，在规定期限内进行缴纳；扣缴义务人应当将纳税人当期应缴纳的税款进行代收或者代扣之后，在规定期限内将税款进行解缴。纳税人、扣缴义务人如果未按照规定期限缴纳税款，或者未按照规定期限解缴税款，税务机关将责令限期缴纳，从滞纳税款之日起，按日加收滞纳税款万分之五的滞纳金。

4. 科学节税原则

科学节税是指纳税人在深刻理解、准确掌握税法及相关法律的基础上，在不违反法律、法规（税法及其他相关的法律、法规）的前提下，通过对纳税主体（自然人、法人）的经营活动或投资行为等涉税事项做出事先安排，以达到少缴税或递延缴纳税收的行为。公司应该怎样纳税，纳多少税，需要公司结合自己的实际情况和公司所处的阶段制定相应的方案，在合理合法的基础上最小化公司成本。节税的本质是改变交易，而不是违反税法，在税收收入征管工作方面，属于反避税。偷税不同于节税，它是利用非法技术手段逃避纳税义务的行为。

5. 合理避税原则

合理避税是指纳税人在尊重税法、依法纳税的前提下，采取一些适当规避本可以不用或者可以少缴纳的税负，减少公司税收成本支出。合理避税不是逃税，而是一种正常的法律行为，是公司本来就拥有的权利。

第五节　公司下游客户和社会公众利益分配管理

一、下游客户的利益分配

（一）下游客户利益分配的定义与形式

1. 定义

下游客户是指公司商品或劳务的消费者或经销商。下游客户利益分配是指公司向消费者或经销商提供商品或劳务的过程。

2. 形式

下游客户利益分配的形式主要有保证商品质量、提供商品信息、按合同供货以及做好售后服务等，具体如下：

（1）保证商品质量。质量是公司生存和发展的根本，要提高商品质量，必须全员参与，每位员工都有义务和责任做好商品质量，并牢固树立质量意识，严格控制和执行好商品的操作流程。要求公司领导和每位员工全身心地投入到商品质量管理当中，把质量目标灌输到每个员工的心中。主要从进料检验、生产过程、出厂检验、售后服务等方面去控制，从而确保商品的整体质量。

（2）提供商品信息。公司向顾客或其他经销商提供有关商品的质量、性能、用途、有效期限等信息，具体包括价格、产地、生产者、用途、性能、规格、等级、主要成分、生产日期、有效期限、检验合格证明、使用方法说明书、售后服务，或者服务的内容、规格、费用等，这些信息必须是真实的，并符合下列要求：①有商品质量检验合格证明；②有中文标明的商品名称、生产厂家厂名和厂址；③根据商品的特点和使用要求，需要标明商品规格、等级、所含主要成分的名称和含量的，用中文相应予以标明；需要事先让消费者知晓的，应当在外包装上标明，或者预先向消费者提供有关资料；④限期使用的商品，应当在显著位置清晰地标明生产日期和安全使用期或者失效日期；⑤使用不当，容易造成商品本身损坏或者可能危及人身、财产安全的商品，应当有警示标志或者中文警示说明。裸装的食品和其他根据商品的特点难以附加标识的裸装商品，可以不附加商品标识。

（3）按合同供货。公司与顾客或其他经销商签订供货合同，在合同中明确规定供货内容、数量、时间、交货地点、货款支付方式、货物质量标准、验货方式、逾期供货（或付款）的违约责任等。

销售合同是指平等主体的自然人、法人、其他组织之间设立、变更、终止民事权利义务关系的协议。签订销售合同需要遵守诚实信用的原则。销售合同的签订程序具体可概括为两个阶段：要约和承诺。

（4）做好售后服务。售后服务是商品被销售后由厂商、销售商或服务商为客户所提供的有偿或无偿的培训、商品调试、问题咨询、客户回访、商品维护和升级等服务，其服务质量评价标准是客户满意度。

（二）下游客户利益分配的原则

1. 顾客至上、服务第一原则

顾客至上就是一切以顾客为主，能为顾客的利益考虑。服务至上就是在服务质量上没有最好只有更好，让顾客有实至名归的感觉，这样才能让顾客回头。

在互联网被广泛运用的现代社会，顾客购买、选择的自由度加大，因此他们变得越来越苛刻和难以满足，他们在决定选择哪个商家时比以往谨慎得多。他们越来越在乎商家的服务态度，而不仅仅是价格的高低。在这种新形势下，赢得永久的顾客忠诚便成为公司整个营销策略的基础。

2. 质量优先原则

质量优先就是以质量为中心，把品质放在第一位。在市场经济快速发展、公司间竞争日趋激烈的今天，商品的质量对于公司的重要性日益明显。公司竞争的实质就是质量的竞争，商品质量的高低是公司有没有核心竞争实力的重要指标，是市场营销的后盾，提高商品质量是保证公司占领市场从事经营的重要手段，也是公司提高效益的源泉，一个公司要做大做强，在努力创新的基础上，必须努力提高商品质量水平。纵观国内外长久不衰的知名公司，都有着质量过硬的商品品牌，所以说质量是公司的生命，是公司的灵魂。

二、社会公众的利益分配

（一）社会公众利益分配的定义与形式

1. 定义

社会公众是指受公司生产经营活动直接或间接影响的各种群体的总称。社会公众对公司的态度，会对公司的生产经营活动产生很大的影响，它既可以有助于公司树立良好的形象，也可能会破坏公司的形象。所以公司必须处理好与社会公众的关系，争取公众的支持，为自己营造和谐、宽松的生产经营环境。

社会公众利益是指公司向受其生产经营活动影响的社会公众所分配的利益，如公司在节能减排、保护资源、改善环境、损害损伤救治和补偿等方面的投资就属于社会公众利益。

2. 形式

社会公众利益分配的形式主要有购买、安装和使用节能减排、保护资源和改善环境等方面的设备和设施，对受到公司生产经营活动损害损伤者进行医疗救治和补偿等。

（二）社会公众利益分配的原则

1. 依法环评原则

环境影响评价过程中应贯彻执行我国环境保护相关的法律法规、标准、政策，分析建设项目与环境保护政策、资源能源利用政策、国家产业政策和技术政策等有关政策及相关规划的相符性，并关注国家或地方在法律法规、标准、政策、规划及相关主体功能区划等方面的新动向。

2. 依法治理原则

公司发展涉及社会公众利益，公司在快速发展的同时，应加强生态环境保护，进行生产结构调整，加大国有公司和金融体制改革力度，真正做到以法治促改革发展、促公平正义、促和谐稳定。

第六节　公司股东利益分配管理

一、股东利益分配的定义和形式

（一）定义

股东利益分配是指公司向股东分配利润或者分配剩余财产。公司利润分配的基础是净利润，即公司缴纳所得税后的利润。一般情况下，股东都是根据其实际缴纳的出资额在资本总额中的比例来计算利润，但是如果全体股东一致约定不按照出资比例分配利润的，所有股东就可以按照约定的方式与比例进行利润分配，而非必须按照实缴出资额分配利润。

（二）形式

公司股东利益分配的主要形式有分配税后利润、分配剩余财产等，具体如下：

1. 分配税后利润

分配税后利润是指将公司实现的净利润，按照国家法律法规和公司章程或制度规定的分配形式和分配顺序，在公司和投资者之间进行的分配。公司利润分配的对象是公司缴纳所得税后的净利润，这些利润是公司的权益，公司有权自主分配。根据法律规定，税后利润分配的顺序为：（1）弥补不能由税前利润弥补的以前年度亏损；（2）提取法定盈余公积金；（3）提取任意盈余公积金；（4）向投资者分配利润。

2. 分配剩余财产

分配剩余财产是指公司全部清算财产扣除清算损益、清偿债务及缴纳所得税后的剩余部分。公司剩余财产的分配原则一般应按照公司合同、章程的有关条款处理，充分体现公平、对等的精神，兼顾各方利益。

二、公司股利分配理论

股利分配理论是在探索股利的支付与股票的价格（或公司的价值）之间的关系中，所形成的前后一贯的假设性、概念性和适用性的逻辑关系和系统说明。其发展经历了传统股利理论阶段和现代股利理论阶段。

（一）传统股利理论

股利政策的传统理论是围绕“股利政策是否影响公司的市场价值”这一命题展开的，相应地形成了三种观点：MM股利无关论、“一鸟在手”理论和税差理论。

1. MM股利无关论

MM股利无关论是美国财务学家米勒（Miller）和莫迪格莱尼（Modigliani）在《股利政策、增长与股票估价》（1961）一文中提出的。该理论认为在严格的假设条件下，股利政策不会对公司的价值或股价产生任何影响。因此，单就股利政策而言，既无所谓最佳，也无所谓最次。MM股利无关论的提出建立在以下假设的基础上。

（1）完善资本市场假设。任何投资者的力量都不足以大到使其交易对当时的市场价格产生明显的影响；所有交易者都具有同等且免费的渠道以获取关于市场价格和所有其他股票相关特征的信息；证券的发行、买卖不存在发行成本、经纪人佣金及其他交易费用；资本利得和股利之间不存在税收差异。

（2）理性行为假设。每个投资者都是个人财富最大化的追求者。就财富的增加是采用现金支付的形式还是所持股份市价上涨作同等对待。

（3）充分肯定假设。投资者对未来投资机会和利润完全有把握，对公司的未来发展充满了信心；公司只发行考虑股票融资。

在上述严格假设的基础上，米勒和莫迪格莱尼认为，在完美的资本市场上，股票价格反映了所有可以利用的市场信息，获得非正常利润的机会是不存在的，投资者只能得到经过风险调整后的平均市场收益。他们声称，在给定公司的投资决策的情况下，股利的支付纯粹是一个细枝末节的小问题，它不影响股东的财富。公司的价值完全取决于公司的投资方案和获利能力，而与公司的股利政策无关，投资者并不关心他们的收入是来自资本利得还是股利收入。股利政策只不过是公司的一种融资策略，为了筹措长期资金，公司可以采取：第一，对外发行股票，而同时将内部未分配利润作为股利分发；第二，留存盈余，采取内部融资，相应减少股利，且不再对外发行股票。“MM理论”认为，对外融资后的普通股每股现值加当期股利恰好等于当期股利支付前的普通股每股市价，即外部融资引起股权稀释造成的普通股市价的下跌，恰好被当期股利所补偿了。换句话说，第一种融资方式向投资者提供的是股利收入，而第二种融资方式向投资者提供的是资本利得。两种收益的唯一区别只是性质不同，但数额相等。因此支付股利实际上就如同一只手付出钱，而另一只手又把钱如数收回一样。所以投资者不会在乎收到的是股利还是留存收益，股利的支付与否不会影响公司的市场价值。

毫无疑问，建立在严格假设基础上关于股利无关论的上述论证是严谨的，但其结论却足以令人震惊——它意味着股利策略的无用性。这仿佛与现实生活中人们的感觉完全相悖。如果确是这样的话，那么在现实中，公司为什么要支付股利呢？股东又为什么那么重视公司的股利政策呢？

2. “一鸟在手”理论

“一鸟在手”理论源于谚语“双鸟在林不如一鸟在手”，是流行最广泛和最持久的股利理论。该理论认为，大部分投资者通常都是风险厌恶者，他们不是把当前的股利（收益），而是把未来的股利（收益）与更多的难以预料的风险因素联系起来。因此，对于比较现实的投资者来说，在股利与资本利得两种不同的收益中，可能更偏好股利。通过股利的获得，可以消除投资者心中对公司盈利能力的不确定性的担心。股利是在持续经营基础上于本期收到的，而资本利得的实现则依赖不确定的未来，为了获得它，投资者必须承担股票价格不断涨跌变化的风险。所以，公司提高股利支付率可以降低投资者的风险，投资者要求的必要报酬率便相对较低，公司股票价格会上升；反之亦然。该理论的结论主要有两点：一是股票价格与股利支付率成正比；二是权益资金成本与股利支付率成反比。据此，公司应该采取高股利支付率的政策，使公司价值最大化。

3. 税差理论

税差理论是法阿尔（Farrar）和赛尔文（Selwyn）于1976年对存在税收条件下股利支付政策是否影响公司价值所进行的研究中提出来的。该理论认为，在现实生活中，对于多数投资者来说，他们都需要纳税，并且政府对股利征收的所得税税率与对资本利得征收的所得税税率往往是不一样的，股利所得税一般都高于资本利得税，所以，发放股利实质上有损于投资者的利益。投资者的目标是在特定的风险条件下使税后收益最大化，因此当资本利得与股利收入存在税收差异时，如果公司保留盈余少发股利或不发股利，这对投资者来说是有利的。另外，股利的税收是在收到股利时支付，而资本利得的税收可以递延到股票真正卖出时才支付，这样公司在保留盈余而不支付股利时，给予了股东一个有价值的时机选择权。因此基于税收差异的考虑，大多数投资者会选择公司留存利润而不是分发股利。其结果是，利润留存后，股价会上升，但是除非卖出股票，否则股价的上升不用纳税。总之，当存在税收差异时，投资者希望税后收益最大化对于税收延付的股票（低股利—高资本利得）会比需要税收即付的股票（高股利—低资本利得）价格高。也就是说，高股利损害了投资者的利益，而低股利则会抬高股价，增加公司的市场价值，从而使股东财富最大化。

税差理论是考虑了税收情况而得出的结论，看起来比较有说服力，即使在有些国家资本利得没有税收优惠，其递延效应也不容忽视。既然低股利能提升公司价值，那么公司为什么还要发放股利，为何不干脆不发放股利而让股东获益呢？

从以上的简单描述可看出，“一鸟在手”理论、MM股利无关论和税差理论都是围绕股利是否影响公司价值（或公司股票价格）而展开的理论研究，但是三者的观点完全不同，“一鸟在手”理论主张高股利政策，税差理论支持低股利政策，而MM股利无关论则认为股利是无关的，公司无需制定股利政策。尽管观点迥异，但对股利的研究已经作为一个专门的领域引起了学者们的广泛关注和重视。在短短二十年中股利理论发展迅速，范围从完全资本市场扩展到不完全资本市场，研究角度也从纯财务角度拓展到税负等角度。然而，传统理论的各种观点都存在很大的局限性：股利政策无关紧要的观点在完全市场假设下是顺理成章的，但是在现实生活中却难以令人信服；“高股利导致股价增长”的观点认为股利和资本利得的风险不同，也经不起仔细推敲，因而到了20世纪70年代，除了在实务界仍有一定的支持者外，理论界响应者寥寥；税差理论相对而言比较有说服力，但是仍难以解释现实中的某些常见现象。

（二）现代股利理论

传统的股利理论各有一定的局限性，并且得出的结论是相互矛盾的，均不能通过市场得到完全的解释。在此基础上，西方财务理论研究者进一步放松了 MM 理论的假设，对股利政策提出了不少合理的解释，形成了各种现代股利理论。现代股利理论主要集中在股利为什么会引起股票价格变化这一问题，归纳起来主要有以下几种具有代表性的观点。

1. 剩余股利理论

剩余股利理论认为，在现实经济中，如果存在发行费用，就可能对公司的股利政策有影响。因为支付这些费用，公司必须发行更多的股票。也就是公司发行新股的成本高于内部留存利润的成本，于是发行费用的存在改变了公司对内部融资还是发行新股融资的漠不关心的态度，只有当利润超过投资需求时，公司才发放股利。因此，公司在股权融资时，首先使用内部资金，只有当内部资金充分利用后，才考虑发行新股。在满足所有投资后，如果内部资金还有剩余，则支付股利，如果没有剩余，就不付股利。利用剩余股利理论就可以解释为什么迅速成长的公司几乎不发放股利，而成熟的发展比较平缓的公司则倾向于实施高股利政策。

尽管剩余股利理论有其优点，但在实际研究中也遇到了问题。比如，即使公司每期的投资机会与盈利都发生变化，但是大多数公司经理都会选择保持稳定的股利政策，“修匀”各期限的股利支付水平，并且对股利支付路径的调整也是非常谨慎的。对此剩余股利理论不能作出令人信服的解释。

2. “客户效应”理论

“客户效应”理论是对税差理论的进一步发展，也可以说是广义的税差理论。该理论从股东的边际所得税率出发，认为每个投资者所处的税收等级不同，有的边际税率高（如富有的投资者），而有的边际税率低（如养老金等），由此会引起他们对待股利的态度不一样，前者偏好低股利支付率或不支付股利的股票，后者则喜欢高股利支付率的股票。据此，公司会相应调整其股利政策，使股利政策符合股东的愿望，当达到均衡时，高股利支付率的股票将吸引处于低边际税率等级的投资者；而低股利支付率的股票则将吸引处于高边际税率等级的投资者。据此，公司的任何股利政策都不可能满足所有股东对股利的要求，股利政策的变化，只是吸引了喜爱这一股利政策变化的投资者。因此，公司只要在一段时间内保持其股利政策相对稳定，那么总能吸引一部分投资者购买其股票。

3. 信号理论

信号理论放松了 MM 股利无关论中投资者和管理者之间拥有平等信息这一假设，主要解决当公司管理者与外部股东存在息不对称的情况时，管理者如何利用股利政策来传递有关公司未来前景的信息问题。该理论认为，在非完美的市场中，投资者与公司管理当局之间存在着信息不对称，管理当局占有更多的有关公司未来现金流量、投资机会和盈利前景等方面的内部信息，可以借助股利的发放向外部投资者传递其掌握的内部信息。如果管理当局预计到公司的发展前景良好，未来业绩有大幅度增长时，就会通过增加股利发放的方式将这一信息及时告诉投资者；相反，如果说预计到公司的发展前景不太好，未来盈利将呈持续性不理想时，那么他们往往维持甚至降低现有股利水平，这相当于向投资者发出了“利淡”信号。因此，股利能够传递公司未来盈利能力的信息，从而股利对股票价格有一定的影响。当公司支付的股利水平上升时，公司的股价会上升；当公司支付的股利水平下降时，公司的股价也会下降。当然，此信号传递的信息必须能真实地反映公司的财务业绩，否则将会误导投资者。

然而，有关信号理论的研究并非完美，实证结果也并非一致。从理论上看，信号理论存在以下问题：（1）信号理论很难对不同行业、不同国家的股利政策差别进行有效的解释与预测；（2）在市场的有效性增强、信息手段大为丰富的今天，为什么公司不采用效果相当但成本更低的信号传递手段？支付股利为什么可以作为恒定的信号手段？（3）在高速成长的行业、公司，股利支付率一般很低，而这些公司的业绩和成长性是有目共睹的，按照信号理论则会作出相反的解释和预测。

4. 代理成本理论

代理成本理论放松了 MM 理论的公司经营者与股东之间的利益完全一致、经营者致力于股东财富最大化这一假设。该理论认为，由于公司所有权和经营权的分离，产生了股东与管理者之间、股东与债权人之间的委托—代理关系，又因为委托方与代理方利益的不一致，从而引发了代理成本。股利的支付能有效地降低代理成本：首先，股利的发放可以降低公司的自由现金流量，限制管理者过度地扩大投资或者进行特权消费的行为，保护股东的利益，进而降低剩余损失。其次，较高的股利支付，将迫使公司不断走向资本市场进行筹资，不断接收市场的监督和检验，因为新投资者只有在相信管理层能有效利用资本的前提下才会购买新股，债权人也只有在相信管理层能有效利用资本的前提下才会借钱给公司。因此，较高的股利支付降低了委托方对代理方的监督成本。最后，可以把股利看作是一种担保机制，如果管理者不能兑现支付股利的允诺，股东则可以在资本市场“用脚投票”，转让股票，以此促使管理者努力工作，谨慎决策。但是，股利支付同时也会增加公司的外部融资成本，因此，当代理成本与外部融资成本相等时的股利政策应是最佳的，此时的总成本最低。

5. 股权结构理论

股权结构理论以信息经济学为基础，以信号传递理论来解释股权结构对股利政策的影响。该理论认为，股权集中的公司，信息不对称程度较低，对股利传递的信息的要求程度也较低，公司没有必要发放较高的股利来传递利好信息，比如股东与管理者一致的家族公司，或者那些受银行和产业集团控制的大公司。而股权结构越分散的公司，公司所有权与经营权越分离，代理成本就越大，也就越需要股利政策传递公司的信息。因为随着公司股权结构的分散，公司管理者拥有公司股票的比例逐渐降低，管理者对公司产出的权利要求部分就减少了，这使管理者通过“投资”的方式从公司闲置现金获得收益的动机增强。而且公司股权结构越分散，监督管理者经营行为的股东人数就越少，使公司股东与管理者之间的代理成本增大，因此，股东需要公司支付较高股利以传递管理者行为信息，降低代理成本。

利用公司股权结构集中与分散的特点，可以解释为什么完全依靠资本市场融资并且股权结构分散的美国、英国、加拿大等国的公司倾向于采取高股利政策，而主要依靠银行融资且股权结构集中的德国、日本、韩国等国的公司倾向于采取低股利政策。

6. 股利迎合理论

股利迎合理论放宽了 MM 股利无关论中“市场有效性”的假设，提出如果市场是有效的，那么股利政策就应由公司特征决定；如果市场不是完全有效的，那么公司制定股利政策时，就会迎合投资者的偏好。该理论主要由三个基本要素构成：一是投资者对公司发放股利的偏好随时间变化；二是有限套利的存在使投资者不一致的需求能够影响股价；三是理性的管理者能够权衡当前股票被错误定价所带来的短期收益与长期运行成本之间的利弊，从而迎合投资者的偏好制定股利政策。该理论认为，当投资者对支付股利的公司有偏好时，管理者则支付股利迎合投资者；而当投资者不喜欢股利时，管理者则不发股利。该理论的核心就是管理者给予投资者他们现在最想要的。

总的来说，现代股利理论的这些观点一方面放松了 MM 股利无关论的假设条件，另一方面引进了相关学科研究成果，改变了传统理论的思维定式和分析方法，极大地扩展了研究视野，从而使股利政策问题的研究在“量”和“质”上均产生了很大的飞跃。

三、公司利润分配程序

公司分配利润必须按照国家法律法规、制度的规定，在国家、公司所有者、经营者和职工之间进行分配，形成国家的所得税收入、分配给投资者的利润和公司的留用利润（包括盈余公积和未分配利润）等不同项目。按照我国相关法律法规的规定，公司的利润首先应按国家规定作相应的调整，增减有关收支项目，然后依法纳税。税后利润是公司及其投资者可供分配的利润。所以，税后利润的分配影响着投资者、公司和公司职工这些利润主体的不同利益和权利。为了保护各方面的合法权益，正确界定公司与投资者、职工个人的利益关系，以及投资者之间的利益分配关系，国家明文规定了公司税后净利润的分配程序：（1）弥补不能用税前利润弥补的以前年度亏损；（2）提取法定盈余公积；（3）提取任意盈余公积；（4）向投资者分配利润。公司以前年度未分配利润可以并入本年度向投资者分配。

（一）税前利润总额的调整

税前利润总额是由公司财会部门从会计角度按照收入、费用发生额计算出来的账面利润。它与税法规定的应税利润在计算上有些不一致。所以，在分配利润之前，公司应将会计上的账面利润调整为税法规定的应纳税所得额，以利于随后计算应纳所得税额。

1. 弥补以前年度发生的亏损。按我国财务和税务制度规定，公司年度亏损可以由下一年度的税前利润弥补，下一年度税前利润尚不足以弥补的，可以由以后年度的利润继续弥补，但用税前利润弥补以前年度亏损的连续期限最多不得超过 5 年，而 5 年内不论是盈利还是亏损都作为实际弥补年限计算，5 年后仍未弥补的亏损由税后利润弥补。这里应特别注意的是：（1）弥补年度应自亏损年度的下一年度起连续 5 年不间断地计算；（2）连续或间断发生年度亏损，也必须从第一个亏损年度算起，先亏先补，按顺序连续计算弥补亏损期，不得将每个亏损年度的连续弥补期相加，也不得断开计算；（3）税法认定的亏损概念，不是公司财务报表列示的亏损额，而是公司财务报表列示的亏损额经主管税务机关按税法规定核实调整后的金额。

2. 调整计算标准。用于调整同一费用在会计上和税法上因采用不同的计算口径与方法所引起的利润差异。公司超过国家规定在所得税前列支的费用开支（如业务招待费、折旧费）以及罚款、罚息、滞纳金等，在缴纳所得税前应对利润总额予以调整、追加，消除账面利润与应税利润之间的暂时性差异。暂时性差异是指资产、负债的账面价值与其计税基础不同。因资产、负债的账面价值与其计税基础不同，产生了在未来收回资产或清偿负债的期间内，应纳税所得额增加或减少并导致未来期间应交所得税增加或减少的情况，形成公司的资产或负债，在有关暂时性差异发生当期，符合确认的条件下，应当确认相关的递延所得税负债或递延所得税资产。

按照暂时性差异对未来期间应税金额的影响，分为应纳税暂时性差异和可抵扣暂时性差异。除因资产、负债的账面价值与其计税基础不同产生的暂时性差异以外，按照税法规定可以结转以后年度的未弥补亏损和税款抵减，也视同可抵扣暂时性差异处理。

应纳税暂时性差异，是指在确定未来收回资产或清偿负债期间的应纳税所得额时，将导致产生应税金额的暂时性差异。该差异在未来期间转回时，会增加转回期间的应纳税所得额，即在未来期间不考虑该事项影响的应纳税所得额的基础上，由于该暂时性差异的转回，会进一步增加转回期间的应纳税所得额和应缴所得税金额。在应纳税暂时性差异产生当期，应当确认相关的递延所得税负债。

可抵扣暂时性差异，是指在确定未来收回资产或清偿负债期间的应纳税所得额时，将导致产生可抵扣金额的暂时性差异。该差异在未来期间转回时会减少转回期间的应纳税所得额，减少未来期间的应缴所得税。在可抵扣暂时性差异产生当期，应当确认相关的递延所得税资产。

3. 调整计算范围。用于调整税法规定的应作为收入、费用或支出，而会计上未作为收入、费用或支出的项目，如公司采用本单位生产的产品建设工程项目，在税收上应计算收入、支出，从而计入应纳税所得额；而在会计上按成本转账，未计入当期损益。还用于调整会计上已作为收入、费用或支出，而税法上不能作为收入、费用或支出的项目，如公司购买国债的利息收入，计入当期损益，转入税后利润分配；而在税收上，国债利息收入不计入应纳税所得额，不必缴纳所得税。

4. 实行“先税后分”办法后，公司对外投资分回的利润、股利等投资收益，在分回前已经缴纳所得税的，则应从税前利润总额中扣除。所得税率不一致的，还应把少缴的部分按规定补足。

公司的利润总额经过以上调整后，即为应纳税所得额。

（二）所得税的计算和缴纳

企业所得税是国家依照法律的规定对企业某一经营年度所得，按照适用税率计算征收的税款。所得税是国家以其社会管理者的身份凭借其政治权力强制参与公司纯收入分配的一种重要手段。定期缴纳所得税是公司对社会和国家应尽的义务。

所得税的计算应遵循国家税法的规定，减免税应按照国家规定的条件执行。企业所得税是按利润的一定比例计算的，企业利润总额按前述税前利润调整项目进行调整后即为应纳税所得额。企业所得税一般是每月预缴，按年计征，年终汇算清缴。计算公式为：

$$\text{应纳所得税额} = \text{应纳税所得额} \times \text{适用税率}$$

每月预缴额计算公式：

$$\text{本期累计应纳所得税额} = \text{本期累计应纳税所得额} \times \text{适用税率}$$

$$\text{本期应纳所得税额} = \text{本期累计应纳所得税额} - \text{上期累计已缴所得税额}$$

（三）提取盈余公积

税后利润分配首先应当弥补被没收财物损失、支付各种税收的滞纳金和罚款，以及弥补超过用税前利润抵补期限的以前年度亏损，然后剩余额才用来提取盈余公积。

盈余公积是公司用于增强物质后备、抵御和防范风险的重要资金来源，也是维护公司稳定经营和长期发展的必要措施和手段。根据提取规定的不同，盈余公积分为法定盈余公积和任意盈余公积。法定盈余公积是非股份制的一般公司按照国家规定必须从税后利润中提取的盈余公积，其数额是在税后利润扣除前述两项后的10%。当公司的盈余公积达到公司注册资本50%时可不再提取。任意盈余公积是根据公司发展的需要由公司自行规定的或董事会决定的比例来提取的盈余公积。任意盈余公积的提取是在计提法定盈余公积之后，在向投资者分配利润之前。其中股份公司提取任意盈余公积必须在分配优先股股利之后，在分配普通股股利之前。

公司提取的盈余公积可用于弥补亏损和增加资本金。公司的以前年度亏损数额较大，用税前利润不足以弥补，再用未分配利润尚不足以弥补时，经公司股东会议决议，可用盈余公积来补亏。公司未清算前，注册资本和资本公积是不能用于弥补亏损的。盈余公积可以用来转增资本，国家规定用盈余公积转增资本金后，法定盈余公积的余额不得低于注册资本的25%。

（四）向投资者分配利润

向投资者分配利润应遵循纳税优先、公司积累优先、无盈余不分利的原则。它是利润分配的最终阶段，体现了投资者对公司的权利、义务以及投资者所承担的风险。在通常情况下，公司在提取盈余公积之前，不得向投资者分配利润；公司当年无利润，不能进行利润分配。股份公司当年无利润时，原则上不得分配股利，但在盈余公积弥补亏损后，经股东大会特别决议，可以用盈余公积向股东分配股利，但其支付额不得超过股票面值的6%，且在分配股利后，公司法定盈余公积不得低于注册资本的25%。

公司用于向投资者分配利润的金额是，在按照上述顺序分配后的余额加上以前年度未分配利润。而具体的利润分配方式与金额由公司投资者集体商议决定。如果公司税后利润在向投资者分配利润后仍有余额，以及本年度未向投资者分配的利润，一并可作为本年度未分配利润，结转以后年度使用。

股份公司向股东分配股利时，应确认股东的股权，凭股票分配股利。优先股股利在普通股股利之前优先分配，并取得股利率固定的股利。此外，公司分配给股东的股利所应缴纳的个人所得税应由公司按税法规定代扣代缴。

四、公司利润分配政策

在股利分配实务中，股份制公司要综合考虑各种因素来确定自己的股利政策。公司一般采用的股利政策有以下几种：

（一）剩余股利政策

股利分配与公司的资本结构相关，而资本结构又是由投资所需资金构成的，因此，实际上股利政策受到投资机会及其资金成本的双重影响。剩余股利政策就是在公司有着良好的投资机会时，根据一定的目标资本结构（最佳资本结构），测算出投资所需的权益资本。将其从盈余中留出，然后将剩余的盈余作为股利予以分配。

（二）固定或稳定增长股利政策

这一股利政策将每年发放的现金股利保持稳定或稳中有增的态势，其一般做法是将现金股利固定在某一水平上，并在较长的时期内保持不变，只有当公司认为未来盈余会显著地不可逆转地增长时，才提高年度的股利发放额。不过，在通货膨胀的情况下，大多数公司的盈余会随之提高，且大多数投资者也希望公司能够提供足以抵消通货膨胀不利影响的股利，因此在长期通货膨胀的年代里也应提高股利发放额。

（三）固定股利支付率政策

固定股利支付率政策要求公司确定一个现金股利占税后利润的固定比率，以后每年按此固定比率从税后利润中支付现金股利。

在这一股利政策下，每年股利额随公司经营的好坏而上下波动，盈余较多的年份股利额高，而盈余较少的年份股利额少。股利额随公司盈余变化而不断发生变动，由此传递给外界一个公司经营不稳定的信息，不利于股票价格的稳定与上涨，所以，很少有公司采用这一股利政策。

（四）低正常股利加额外股利政策

低正常股利加额外股利政策是一种较常见的股利政策，它是将一个较低的股利水平作为每年正常发放的股利，然后，根据公司经营业绩和其他经营状况，决定是否在正常股利之外增加额外股利。这一股利政策有两方面好处：

第一，这种股利政策为公司，特别是利润和资金需求浮动范围较大的公司提供了一定的灵活性。当公司盈余较少或投资需要较多资金时，可维持较低的但正常的股利，股东不会有股利随利润起伏跌落的感觉；当盈余有较大幅度增加时，则可适度增发股利，使他们增强对公司的信心，有利于稳定公司股票价格。

第二，这种股利政策可使那些依靠股利度日的股东每年至少可以得到虽然较低，但比较稳定的股利收入，从而吸引这部分股东。

总之，不论采用哪种股利政策，公司都要避免股利的不规则变化。公司有稳定的股利支付政策，一方面，可以吸引投资者，因为投资者多倾向于稳定股利的股票；另一方面，稳定的股利会使公司的权益成本最低，股票价格最高，有利于培养一个良好的融资环境。股利政策不是一个孤立的决策，应与投资决策和筹资决策结合起来考虑，还应该考虑公司的现金流量和资金成本，同时要考虑由于不对称信息给投资者的正向或负向的信号作用。通过对各种因素进行综合分析后，才能得出适合于公司的股利政策。

五、公司利润分配方式

实践中，我国上市公司的股利分配方式主要有现金股利、股票股利、公积金转增股本、混合分配四种方式。

（一）现金股利

在我国，现金股利通常称为“红利”。发放现金股利称为派现或分红。投资者之所以投资于股票，很大程度上是寄希望于股票的高收益，而收益的最终体现是现金的流入。派发现金比例的高低体现了公司的实力及给股东的回报能力。即现金股利发放的多少，将直接影响到公司的股票价格。但并不是现金股利发放得越多越好，要综合上市公司自身的情况，因为发放现金股利除了要有累计盈余外，还需要有充足的现金储备，往往会给公司带来一定的资金压力。对于公司来说，基于长期成长与财务经营的需要，必须保留现金以备购置固定资产或用于其他途径。所以，当公司有足额未指定用途的累计盈利并且有足够的现金时，可以支付现金股利；反之，则应选择其他股利形式。

（二）股票股利

在我国，发放股票股利称为送股。这种形式运用较多，是仅次于现金股利的常用股利发放形式。股票股利其实是一种两全齐美的股利分配方案，对股东来说，以股票的形式获取股利，随即将红股抛出便可兑现；若保有红股，则对其增值有着极大的想象空间。对公司来说，以增发股票的形式作为股利：一是可以控制现金流出，当公司利润增加，预期未来有许多不错的投资机会，准备扩展其业务时，或当年公司现金流入紧张，需要现金以供周转时，公司往往会放弃现金股利而代之以股票股利；二是可以稀释流通在外的本公司股票价格，从而吸引更多的中小投资者；三是可以给股东某些有益的暗示，股票股利的发放说明公司可能有更好的投资机会，公司的增长潜力会因之放大，未来的收益可能会抵补发放股票股利而稀释的每股收益且有剩余；等等。

（三）公积金转增股本

公积金转增股本是我国上市公司一种常见的股本扩张方式，主要包括资本公积转增股本和盈余公积转增股本，是指公司将资本公积或盈余公积转化为股本，并未改变股东的权益，却增加了股本的规模，因而客观结果类似于股票股利。股票股利和公积金转增股本都具有扩大公司股本规模、股东不需要缴纳认购款项的特点，为此，投资者往往将二者混为一谈。其实，公积金转增股本与股票股利有着本质上的区别：股票股利来自公司的年度税后利润，只有在公司有盈余的情况下，才能向股东分派股票股利，而公积金转增股本则来自资本公积（资本公积转增股本可以不受公司本年度可分配利润多少的限制）或盈余公积，只需将公司账面上的资本公积或盈余公积减少一些，相应增加等额的注册资本即可。因此从严格意义上说，资本公积转增股本并不属于利润分配，因为资本公积不是来源于利润；但盈余公积转增股本属于利润分配，因为盈余公积来源于利润。

（四）混合分配

我国上市公司在股利发放中，既可单独使用某一形式，也可根据需要混合使用上述多种方式。混合分配方式是指上市公司在发放股利时，不是只选用一种方式，而是将几种方式进行组合使用。混合方式包含有派现、送股和公积金转增股本三种方式，具体包括四种情况：派现加送股、派现加转增、送股加转增、派现加送股加转增。在现实生活中，许多上市公司会结合自身具体状况，在权衡股本扩张、收益增长速度、资金需求等各种因素后，采取混合的股利分配方式，以实现公司的经营目标。

复习思考题

1. 什么是狭义的财务分配和广义的财务分配？
2. 公司财务分配的作用有哪些？原则是什么？
3. 什么是职工薪酬？它包括哪些内容？
4. 职工薪酬政策制定的原则是什么？政策的类型包括哪些？
5. 公司主要有哪些债权人？债权人利益分配的方式主要有哪些？
6. 公司主要通过什么方式向政府分配利益？
7. 公司向下游客户分配利益的方式主要有哪些？
8. 公司向社会公众分配利益的方式主要有哪些？
9. 公司股利分配理论主要有哪些？

10. 公司利润分配政策主要有哪些?

11. 公司利润分配方式主要有哪些?

思政思辨题

1. 坚持广义分配观对实现中国式现代化有什么重要意义?

2. 政府给公司减税降费会在一定程度上减少财政收入，政府如何在减税降费的情况下实现财政收入的增长?

3. 公司在财务分配中如何处理好职工、债权人、政府、下游客户、社会公众、投资人等利益相关者之间的利益关系?

第十六章

公司现金管理

内容简介

本章主要介绍持有现金的动机、持有现金的成本、现金管理的内容、现金管理的原则、现金管理模式、最佳现金持有量的确定方法、理财产品种类、理财产品风险、债券估值模型、股票估值模型等。

学习目标

通过本章的学习，要求了解持有现金的动机、持有现金的成本、现金管理的内容、现金管理的原则、现金管理模式、理财产品种类、理财产品风险，掌握最佳现金持有量的确定方法和债券估值模型、股票估值模型运用方法。

第一节　公司现金管理概述

现金是流动性最强的一种货币性资产，它有广义和狭义之分。广义的现金包括库存现金、银行存款、其他货币资金和各种现金等价物。狭义的现金仅指库存现金。公司拥有足够的现金可以降低公司的财务风险。但是，如果持有过多的现金，则可能使公司蒙受损失。因为现金是一种无法产生收益或产生收益极少的资产。当公司现金持有量超过最佳现金持有量时，现金给公司带来的收益就会下降。

一、公司持有现金的动机

公司持有现金，主要有三个动机：交易动机、预防动机和投机动机。

（一）交易动机

交易动机是指公司持有现金是为了保证日常支付的需要，包括购买原材料、支付税款、支付工资、支付股利等。公司每天的现金收入和现金支出很少同时等额发生，保留一定的现金余额，在现金的支出大于收入时，才不至于使交易中断。公司支付的现金数量主要取决于其销售水平。正常经营活动所产生的现金收入和支出及其差额，一般同销售量成正比例变化。其他现金收支，如购入机器设备、偿还借款本金及利息、买卖有价证券等发生的现金收支，往往很难准确预测，总的来说，现金流量通常随交易量的变化而变化。

（二）预防动机

预防动机是指公司为了应付意外情况的发生而需要持有现金。公司预计的现金需求，一般是指正常情况下的现金需求，但有许多意外情况（如自然灾害、生产事故等）会打破公司的现金收支平衡。因此，公司必须拥有较多的现金，以便能更好地应付这些意外情况的发生。预防动机所需现金数量的大小主要取决于以下三个因素：（1）现金收支预测的可靠程度；（2）公司临时借款能力；（3）公司愿意承担的风险程度。

（三）投机动机

投机动机是指公司持有现金，是为了捕捉市场中瞬息即逝的获利机会从事投机活动，从中获取收益。比如，当预期利率上升、有价证券的价格将要下跌时，公司会暂时持有现金，直到利率停止上升为止。当预期利率将要下降、有价证券的价格上升时，公司可能会把现金投资于有价证券，以便获取有价证券价格上升带来的收益。

二、公司持有现金的成本

持有现金的成本是指公司持有一定数量的现金而发生的费用，它主要包括以下四个方面。

（一）现金的机会成本

现金的机会成本是指公司因持有现金而放弃投资机会所丧失的收益。现金的机会成本与现金的持有量有关。一般来说，现金的持有量越大，机会成本就越大。

（二）现金的管理成本

现金的管理成本是指公司因持有一定数量的现金而发生的管理费用，如现金保管人员的工资等。现金的管理成本一般固定不变，在一定的现金余额范围内与现金的持有量关系不大。

（三）现金的转换成本

现金的转换成本是指现金购买有价证券或者将有价证券转换为现金所发生的交易费用，如买卖证券支付的佣金、手续费等。现金的转换成本与现金的转换次数成正比，转换的次数越多，发生的转换成本就越多。

（四）现金的短缺成本

现金的短缺成本是指公司发生现金短缺时所造成的损失，如由于现金不足而不能按时纳税而支付滞纳金等。现金的短缺成本与现金的持有量成反比，现金持量越大，现金的短缺成本就越小。

三、现金管理的内容

现金管理的内容主要包括现金流量管理和现金存量管理两个方面。

（一）现金流量管理

现金流量管理主要包括现金流入量的管理和现金流出量的管理。

1. 现金流入量的管理

现金流入量的管理主要包括经营活动现金流入量的管理、投资活动现金流入量的管理和筹资活动现金流入量的管理。其中，经营活动现金流入量是指销售商品、提供劳务等取得的现金流入量，包括预收货款、现销等取得的现金流入量。投资活动现金流入量是指进行投资活动取得的现金流入量，包括投资项目利润分配、投资项目变现等取得的现金流入量。筹资活动现金流入量是指进行筹资活动取得的现金流入量，包括股权筹资、债权筹资和期权筹资等取得的现金流入量。

2. 现金流出量的管理

现金流出量的管理主要包括经营活动现金流出量的管理、投资活动现金流出量的管理和筹资活动现金流出量的管理。其中，经营活动现金流出量是指为生产和销售商品、接受劳务等而发生的现金流出量，包括直接材料、直接人工、制造费用、管理费用、销售费用等发生的现金流出量。投资活动现金流出量是指进行投资活动发生的现金流出量，包括购买土地使用权、购买设备、建造厂房等发生的现金流出量。筹资活动现金流出量是指进行筹资活动发生的现金流出量，包括筹资费用（发行费、承销费等）和用资费用（还本付息、分配利润等）发生的现金流出量。

（二）现金存量管理

现金存量是指存放在公司财务管理部门和相关金融机构的现金。现金存量管理就是对这些存量现金进行保管并制定使用计划（或编制使用预算）的行为。存放在公司财务管理部门的现金通常都比较少，主要是为了应付日常零星开支的需要，公司需要对它们进行安全性管理，确保库存现金的安全。存放在相关金融机构的现金，公司除了对它们进行安全性管理之外，还要进行效率性、效益性管理，即要确保每一笔结算业务都有较高的结算效率，同时要尽可能保证存量现金的效益达到最大化，当存量现金超过最佳现金余额时要想方设法把富余现金使用出去，让它们创造尽可能大的使用效益。

四、现金管理的原则

（一）安全性原则

确保现金的安全是现金管理需要遵循的首要原则。现金是“白花花的银子”，是“红灿灿的票子”，看得见、摸得着（库存现金、支票、汇票等），很容易引起不法分子的“惦记”，有时候也会由于相关人员的粗心大意而造成损失，因此，必须加强安保措施，确保现金的安全。

（二）效率性原则

现金主要用于结算（支付）。每一家公司每天都会发生很多笔结算业务，特别是大中型公司或集团公司，每天的结算量有时候达到几百笔业务，如果不能提高结算效率，就有可能影响到整个公司的工作效率，所以必须采取有效措施提高结算效率。现在很多公司运用智能机器人来办理结算（支付）业务，不仅大大地提高了结算效率，还显著地节约了人力成本和降低了差错率。

（三）效益性原则

存量的现金是不产生效益的（或者只产生极少的效益，如存款利息），只有把存量现金使用出去才能带来相应的效益。因此，公司要制定积极的现金管理政策，编制积极的经营活动预算、投资活动预算和筹资活动预算，再根据积极的经营活动预算、投资活动预算和筹资活动预算来编制积极的现金流量预算，把超出最佳现金余额的那部分富余现金安排使用出去，努力使每一分钱的现金都能发挥最大的效用。

（四）计划性原则

计划性原则也叫预算性原则，是指现金的管理要有计划，并且把计划编制成详细的现金流量预算，然后严格按照预算来管理现金的流量和存量。实际工作中，有些公司对现金的收支没有详细的、严格的预算，收入比较随意，支出也比较随意；或者遇到有收入就入账，遇到要支出就转账，毫无计划（预算）可言。这种现象必须严加杜绝。公司编制现金流量预算，既要编制年度预算，还要编制季度预算、月度预算，必要的时候还要编制每日的预算。预算越细化，越有利于管理，当然前提条件是预算必须合理、精准。

第二节　公司现金管理模式

现金管理模式主要有统收统支模式、备用金模式、结算中心模式或共享中心模式、财务公司模式等。

一、统收统支模式

在统收统支模式下，公司内部所有的现金收支都直接由公司的财务部门负责，其他职能部门（如人力资源管理部门、生产管理部门、采购管理部门、销售管理部门等）没有现金收支权。这种模式的优点是便于现金的集中统一管理，能够有效地对现金的收支进行管控，防止有关职能部门随意收取和使用现金；缺点是缺乏灵活性，有关职能部门每支取或使用一笔现金（哪怕是金额很小的一笔现金）都要向财务部门申请报批，在一定程度上降低了工作效率。这种模式一般只适用于单一法人制下的小型公司。

二、备用金模式

在备用金模式下，公司财务部门根据公司各个职能部门开展业务过程中零星开支的需要，给各个职能部门核拨一定金额的备用金，并规定备用金的开支范围，在备用金开支范围内的日常零星开支由各个职能部门在掌管的备用金中开支，超出备用金开支范围的非日常零星开支则由各个职能部门报经财务部门开支。日常管理中，各个职能部门要指定专人（兼职）负责管理备用金，发生备用金开支时，要向对方索取发票，当备用金即将用完时，由该专人拿发票到财务部门报销，以补充备用金。备用金一般每年年初核拨一次，备用金的管理人要分清公款和私款，不能公款私用。这种模式的优点是能够灵活地满足各个职能部门日常零星开支的需要，有助于提高工作效率；缺点是导致一部分现金游离在财务部门的管控之外，出现公款私存甚至私用的情况，如果各个部门的备用金是存放在办公室内，还会增加管理成本和失窃风险。这种模式一般适用于单一法人制下的大中型公司。

三、结算中心模式或共享中心模式

结算中心模式适用于多级法人制下的集团公司内部。在结算中心模式下，集团财务部门设立财务结算中心（又称资金结算中心，下同），集团本部和下属各个子分公司的现金收支都统一集中在财务结算中心管理。设立财务共享中心的集团公司，由财务共享中心代替财务结算中心统一集中管理集团本部和下属各个子分公司的现金收支，这时，这种模式就叫共享中心模式。这种模式在实践中又被很多公司称为“收支两条线”模式，即：集团本部和下属各个子分公司开展业务活动收到的现金，由其开户行实时或定期（具体须由集团和相关银行签协议商定）汇集到集团财务结算中心开设的结算账户，集团本部和下属各个子分公司开展业务活动收到的现金不在其开户行停留或者只做短暂停留，这是收入这条线。另一条是支出这条线，即：集团本部和下属各个子分公司开展业务活动发生的支出，由集团财务结算中心根据事先编制好的预算分期拨款到集团本部和下属各个子分公司在银行开设的结算账户，由集团本部和下属各个子分公司在该结算账户上按预算来开支。现以Q集团公司资金结算中心的运作模式为例来介绍结算中心模式在实践中的具体运用。

（一）Q集团公司简介

Q集团公司是沿海某省重点支持发展的国有大型集团公司，拥有下属公司130多家。成立资金结算中心对资金进行集中管理之前，集团本部和下属公司在银行开设的账户多达379个，往来银行多达17家，整个集团（含本部和下属公司）同银行的往来关系呈网状结构，如图16－1所示。集团公司资金管理突出的问题有：资金预算管理“虚”、资金结算管理“散”、资金监督考核“弱”、资金管理手段“老”、资金管理效率“低”、资金管理成本“大”等。

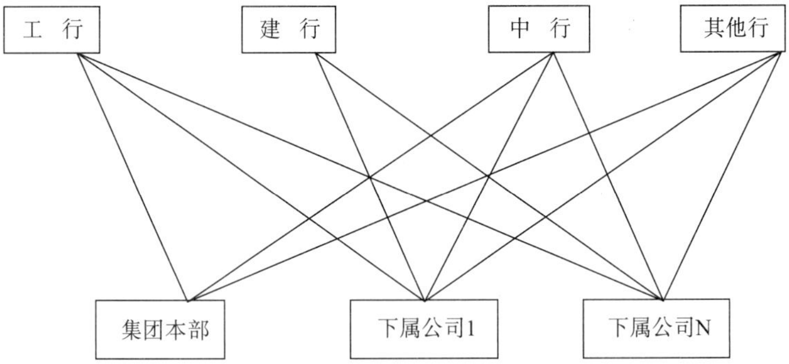

图16－1　Q集团公司成立资金结算中心之前与银行的往来关系图

成立资金结算中心之后，图16－1中的网状结构变成了图16－2中的池状结构（注：这里的池是指现金池）。

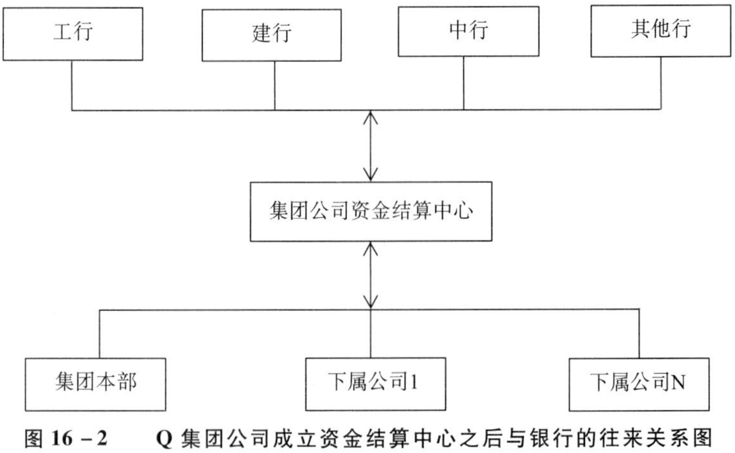

图16－2　Q集团公司成立资金结算中心之后与银行的往来关系图

（二）Q 集团公司资金结算中心的职能定位

Q 集团公司资金结算中心包括了六大职能，即集中结算、统筹融资、内部调剂、资金预算、全面监控、票据集中管理。

1. 集中结算

集团公司的结算业务主要分为两大类型，一是集团公司内部的关联交易，包括集团本部与各个子分公司之间的交易结算和各个子分公司之间的交易结算；二是集团本部和各个子分公司同集团公司外部之间的交易结算。这两大类型的结算业务都集中在资金结算中心统一办理，这就是集中结算的职能。

2. 统筹融资

统筹融资职能要求当集团本部和各个子分公司需要对外融资时，统一由资金结算中心办理，集团本部和各个子分公司不得绕过资金结算中心自行对外融资。

3. 内部调剂

内部调剂职能要求当集团本部和各个子分公司有融资需求时，首先考虑从集团公司内部进行调剂，由资金结算中心根据现金池的充盈情况来安排调剂。只有内部调剂不能满足融资需求时才能向集团公司外部融资。

4. 资金预算

资金预算职能要求资金结算中心要承担起组织整个集团公司现金预算（包括收入预算、支出预算等）管理的职责，并严格按照预算的安排来管控整个集团公司（含集团本部和下属各个子分公司）的现金收支。

5. 全面监控

全面监控职能要求资金结算中心通过对现金收支的监控来实现对整个集团公司经济活动的全面监控。从会计的角度看，一家公司发生的经济业务，跟现金收支没有直接关系的无非是那些期末计提折旧、摊销费用和结转账户余额的业务，除此之外的绝大多数经济业务都跟现金的收支直接相关，因此，只要把现金收支监控好了，就可以实现对所有经济业务的全面监控。

6. 票据集中管理

票据集中管理职能要求集团本部和各个子分公司的银行结算票据（如支票、本票、汇票等）都统一集中在资金结算中心进行管理。票据集中管理这一职能是由集中结算职能派生出来的，因为内部关联交易的结算和外部交易的结算都统一集中在资金结算中心办理，因此，所有银行结算票据也都必须统一集中在资金结算中心进行管理。这样做，既能方便办理结算业务，又能保证票据的安全，而票据的安全也就是现金的安全。

（三）Q 集团公司资金集中管理的程度——二八模式

1. 在现有 17 家结算银行中选择 20%（即 3 - 5 家）综合实力强的银行作为主要的结算银行，这些主要的结算银行将完成整个集团 80% 以上的结算业务量。

2. 在现有 130 多家下属公司中选择 20% 的公司（即 30 家左右）作为结算中心重点成员单位，这些重点成员单位的结算量将占整个集团结算量的 80%。

3. 所选中的公司 80% 的结算量在结算中心进行，20% 的结算量在自己保留的原有账户进行。其中，在结算中心进行的是金额较大的部分，在自己保留的账户结算的是金额较小的部分。从工作量来看，由于在结算中心结算的是金额较大的部分，其发生的笔数通常较少；

而在自己保留的账户结算的是金额较小的部分，其发生的笔数通常较多；因此，结算中心的结算工作量一般只占全部结算工作量的20%，但却可以管住整个集团80%的资金。

（四）Q集团公司资金结算中心成员单位账户的设立

1. 结算中心成员单位统一到结算中心开立结算账户，用于集团内部结算，其账户余额反映该企业在结算中心的存款余额（相当于原来的银行存款余额）。

2. 结算中心到结算银行（3—5家）开立总的结算账户，用于日常结算和资金归集。

3. 成员单位原来在结算银行的结算账户纳入结算中心的管理范围，即企业将原来的结算账户授权给结算中心，由结算中心统一来管理。

（五）Q集团公司资金结算中心的结算原则

1. 谁的钱进谁的账，归谁使用。结算中心对成员单位的资金要分账登记其流入、流出和余额，不得任意截留、挪用。

2. 结算中心不垫款。成员单位的资金余额不足时，可以向结算中心办理票据贴现或在授信额度内申请内部贷款。结算中心不向成员单位垫款。

3. 资金有偿占用。结算中心对成员单位的存款要依法定期计付利息，对成员单位的贷款也要依法定期计收利息。

4. 账务核对。结算中心自身的账务要日清月结，并定期与下属企业以及结算银行对账。

（六）Q集团公司资金结算中心日常结算方式

1. 对外收款结算：成员单位以自己原来的银行结算账户对外从事经营活动，当该账户收到款后，结算银行的电脑系统会自动将资金归集到结算中心在银行开立的结算账户，然后，结算中心的电脑系统自动进行账务处理，并通过内部网络将收款信息通知收款的成员单位。

2. 对外付款结算：付款的成员单位先在内部结算网络进行支付申请，按照约定的程序进行审批和安全处理后，将支付信息送达结算中心，结算中心将支付指令提交指定的结算银行进行支付。在这个过程中，如果是预算内的支付并符合付款规则，系统将顺利完成审批程序并付款；如果不是预算内的支付或者违反付款规则，系统将提示追加预算或告知不付款的理由。

3. 内部转账结算，有两种方式：第一是由付款单位主动通知结算中心付款；第二是由收款单位采用托收承付的方式委托结算中心收款。

4. 资金归集，有两种方式：第一是集团与收款银行签定协议，由收款银行自动归集；第二是结算中心按约定向收款银行发出归集指令后，收款银行才归集。

5. 资金下拨：结算中心填好下拨单，按照约定的程序审批后，将下拨指令提交结算银行下拨。在这个过程中，如果是预算内的下拨并符合下拨规则，系统将顺利完成审批程序并下拨；如果不是预算内的下拨或者违反下拨规则，系统将提示追加预算或告知不下拨的理由。

6. 资金跨银行划拨：结算中心填好划拨单，按照约定的程序审批后，将划拨指令提交结算银行进行划拨。

四、财务公司模式

除了结算中心外，多级法人制下的集团公司还可以通过设立财务公司来集中管理集团本部和所属各个子分公司的现金收支。集团公司下设的财务公司是一家具有独立法人资格的金融性公司。根据中国银保监会 2022 年 10 月 13 日公布的、于 2022 年 11 月 13 日起施行的《企业集团财务公司管理办法》的规定，财务公司是指以加强企业集团资金集中管理和提高企业集团资金使用效率为目的，依托企业集团、服务企业集团，为企业集团成员单位（以下简称“成员单位”）提供金融服务的非银行金融机构。

（一）财务公司的设立

1. 设立财务公司，应当报经国家金融监管总局批准。一家企业集团只能设立一家财务公司。财务公司名称中应标明“财务有限公司”或“财务有限责任公司”字样，包含其所属企业集团的全称或者简称。未经国家金融监管总局批准，任何单位不得在其名称中使用“财务公司”等字样。

2. 设立财务公司应当具备下列条件：

（1）确属集中管理企业集团资金的需要，经合理预测能够达到一定的业务规模；

（2）有符合《中华人民共和国公司法》和银保监会规定的公司章程；

（3）有符合规定条件的出资人；

（4）注册资本为一次性实缴货币资本，最低限额为 10 亿元人民币或等值的可自由兑换货币，银保监会根据财务公司的发展情况和审慎监管的需要，可以调整财务公司注册资本金的最低限额；

（5）有符合任职资格条件的董事、高级管理人员，并且在风险管理、资金管理、信贷管理、结算等关键岗位上至少各有 1 名具有 3 年以上相关金融从业经验的人员；

（6）财务公司从业人员中从事金融或财务工作 3 年以上的人员应当不低于总人数的 2/3、5 年以上的人员应当不低于总人数的 1/3，且至少引进 1 名具有 5 年以上银行业从业经验的高级管理人员；

（7）建立了有效的公司治理、内部控制和风险管理体系；

（8）建立了与业务经营和监管要求相适应的信息科技体系，具有支撑业务经营的必要、安全且合规的信息管理系统，具备保障业务持续运营的技术与措施；

（9）有与业务经营相适应的营业场所、安全防范措施和其他设施；

（10）国家金融监管总局规章规定的其他审慎性条件。

3. 财务公司的出资人主要应为企业集团成员单位，也可包括成员单位以外的具有丰富行业管理经验的投资者，成员单位以外的单个投资者及其关联方（非成员单位）向财务公司投资入股比例不得超过 20%。

4. 申请设立财务公司的企业集团应当具备下列条件：

（1）符合国家政策并拥有核心主业。

（2）具备 2 年以上企业集团内部财务和资金集中管理经验。

（3）最近 1 个会计年度末，总资产不低于 300 亿元人民币或等值的可自由兑换货币，净资产不低于总资产的 30%；作为财务公司控股股东的，最近 1 个会计年度末净资产不低于总资产的 40%。

（4）财务状况良好，最近两个会计年度营业收入总额每年不低于 200 亿元人民币或等值的可自由兑换货币，税前利润总额每年不低于 10 亿元人民币或等值的可自由兑换货币；作为财务公司控股股东的，还应满足最近 3 个会计年度连续盈利。

（5）现金流量稳定并具有较大规模，最近两个会计年度末的货币资金余额不低于50亿元人民币或等值的可自由兑换货币。

（6）权益性投资余额原则上不得超过本企业净资产的50%（含本次投资金额）；作为财务公司控股股东的，权益性投资余额原则上不得超过本企业净资产的40%（含本次投资金额）；国务院规定的投资公司和控股公司除外。

（7）正常经营的成员单位数量不低于50家，确需通过财务公司提供资金集中管理和服务。

（8）母公司具有良好的公司治理结构或有效的组织管理方式，无不当关联交易。

（9）母公司有良好的社会声誉、诚信记录和纳税记录，最近两年内无重大违法违规行为。

（10）母公司最近1个会计年度末的实收资本不低于50亿元人民币或等值的可自由兑换货币。

（11）母公司入股资金为自有资金，不得以委托资金、债务资金等非自有资金入股。

（12）银保监会规章规定的其他审慎性条件。

（二）财务公司的业务范围

1. 财务公司可以经营下列部分或者全部本外币业务。

（1）吸收成员单位存款；

（2）办理成员单位贷款；

（3）办理成员单位票据贴现；

（4）办理成员单位资金结算与收付；

（5）提供成员单位委托贷款、债券承销、非融资性保函、财务顾问、信用鉴证及咨询代理业务。

2. 符合条件的财务公司，可以向银保监会及其派出机构申请经营下列本外币业务。

（1）从事同业拆借；

（2）办理成员单位票据承兑；

（3）办理成员单位产品买方信贷和消费信贷；

（4）从事固定收益类有价证券投资；

（5）从事套期保值类衍生产品交易；

（6）国家金融监管总局批准的其他业务。

3. 财务公司不得从事除中国人民银行或国家外汇管理局政策规定之外的离岸业务或资金跨境业务。

4. 财务公司的业务范围经银保监会及其派出机构批准后，应当在财务公司章程中载明。财务公司不得发行金融债券，不得向金融机构和企业投资。

（三）财务公司办理资金集中管理的基本流程

1. 子公司所有现金收入都直接进入财务公司为集团公司开设的结算账户。

2. 子公司向子公司的总会计师提出支出申请，子公司总会计师进行审核。如果是预算内的支出而且子公司账户上有足够的现金满足支出，则提交给财务公司办理支出，若账户上没有足够的现金可供支出，则不提交给财务公司办理支出。

3. 如果是预算外或者超预算的支出，则由子公司总会计师提交给集团公司财务部门审核，审核不通过，就退回申请；审核通过，则提交给集团公司财经委员会审议。财经委员会将审议意见提交给集团公司总会计师审核，审核通过且子公司账户上有足够的现金可供支出，则提交给财务公司办理支出；若审核不通过或者账户上没有足够的现金可供支出，则不提交给财务公司办理支出。

4. 财务公司每日都要编制集团公司本部及所属子分公司的现金流量清单，并提交给集团公司财务部门。集团公司财务部门对现金流量清单进行分析，并提出调整现金存量的建议。

5. 集团公司财务部门将调整现金存量的建议提交给集团公司财经委员会审议，财经委员会将审议意见提交给总经理办公会进行讨论表决。如果同意调整，则由集团公司财务部门组织实施调整，并把调整情况反馈给总经理办公会；如果不同意调整，则退回给集团公司财务部门重新提出新的调整方案。

第三节 公司最佳现金持有量的确定

现金是一种流动性最强的资产，又是一种盈利性最差的资产。一方面，公司如果持有过多的现金，会造成现金的闲置、浪费，降低公司的盈利水平；另一方面，公司如果持有的现金太少，又有可能出现现金短缺，影响公司生产经营活动的正常进行。因此，公司应寻找最佳的现金持有量，从而做到既保证公司经营对现金的需要，又能使现金持有总成本最低。下面介绍几种确定现金最佳持有量的方法。

一、现金周转模式

现金周转期是指从现金投入生产经营活动开始到最终重新转化为现金所花费的时间。它大致包括以下三个进程：(1) 存货周转期，即将现金转化为原材料进而转化成产成品并最终出售所花费的时间；(2) 应收账款周转期，即将应收账款转换为现金所花费的时间，也就是从产品销售到收回现金的时间；(3) 应付账款周转期，即从收到赊购材料到支付现金所需的时间。因此，现金周转期可以用以下公式计算：

$$现金周转期=存货周转期+应收账款周转期-应付账款周转期$$

现金周转期确定后，便可确定最佳现金持有量，计算公式如下：

$$最佳现金持有量=\frac{全年现金需求总额}{360}\times现金周转期$$

【例 16－1】 某公司预计存货周转期为 100 天，应收账款周转期为 45 天，应付账款周转期为 40 天，预计全年需要现金 720 万元，试确定其最佳现金持有量。

计算过程和结果如下：

$$现金周转期=100+45-40=105\ (天)$$

$$最佳现金持有量=\frac{全年现金需求总额}{360}\times现金周转期=\frac{720}{360}\times105=210\ (万元)$$

现金周转模式简单明了，易于计算。但是这种方法假设材料采购与产品销售产生的现金在数量上一致，公司的生产经营过程在一年中持续稳定地进行，即现金需求和现金供应不存在不确定的因素。如果以上假设条件不存在，则求得的最佳现金持有量将发生较大偏差。

二、存货模式

这种方法是借鉴存货的经济批量模型来确定最佳现金持有量。在存货模式中，假设收入是每隔一段时间发生的，而支出则是在一定时期内均匀发生。在这个时期内，如果现金余额不足，公司可通过出售短期有价证券获得现金；如果现金富余，公司则将多余的现金用于购买短期有价证券。有价证券转换为现金或现金转换为有价证券，都要发生转换成本。转换成本的大小一般只与转换次数有关，而与每次转换金额无关。转换次数越多，转换成本就越大；转换次数越少，转换成本也越小。而转换次数的多少又与现金持有量的大小有关。一般来说，现金持有量越大，转换次数就越少，转换成本就越小，但持有现金的机会成本就会越大；反之，现金持有量越小，转换次数就越多，转换成本就越大，但持有现金的机会成本却会越小。因此，持有现金的机会成本与转换成本之间存在着一种此消彼长的关系。利用存货模式来确定最佳现金持有量，就是求解能够令现金机会成本与转换成本之和最小的那个现金持有量。因此，在存货模式下，能够令现金机会成本与转换成本之和最小的那个现金持有量就是最佳现金持有量。

设 Tc 为现金机会成本与转换成本之和，b 为现金与有价证券的转换成本，T 为特定时间内的现金需求总额，N 为最佳现金持有量，i 为短期有价证券利率，

则有：$Tc = \frac{N}{2} \times i + \frac{T}{N}b$

对上式中的 N 求解，可以解出最佳现金持有量 $N = \sqrt{\frac{2Tb}{i}}$。

【例 16－2】某公司预计今年现金需求总量为 10 000 万元，现金与有价证券的转换成本为每次 20 万元，有价证券的利率为 10%，试确定该公司的最佳现金持有量。

计算过程和结果如下：

因现金需求总量 T＝10 000 万元，转换成本 b＝20 万元，i＝10%，因此：

$$最佳现金持有量\ N = \sqrt{\frac{2 \times 10\,000 \times 20}{10\%}} = 2\,000\ （万元）$$

利用存货模式可以精确地测算出最佳现金持有量，对加强公司的现金管理有一定的作用。但这种模式需要以现金需求总量已经确定、现金支出均衡发生、现金机会成本和转换成本此消彼长而且容易预测为前提条件。只有在这些前提条件都得到满足的情况下才能使用这种方法。如果这些前提条件不能完全得到满足，现金最佳持有量的确定就应当采用随机模式。

三、随机模式

随机模式适用于每日现金流入量与流出量的变化是随机和不稳定的情况。随机模式是公司根据历史资料确定现金持有量的上限和下限，形成一个现金控制范围。当现金持有量升到这个控制范围的上限时，公司将用现金购买有价证券；当现金持有量降到这个控制范围的下

限时，公司就要将有价证券转换成现金；当现金持有量在这个控制范围之内时，公司既可以持有现金，也可以持有有价证券，不需要进行两者之间的转换。

随机模式下现金持有量的变化如图 16-3 所示：

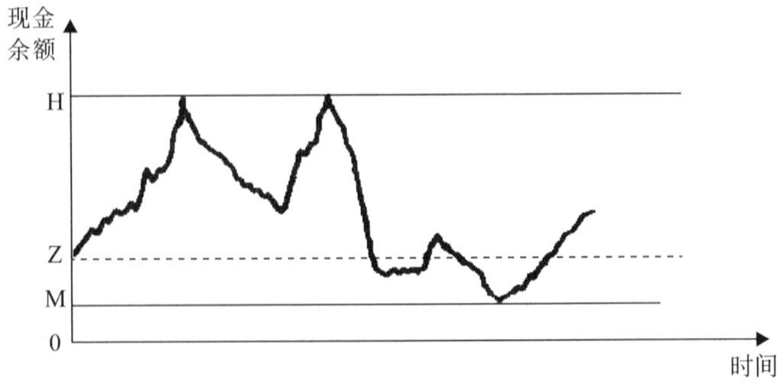

图 16-3　随机模式下现金持有量的变化

根据图 16-3，公司应当将现金持有量控制在 M—H 这个区间内。M 为下限，表示公司需要保持的最低现金持有量，M 一般大于零。H 为上限，其金额需要根据随机模式计算确定。Z 为最佳现金持有量。根据随机模式，最佳现金持有量的计算公式如下：

$$Z=\sqrt[3]{\frac{3F\partial^2}{4K}}+M$$

其中，∂^2 为现金持有量的方差，即持有量波动的离散程度；F 为有价证券的固定变现成本；K 为现金的日机会成本率。

在随机模式下，现金持有量的上限 $H=3\times\sqrt[3]{\frac{3F\partial^2}{4K}}+M=3Z-2M$

$$平均现金余额=\frac{H+Z+M}{3}=\frac{4Z-M}{3}$$

【例 16-3】 某公司日现金持有量的标准差为 400 元，短期有价证券的固定变现成本为 50 元，现金的年机会成本率为 15%，在现金持有量下限为 100 元的情况下，试分别确定最佳现金持有量、现金持有量上限和平均现金余额。

计算过程和结果如下：

1. 将现金的年机会成本率换算成日机会成本率

$$日机会成本率\ K=年机会成本率\div 360=0.15\div 360=0.000417$$

2. 确定最佳现金持有量

$$\partial^2=400^2=160\ 000$$

$$最佳现金持有量\ Z=\sqrt[3]{\frac{3F\partial^2}{4K}}+M=\sqrt[3]{\frac{3\times 50\times 160\ 000}{4\times 0.000417}}+100=2\ 532\ （元）$$

$$现金持有量上限\ H=3Z-2M=3\times 2\ 532-2\times 100=7\ 396\ （元）$$

$$平均现金余额=\frac{4Z-M}{3}=\frac{4\times 2\ 532-100}{3}\approx 3\ 343\ （元）$$

第四节　公司现金理财管理

现实中，很多公司日常都会有大量的闲置现金。闲置现金的存在，一般是由于公司过量地筹集资金造成，但更多的是由于短时间内找不到合适的投资项目而形成了大量的闲置现金。为了盘活闲置的现金，很多公司都会去购买理财产品。

据《证券日报》2022 年 5 月 14 日报道，截至发稿时止，2022 年已有 829 家上市公司购买了超过 4 000 亿元的理财产品。从购买理财产品的种类来看，除了最受喜爱的结构性存款外，券商理财产品逐渐受到上市公司欢迎。截至发稿时止，2022 年中信证券完成 223.96 亿元的 A 股配股后，就将暂时闲置的 80 亿元资金进行了现金管理，购买了三笔固定期限存款。5 月 12 日晚间，中信证券表示，5 月 11 日，公司赎回最后一笔固定期限存款。至此，中信证券收回本金 80 亿元，实现总收益 3 660.67 万元。与此同时，中信证券继续将 10 亿元资金进行现金管理，用于购买中信银行的定期存款，现金管理期限为 92 天，预计存款利率为 2%，预计收益金额为 511.11 万元，收益类型为保本。至此，这笔资金到期后，中信证券的闲置资金理财收益预计超过 4 000 万元。

可见，进行现金理财是实现现金收益最大化的重要途径。公司进行现金理财的方式主要是购买各种理财产品。

一、理财产品的定义

理财产品的定义有狭义和广义之分。狭义的理财产品是指由商业银行和正规金融机构自行设计并发行的产品，将募集到的资金根据产品合同约定投入相关金融市场及购买相关金融产品，获取投资收益后，根据合同约定分配给投资人的一类产品。广义的理财产品除了包括狭义的理财产品之外，还包括政府、公司发行的债券、股票等有价证券。

二、理财产品的种类

（一）银行等金融机构发行的理财产品

1. 根据币种不同，理财产品主要有人民币理财产品和外币理财产品两大类。

（1）人民币理财产品。人民币理财产品是指银行等金融机构以高信用等级人民币债券（含国债、金融债、央行票据、其他债券等）的投资收益为保障，面向客户发行，到期向客户支付本金和收益的低风险理财产品。收益率高、安全性强是人民币理财的主要特点。银行推出的人民币理财产品，大致可分为传统型产品（主要有基金、债券、金融证券等，此类产品风险低，收益确定）和人民币结构性存款（该类产品与汇率挂钩，与外币同类产品从本质上来说没有多少差异，风险略高于传统型产品）。人民币理财产品更像是“定期储蓄”的替代品。

（2）外币理财产品。在股票市场大幅波动的情况下，“保本增值”逐渐成为理财新风向。为此，各大银行纷纷推出外币理财产品以回避短期股票市场风险。银行外币理财产品呈现出多国货币、高息、短期、低风险等特点。

2. 根据客户获取收益方式的不同，理财产品分为保证收益理财产品和非保证收益理财产品。

（1）保证收益理财产品。保证收益理财产品是指商业银行按照约定条件向客户承诺支付固定收益，银行承担由此产生的投资风险或者银行按照约定条件向客户承诺支付最低收益并承担相关风险，其他投资收益由银行和客户按照合同约定分配，并共同承担相关投资风险的理财产品。

保证收益的理财产品包括固定收益理财产品和有最低收益的浮动收益理财产品。前者的收益到期为固定的，例如：6%；而后者到期后有最低收益，例如：2%，其余部分视管理的最终收益和具体的约定条款而定。

（2）非保证收益理财产品。非保证收益理财产品又可以分为保本浮动收益理财产品和非保本浮动收益理财产品。保本浮动收益理财产品是指商业银行按照约定条件向客户保证本金支付，本金以外的投资风险由客户承担，并依据实际投资收益情况确定客户实际收益的理财产品。非保本浮动收益理财产品是指商业银行根据约定条件和实际投资收益情况向客户支付收益，并不保证客户本金安全的理财产品。

非保证收益理财产品的发行机构不承诺理财产品一定会取得正收益，有可能收益为零，不保本的产品甚至有可能收益为负。

3. 根据投资领域的不同，银行理财产品大致可分为债券型理财产品、信托型理财产品、挂钩型理财产品及 QD 型理财产品。

（1）债券型理财产品。债券型理财产品，银行将资金主要投资于货币市场，一般投资于央行票据和企业短期融资券。因为央行票据与企业短期融资券个人无法直接投资，这类人民币理财产品实际上为客户提供了分享货币市场投资收益的机会。

在这类产品中，个人投资者与银行之间要签署一份到期还本付息的理财合同，并以存款的形式将资金交由银行经营，之后银行将募集的资金集中起来开展投资活动。投资的主要对象包括短期国债、金融债、央行票据以及协议存款等期限短、风险低的金融工具。在付息日，银行将收益返还给投资人；在本金偿还日，银行足额偿付个人投资者的本金。

（2）信托型理财产品。信托型理财产品，信托公司通过与银行合作，由银行发行人民币理财产品，募集资金后由信托公司负责投资，主要投资于商业银行或其他信用等级较高的金融机构担保或回购的信托产品，也有投资于商业银行优良信贷资产受益权信托的产品。如新股申购，甚至房地产都可以作为理财产品的投资标的，这意味着普通投资者投资信托的机会很多。投资人主要通过银行购买信托产品，像农业银行、中信银行都有相关的产品问世。

（3）挂钩型理财产品。挂钩型理财产品也称为结构性产品，其本金用于传统债券投资，而产品最终收益与相关市场或产品的表现挂钩。有的产品与利率区间挂钩，有的与美元或者其他可自由兑换货币汇率挂钩，有的与商品价格主要是与国际商品价格挂钩，还有的与股票指数挂钩。

为了满足投资人的需要，这类产品大多设计成保本产品，特别适合风险承受能力强，对金融市场判断力比较强的投资者。尤其是股票挂钩产品，已经从挂钩汇率产品，逐渐过渡到挂钩恒生、国企指数，继而成为各种概念下的挂钩产品，种类十分丰富。

（4）QD 型理财产品。QD 型理财产品简单地说就是投资人将手中的人民币资金委托给被监管部门认证的商业银行，由银行将人民币资金兑换成美元，直接在境外投资，到期后将美元收益及本金结汇成人民币后分配给投资人的理财产品。例如：光大银行发售的“同升三号”股票联结型理财产品，投资于全球著名的金融公司股票，精选了全球5个金融子行业中市值最大公司，分别为：花旗集团、美国国际集团、高盛集团、汇丰控股、瑞士银行。理财期限是18个月，同样保证100%的本金归还。

虽然银行理财都会预期最高收益率，但不可否认收益率的实现存在着不确定性。同时，不同产品有不同的投资方向，不同的金融市场也决定了产品本身风险的大小。所以，投资人在选择一款银行理财产品时，一定要对其进行全面了解，然后再作出判断。

4. 根据风险等级的不同，银行理财产品大致可分为基本无风险的理财产品、较低风险的理财产品、中等风险的理财产品和高风险的理财产品。

（1）基本无风险的理财产品。银行存款和国债由于有银行信用和国家信用作保证，具有最低的风险水平，同时收益率也较低，投资人保持一定比例银行存款的主要目的是保持适度的流动性，满足生活日常需要和等待时机购买高收益的理财产品。

（2）较低风险的理财产品。主要是各种货币基金或偏债型基金，这类产品投资于同业拆借市场和债券市场，这两个市场本身就具有低风险和低收益率的特征，再加上由基金公司进行的专业化、分散性投资，使其风险进一步降低。

（3）中等风险的理财产品：

①信托类理财产品。由信托公司面向投资人募集资金，提供专家理财、独立管理，投资人自担风险的理财产品。投资这类产品投资人要注意分析募集资金的投向，还款来源是否可靠，担保措施是否充分，信托公司自身的信誉。

②外汇结构性存款。作为金融工程的创新产品，通常是几个金融产品的组合，如外汇存款附加期权的组合，这类产品通常有一个收益率区间，投资人要承担收益率变动的风险。

③结构性理财产品。这类产品与一些股票指数或某几只股票挂钩，但是银行有保本条款，另外，也有机会获得高于定期存款的收益。

（4）高风险的理财产品。QD等理财产品即属于此类。由于市场本身的高风险特征，投资人需要有专业的理论知识，这样才能对外汇、国外的资本市场有较深的认识，去选择适合自己的理财产品，而不是造成损失才后悔莫及。

（二）政府、公司发行的理财产品

政府、公司发行的理财产品主要包括债券、股票等有价证券。

1. 政府债券

政府债券是政府为筹集资金而向出资者出具并承诺在一定时期支付利息和偿还本金的债务凭证，具体包括国家债券即中央政府债券、地方政府债券和政府担保债券等。

政府债券的性质主要从两个方面考察：第一，从形式上看，政府债券也是一种有价证券，它具有债券的一般性质。政府债券本身有面额，投资者投资于政府债券可以取得利息，因此，政府债券具备了债券的一般特征；第二，从功能上看，政府债券最初仅是政府弥补赤字的手段，但在现代商品经济条件下，政府债券已成为政府筹集资金、扩大公共开支的重要手段，并且随着金融市场的发展，逐渐具备了金融商品和信用工具的职能，成为国家实施宏观经济政策、进行宏观调控的工具。

政府债券具有安全性高、流通性强、收益稳定、免税待遇等特点。

（1）中央政府债券。中央政府债券又称国家债券或国家公债券。各国政府发行债券的目的通常是为了满足弥补国家财政赤字、进行大型工程项目建设、偿还旧债本息等方面的资金需要。国家债券按照偿还期限的长短可分为短期国家债券、中期国家债券和长期国家债券，但各国的划分标准不尽一致。美国和日本等国家以 1 年以下的债券为短期国家债券，1 年以上 10 年以下的债券为中期国家债券，10 年以上的债券为长期国家债券。美国和英国发行国库券，均为弥补国库暂时性资金不足。美国国库券的偿还期限通常为 3 个月或 6 个月，最长不超过 1 年。英国国库券的偿还期限通常为 90 天。中国国库券有所不同：①它不是短期国家债券，而是中长期国家债券。其偿还期限已先后有 10 年、5 年、3 年三种。②它所筹集资金一是用于国家重点项目建设，二是用于弥补预算赤字。

（2）地方政府债券。地方政府债券是指某一国家中有财政收入的地方政府或地方公共机构发行的债券。地方政府债券一般用于交通、通信、住宅、教育、医院和污水处理系统等地方性公共设施的建设。地方政府债券一般是以当地政府的税收能力作为还本付息的担保。地方发债有两种模式，第一种为地方政府直接发债；第二种是中央发行国债，再转贷给地方，也就是中央发国债之后给地方用。在某些特定情况下，地方政府债券又被称为“市政债券”。

（3）政府担保债券。政府担保债券是指本金和利息的偿付均由政府作担保的债券。一旦债券发行者丧失偿还能力，则由政府替发行者偿还本息，故该类债券有与国债同等的安全性。经政府担保的债券通常是政府有关部门或政府所属企业发行的债券，期限一般较长，利率与同期的地方政府债券大致相等，但投资者一般不享受国债和地方政府债券的利息免税待遇。

2. 公司债券

《中华人民共和国公司法》规定，“公司是指依照本法在中国境内设立的有限责任公司和股份有限公司”。“公司债券，是指公司依照法定程序发行、约定在一定期限还本付息的有价证券”。简单地说，公司债券就是有限责任公司和股份有限公司发行的债券。公司债券是公司外部融资的一种重要手段，是公司融资的重要来源，同时也是金融市场上的重要金融工具之一。

（1）公司债券的分类。

①按是否记名可分为记名公司债券和不记名公司债券。记名公司债券，即在券面上登记持有人姓名，支取本息要凭印鉴领取，转让时必须背书并到债券发行公司登记的公司债券。不记名公司债券，即券面上不需载明持有人姓名，还本付息及流通转让仅以债券为凭，不需登记。

②按持有人是否参加公司利润分配可分为参加公司债券和非参加公司债券。参加公司债券，指除了可按预先约定获得利息收入外，还可在一定程度上参加公司利润分配的公司债券。非参加公司债券，指持有人只能按照事先约定的利率获得利息的公司债券。

③按是否可提前赎回可分为可提前赎回公司债券和不可提前赎回公司债券。可提前赎回公司债券，即发行者可在债券到期前购回其发行的全部或部分债券。不可提前赎回公司债券，即只能一次到期还本付息的公司债券。

④按发行债券的目的可分为普通公司债券、改组公司债券、利息公司债券和延期公司债券。普通公司债券，即以固定利率、固定期限为特征的公司债券。这是公司债券的主要形式，目的在于为公司扩大生产规模提供资金来源。改组公司债券，是为清理公司债务而发行

的债券，也称为以新换旧债券。利息公司债券，也称为调整公司债券，是指面临债务信用危机的公司经债权人同意而发行的较低利率的新债券，用以换回原来发行的较高利率债券。延期公司债券，指公司在已发行债券到期无力支付，又不能发新债还旧债的情况下，在征得债权人同意后可延长偿还期限的公司债券。

⑤按发行人是否给予持有人选择权分为附有选择权的公司债券和不附有选择权的公司债券。附有选择权的公司债券，指在一些公司债券的发行中，发行人给予持有人一定的选择权，如可转换公司债。不附有选择权的公司债券指发行人不给予持有人任何选择权。

（2）公司发行债券筹资的优点。①利率、费用低：利率较同期银行贷款低约两个百分点左右。发行费用主要包括保荐及承销费用、审计师费用、律师费用、资信评级费用、发行推介费用、信息披露费用等。从已发行的公司债来看，发行费用一般不超过筹资金额的2%（每年均摊0.2%左右）。②期限长：一般为5—10年。③发行额度大：最高可达几亿元、几十亿元甚至上百亿元人民币。④提升公司形象及知名度，为公司开辟了低成本的融资渠道。

（3）公司债券的特点。①公司债券有利于提高资本市场融资效率，稳定资本市场。在其他投融资渠道的收益难以保障时，债券市场由于其稳健的投融资功能吸引了大量投资者，这为企业和政府提供了债券融资的基础，一定程度上抑制了经济的放缓或进一步衰退。发展债券融资和公司债券市场对于解决资本市场过于单一的问题，保证资本市场的均衡发展是十分必要的。②公司债券的发行丰富了金融投资工具，降低了市场风险。公司债券作为一种固定收益证券，其风险和收益水平介于股票和国债、政策性金融债之间，为机构投资者提供了较好的投资工具。由于短期融资债券和企业债券的投资者众多，风险责任分散，从而降低了风险集中性，有利于金融市场的稳定。③公司债券有利于改善企业资本结构。对于一个典型的股份公司而言，假定融资方式只有股票和债券两种，那么其股票和债务的比重构成企业的资本结构。在给定企业投资决策的情况下，企业的融资政策就是选择能使企业的市场价值最大化的资本结构。因此在两者间的抉择有着举足轻重的影响。④公司债券有助于优化企业治理结构。公司债券融资会对经理层产生较强的监督和约束作用，一方面，公司履行还本付息的法定义务会激励管理层努力工作追求企业利润的最大化；另一方面，由于投资者会基于自身利益来选择投资行为，这也在一定程度上对发债公司的公司治理结构有了更高的要求。

3. 股票

股票是一种有价证券，是股份公司在筹集资本时向出资人发行的股份凭证，代表着其持有者（即股东）对股份公司的所有权，购买股票也是购买公司生意的一部分，即可和公司共同成长发展。这种所有权为一种综合权利，如参加股东大会、投票表决、参与公司的重大决策、收取股息或分享红利差价等，但也要共同承担公司运作失误所带来的风险。获取经常性收入是投资者购买股票的重要原因之一，分红派息是股票投资者经常性收入的主要来源。

股票分为普通股、优先股、后配股、垃圾股、绩优股、蓝筹股等种类。

（1）普通股。普通股是指在公司的经营管理和盈利及财产的分配上享有普通权利的股份，代表满足所有债权偿付要求及优先股东的收益权与求偿权要求后对公司盈利和剩余财产的索取权。普通股构成公司资本的基础，是股票的一种基本形式。普通股股东按其所持有股份比例享有以下基本权利：

①公司决策参与权。普通股股东有权参与股东大会，并有建议权、表决权和选举权，也可以委托他人代表其行使其股东权利。

②利润分配权。普通股股东有权从公司利润分配中得到股息。普通股的股息是不固定的，由公司盈利状况及其分配政策决定。普通股股东必须在优先股股东取得固定股息之后才有权享受股息分配权。

③优先认股权。如果公司需要扩张而增发普通股股票时，现有普通股股东有权按其持股比例，以低于市价的某一特定价格优先购买一定数量的新发行股票，从而保持其对企业所有权的原有比例。

④剩余资产分配权。当公司破产或清算时，若公司的资产在偿还债务后还有剩余，其剩余部分按先优先股股东、后普通股股东的顺序进行分配。

（2）优先股。优先股是相对于普通股而言的一种股票。优先股在利润分红及剩余财产分配的权利方面优先于普通股。①优先分配权。在公司分配利润时，持有优先股股票的股东比持有普通股股票的股东分配在先，但是享受固定金额的股利，即优先股的股利是相对固定的。②优先求偿权。若公司清算，分配剩余财产时，优先股在普通股之前分配。当公司决定连续几年不分配股利时，优先股股东可以进入股东大会表达他们的意见，保护他们自己的权利。

（3）后配股。后配股是在利益或利息分红及剩余财产分配时比普通股处于劣势的股票，一般是在普通股分配之后，对剩余利益进行再分配。如果公司的盈利巨大，后配股的发行数量又很有限，则购买后配股的股东可以取得很高的收益。发行后配股，一般所筹措的资金不能立即产生收益，投资者的范围又受限制，因此利用率不高。后配股一般在下列情况下发行：①公司为筹措扩充设备资金而发行新股票时，为了不减少对旧股的分红，在新设备正式投用前，将新股票作后配股发行；②公司兼并时，为调整合并比例，向被兼并公司的股东交付一部分后配股；③在有政府投资的公司里，私人持有的股票股息达到一定水平之前，把政府持有的股票作为后配股。

（4）垃圾股。经营亏损或违规的公司的股票。

（5）绩优股。公司经营很好，业绩很好，每股收益在 0.8 元以上，市盈率在 10—15 倍以内。

（6）蓝筹股。股票市场上，那些在其所属行业内占有重要支配性地位、业绩优良，成交活跃、红利优厚的大公司股票被称为蓝筹股。

4. 基金

广义的基金是指为了某种目的而设立的具有一定数量的资金。主要包括公积金、信托投资基金、保险基金、退休基金、各种基金会的基金。从财务角度透析，基金是一个狭义的概念，意指具有特定目的和用途的资金。我们提到的基金主要是指证券投资基金。

根据不同标准，可以将证券投资基金划分为不同的种类：

（1）根据基金单位是否可增加或赎回，可分为开放式基金和封闭式基金。开放式基金不上市交易（这要看情况），通过银行、券商、基金公司申购和赎回，基金规模不固定；封闭式基金有固定的存续期，一般在证券交易场所上市交易，投资者通过二级市场买卖基金单位。

（2）根据组织形态的不同，可分为公司型基金和契约型基金。基金通过发行基金股份成立投资基金公司的形式设立，通常称为公司型基金；由基金管理人、基金托管人和投资人三方通过基金契约设立，通常称为契约型基金。我国的证券投资基金均为契约型基金。

（3）根据投资风险与收益的不同，可分为成长型、收入型和平衡型基金。

（4）根据投资对象的不同，可分为股票基金、债券基金、货币基金和混合型基金四大类。

三、理财产品的风险

（一）市场风险

理财产品募集的资金将由商业银行投入相关金融市场中去，金融市场波动将会影响理财产品本金及收益。造成金融市场价格波动的因素很复杂，价格波动大，投资者所购买的理财产品面临的市场风险也大。比如，在遭遇 2008 年金融危机时，由于全球资本市场均大幅下挫，当时大多数与资本市场相关的理财产品均遭受不同程度的损失。

（二）信用风险

理财产品的投资如果与某家公司或机构的信用相关，比如购买公司发行的债券、投资公司信托贷款等，理财产品就需要承担公司相应的信用风险，如果这家公司发生违约、破产等情况，理财产品投资就会蒙受损失。

（三）流动性风险

某些理财产品期限较长或投资于难以及时变现的金融产品，在理财产品存续期间，投资者在急用资金时可能面临无法提前赎回理财资金的风险或面临按照不利的市场价格变现所致的亏损风险。为了能够减小流动性风险的影响，投资者可以进行资产配置，将一部分闲置资金投资于随时可以赎回的高流动性产品，以免用钱时不能够及时赎回。此外，需要关注的是，现金管理类产品有巨额赎回的条款限制，一旦客户集中赎回达到一定比例，银行有权利拒绝或延期处理。

（四）通货膨胀风险

由于理财产品收益是以货币的形式来支付的，在通货膨胀时期，货币的购买力下降，理财产品到期后的实际收益下降，这将给理财产品投资者带来损失的可能，损失的大小与投资期内通货膨胀的程度有关。

（五）政策风险

受金融监管政策以及理财市场相关法规政策影响，理财产品的投资、偿还等可能不能正常进行，这将导致理财产品收益降低甚至理财产品本金损失。

（六）操作管理风险

银行是理财产品的受托人，其管理、处分理财产品资金的水平，以及其是否勤勉尽职，直接影响理财产品投资的理财收益的实现。现在基本上所有的理财产品都是存在风险的，投资者在购买之前要确认产品风险是否和自身风险承受能力相匹配，如果你不想有本金损失，那么只能买一些低风险的理财产品，如果你能承担一部分的本金损失，那么就可以选择中、高风险的理财产品。

四、现金理财的决策模型

（一）债券的估值模型

1. 债券价值的估值模型

债券价值是指债券到期时归还的本金和按各期票面利率计算的利息之和的现值。只有当债券价值大于购买价格时，公司才会购买债券。债券价值是债券投资决策的主要参考指标之一。债券价值的计算公式如下：

$$V=\sum_{t=1}^{n}\frac{I}{(1+i)^{n}}+\frac{B}{(1+i)^{n}}=I\times\frac{1-(1+i)^{-n}}{i}+\frac{B}{(1+I)^{n}}$$

式中，V 为债券价值，I 为每期支付的利息，B 为到期的本金，i 为折现率（一般指市场利率或投资者要求的最低报酬率），n 为债券的计息期数。

【例 16-4】 某公司拟于 20××年 2 月 1 日购买一种面额为 1 000 元的债券，其票面利率为 8%，每年 2 月 1 日计算并支付一次利息，并于 5 年后的 1 月 31 日到期。购买当时的市场利率为 10%，债券的市价是 920 元。试分析该公司是否值得购买该债券？

分析过程和结果如下：

$$债券每期利息=1\ 000\times 8\%=80（元）$$

$$债券价值=80\times\frac{1-(1+10\%)^{-5}}{10\%}+\frac{1\ 000}{(1+10\%)^{5}}$$

$$=80\times 3.791+1\ 000\times 0.621=924.28（元）$$

由于债券的价值大于债券当前的市价，若不考虑风险因素，该公司可以购买该债券。

2. 债券到期收益率的估值模型

债券到期收益率是指从购买债券至债券到期日这一期间内可获取的收益率。它是指能使未来现金流入现值等于债券买入价格的折现率，也就是该项投资的内含报酬率，一般按复利计算。

设购进价格为 V_0，则到期收益率的计算公式为：

$$V_0=\sum_{t=1}^{n}\frac{I}{(1+i)^{n}}+\frac{M}{(1+i)^{n}}$$

式中，i 为到期收益率，一般采用试算法经多次测算求得。

到期收益率是评价债券投资收益水平的重要指标之一，它可以反映债券投资的真实收益率。如果到期收益率大于投资者要求的最低报酬率，则应买进该债券，否则就不应购买该债券。

【例 16-5】 某公司计划于 20××年年初投资 1 085 元购买一张面值为 1 000 元的债券，票面利率为 10%，每年 1 月 1 日计算并支付利息一次，3 年后到期。若该公司要求的最低报酬率为 6%，试分析该公司是否应该购买该债券。

分析过程和结果如下：

计算该债券的到期收益率，即下式中的 i：

$1\ 000\times 10\%\times(P/A,\ i,\ 3)+1\ 000\times(P/F,\ i,\ 3)=1\ 085$

设 i=7%，则：

$1\ 000\times 10\%\times(P/A,\ 7\%,\ 3)+1\ 000\times(P/F,\ 7\%,\ 3)$

$=100\times 2.624+1\ 000\times 0.816=1\ 078$（元）

设 i=6%，则：

$1\ 000\times 10\%\times(P/A,\ 6\%,\ 3)+1\ 000\times(P/F,\ 6\%,\ 3)$

$=100\times 2.673+1\ 000\times 0.840=1\ 107$（元）

因债券当前的价格 1 085 元介于 1 078 元与 1 107 元之间，故可以肯定所求的 i 值必然介于 6% 和 7% 之间。运用内插法计算所求的 i 值（即该债券到期收益率）如下：

$$\frac{i-6\%}{1\ 085-1\ 107}=\frac{7\%-6\%}{1\ 078-1\ 107}$$

$$i=6\%+\frac{1\ 085-1\ 107}{1\ 078-1\ 107}\times(7\%-6\%)=6.77\%$$

因该债券的到期收益率大于该公司要求的最低报酬率，故该公司可以购买该债券。

（二）股票的估值模型

1. 股票估值的基本模型

该模型基于这样的理论：股票价值应等于股票投资者预期能得到的未来现金流量的现值。股票投资的未来现金流量主要是股票持有期间股利和将来出售股票的价值收入。基本模型如下：

$$V=\sum_{t=1}^{n}\frac{D_t}{(1+R)^t}+\frac{V_n}{(1+R)^n}$$

式中，V 为股票价值；Vn 为未来出售时预计的股票价格；R 为投资者要求的必要报酬率；Dt 为第 t 期的预计股利；n 为预计股票持有的期数。

2. 零成长股票的估值模型

零成长股票是指预计未来的股利长期固定不变（即预期股利成长率为零）的股票。这种股票的每股股利实际上就是一种永续年金，根据永续年金现值的计算公式，可得到这种股票的估值模型如下：

$$V=\frac{D}{R}$$

式中，V 为股票价值，D 为每年固定的股利，R 为投资者要求的必要报酬率。

3. 固定成长股票的估值模型

固定成长股票是指股利每年以一个固定的增长率逐年递增的股票。设最近一期的每股股利为 D_0，预期股利增长率为 g，则第 t 年的每股股利为：$D_t=D_0\times(1+g)^t$，固定成长股票的估价模型为：

$$V=\sum_{t=1}^{\infty}\frac{D_t}{(1+R)^t}=\sum_{t=1}^{\infty}\frac{D_0(1+g)^t}{(1+R)^t}$$

当 g 固定不变时，上式可简化为：

$$V=\frac{D_0(1+g)}{R-g}=\frac{D_1}{R-g}$$

经变换，可求得到股票的预期报酬率为：$R=\frac{D_1}{V}+g$

【例 16-6】 中天股份有限公司是一家上市公司，本年度的净收益为 20 000 万元，每股股利为 2 元。公司预计未来三年进入成长期，净收益第 1 年增长 14%，第 2 年在第 1 年的基础上增长 14%，第 3 年在第 2 年的基础上增长 8%，第 4 年及以后各年的净收益将保持在第 3 年的水平上。该公司一直采用 50% 的股利支付率（即每股股利 ÷ 每股净收益 = 50%），并计划在今后继续实行这项政策。该公司没有增发普通股和发行优先股的计划。假设投资者要求的收益率为 10%。请计算分析：（1）该公司股票的内在价值；（2）如果该公司股票当前的价格为 24. 89 元，计算该公司股票的预期收益率；（3）如果你是一个投资者，是否应该在此时购买该公司的股票？

分析过程和结果如下：

1. 计算该公司股票的各年股利

（1）本年度股利总额 = 20 000 × 50% = 10 000（万元）

本年度每股股利 = 2 元

该公司股票总数 = 10 000 ÷ 2 = 5 000（万股）

（2）以后各年股利：

①第 1 年股利总额 = 20 000 ×（1 + 14%）× 50% = 11 400（万元）

第 1 年每股股利 = 11 400 ÷ 5 000 = 2. 28（元/股）

②第 2 年股利总额 = 22 800 ×（1 + 14%）× 50% = 12 996（万元）

第 2 年每股股利 = 12 996 ÷ 5 000 = 2. 60（元/股）

③第 3 年股利总额 = 25 992 ×（1 + 8%）× 50% = 14 036（万元）

第 3 年每股股利 = 14 036 ÷ 5 000 = 2. 81（元/股）

④第 4 年及以后各年股利总额均为 14 036 万元，每股股利均为 2. 81 元/股。

2. 计算该公司股票的内在价值

$$V = \frac{2.28}{(1+10\%)^1} + \frac{2.60}{(1+10\%)^2} + \frac{2.81}{10\%} \times \frac{1}{(1+10\%)^2}$$

$$= 2.28 \times 0.9091 + 2.60 \times 0.8264 + 28.1 \times 0.8264$$

$$= 2.07 + 2.15 + 23.22 = 27.44 \text{（元）}$$

3. 计算该公司股票的预期收益率

$$24.89 = \frac{2.28}{(1+R)^1} + \frac{2.60}{(1+R)^2} + \frac{2.81}{R} \times \frac{1}{(1+R)^2}$$

通过试算，求得 R = 11%。

4. 评价投资选择

由以上计算可知，该公司股票的内在价值（27. 44 元/股）大于当前的价格（24. 89 元/股），该公司股票的预期收益率（11%）大于投资者要求的收益率（10%），一般认为，投资者可以在此时购买该公司股票。

复习思考题

1. 持有现金的动机主要有哪些？
2. 持有现金的成本主要包括哪些？
3. 现金管理的内容主要包括哪些？
4. 现金管理需要遵循的原则主要有哪些？
5. 现金管理的模式主要有哪些？
6. 如何确定现金的最佳持有量？
7. 什么是理财产品？

8. 理财产品的种类主要有哪些？

9. 投资理财产品主要有哪些风险？

10. 现金理财的决策模型主要有哪些？如何运用？

课外作业题

1. 某公司的材料采购和产品销售采用赊购或赊销方式，本年销售收入为 4 800 万元，销售成本为 2 200 万元；应收账款年初余额为 200 万元，年末余额为 400 万元；存货年初余额为 320 万元，年末余额为 120 万元；应付账款的周转期为 18 天，预计该公司本年的现金需求总量为 3 075 万元。要求采用现金周转模式确定该公司的最佳现金持有量。

2. 某公司每月现金需要量为 80 000 元，每天现金支出量基本稳定，现金和有价证券之间每次转换成本为 120 元，有价证券的年利率为 7%。要求采用存货模式计算最佳现金持有量、现金平均余额和全年转换现金次数。

3. 某公司发行一种 10 年期债券，面值为 1 000 元，年利率为 9%，到期一次还本付息，要求分别计算市场利率为 9%、8% 和 10% 时该债券的价值，并对该债券在什么情况下值得购买作出分析。

4. 某公司的股票为固定成长股，当年每股发放现金股利 5 元，以后每年股利的固定成长率为 5%，若某一个投资者要求的投资报酬率为 15%，请问：当该股票的价格在什么样的水平上时，这个投资者可以购买该股票？

思政案例题

720 亿元分红！14 万华为员工嗨了！

2023－04－08 15：42

内容来源：上海证券报

4 月 4 日，华为在北京金融资产交易所发布公告称，经公司内部有权机构决议，拟向股东分配股利人民币 719.55 亿元。

此前，华为内部论坛“心声社区”已披露，2022 年度工会虚拟受限股分红预计为人民币 1.61 元/股，较上一年每股分红 1.58 元保持正增长，超出大多数员工的预期。分红以后虚拟受限股价格预计为人民币 7.85 元/股。

自称“在暴风雨中奔跑”的华为，用保持正增长的分红方案，表达了对 2023 年的信心，也给华为全体“奋斗者”吃下定心丸。

喜提大“红包”

“身处暴风雨中，我们在继续奔跑，努力保障业务连续，确保对客户的支持与服务；我们也努力多打粮食，使自己既能生存下来，也能为未来的发展打下基础。”华为副董事长、轮值董事长徐直军 3 月 31 日在华为 2022 年年度报告发布会上表示。

3 月 31 日，华为发布 2022 年年度报告，全年实现全球销售收入 6 423 亿元人民币，同比微增 0.9%，净利润 356 亿元人民币，同比下滑 68.7%。

“2022 年，经营依然面临较大压力，总体而言，经营业绩符合预期。”华为轮值董事长、CFO 孟晚舟表示，虽然利润下滑，但华为财务状况依然稳健，客户、合作伙伴依然和华为在一起，此外，到去年年末，华为手上的净现金余额达 1 763 亿元。

徐直军强调，“2023 年，是华为生存与发展的关键之年。我们面临的压力无疑是巨大的，但我们也有增长机会、有产业组合韧性、有差异化优势、有客户和伙伴的信任和敢于压强式投入。因此，我们有信心战胜艰难困苦，实现持续生存和发展。”

关键之年，华为要战胜艰难困苦，有质量地生存和发展，还得靠全体华为人一起努力，约 720 亿元的“大红包”，给华为全体“奋斗者”吃下定心丸。

华为员工薪酬主要包括三部分：工资、奖金和分红。其中，股票分红是华为员工收入的重要组成部分，也是华为“以奋斗者为本”，与员工分享公司发展成果的体现。

2021 年度，华为就拿出 614 亿元人民币，给“奋斗者们”分红。

根据华为官网，华为投资控股有限公司是 100% 由员工持有的民营企业。华为通过工会实行员工持股计划，截至 2022 年 12 月 31 日，员工持股计划参与人数为 14.23 万人，参与人均为华为在职员工或退休保留人员，无任何政府部门、机构持有华为股权。

按照员工持股计划参与人数简单计算，华为 2022 年度持股员工人均分红约为 50.60 万元。

面对超预期的大“红包”，此前有华为员工在华为的“罗马广场”心声社区发帖称，“感谢公司，感谢老板，2023 要更努力！”

华为公司内部股权计划始于 1990 年，创始人任正非作为自然人股东持有公司股份，同时，任正非也参与了员工持股计划。

“以客户为中心，以奋斗者为本”是华为最核心的企业文化。在利润分配上，华为一直强调“向劳动者倾斜”，华为认为，全体员工艰苦努力，不断创造成就，是公司价值创造的主体，理应得到更多的回报。而华为员工持股计划，则将公司的长远发展和员工的个人贡献及发展有机地结合在一起，形成了长远的共同奋斗、分享机制。

慷慨分红彰显“信心”

孟晚舟说，2023 年，华为的关键词是“信心”。慷慨分红，正彰显了华为对 2023 年的信心。

“2023 年，是华为生存与发展的关键之年。今天的华为，就像梅花，梅花飘香是因为它经历了严寒淬炼。”徐直军说。

“华为通过压强式投入，确保高质量的业务连续性，提升产品竞争力。”徐直军说。

2022 年，华为研发费用总额为 1 615 亿元人民币，研发费用率 25.1%，费用及比重均破历史纪录。过去十年，华为累计投入的研发费用超过 9 773 亿元人民币。截至 2022 年 12 月 31 日，华为员工总数约 20.7 万，研发员工约占总员工数量的 55.4%，比重进一步上升。

持续的“压强式投入”，让华为成为全球最大的专利持有企业之一，年报显示，华为在全球共持有有效授权专利 12 万件。2022 年华为凭借 7 689 件 PCT 国际专利申请量持续排名榜首。

徐直军表示，2023 年及未来几年，华为战略的关键方向是开创增长机会、提升发展韧性、构筑差异化优势、以质取胜，以及确保高质量的业务连续性和产品竞争力。华为将使各行各业数字化、智能化、绿色化，开创增长机会，预计到 2027 年，华为可参与的市场空间达到万亿美元。

4月1日，孟晚舟正式当值轮值董事长，主持公司董事会及董事会常务委员会。“面向未来，华为有压力，更有信心。”孟晚舟表示。

需要讨论的问题：

1. 华为2022年全年实现全球销售收入6 423亿元人民币，同比微增0.9%，净利润356亿元人民币，同比下滑68.7%。在销售收入增长的情况下，是哪些具体的原因导致净利润大幅下滑？

2. 华为是一家100%股权都由员工持有的民营企业。截至2022年12月31日，华为员工总数约20.7万人，其中员工持股计划参与人数约为14.23万人，占比为68.74%。这种股权结构的安排体现了华为什么样的价值观？

3. 华为实行“工资、奖金加分红”的员工薪酬分配模式，其中，股票分红是华为员工收入的重要组成部分。按照员工持股计划参与人数简单计算，华为2022年度持股员工人均分红约为50.60万元。这种员工薪酬分配模式体现了华为什么样的分配理念？

4. 2022年，华为研发费用总额为1 615亿元人民币，研发费用率25.1%，费用及比重均破历史纪录。截至2022年12月31日，华为员工总数约20.7万，其中研发员工约占总员工数量的55.4%。华为的这种研发投入强度体现了什么样的经营理念？

5. 最近几年来，华为屡遭少数不友好的国家打压，却依然能够屹立不倒。请结合国内外政治、经济等外部因素以及华为自身的内部因素，分析华为能够屹立不倒的成功经验和未来应对挑战需要采取的战略、策略和措施。

附表 1：

1 元复利终值系数表

1 元复利终值系数表

期数	1%	2%	3%	4%	5%	6%	7%	8%	9%	10%	11%	12%	13%	14%	15%
1	1.01	1.02	1.03	1.04	1.05	1.06	1.07	1.08	1.09	1.1	1.11	1.12	1.13	1.14	1.15
2	1.0201	1.0404	1.0609	1.0816	1.1025	1.1236	1.1449	1.1664	1.1881	1.21	1.2321	1.2544	1.2769	1.2996	1.3225
3	1.0303	1.0612	1.0927	1.1249	1.1576	1.191	1.225	1.2597	1.295	1.331	1.3676	1.4049	1.4429	1.4815	1.5209
4	1.0406	1.0824	1.1255	1.1699	1.2155	1.2625	1.3108	1.3605	1.4116	1.4641	1.5181	1.5735	1.6305	1.689	1.749
5	1.051	1.1041	1.1593	1.2167	1.2763	1.3382	1.4026	1.4693	1.5386	1.6105	1.6851	1.7623	1.8424	1.9254	2.0114
6	1.0615	1.1262	1.1941	1.2653	1.3401	1.4185	1.5007	1.5869	1.6771	1.7716	1.8704	1.9738	2.082	2.195	2.3131
7	1.0721	1.1487	1.2299	1.3159	1.4071	1.5036	1.6058	1.7138	1.828	1.9487	2.0762	2.2107	2.3526	2.5023	2.66
8	1.0829	1.1717	1.2668	1.3686	1.4775	1.5938	1.7182	1.8509	1.9926	2.1436	2.3045	2.476	2.6584	2.8526	3.059
9	1.0937	1.1951	1.3048	1.4233	1.5513	1.6895	1.8385	1.999	2.1719	2.3579	2.558	2.7731	3.004	3.2519	3.5179
10	1.1046	1.219	1.3439	1.4802	1.6289	1.7908	1.9672	2.1589	2.3674	2.5937	2.8394	3.1058	3.3946	3.7072	4.0456
11	1.1157	1.2434	1.3842	1.5395	1.7103	1.8983	2.1049	2.3316	2.5804	2.8531	3.1518	3.4785	3.8359	4.2262	4.6524
12	1.1268	1.2682	1.4258	1.601	1.7959	2.0122	2.2522	2.5182	2.8127	3.1384	3.4985	3.896	4.3345	4.8179	5.3503
13	1.1381	1.2936	1.4685	1.6651	1.8856	2.1329	2.4098	2.7196	3.0658	3.4523	3.8833	4.3635	4.898	5.4924	6.1528
14	1.1495	1.3195	1.5126	1.7317	1.9799	2.2609	2.5785	2.9372	3.3417	3.7975	4.3104	4.8871	5.5348	6.2613	7.0757
15	1.161	1.3459	1.558	1.8009	2.0789	2.3966	2.759	3.1722	3.6425	4.1772	4.7846	5.4736	6.2543	7.1379	8.1371
16	1.1726	1.3728	1.6047	1.873	2.1829	2.5404	2.9522	3.4259	3.9703	4.595	5.3109	6.1304	7.0673	8.1372	9.3576
17	1.1843	1.4002	1.6528	1.9479	2.292	2.6928	3.1588	3.7	4.3276	5.0545	5.8951	6.866	7.9861	9.2765	10.7613
18	1.1961	1.4282	1.7024	2.0258	2.4066	2.8543	3.3799	3.996	4.7171	5.5599	6.5436	7.69	9.0243	10.5752	12.3755
19	1.2081	1.4568	1.7535	2.1068	2.527	3.0256	3.6165	4.3157	5.1417	6.1159	7.2633	8.6128	10.1974	12.0557	14.2318
20	1.2202	1.4859	1.8061	2.1911	2.6533	3.2071	3.8697	4.661	5.6044	6.7275	8.0623	9.6463	11.5231	13.7435	16.3665
21	1.2324	1.5157	1.8603	2.2788	2.786	3.3996	4.1406	5.0338	6.1088	7.4002	8.9492	10.8038	13.0211	15.6676	18.8215
22	1.2447	1.546	1.9161	2.3699	2.9253	3.6035	4.4304	5.4365	6.6586	8.1403	9.9336	12.1003	14.7138	17.861	21.6447
23	1.2572	1.5769	1.9736	2.4647	3.0715	3.8197	4.7405	5.8715	7.2579	8.9543	11.0263	13.5523	16.6266	20.3616	24.8915

续表

1 元复利终值系数表

期数	1%	2%	3%	4%	5%	6%	7%	8%	9%	10%	11%	12%	13%	14%	15%
24	1. 2697	1. 6084	2. 0328	2. 5633	3. 2251	4. 0489	5. 0724	6. 3412	7. 9111	9. 8497	12. 2392	15. 1786	18. 7881	23. 2122	28. 6252
25	1. 2824	1. 6406	2. 0938	2. 6658	3. 3864	4. 2919	5. 4274	6. 8485	8. 6231	10. 8347	13. 5855	17. 0001	21. 2305	26. 4619	32. 919
26	1. 2953	1. 6734	2. 1566	2. 7725	3. 5557	4. 5494	5. 8074	7. 3964	9. 3992	11. 9182	15. 0799	19. 0401	23. 9905	30. 1666	37. 8568
27	1. 3082	1. 7069	2. 2213	2. 8834	3. 7335	4. 8223	6. 2139	7. 9881	10. 2451	13. 11	16. 7386	21. 3249	27. 1093	34. 3899	43. 5353
28	1. 3213	1. 741	2. 2879	2. 9987	3. 9201	5. 1117	6. 6488	8. 6271	11. 1671	14. 421	18. 5799	23. 8839	30. 6335	39. 2045	50. 0656
29	1. 3345	1. 7758	2. 3566	3. 1187	4. 1161	5. 4184	7. 1143	9. 3173	12. 1722	15. 8631	20. 6237	26. 7499	34. 6158	44. 6931	57. 5755
30	1. 3478	1. 8114	2. 4273	3. 2434	4. 3219	5. 7435	7. 6123	10. 0627	13. 2677	17. 4494	22. 8923	29. 9599	39. 1159	50. 9502	66. 2118
31	1. 3613	1. 8476	2. 5001	3. 3731	4. 538	6. 0881	8. 1451	10. 8677	14. 4618	19. 1943	25. 4104	33. 5551	44. 201	58. 0832	76. 1435
32	1. 3749	1. 8845	2. 5751	3. 5081	4. 7649	6. 4534	8. 7153	11. 7371	15. 7633	21. 1138	28. 2056	37. 5817	49. 9471	66. 2148	87. 5651
33	1. 3887	1. 9222	2. 6523	3. 6484	5. 0032	6. 8406	9. 3253	12. 676	17. 182	23. 2252	31. 3082	42. 0915	56. 4402	75. 4849	100. 6998
34	1. 4026	1. 9607	2. 7319	3. 7943	5. 2533	7. 251	9. 9781	13. 6901	18. 7284	25. 5477	34. 7521	47. 1425	63. 7774	86. 0528	115. 8048
35	1. 4166	1. 9999	2. 8139	3. 9461	5. 516	7. 6861	10. 6766	14. 7853	20. 414	28. 1024	38. 5749	52. 7996	72. 0685	98. 1002	133. 1755
36	1. 4308	2. 0399	2. 8983	4. 1039	5. 7918	8. 1473	11. 4239	15. 9682	22. 2512	30. 9127	42. 8181	59. 1356	81. 4374	111. 8342	153. 1519
37	1. 4451	2. 0807	2. 9852	4. 2681	6. 0814	8. 6361	12. 2236	17. 2456	24. 2538	34. 0039	47. 5281	66. 2318	92. 0243	127. 491	176. 1246
38	1. 4595	2. 1223	3. 0748	4. 4388	6. 3855	9. 1543	13. 0793	18. 6253	26. 4367	37. 4043	52. 7562	74. 1797	103. 9874	145. 3397	202. 5433
39	1. 4741	2. 1647	3. 167	4. 6164	6. 7048	9. 7035	13. 9948	20. 1153	28. 816	41. 1448	58. 5593	83. 0812	117. 5058	165. 6873	232. 9248
40	1. 4889	2. 208	3. 262	4. 801	7. 04	10. 2857	14. 9745	21. 7245	31. 4094	45. 2593	65. 0009	93. 051	132. 7816	188. 8835	267. 8635
41	1. 5038	2. 2522	3. 3599	4. 9931	7. 392	10. 9029	16. 0227	23. 4625	34. 2363	49. 7852	72. 151	104. 2171	150. 0432	215. 3272	308. 0431
42	1. 5188	2. 2972	3. 4607	5. 1928	7. 7616	11. 557	17. 1443	25. 3395	37. 3175	54. 7637	80. 0876	116. 7231	169. 5488	245. 473	354. 2495
43	1. 534	2. 3432	3. 5645	5. 4005	8. 1497	12. 2505	18. 3444	27. 3666	40. 6761	60. 2401	88. 8972	130. 7299	191. 5901	279. 8392	407. 387
44	1. 5493	2. 3901	3. 6715	5. 6165	8. 5572	12. 9855	19. 6285	29. 556	44. 337	66. 2641	98. 6759	146. 4175	216. 4968	319. 0167	468. 495
45	1. 5648	2. 4379	3. 7816	5. 8412	8. 985	13. 7646	21. 0025	31. 9204	48. 3273	72. 8905	109. 5302	163. 9876	244. 6414	363. 6791	538. 7693
46	1. 5805	2. 4866	3. 895	6. 0748	9. 4343	14. 5905	22. 4726	34. 4741	52. 6767	80. 1795	121. 5786	183. 6661	276. 4448	414. 5941	619. 5847

续表

1元复利终值系数表

期数	1%	2%	3%	4%	5%	6%	7%	8%	9%	10%	11%	12%	13%	14%	15%
47	1.5963	2.5363	4.0119	6.3178	9.906	15.4659	24.0457	37.232	57.4176	88.1975	134.9522	205.7061	312.3826	472.6373	712.5224
48	1.6122	2.5871	4.1323	6.5705	10.4013	16.3939	25.7289	40.2106	62.5852	97.0172	149.797	230.3908	352.9923	538.8065	819.4007
49	1.6283	2.6388	4.2562	6.8333	10.9213	17.3775	27.5299	43.4274	68.2179	106.719	166.2746	258.0377	398.8813	614.2395	942.3108
50	1.6446	2.6916	4.3839	7.1067	11.4674	18.4202	29.457	46.9016	74.3575	117.3909	184.5648	289.0022	450.7359	700.233	1 083.657
51	1.6611	2.7454	4.5154	7.391	12.0408	19.5254	31.519	50.6537	81.0497	129.1299	204.867	323.6825	509.3316	798.2656	1 246.206
52	1.6777	2.8003	4.6509	7.6866	12.6428	20.6969	33.7253	54.706	88.3442	142.0429	227.4023	362.5243	575.5447	910.0228	1 433.137
53	1.6945	2.8563	4.7904	7.9941	13.2749	21.9387	36.0861	59.0825	96.2951	156.2472	252.4166	406.0273	650.3655	1 037.426	1 648.108
54	1.7114	2.9135	4.9341	8.3138	13.9387	23.255	38.6122	63.8091	104.9617	171.8719	280.1824	454.7505	734.913	1 182.666	1 895.324
55	1.7285	2.9717	5.0821	8.6464	14.6356	24.6503	41.315	68.9139	114.4083	189.0591	311.0025	509.3206	830.4517	1 348.239	2 179.622
56	1.7458	3.0312	5.2346	8.9922	15.3674	26.1293	44.2071	74.427	124.705	207.9651	345.2127	570.4391	938.4104	1 536.992	2 506.566
57	1.7633	3.0918	5.3917	9.3519	16.1358	27.6971	47.3015	80.3811	135.9285	228.7616	383.1861	638.8918	1 060.404	1 752.171	2 882.55
58	1.7809	3.1536	5.5534	9.726	16.9426	29.3589	50.6127	86.8116	148.162	251.6377	425.3366	715.5588	1 198.256	1 997.475	3 314.933
59	1.7987	3.2167	5.72	10.115	17.7897	31.1205	54.1555	93.7565	161.4966	276.8015	472.1236	801.4258	1 354.03	2 277.122	3 812.173
60	1.8167	3.281	5.8916	10.5196	18.6792	32.9877	57.9464	101.2571	176.0313	304.4816	524.0572	897.5969	1 530.054	2 595.919	4 383.999

1元复利终值系数表

期数	16%	17%	18%	19%	20%	21%	22%	23%	24%	25%	26%	27%	28%	29%	30%
1	1.16	1.17	1.18	1.19	1.2	1.21	1.22	1.23	1.24	1.25	1.26	1.27	1.28	1.29	1.3
2	1.3456	1.3689	1.3924	1.4161	1.44	1.4641	1.4884	1.5129	1.5376	1.5625	1.5876	1.6129	1.6384	1.6641	1.69
3	1.5609	1.6016	1.643	1.6852	1.728	1.7716	1.8158	1.8609	1.9066	1.9531	2.0004	2.0484	2.0972	2.1467	2.197
4	1.8106	1.8739	1.9388	2.0053	2.0736	2.1436	2.2153	2.2889	2.3642	2.4414	2.5205	2.6014	2.6844	2.7692	2.8561
5	2.1003	2.1924	2.2878	2.3864	2.4883	2.5937	2.7027	2.8153	2.9316	3.0518	3.1758	3.3038	3.436	3.5723	3.7129
6	2.4364	2.5652	2.6996	2.8398	2.986	3.1384	3.2973	3.4628	3.6352	3.8147	4.0015	4.1959	4.398	4.6083	4.8268
7	2.8262	3.0012	3.1855	3.3793	3.5832	3.7975	4.0227	4.2593	4.5077	4.7684	5.0419	5.3288	5.6295	5.9447	6.2749
8	3.2784	3.5115	3.7589	4.0214	4.2998	4.595	4.9077	5.2389	5.5895	5.9605	6.3528	6.7675	7.2058	7.6686	8.1573
9	3.803	4.1084	4.4355	4.7854	5.1598	5.5599	5.9874	6.4439	6.931	7.4506	8.0045	8.5948	9.2234	9.8925	10.6045

续表

1 元复利终值系数表

期数	16%	17%	18%	19%	20%	21%	22%	23%	24%	25%	26%	27%	28%	29%	30%
10	4.4114	4.8068	5.2338	5.6947	6.1917	6.7275	7.3046	7.9259	8.5944	9.3132	10.0857	10.9153	11.8059	12.7614	13.7858
11	5.1173	5.624	6.1759	6.7767	7.4301	8.1403	8.9117	9.7489	10.6571	11.6415	12.708	13.8625	15.1116	16.4622	17.9216
12	5.936	6.5801	7.2876	8.0642	8.9161	9.8497	10.8722	11.9912	13.2148	14.5519	16.012	17.6053	19.3428	21.2362	23.2981
13	6.8858	7.6987	8.5994	9.5964	10.6993	11.9182	13.2641	14.7491	16.3863	18.1899	20.1752	22.3588	24.7588	27.3947	30.2875
14	7.9875	9.0075	10.1472	11.4198	12.8392	14.421	16.1822	18.1414	20.3191	22.7374	25.4207	28.3957	31.6913	35.3391	39.3738
15	9.2655	10.5387	11.9737	13.5895	15.407	17.4494	19.7423	22.314	25.1956	28.4217	32.0301	36.0625	40.5648	45.5875	51.1859
16	10.748	12.3303	14.129	16.1715	18.4884	21.1138	24.0856	27.4462	31.2426	35.5271	40.3579	45.7994	51.923	58.8079	66.5417
17	12.4677	14.4265	16.6722	19.2441	22.1861	25.5477	29.3844	33.7588	38.7408	44.4089	50.851	58.1652	66.4614	75.8621	86.5042
18	14.4625	16.879	19.6733	22.9005	26.6233	30.9127	35.849	41.5233	48.0386	55.5112	64.0722	73.8698	85.0706	97.8622	112.4554
19	16.7765	19.7484	23.2144	27.2516	31.948	37.4043	43.7358	51.0737	59.5679	69.3889	80.731	93.8147	108.8904	126.2422	146.192
20	19.4608	23.1056	27.393	32.4294	38.3376	45.2593	53.3576	62.8206	73.8641	86.7362	101.7211	119.1446	139.3797	162.8524	190.0496
21	22.5745	27.0336	32.3238	38.591	46.0051	54.7637	65.0963	77.2694	91.5915	108.4202	128.1685	151.3137	178.406	210.0796	247.0645
22	26.1864	31.6293	38.1421	45.9233	55.2061	66.2641	79.4175	95.0413	113.5735	135.5253	161.4924	192.1683	228.3596	271.0027	321.1839
23	30.3762	37.0062	45.0076	54.6487	66.2474	80.1795	96.8894	116.9008	140.8312	169.4066	203.4804	244.0538	292.3003	349.5935	417.5391
24	35.2364	43.2973	53.109	65.032	79.4968	97.0172	118.205	143.788	174.6306	211.7582	256.3853	309.9483	374.1444	450.9756	542.8008
25	40.8742	50.6578	62.6686	77.3881	95.3962	117.3909	144.2101	176.8593	216.542	264.6978	323.0454	393.6344	478.9049	581.7585	705.641
26	47.4141	59.2697	73.949	92.0918	114.4755	142.0429	175.9364	217.5369	268.5121	330.8722	407.0373	499.9157	612.9982	750.4685	917.3333
27	55.0004	69.3455	87.2598	109.5893	137.3706	171.8719	214.6424	267.5704	332.955	413.5903	512.867	634.8929	784.6377	968.1044	1 192.5333
28	63.8004	81.1342	102.9666	130.4112	164.8447	207.9651	261.8637	329.1115	412.8642	516.9879	646.2124	806.314	1 004.3363	1 248.8546	1 550.2933
29	74.0085	94.9271	121.5005	155.1893	197.8136	251.6377	319.4737	404.8072	511.9516	646.2349	814.2276	1 024.0187	1 285.5504	1 611.0225	2 015.3813
30	85.8499	111.0647	143.3706	184.6753	237.3763	304.4816	389.7579	497.9129	634.8199	807.7936	1 025.9267	1 300.5038	1 645.5046	2 078.219	2 619.9956
31	99.5859	129.9456	169.1774	219.7636	284.8516	368.4228	475.5046	612.4328	787.1767	1 009.742	1 292.6677	1 651.6398	2 106.2458	2 680.9025	3 405.9943
32	115.5196	152.0364	199.6293	261.5187	341.8219	445.7916	580.1156	753.2924	976.0991	1 262.1774	1 628.7613	2 097.5826	2 695.9947	3 458.3642	4 427.7926
33	134.0027	177.8826	235.5625	311.2073	410.1863	539.4078	707.7411	926.5496	1 210.3629	1 577.7218	2 052.2392	2 663.9299	3 450.8732	4 461.2898	5 756.1304
34	155.4432	208.1226	277.9638	370.3366	492.2235	652.6834	863.4441	1 139.656	1 500.85	1 972.1523	2 585.8215	3 383.191	4 417.1177	5 755.0639	7 482.9696
35	180.3141	243.5035	327.9973	440.7006	590.6682	789.747	1 053.4018	1 401.7769	1 861.054	2 465.1903	3 258.135	4 296.6525	5 653.9106	7 424.0324	9 727.8604

续表

1元复利终值系数表

期数	16%	17%	18%	19%	20%	21%	22%	23%	24%	25%	26%	27%	28%	29%	30%
36	209.1643	284.8991	387.0368	524.4337	708.8019	955.5938	1 285.1502	1 724.1856	2 307.707	3 081.4879	4 105.2501	5 456.7487	7 237.0056	9 577.0018	12 646.219
37	242.6306	333.3319	456.7034	624.0761	850.5622	1 156.2685	1 567.8833	2 120.7483	2 861.5567	3 851.8599	5 172.6152	6 930.0709	9 263.3671	12 354.332	16 440.084
38	281.4515	389.9983	538.91	742.6506	1 020.675	1 399.0849	1 912.8176	2 608.5204	3 548.3303	4 814.8249	6 517.4951	8 801.19	11 857.11	15 937.089	21 372.109
39	326.4838	456.298	635.9139	883.7542	1 224.81	1 692.8927	2 333.6375	3 208.4801	4 399.9295	6 018.5311	8 212.0438	11 177.511	15 177.101	20 558.845	27 783.742
40	378.7212	533.8687	750.3783	1 051.668	1 469.772	2 048.4002	2 847.0378	3 946.4305	5 455.9126	7 523.1638	10 347.175	14 195.439	19 426.689	26 520.909	36 118.865
41	439.3165	624.6264	885.4464	1 251.484	1 763.726	2 478.5643	3 473.3861	4 854.1095	6 765.3317	9 403.9548	13 037.441	18 028.208	24 866.162	34 211.973	46 954.524
42	509.6072	730.8129	1 044.827	1 489.266	2 116.471	2 999.0628	4 237.531	5 970.5547	8 389.0113	11 754.944	16 427.175	22 895.824	31 828.687	44 133.445	61 040.882
43	591.1443	855.0511	1 232.896	1 772.227	2 539.765	3 628.8659	5 169.7878	7 343.7823	10 402.374	14 693.679	20 698.241	29 077.697	40 740.72	56 932.145	79 353.146
44	685.7274	1 000.41	1 454.817	2 108.95	3 047.718	4 390.9278	6 307.1411	9 032.8522	12 898.944	18 367.099	26 079.784	36 928.675	52 148.121	73 442.466	103 159.09
45	795.4438	1 170.479	1 716.684	2 509.651	3 657.262	5 313.0226	7 694.7122	11 110.408	15 994.69	22 958.874	32 860.528	46 899.417	66 749.595	94 740.782	134 106.82
46	922.7148	1 369.461	2 025.687	2 986.484	4 388.714	6 428.7574	9 387.5489	13 665.802	19 833.416	28 698.593	41 404.265	59 562.259	85 439.481	122 215.61	174 338.86
47	1 070.349	1 602.269	2 390.311	3 553.916	5 266.457	7 778.7964	11 452.81	16 808.937	24 593.436	35 873.241	52 169.373	75 644.07	109 362.54	157 658.13	226 640.52
48	1 241.605	1 874.655	2 820.567	4 229.16	6 319.749	9 412.3437	13 972.428	20 674.992	30 495.86	44 841.551	65 733.411	96 067.968	139 984.05	203 378.99	294 632.68
49	1 440.262	2 193.346	3 328.269	5 032.701	7 583.699	11 388.936	17 046.362	25 430.24	37 814.867	56 051.939	82 824.097	122 006.32	179 179.58	262 358.9	383 022.48
50	1 670.704	2 566.215	3 927.357	5 988.914	9 100.438	13 780.612	20 796.562	31 279.195	46 890.435	70 064.923	104 358.36	154 948.03	229 349.86	338 442.98	497 929.22
51	1 938.016	3 002.472	4 634.281	7 126.808	10 920.53	16 674.541	25 371.805	38 473.41	58 144.139	87 581.154	131 491.54	196 783.99	293 567.82	436 591.45	647 307.99
52	2 248.099	3 512.892	5 468.452	8 480.901	13 104.63	20 176.195	30 953.602	47 322.295	72 098.732	109 476.44	165 679.34	249 915.67	375 766.81	563 202.97	841 500.39
53	2 607.795	4 110.084	6 452.773	10 092.27	15 725.56	24 413.195	37 763.395	58 206.422	89 402.428	136 845.55	208 755.96	317 392.9	480 981.52	726 531.83	1 093 950.5
54	3 025.042	4 808.798	7 614.272	12 009.8	18 870.67	29 539.966	46 071.341	71 593.9	110 859.01	171 056.94	263 032.51	403 088.99	615 656.35	937 226.06	1 422 135.7
55	3 509.049	5 626.294	8 984.841	14 291.67	22 644.8	35 743.359	56 207.036	88 060.496	137 465.17	213 821.18	331 420.97	511 923.01	788 040.12	1 209 021.6	1 848 776.3
56	4 070.497	6 582.764	10 602.11	17 007.08	27 173.76	43 249.465	68 572.584	1 083 14.41	170 456.81	267 276.47	417 590.42	650 142.23	1 008 691.4	1 559 637.9	2 403 409.3
57	4 721.776	7 701.833	12 510.49	20 238.43	32 608.52	52 331.852	83 658.553	133 226.73	211 366.45	334 095.59	526 163.93	825 680.63	1 291 124.9	2 011 932.9	3 124 432
58	5 477.26	9 011.145	14 762.38	24 083.73	39 130.22	63 321.541	102 063.43	163 868.87	262 094.4	417 619.49	662 966.55	1 048 614.4	1 652 639.9	2 595 393.4	4 061 761.6
59	6 353.622	10 543.04	17 419.61	28 659.64	46 956.26	76 619.065	124 517.39	201 558.71	324 997.05	522 024.36	835 337.85	1 331 740.3	2 115 379.1	3 348 057.5	5 280 290.1
60	7 370.201	12 335.36	20 555.14	34 104.97	56 347.51	92 709.069	151 911.22	247 917.22	402 996.35	652 530.45	1 052 525.7	1 691 310.2	2 707 685.2	4 318 994.2	6 864 377.2

附表 2：

1 元复利现值系数表

1 元复利现值系数表

期数	1%	2%	3%	4%	5%	6%	7%	8%	9%	10%	11%	12%	13%	14%	15%
1	0.9901	0.9804	0.9709	0.9615	0.9524	0.9434	0.9346	0.9259	0.9174	0.9091	0.9009	0.8929	0.885	0.8772	0.8696
2	0.9803	0.9612	0.9426	0.9246	0.907	0.89	0.8734	0.8573	0.8417	0.8264	0.8116	0.7972	0.7831	0.7695	0.7561
3	0.9706	0.9423	0.9151	0.889	0.8638	0.8396	0.8163	0.7938	0.7722	0.7513	0.7312	0.7118	0.6931	0.675	0.6575
4	0.961	0.9238	0.8885	0.8548	0.8227	0.7921	0.7629	0.735	0.7084	0.683	0.6587	0.6355	0.6133	0.5921	0.5718
5	0.9515	0.9057	0.8626	0.8219	0.7835	0.7473	0.713	0.6806	0.6499	0.6209	0.5935	0.5674	0.5428	0.5194	0.4972
6	0.942	0.888	0.8375	0.7903	0.7462	0.705	0.6663	0.6302	0.5963	0.5645	0.5346	0.5066	0.4803	0.4556	0.4323
7	0.9327	0.8706	0.8131	0.7599	0.7107	0.6651	0.6227	0.5835	0.547	0.5132	0.4817	0.4523	0.4251	0.3996	0.3759
8	0.9235	0.8535	0.7894	0.7307	0.6768	0.6274	0.582	0.5403	0.5019	0.4665	0.4339	0.4039	0.3762	0.3506	0.3269
9	0.9143	0.8368	0.7664	0.7026	0.6446	0.5919	0.5439	0.5002	0.4604	0.4241	0.3909	0.3606	0.3329	0.3075	0.2843
10	0.9053	0.8203	0.7441	0.6756	0.6139	0.5584	0.5083	0.4632	0.4224	0.3855	0.3522	0.322	0.2946	0.2697	0.2472
11	0.8963	0.8043	0.7224	0.6496	0.5847	0.5268	0.4751	0.4289	0.3875	0.3505	0.3173	0.2875	0.2607	0.2366	0.2149
12	0.8874	0.7885	0.7014	0.6246	0.5568	0.497	0.444	0.3971	0.3555	0.3186	0.2858	0.2567	0.2307	0.2076	0.1869
13	0.8787	0.773	0.681	0.6006	0.5303	0.4688	0.415	0.3677	0.3262	0.2897	0.2575	0.2292	0.2042	0.1821	0.1625
14	0.87	0.7579	0.6611	0.5775	0.5051	0.4423	0.3878	0.3405	0.2992	0.2633	0.232	0.2046	0.1807	0.1597	0.1413
15	0.8613	0.743	0.6419	0.5553	0.481	0.4173	0.3624	0.3152	0.2745	0.2394	0.209	0.1827	0.1599	0.1401	0.1229
16	0.8528	0.7284	0.6232	0.5339	0.4581	0.3936	0.3387	0.2919	0.2519	0.2176	0.1883	0.1631	0.1415	0.1229	0.1069
17	0.8444	0.7142	0.605	0.5134	0.4363	0.3714	0.3166	0.2703	0.2311	0.1978	0.1696	0.1456	0.1252	0.1078	0.0929
18	0.836	0.7002	0.5874	0.4936	0.4155	0.3503	0.2959	0.2502	0.212	0.1799	0.1528	0.13	0.1108	0.0946	0.0808
19	0.8277	0.6864	0.5703	0.4746	0.3957	0.3305	0.2765	0.2317	0.1945	0.1635	0.1377	0.1161	0.0981	0.0829	0.0703
20	0.8195	0.673	0.5537	0.4564	0.3769	0.3118	0.2584	0.2145	0.1784	0.1486	0.124	0.1037	0.0868	0.0728	0.0611
21	0.8114	0.6598	0.5375	0.4388	0.3589	0.2942	0.2415	0.1987	0.1637	0.1351	0.1117	0.0926	0.0768	0.0638	0.0531
22	0.8034	0.6468	0.5219	0.422	0.3418	0.2775	0.2257	0.1839	0.1502	0.1228	0.1007	0.0826	0.068	0.056	0.0462
23	0.7954	0.6342	0.5067	0.4057	0.3256	0.2618	0.2109	0.1703	0.1378	0.1117	0.0907	0.0738	0.0601	0.0491	0.0402

续表

1元复利现值系数表

期数	1%	2%	3%	4%	5%	6%	7%	8%	9%	10%	11%	12%	13%	14%	15%
24	0.7876	0.6217	0.4919	0.3901	0.3101	0.247	0.1971	0.1577	0.1264	0.1015	0.0817	0.0659	0.0532	0.0431	0.0349
25	0.7798	0.6095	0.4776	0.3751	0.2953	0.233	0.1842	0.146	0.116	0.0923	0.0736	0.0588	0.0471	0.0378	0.0304
26	0.772	0.5976	0.4637	0.3607	0.2812	0.2198	0.1722	0.1352	0.1064	0.0839	0.0663	0.0525	0.0417	0.0331	0.0264
27	0.7644	0.5859	0.4502	0.3468	0.2678	0.2074	0.1609	0.1252	0.0976	0.0763	0.0597	0.0469	0.0369	0.0291	0.023
28	0.7568	0.5744	0.4371	0.3335	0.2551	0.1956	0.1504	0.1159	0.0895	0.0693	0.0538	0.0419	0.0326	0.0255	0.02
29	0.7493	0.5631	0.4243	0.3207	0.2429	0.1846	0.1406	0.1073	0.0822	0.063	0.0485	0.0374	0.0289	0.0224	0.0174
30	0.7419	0.5521	0.412	0.3083	0.2314	0.1741	0.1314	0.0994	0.0754	0.0573	0.0437	0.0334	0.0256	0.0196	0.0151
31	0.7346	0.5412	0.4	0.2965	0.2204	0.1643	0.1228	0.092	0.0691	0.0521	0.0394	0.0298	0.0226	0.0172	0.0131
32	0.7273	0.5306	0.3883	0.2851	0.2099	0.155	0.1147	0.0852	0.0634	0.0474	0.0355	0.0266	0.02	0.0151	0.0114
33	0.7201	0.5202	0.377	0.2741	0.1999	0.1462	0.1072	0.0789	0.0582	0.0431	0.0319	0.0238	0.0177	0.0132	0.0099
34	0.713	0.51	0.366	0.2636	0.1904	0.1379	0.1002	0.073	0.0534	0.0391	0.0288	0.0212	0.0157	0.0116	0.0086
35	0.7059	0.5	0.3554	0.2534	0.1813	0.1301	0.0937	0.0676	0.049	0.0356	0.0259	0.0189	0.0139	0.0102	0.0075
36	0.6989	0.4902	0.345	0.2437	0.1727	0.1227	0.0875	0.0626	0.0449	0.0323	0.0234	0.0169	0.0123	0.0089	0.0065
37	0.692	0.4806	0.335	0.2343	0.1644	0.1158	0.0818	0.058	0.0412	0.0294	0.021	0.0151	0.0109	0.0078	0.0057
38	0.6852	0.4712	0.3252	0.2253	0.1566	0.1092	0.0765	0.0537	0.0378	0.0267	0.019	0.0135	0.0096	0.0069	0.0049
39	0.6784	0.4619	0.3158	0.2166	0.1491	0.1031	0.0715	0.0497	0.0347	0.0243	0.0171	0.012	0.0085	0.006	0.0043
40	0.6717	0.4529	0.3066	0.2083	0.142	0.0972	0.0668	0.046	0.0318	0.0221	0.0154	0.0107	0.0075	0.0053	0.0037
41	0.665	0.444	0.2976	0.2003	0.1353	0.0917	0.0624	0.0426	0.0292	0.0201	0.0139	0.0096	0.0067	0.0046	0.0032
42	0.6584	0.4353	0.289	0.1926	0.1288	0.0865	0.0583	0.0395	0.0268	0.0183	0.0125	0.0086	0.0059	0.0041	0.0028
43	0.6519	0.4268	0.2805	0.1852	0.1227	0.0816	0.0545	0.0365	0.0246	0.0166	0.0112	0.0076	0.0052	0.0036	0.0025
44	0.6454	0.4184	0.2724	0.178	0.1169	0.077	0.0509	0.0338	0.0226	0.0151	0.0101	0.0068	0.0046	0.0031	0.0021
45	0.6391	0.4102	0.2644	0.1712	0.1113	0.0727	0.0476	0.0313	0.0207	0.0137	0.0091	0.0061	0.0041	0.0027	0.0019
46	0.6327	0.4022	0.2567	0.1646	0.106	0.0685	0.0445	0.029	0.019	0.0125	0.0082	0.0054	0.0036	0.0024	0.0016

续表

1 元复利现值系数表

期数	1%	2%	3%	4%	5%	6%	7%	8%	9%	10%	11%	12%	13%	14%	15%
47	0.6265	0.3943	0.2493	0.1583	0.1009	0.0647	0.0416	0.0269	0.0174	0.0113	0.0074	0.0049	0.0032	0.0021	0.0014
48	0.6203	0.3865	0.242	0.1522	0.0961	0.061	0.0389	0.0249	0.016	0.0103	0.0067	0.0043	0.0028	0.0019	0.0012
49	0.6141	0.379	0.235	0.1463	0.0916	0.0575	0.0363	0.023	0.0147	0.0094	0.006	0.0039	0.0025	0.0016	0.0011
50	0.608	0.3715	0.2281	0.1407	0.0872	0.0543	0.0339	0.0213	0.0134	0.0085	0.0054	0.0035	0.0022	0.0014	0.0009
51	0.602	0.3642	0.2215	0.1353	0.0831	0.0512	0.0317	0.0197	0.0123	0.0077	0.0049	0.0031	0.002	0.0013	0.0008
52	0.5961	0.3571	0.215	0.1301	0.0791	0.0483	0.0297	0.0183	0.0113	0.007	0.0044	0.0028	0.0017	0.0011	0.0007
53	0.5902	0.3501	0.2088	0.1251	0.0753	0.0456	0.0277	0.0169	0.0104	0.0064	0.004	0.0025	0.0015	0.001	0.0006
54	0.5843	0.3432	0.2027	0.1203	0.0717	0.043	0.0259	0.0157	0.0095	0.0058	0.0036	0.0022	0.0014	0.0008	0.0005
55	0.5785	0.3365	0.1968	0.1157	0.0683	0.0406	0.0242	0.0145	0.0087	0.0053	0.0032	0.002	0.0012	0.0007	0.0005
56	0.5728	0.3299	0.191	0.1112	0.0651	0.0383	0.0226	0.0134	0.008	0.0048	0.0029	0.0018	0.0011	0.0007	0.0004
57	0.5671	0.3234	0.1855	0.1069	0.062	0.0361	0.0211	0.0124	0.0074	0.0044	0.0026	0.0016	0.0009	0.0006	0.0003
58	0.5615	0.3171	0.1801	0.1028	0.059	0.0341	0.0198	0.0115	0.0067	0.004	0.0024	0.0014	0.0008	0.0005	0.0003
59	0.556	0.3109	0.1748	0.0989	0.0562	0.0321	0.0185	0.0107	0.0062	0.0036	0.0021	0.0012	0.0007	0.0004	0.0003
60	0.5504	0.3048	0.1697	0.0951	0.0535	0.0303	0.0173	0.0099	0.0057	0.0033	0.0019	0.0011	0.0007	0.0004	0.0002

1 元复利现值系数表

期数	16%	17%	18%	19%	20%	21%	22%	23%	24%	25%	26%	27%	28%	29%	30%
1	0.8621	0.8547	0.8475	0.8403	0.8333	0.8264	0.8197	0.813	0.8065	0.8	0.7937	0.7874	0.7813	0.7752	0.7692
2	0.7432	0.7305	0.7182	0.7062	0.6944	0.683	0.6719	0.661	0.6504	0.64	0.6299	0.62	0.6104	0.6009	0.5917
3	0.6407	0.6244	0.6086	0.5934	0.5787	0.5645	0.5507	0.5374	0.5245	0.512	0.4999	0.4882	0.4768	0.4658	0.4552
4	0.5523	0.5337	0.5158	0.4987	0.4823	0.4665	0.4514	0.4369	0.423	0.4096	0.3968	0.3844	0.3725	0.3611	0.3501
5	0.4761	0.4561	0.4371	0.419	0.4019	0.3855	0.37	0.3552	0.3411	0.3277	0.3149	0.3027	0.291	0.2799	0.2693
6	0.4104	0.3898	0.3704	0.3521	0.3349	0.3186	0.3033	0.2888	0.2751	0.2621	0.2499	0.2383	0.2274	0.217	0.2072
7	0.3538	0.3332	0.3139	0.2959	0.2791	0.2633	0.2486	0.2348	0.2218	0.2097	0.1983	0.1877	0.1776	0.1682	0.1594
8	0.305	0.2848	0.266	0.2487	0.2326	0.2176	0.2038	0.1909	0.1789	0.1678	0.1574	0.1478	0.1388	0.1304	0.1226
9	0.263	0.2434	0.2255	0.209	0.1938	0.1799	0.167	0.1552	0.1443	0.1342	0.1249	0.1164	0.1084	0.1011	0.0943

续表

1 元复利现值系数表

期数	16%	17%	18%	19%	20%	21%	22%	23%	24%	25%	26%	27%	28%	29%	30%
10	0. 2267	0. 208	0. 1911	0. 1756	0. 1615	0. 1486	0. 1369	0. 1262	0. 1164	0. 1074	0. 0992	0. 0916	0. 0847	0. 0784	0. 0725
11	0. 1954	0. 1778	0. 1619	0. 1476	0. 1346	0. 1228	0. 1122	0. 1026	0. 0938	0. 0859	0. 0787	0. 0721	0. 0662	0. 0607	0. 0558
12	0. 1685	0. 152	0. 1372	0. 124	0. 1122	0. 1015	0. 092	0. 0834	0. 0757	0. 0687	0. 0625	0. 0568	0. 0517	0. 0471	0. 0429
13	0. 1452	0. 1299	0. 1163	0. 1042	0. 0935	0. 0839	0. 0754	0. 0678	0. 061	0. 055	0. 0496	0. 0447	0. 0404	0. 0365	0. 033
14	0. 1252	0. 111	0. 0985	0. 0876	0. 0779	0. 0693	0. 0618	0. 0551	0. 0492	0. 044	0. 0393	0. 0352	0. 0316	0. 0283	0. 0254
15	0. 1079	0. 0949	0. 0835	0. 0736	0. 0649	0. 0573	0. 0507	0. 0448	0. 0397	0. 0352	0. 0312	0. 0277	0. 0247	0. 0219	0. 0195
16	0. 093	0. 0811	0. 0708	0. 0618	0. 0541	0. 0474	0. 0415	0. 0364	0. 032	0. 0281	0. 0248	0. 0218	0. 0193	0. 017	0. 015
17	0. 0802	0. 0693	0. 06	0. 052	0. 0451	0. 0391	0. 034	0. 0296	0. 0258	0. 0225	0. 0197	0. 0172	0. 015	0. 0132	0. 0116
18	0. 0691	0. 0592	0. 0508	0. 0437	0. 0376	0. 0323	0. 0279	0. 0241	0. 0208	0. 018	0. 0156	0. 0135	0. 0118	0. 0102	0. 0089
19	0. 0596	0. 0506	0. 0431	0. 0367	0. 0313	0. 0267	0. 0229	0. 0196	0. 0168	0. 0144	0. 0124	0. 0107	0. 0092	0. 0079	0. 0068
20	0. 0514	0. 0433	0. 0365	0. 0308	0. 0261	0. 0221	0. 0187	0. 0159	0. 0135	0. 0115	0. 0098	0. 0084	0. 0072	0. 0061	0. 0053
21	0. 0443	0. 037	0. 0309	0. 0259	0. 0217	0. 0183	0. 0154	0. 0129	0. 0109	0. 0092	0. 0078	0. 0066	0. 0056	0. 0048	0. 004
22	0. 0382	0. 0316	0. 0262	0. 0218	0. 0181	0. 0151	0. 0126	0. 0105	0. 0088	0. 0074	0. 0062	0. 0052	0. 0044	0. 0037	0. 0031
23	0. 0329	0. 027	0. 0222	0. 0183	0. 0151	0. 0125	0. 0103	0. 0086	0. 0071	0. 0059	0. 0049	0. 0041	0. 0034	0. 0029	0. 0024
24	0. 0284	0. 0231	0. 0188	0. 0154	0. 0126	0. 0103	0. 0085	0. 007	0. 0057	0. 0047	0. 0039	0. 0032	0. 0027	0. 0022	0. 0018
25	0. 0245	0. 0197	0. 016	0. 0129	0. 0105	0. 0085	0. 0069	0. 0057	0. 0046	0. 0038	0. 0031	0. 0025	0. 0021	0. 0017	0. 0014
26	0. 0211	0. 0169	0. 0135	0. 0109	0. 0087	0. 007	0. 0057	0. 0046	0. 0037	0. 003	0. 0025	0. 002	0. 0016	0. 0013	0. 0011
27	0. 0182	0. 0144	0. 0115	0. 0091	0. 0073	0. 0058	0. 0047	0. 0037	0. 003	0. 0024	0. 0019	0. 0016	0. 0013	0. 001	0. 0008
28	0. 0157	0. 0123	0. 0097	0. 0077	0. 0061	0. 0048	0. 0038	0. 003	0. 0024	0. 0019	0. 0015	0. 0012	0. 001	0. 0008	0. 0006
29	0. 0135	0. 0105	0. 0082	0. 0064	0. 0051	0. 004	0. 0031	0. 0025	0. 002	0. 0015	0. 0012	0. 001	0. 0008	0. 0006	0. 0005
30	0. 0116	0. 009	0. 007	0. 0054	0. 0042	0. 0033	0. 0026	0. 002	0. 0016	0. 0012	0. 001	0. 0008	0. 0006	0. 0005	0. 0004
31	0. 01	0. 0077	0. 0059	0. 0046	0. 0035	0. 0027	0. 0021	0. 0016	0. 0013	0. 001	0. 0008	0. 0006	0. 0005	0. 0004	0. 0003
32	0. 0087	0. 0066	0. 005	0. 0038	0. 0029	0. 0022	0. 0017	0. 0013	0. 001	0. 0008	0. 0006	0. 0005	0. 0004	0. 0003	0. 0002
33	0. 0075	0. 0056	0. 0042	0. 0032	0. 0024	0. 0019	0. 0014	0. 0011	0. 0008	0. 0006	0. 0005	0. 0004	0. 0003	0. 0002	0. 0002
34	0. 0064	0. 0048	0. 0036	0. 0027	0. 002	0. 0015	0. 0012	0. 0009	0. 0007	0. 0005	0. 0004	0. 0003	0. 0002	0. 0002	0. 0001
35	0. 0055	0. 0041	0. 003	0. 0023	0. 0017	0. 0013	0. 0009	0. 0007	0. 0005	0. 0004	0. 0003	0. 0002	0. 0002	0. 0001	0. 0001

续表

1 元复利现值系数表

期数	16%	17%	18%	19%	20%	21%	22%	23%	24%	25%	26%	27%	28%	29%	30%
36	0. 0048	0. 0035	0. 0026	0. 0019	0. 0014	0. 001	0. 0008	0. 0006	0. 0004	0. 0003	0. 0002	0. 0002	0. 0001	0. 0001	0. 0001
37	0. 0041	0. 003	0. 0022	0. 0016	0. 0012	0. 0009	0. 0006	0. 0005	0. 0003	0. 0003	0. 0002	0. 0001	0. 0001	0. 0001	0. 0001
38	0. 0036	0. 0026	0. 0019	0. 0013	0. 001	0. 0007	0. 0005	0. 0004	0. 0003	0. 0002	0. 0002	0. 0001	0. 0001	0. 0001	0. 0000468
39	0. 0031	0. 0022	0. 0016	0. 0011	0. 0008	0. 0006	0. 0004	0. 0003	0. 0002	0. 0002	0. 0001	0. 0001	0. 0001	0. 0000486	0. 000036
40	0. 0026	0. 0019	0. 0013	0. 001	0. 0007	0. 0005	0. 0004	0. 0003	0. 0002	0. 0001	0. 0001	0. 0001	0. 0001	0. 0000377	0. 0000277
41	0. 0023	0. 0016	0. 0011	0. 0008	0. 0006	0. 0004	0. 0003	0. 0002	0. 0001	0. 0001	0. 0001	0. 0001	0. 0000402	0. 0000292	0. 0000213
42	0. 002	0. 0014	0. 001	0. 0007	0. 0005	0. 0003	0. 0002	0. 0002	0. 0001	0. 0001	0. 0001	0. 0000437	0. 0000314	0. 0000227	0. 0000164
43	0. 0017	0. 0012	0. 0008	0. 0006	0. 0004	0. 0003	0. 0002	0. 0001	0. 0001	0. 0001	0. 0000483	0. 0000344	0. 0000245	0. 0000176	0. 0000126
44	0. 0015	0. 001	0. 0007	0. 0005	0. 0003	0. 0002	0. 0002	0. 0001	0. 0001	0. 0001	0. 0000383	0. 0000271	0. 0000192	0. 0000136	0. 0000097
45	0. 0013	0. 0009	0. 0006	0. 0004	0. 0003	0. 0002	0. 0001	0. 0001	0. 0001	0. 0000436	0. 0000304	0. 0000213	0. 000015	0. 0000106	0. 0000075
46	0. 0011	0. 0007	0. 0005	0. 0003	0. 0002	0. 0002	0. 0001	0. 0001	0. 0001	0. 0000348	0. 0000242	0. 0000168	0. 0000117	0. 0000082	0. 0000057
47	0. 0009	0. 0006	0. 0004	0. 0003	0. 0002	0. 0001	0. 0001	0. 0001	0. 0000407	0. 0000279	0. 0000192	0. 0000132	0. 0000091	0. 0000063	0. 0000044
48	0. 0008	0. 0005	0. 0004	0. 0002	0. 0002	0. 0001	0. 0001	0. 0000484	0. 0000328	0. 0000223	0. 0000152	0. 0000104	0. 0000071	0. 0000049	0. 0000034
49	0. 0007	0. 0005	0. 0003	0. 0002	0. 0001	0. 0001	0. 0001	0. 0000393	0. 0000264	0. 0000178	0. 0000121	0. 0000082	0. 0000056	0. 0000038	0. 0000026
50	0. 0006	0. 0004	0. 0003	0. 0002	0. 0001	0. 0001	0. 0000481	0. 000032	0. 0000213	0. 0000143	0. 0000096	0. 0000065	0. 0000044	0. 000003	0. 000002
51	0. 0005	0. 0003	0. 0002	0. 0001	0. 0001	0. 0001	0. 0000394	0. 000026	0. 0000172	0. 0000114	0. 0000076	0. 0000051	0. 0000034	0. 0000023	0. 0000015
52	0. 0004	0. 0003	0. 0002	0. 0001	0. 0001	0. 0000496	0. 0000323	0. 0000211	0. 0000139	0. 0000091	0. 000006	0. 000004	0. 0000027	0. 0000018	0. 0000012
53	0. 0004	0. 0002	0. 0002	0. 0001	0. 0001	0. 000041	0. 0000265	0. 0000172	0. 0000112	0. 0000073	0. 0000048	0. 0000032	0. 0000021	0. 0000014	0. 0000009
54	0. 0003	0. 0002	0. 0001	0. 0001	0. 0001	0. 0000339	0. 0000217	0. 000014	0. 000009	0. 0000058	0. 0000038	0. 0000025	0. 0000016	0. 0000011	0. 0000007
55	0. 0003	0. 0002	0. 0001	0. 0001	0. 00004	0. 000028	0. 0000178	0. 0000114	0. 0000073	0. 0000047	0. 000003	0. 000002	0. 0000013	0. 0000008	0. 0000005
56	0. 0002	0. 0002	0. 0001	0. 0001	0. 00004	0. 0000231	0. 0000146	0. 0000092	0. 0000059	0. 0000037	0. 0000024	0. 0000015	0. 000001	0. 0000006	0. 0000004
57	0. 0002	0. 0001	0. 0001	0. 00005	0. 00003	0. 0000191	0. 000012	0. 0000075	0. 0000047	0. 000003	0. 0000019	0. 0000012	0. 0000008	0. 0000005	0. 0000003
58	0. 0002	0. 0001	0. 0001	0. 00004	0. 00003	0. 0000158	0. 0000098	0. 0000061	0. 0000038	0. 0000024	0. 0000015	0. 000001	0. 0000006	0. 0000004	0. 0000002
59	0. 0002	0. 0001	0. 0001	0. 00003	0. 00002	0. 0000131	0. 000008	0. 000005	0. 0000031	0. 0000019	0. 0000012	0. 0000008	0. 0000005	0. 0000003	0. 0000002
60	0. 0001	0. 0001	0. 00005	0. 00003	0. 00002	0. 0000108	0. 0000066	0. 000004	0. 0000025	0. 0000015	0. 000001	0. 0000006	0. 0000004	0. 0000002	0. 0000001

附表 3：

1 元年金终值系数表

1 元年金终值系数表

期数	1%	2%	3%	4%	5%	6%	7%	8%	9%	10%	11%	12%	13%	14%	15%
1	1	1	1	1	1	1	1	1	1	1	1	1	1	1	1
2	2. 01	2. 02	2. 03	2. 04	2. 05	2. 06	2. 07	2. 08	2. 09	2. 1	2. 11	2. 12	2. 13	2. 14	2. 15
3	3. 0301	3. 0604	3. 0909	3. 1216	3. 1525	3. 1836	3. 2149	3. 2464	3. 2781	3. 31	3. 3421	3. 3744	3. 4069	3. 4396	3. 4725
4	4. 0604	4. 1216	4. 1836	4. 2465	4. 3101	4. 3746	4. 4399	4. 5061	4. 5731	4. 641	4. 7097	4. 7793	4. 8498	4. 9211	4. 9934
5	5. 101	5. 204	5. 3091	5. 4163	5. 5256	5. 6371	5. 7507	5. 8666	5. 9847	6. 1051	6. 2278	6. 3528	6. 4803	6. 6101	6. 7424
6	6. 152	6. 3081	6. 4684	6. 633	6. 8019	6. 9753	7. 1533	7. 3359	7. 5233	7. 7156	7. 9129	8. 1152	8. 3227	8. 5355	8. 7537
7	7. 2135	7. 4343	7. 6625	7. 8983	8. 142	8. 3938	8. 654	8. 9228	9. 2004	9. 4872	9. 7833	10. 089	10. 4047	10. 7305	11. 0668
8	8. 2857	8. 583	8. 8923	9. 2142	9. 5491	9. 8975	10. 2598	10. 6366	11. 0285	11. 4359	11. 8594	12. 2997	12. 7573	13. 2328	13. 7268
9	9. 3685	9. 7546	10. 1591	10. 5828	11. 0266	11. 4913	11. 978	12. 4876	13. 021	13. 5795	14. 164	14. 7757	15. 4157	16. 0853	16. 7858
10	10. 4622	10. 9497	11. 4639	12. 0061	12. 5779	13. 1808	13. 8164	14. 4866	15. 1929	15. 9374	16. 722	17. 5487	18. 4197	19. 3373	20. 3037
11	11. 5668	12. 1687	12. 8078	13. 4864	14. 2068	14. 9716	15. 7836	16. 6455	17. 5603	18. 5312	19. 5614	20. 6546	21. 8143	23. 0445	24. 3493
12	12. 6825	13. 4121	14. 192	15. 0258	15. 9171	16. 8699	17. 8885	18. 9771	20. 1407	21. 3843	22. 7132	24. 1331	25. 6502	27. 2707	29. 0017
13	13. 8093	14. 6803	15. 6178	16. 6268	17. 713	18. 8821	20. 1406	21. 4953	22. 9534	24. 5227	26. 2116	28. 0291	29. 9847	32. 0887	34. 3519
14	14. 9474	15. 9739	17. 0863	18. 2919	19. 5986	21. 0151	22. 5505	24. 2149	26. 0192	27. 975	30. 0949	32. 3926	34. 8827	37. 5811	40. 5047
15	16. 0969	17. 2934	18. 5989	20. 0236	21. 5786	23. 276	25. 129	27. 1521	29. 3609	31. 7725	34. 4054	37. 2797	40. 4175	43. 8424	47. 5804
16	17. 2579	18. 6393	20. 1569	21. 8245	23. 6575	25. 6725	27. 8881	30. 3243	33. 0034	35. 9497	39. 1899	42. 7533	46. 6717	50. 9804	55. 7175
17	18. 4304	20. 0121	21. 7616	23. 6975	25. 8404	28. 2129	30. 8402	33. 7502	36. 9737	40. 5447	44. 5008	48. 8837	53. 7391	59. 1176	65. 0751
18	19. 6147	21. 4123	23. 4144	25. 6454	28. 1324	30. 9057	33. 999	37. 4502	41. 3013	45. 5992	50. 3959	55. 7497	61. 7251	68. 3941	75. 8364
19	20. 8109	22. 8406	25. 1169	27. 6712	30. 539	33. 76	37. 379	41. 4463	46. 0185	51. 1591	56. 9395	63. 4397	70. 7494	78. 9692	88. 2118
20	22. 019	24. 2974	26. 8704	29. 7781	33. 066	36. 7856	40. 9955	45. 762	51. 1601	57. 275	64. 2028	72. 0524	80. 9468	91. 0249	102. 4436
21	23. 2392	25. 7833	28. 6765	31. 9692	35. 7193	39. 9927	44. 8652	50. 4229	56. 7645	64. 0025	72. 2651	81. 6987	92. 4699	104. 7684	118. 8101
22	24. 4716	27. 299	30. 5368	34. 248	38. 5052	43. 3923	49. 0057	55. 4568	62. 8733	71. 4027	81. 2143	92. 5026	105. 491	120. 436	137. 6316
23	25. 7163	28. 845	32. 4529	36. 6179	41. 4305	46. 9958	53. 4361	60. 8933	69. 5319	79. 543	91. 1479	104. 6029	120. 2048	138. 297	159. 2764

续表

1 元年金终值系数表

期数	1%	2%	3%	4%	5%	6%	7%	8%	9%	10%	11%	12%	13%	14%	15%
24	26. 9735	30. 4219	34. 4265	39. 0826	44. 502	50. 8156	58. 1767	66. 7648	76. 7898	88. 4973	102. 1742	118. 1552	136. 8315	158. 6586	184. 1678
25	28. 2432	32. 0303	36. 4593	41. 6459	47. 7271	54. 8645	63. 249	73. 1059	84. 7009	98. 3471	114. 4133	133. 3339	155. 6196	181. 8708	212. 793
26	29. 5256	33. 6709	38. 553	44. 3117	51. 1135	59. 1564	68. 6765	79. 9544	93. 324	109. 1818	127. 9988	150. 3339	176. 8501	208. 3327	245. 712
27	30. 8209	35. 3443	40. 7096	47. 0842	54. 6691	63. 7058	74. 4838	87. 3508	102. 7231	121. 0999	143. 0786	169. 374	200. 8406	238. 4993	283. 5688
28	32. 1291	37. 0512	42. 9309	49. 9676	58. 4026	68. 5281	80. 6977	95. 3388	112. 9682	134. 2099	159. 8173	190. 6989	227. 9499	272. 8892	327. 1041
29	33. 4504	38. 7922	45. 2189	52. 9663	62. 3227	73. 6398	87. 3465	103. 9659	124. 1354	148. 6309	178. 3972	214. 5828	258. 5834	312. 0937	377. 1697
30	34. 7849	40. 5681	47. 5754	56. 0849	66. 4388	79. 0582	94. 4608	113. 2832	136. 3075	164. 494	199. 0209	241. 3327	293. 1992	356. 7868	434. 7451
31	36. 1327	42. 3794	50. 0027	59. 3283	70. 7608	84. 8017	102. 073	123. 3459	149. 5752	181. 9434	221. 9132	271. 2926	332. 3151	407. 737	500. 9569
32	37. 4941	44. 227	52. 5028	62. 7015	75. 2988	90. 8898	110. 2182	134. 2135	164. 037	201. 1378	247. 3236	304. 8477	376. 5161	465. 8202	577. 1005
33	38. 869	46. 1116	55. 0778	66. 2095	80. 0638	97. 3432	118. 9334	145. 9506	179. 8003	222. 2515	275. 5292	342. 4294	426. 4632	532. 035	664. 6655
34	40. 2577	48. 0338	57. 7302	69. 8579	85. 067	104. 1838	128. 2588	158. 6267	196. 9823	245. 4767	306. 8374	384. 521	482. 9034	607. 5199	765. 3654
35	41. 6603	49. 9945	60. 4621	73. 6522	90. 3203	111. 4348	138. 2369	172. 3168	215. 7108	271. 0244	341. 5896	431. 6635	546. 6808	693. 5727	881. 1702
36	43. 0769	51. 9944	63. 2759	77. 5983	95. 8363	119. 1209	148. 9135	187. 1021	236. 1247	299. 1268	380. 1644	484. 4631	618. 7493	791. 6729	1 014. 346
37	44. 5076	54. 0343	66. 1742	81. 7022	101. 6281	127. 2681	160. 3374	203. 0703	258. 3759	330. 0395	422. 9825	543. 5987	700. 1867	903. 5071	1 167. 498
38	45. 9527	56. 1149	69. 1594	85. 9703	107. 7095	135. 9042	172. 561	220. 3159	282. 6298	364. 0434	470. 5106	609. 8305	792. 211	1 030. 998	1 343. 622
39	47. 4123	58. 2372	72. 2342	90. 4091	114. 095	145. 0585	185. 6403	238. 9412	309. 0665	401. 4478	523. 2667	684. 0102	896. 1984	1 176. 338	1 546. 166
40	48. 8864	60. 402	75. 4013	95. 0255	120. 7998	154. 762	199. 6351	259. 0565	337. 8824	442. 5926	581. 8261	767. 0914	1 013. 704	1 342. 025	1 779. 09
41	50. 3752	62. 61	78. 6633	99. 8265	127. 8398	165. 0477	214. 6096	280. 781	369. 2919	487. 8518	646. 8269	860. 1424	1 146. 486	1 530. 909	2 046. 954
42	51. 879	64. 8622	82. 0232	104. 8196	135. 2318	175. 9505	230. 6322	304. 2435	403. 5281	537. 637	718. 9779	964. 3595	1 296. 529	1 746. 236	2 354. 997
43	53. 3978	67. 1595	85. 4839	110. 0124	142. 9933	187. 5076	247. 7765	329. 583	440. 8457	592. 4007	799. 0655	1 081. 083	1 466. 078	1 991. 709	2 709. 247
44	54. 9318	69. 5027	89. 0484	115. 4129	151. 143	199. 758	266. 1209	356. 9496	481. 5218	652. 6408	887. 9627	1 211. 813	1 657. 668	2 271. 548	3 116. 633
45	56. 4811	71. 8927	92. 7199	121. 0294	159. 7002	212. 7435	285. 7493	386. 5056	525. 8587	718. 9048	986. 6386	1 358. 23	1 874. 165	2 590. 565	3 585. 129
46	58. 0459	74. 3306	96. 5015	126. 8706	168. 6852	226. 5081	306. 7518	418. 4261	574. 186	791. 7953	1 096. 169	1 522. 218	2 118. 806	2 954. 244	4 123. 898

续表

1 元年金终值系数表

期数	1%	2%	3%	4%	5%	6%	7%	8%	9%	10%	11%	12%	13%	14%	15%
47	59. 6263	76. 8172	100. 3965	132. 9454	178. 1194	241. 0986	329. 2244	452. 9002	626. 8628	871. 9749	1 217. 747	1 705. 884	2 395. 251	3 368. 838	4 743. 482
48	61. 2226	79. 3535	104. 4084	139. 2632	188. 0254	256. 5645	353. 2701	490. 1322	684. 2804	960. 1723	1 352. 7	1 911. 59	2 707. 633	3 841. 475	5 456. 005
49	62. 8348	81. 9406	108. 5406	145. 8337	198. 4267	272. 9584	378. 999	530. 3427	746. 8656	1 057. 19	1 502. 497	2 141. 981	3 060. 626	4 380. 282	6 275. 406
50	64. 4632	84. 5794	112. 7969	152. 6671	209. 348	290. 3359	406. 5289	573. 7702	815. 0836	1 163. 909	1 668. 771	2 400. 018	3 459. 507	4 994. 521	7 217. 716
51	66. 1078	87. 271	117. 1808	159. 7738	220. 8154	308. 7561	435. 986	620. 6718	889. 4411	1 281. 299	1 853. 336	2 689. 02	3 910. 243	5 694. 754	8 301. 374
52	67. 7689	90. 0164	121. 6962	167. 1647	232. 8562	328. 2814	467. 505	671. 3255	970. 4908	1 410. 429	2 058. 203	3 012. 703	4 419. 575	6 493. 02	9 547. 58
53	69. 4466	92. 8167	126. 3471	174. 8513	245. 499	348. 9783	501. 2303	726. 0316	1 058. 835	1 552. 472	2 285. 605	3 375. 227	4 995. 119	7 403. 043	10 980. 72
54	71. 141	95. 6731	131. 1375	182. 8454	258. 7739	370. 917	537. 3164	785. 1141	1 155. 13	1 708. 72	2 538. 022	3 781. 255	5 645. 485	8 440. 469	12 628. 82
55	72. 8525	98. 5865	136. 0716	191. 1592	272. 7126	394. 172	575. 9286	848. 9232	1 260. 092	1 880. 591	2 818. 204	4 236. 005	6 380. 398	9 623. 134	14 524. 15
56	74. 581	101. 5583	141. 1538	199. 8055	287. 3482	418. 8223	617. 2436	917. 8371	1 374. 5	2 069. 651	3 129. 207	4 745. 326	7 210. 85	10 971. 37	16 703. 77
57	76. 3268	104. 5894	146. 3884	208. 7978	302. 7157	444. 9517	661. 4506	992. 264	1 499. 205	2 277. 616	3 474. 419	5 315. 765	8 149. 26	12 508. 37	19 210. 34
58	78. 0901	107. 6812	151. 78	218. 1497	318. 8514	472. 6488	708. 7522	1 072. 645	1 635. 134	2 506. 377	3 857. 606	5 954. 657	9 209. 664	14 260. 54	22 092. 89
59	79. 871	110. 8348	157. 3334	227. 8757	335. 794	502. 0077	759. 3648	1 159. 457	1 783. 296	2 758. 015	4 282. 942	6 670. 215	10 407. 92	16 258. 01	25 407. 82
60	81. 6697	114. 0515	163. 0534	237. 9907	353. 5837	533. 1282	813. 5204	1 253. 213	1 944. 792	3 034. 816	4 755. 066	7 471. 641	11 761. 95	18 535. 13	29 219. 99

1 元年金终值系数表

期数	16%	17%	18%	19%	20%	21%	22%	23%	24%	25%	26%	27%	28%	29%	30%
1	1	1	1	1	1	1	1	1	1	1	1	1	1	1	1
2	2. 16	2. 17	2. 18	2. 19	2. 2	2. 21	2. 22	2. 23	2. 24	2. 25	2. 26	2. 27	2. 28	2. 29	2. 3
3	3. 5056	3. 5389	3. 5724	3. 6061	3. 64	3. 6741	3. 7084	3. 7429	3. 7776	3. 8125	3. 8476	3. 8829	3. 9184	3. 9541	3. 99
4	5. 0665	5. 1405	5. 2154	5. 2913	5. 368	5. 4457	5. 5242	5. 6038	5. 6842	5. 7656	5. 848	5. 9313	6. 0156	6. 1008	6. 187
5	6. 8771	7. 0144	7. 1542	7. 2966	7. 4416	7. 5892	7. 7396	7. 8926	8. 0484	8. 207	8. 3684	8. 5327	8. 6999	8. 87	9. 0431
6	8. 9775	9. 2068	9. 442	9. 683	9. 9299	10. 183	10. 4423	10. 7079	10. 9801	11. 2588	11. 5442	11. 8366	12. 1359	12. 4423	12. 756
7	11. 4139	11. 772	12. 1415	12. 5227	12. 9159	13. 3214	13. 7396	14. 1708	14. 6153	15. 0735	15. 5458	16. 0324	16. 5339	17. 0506	17. 5828
8	14. 2401	14. 7733	15. 327	15. 902	16. 4991	17. 1189	17. 7623	18. 43	19. 1229	19. 8419	20. 5876	21. 3612	22. 1634	22. 9953	23. 8577
9	17. 5185	18. 2847	19. 0859	19. 9234	20. 7989	21. 7139	22. 67	23. 669	24. 7125	25. 8023	26. 9404	28. 1287	29. 3692	30. 6639	32. 015

续表

1 元年金终值系数表

期数	16%	17%	18%	19%	20%	21%	22%	23%	24%	25%	26%	27%	28%	29%	30%
10	21. 3215	22. 3931	23. 5213	24. 7089	25. 9587	27. 2738	28. 6574	30. 1128	31. 6434	33. 2529	34. 9449	36. 7235	38. 5926	40. 5564	42. 6195
11	25. 7329	27. 1999	28. 7551	30. 4035	32. 1504	34. 0013	35. 962	38. 0388	40. 2379	42. 5661	45. 0306	47. 6388	50. 3985	53. 3178	56. 4053
12	30. 8502	32. 8239	34. 9311	37. 1802	39. 5805	42. 1416	44. 8737	47. 7877	50. 895	54. 2077	57. 7386	61. 5013	65. 51	69. 78	74. 327
13	36. 7862	39. 404	42. 2187	45. 2445	48. 4966	51. 9913	55. 7459	59. 7788	64. 1097	68. 7596	73. 7506	79. 1066	84. 8529	91. 0161	97. 625
14	43. 672	47. 1027	50. 818	54. 8409	59. 1959	63. 9095	69. 01	74. 528	80. 4961	86. 9495	93. 9258	101. 4654	109. 6117	118. 4108	127. 9125
15	51. 6595	56. 1101	60. 9653	66. 2607	72. 0351	78. 3305	85. 1922	92. 6694	100. 8151	109. 6868	119. 3465	129. 8611	141. 3029	153. 75	167. 2863
16	60. 925	66. 6488	72. 939	79. 8502	87. 4421	95. 7799	104. 9345	114. 9834	126. 0108	138. 1085	151. 3766	165. 9236	181. 8677	199. 3374	218. 4722
17	71. 673	78. 9792	87. 068	96. 0218	105. 9306	116. 8937	129. 0201	142. 4295	157. 2534	173. 6357	191. 7345	211. 723	233. 7907	258. 1453	285. 0139
18	84. 1407	93. 4056	103. 7403	115. 2659	128. 1167	142. 4413	158. 4045	176. 1883	195. 9942	218. 0446	242. 5855	269. 8882	300. 2521	334. 0074	371. 518
19	98. 6032	110. 2846	123. 4135	138. 1664	154. 74	173. 354	194. 2535	217. 7116	244. 0328	273. 5558	306. 6577	343. 758	385. 3227	431. 8696	483. 9734
20	115. 3797	130. 0329	146. 628	165. 418	186. 688	210. 7584	237. 9893	268. 7853	303. 6006	342. 9447	387. 3887	437. 5726	494. 2131	558. 1118	630. 1655
21	134. 8405	153. 1385	174. 021	197. 8474	225. 0256	256. 0176	291. 3469	331. 6059	377. 4648	429. 6809	489. 1098	556. 7173	633. 5927	720. 9642	820. 2151
22	157. 415	180. 1721	206. 3448	236. 4385	271. 0307	310. 7813	356. 4432	408. 8753	469. 0563	538. 1011	617. 2783	708. 0309	811. 9987	931. 0438	1 067. 2796
23	183. 6014	211. 8013	244. 4868	282. 3618	326. 2369	377. 0454	435. 8607	503. 9166	582. 6298	673. 6264	778. 7707	900. 1993	1 040. 3583	1 202. 0465	1 388. 4635
24	213. 9776	248. 8076	289. 4945	337. 0105	392. 4842	457. 2249	532. 7501	620. 8174	723. 461	843. 0329	982. 2511	1 144. 2531	1 332. 6586	1 551. 64	1 806. 0026
25	249. 214	292. 1049	342. 6035	402. 0425	471. 9811	554. 2422	650. 9551	764. 6054	898. 0916	1 054. 7912	1 238. 6363	1 454. 2014	1 706. 8031	2 002. 6156	2 348. 8033
26	290. 0883	342. 7627	405. 2721	479. 4306	567. 3773	671. 633	795. 1653	941. 4647	1 114. 6336	1 319. 489	1 561. 6818	1 847. 8358	2 185. 7079	2 584. 3741	3 054. 4443
27	337. 5024	402. 0323	479. 2211	571. 5224	681. 8528	813. 6759	971. 1016	1 159. 0016	1 383. 1457	1 650. 3612	1 968. 7191	2 347. 7515	2 798. 7061	3 334. 8426	3 971. 7776
28	392. 5028	471. 3778	566. 4809	681. 1116	819. 2233	985. 5479	1 185. 744	1 426. 5719	1 716. 1007	2 063. 9515	2 481. 586	2 982. 6443	3 583. 3438	4 302. 947	5 164. 3109
29	456. 3032	552. 5121	669. 4475	811. 5228	984. 068	1 193. 5129	1 447. 6077	1 755. 6835	2 128. 9648	2 580. 9394	3 127. 7984	3 788. 9583	4 587. 6801	5 551. 8016	6 714. 6042
30	530. 3117	647. 4391	790. 948	966. 7122	1 181. 882	1 445. 1507	1 767. 0813	2 160. 4907	2 640. 9164	3 227. 1743	3 942. 026	4 812. 9771	5 873. 2306	7 162. 8241	8 729. 9855
31	616. 1616	758. 5038	934. 3186	1 151. 388	1 419. 258	1 749. 6323	2 156. 8392	2 658. 4036	3 275. 7363	4 034. 9678	4 967. 9527	6 113. 4809	7 518. 7351	9 241. 0431	11 349. 981
32	715. 7475	888. 4494	1 103. 496	1 371. 151	1 704. 11	2 118. 0551	2 632. 3439	3 270. 8364	4 062. 913	5 044. 7098	6 260. 6204	7 765. 1207	9 624. 981	11 921. 946	14 755. 976
33	831. 2671	1 040. 486	1 303. 125	1 632. 67	2 045. 931	2 563. 8467	3 212. 4595	4 024. 1287	5 039. 0122	6 306. 8872	7 889. 3817	9 862. 7033	12 320. 976	15 380. 31	19 183. 768
34	965. 2698	1 218. 368	1 538. 688	1 943. 877	2 456. 118	3 103. 2545	3 920. 2006	4 950. 6783	6 249. 3751	7 884. 6091	9 941. 621	12 526. 633	15 771. 849	19 841. 6	24 939. 899
35	1 120. 713	1 426. 491	1 816. 652	2 314. 214	2 948. 341	3 755. 9379	4 783. 6447	6 090. 3344	7 750. 2251	9 856. 7613	12 527. 442	15 909. 824	20 188. 967	25 596. 664	32 422. 868

续表

1元年金终值系数表

期数	16%	17%	18%	19%	20%	21%	22%	23%	24%	25%	26%	27%	28%	29%	30%
36	1 301.027	1 669.995	2 144.649	2 754.914	3 539.009	4 545.6848	5 837.0466	7 492.1113	9 611.2791	12 321.952	15 785.577	20 206.477	25 842.877	33 020.696	42 150.729
37	1 510.191	1 954.894	2 531.686	3 279.348	4 247.811	5 501.2787	7 122.1968	9 216.2969	11 918.986	15 403.44	19 890.828	25 663.225	33 079.883	42 597.698	54 796.947
38	1 752.822	2 288.226	2 988.389	3 903.424	5 098.374	6 657.5472	8 690.0801	11 337.045	14 780.543	19 255.299	25 063.443	32 593.296	42 343.25	54 952.03	71 237.031
39	2 034.274	2 678.224	3 527.299	4 646.075	6 119.048	8 056.6321	10 602.898	13 945.566	18 328.873	24 070.124	31 580.938	41 394.486	54 200.36	70 889.119	92 609.141
40	2 360.757	3 134.522	4 163.213	5 529.829	7 343.858	9 749.5248	12 936.535	17 154.046	22 728.803	30 088.655	39 792.982	52 571.998	69 377.46	91 447.964	120 392.88
41	2 739.478	3 668.391	4 913.591	6 581.497	8 813.629	11 797.925	15 783.573	21 100.476	28 184.715	37 611.819	50 140.157	66 767.437	88 804.149	117 968.87	156 511.75
42	3 178.795	4 293.017	5 799.038	7 832.981	10 577.36	14 276.489	19 256.959	25 954.586	34 950.047	47 015.774	63 177.598	84 795.645	113 670.31	152 180.85	203 466.27
43	3 688.402	5 023.83	6 843.865	9 322.247	12 693.83	17 275.552	23 494.49	31 925.14	43 339.058	58 770.718	79 604.773	107 691.47	145 499	196 314.29	264 507.15
44	4 279.547	5 878.881	8 076.76	11 094.47	15 233.59	20 904.418	28 664.278	39 268.923	53 741.432	73 464.397	100 303.01	136 769.17	186 239.72	253 246.44	343 860.3
45	4 965.274	6 879.291	9 531.577	13 203.42	18 281.31	25 295.346	34 971.419	48 301.775	66 640.376	91 831.496	126 382.8	173 697.84	238 387.84	326 688.9	447 019.39
46	5 760.718	8 049.77	11 248.26	15 713.07	21 938.57	30 608.368	42 666.131	59 412.183	82 635.066	114 790.37	159 243.33	220 597.26	305 137.43	421 429.68	581 126.21
47	6 683.433	9 419.231	13 273.95	18 699.56	26 327.29	37 037.126	52 053.68	73 077.985	102 468.48	143 488.96	200 647.59	280 159.52	390 576.92	543 645.29	755 465.07
48	7 753.782	11 021.5	15 664.26	22 253.48	31 593.74	44 815.922	63 506.49	89 886.922	127 061.92	179 362.2	252 816.96	355 803.59	499 939.45	701 303.43	982 105.59
49	8 995.387	12 896.16	18 484.83	26 482.64	37 913.49	54 228.266	77 478.918	110 561.91	157 557.78	224 203.75	318 550.37	451 871.55	639 923.5	904 682.42	1 276 738.3
50	10 435.65	15 089.5	21 813.09	31 515.34	45 497.19	65 617.202	94 525.279	135 992.15	195 372.64	280 255.69	401 374.47	573 877.87	819 103.08	1 167 041.3	1 659 760.7
51	12 106.35	17 655.72	25 740.45	37 504.25	54 597.63	79 397.814	115 321.84	167 271.35	242 263.08	350 320.62	505 732.83	728 825.9	1 048 452.9	1 505 484.3	2 157 690
52	14 044.37	20 658.19	30 374.73	44 631.06	65 518.15	96 072.355	140 693.65	205 744.76	300 407.22	437 901.77	637 224.37	925 609.89	1 342 020.8	1 942 075.8	2 804 998
53	16 292.47	24 171.08	35 843.18	53 111.96	78 622.79	116 248.55	171 647.25	253 067.05	372 505.95	547 378.21	802 903.71	1 175 525.6	1 717 787.6	2 505 278.7	3 646 498.3
54	18 900.26	28 281.16	42 295.96	63 204.23	94 348.34	140 661.74	209 410.64	311 273.48	461 908.38	684 223.77	1 011 659.7	1 492 918.5	2 198 769.1	3 231 810.6	4 740 448.8
55	21 925.31	33 089.96	49 910.23	75 214.03	113 219	170 201.71	255 481.98	382 867.38	572 767.39	855 280.71	1 274 692.2	1 896 007.5	2 814 425.4	4 169 036.6	6 162 584.5
56	25 434.35	38 716.26	58 895.07	89 505.7	135 863.8	205 945.07	311 689.02	470 927.87	710 232.56	1 069 101.9	1 606 113.2	2 407 930.5	3 602 465.6	5 378 058.2	8 011 360.8
57	29 504.85	45 299.02	69 497.18	106 512.8	163 037.6	249 194.54	380 261.6	579 242.28	880 689.38	1 336 378.4	2 023 703.6	3 058 072.7	4 611 156.9	6 937 696.1	10 414 770
58	34 226.63	53 000.85	82 007.67	126 751.2	195 646.1	301 526.39	463 920.16	712 469.01	1 092 055.8	1 670 473.9	2 549 867.5	3 883 753.3	5 902 281.9	8 949 629	13 539 202
59	39 703.89	62 012	96 770.06	150 834.9	234 776.3	364 847.93	565 983.59	876 337.88	1 354 150.2	2 088 093.4	3 212 834.1	4 932 367.7	7 554 921.8	11 545 022	17 600 964
60	46 057.51	72 555.04	114 189.7	179 494.6	281 732.6	441 466.99	690 500.98	1 077 896.6	1 679 147.3	2 610 117.8	4 048 171.9	6 264 108	9 670 300.9	14 893 080	22 881 254

附表 4：

1 元年金现值系数表

1 元年金现值系数表

期数	1%	2%	3%	4%	5%	6%	7%	8%	9%	10%	11%	12%	13%	14%	15%
1	0.9901	0.9804	0.9709	0.9615	0.9524	0.9434	0.9346	0.9259	0.9174	0.9091	0.9009	0.8929	0.885	0.8772	0.8696
2	1.9704	1.9416	1.9135	1.8861	1.8594	1.8334	1.808	1.7833	1.7591	1.7355	1.7125	1.6901	1.6681	1.6467	1.6257
3	2.941	2.8839	2.8286	2.7751	2.7232	2.673	2.6243	2.5771	2.5313	2.4869	2.4437	2.4018	2.3612	2.3216	2.2832
4	3.902	3.8077	3.7171	3.6299	3.546	3.4651	3.3872	3.3121	3.2397	3.1699	3.1024	3.0373	2.9745	2.9137	2.855
5	4.8534	4.7135	4.5797	4.4518	4.3295	4.2124	4.1002	3.9927	3.8897	3.7908	3.6959	3.6048	3.5172	3.4331	3.3522
6	5.7955	5.6014	5.4172	5.2421	5.0757	4.9173	4.7665	4.6229	4.4859	4.3553	4.2305	4.1114	3.9975	3.8887	3.7845
7	6.7282	6.472	6.2303	6.0021	5.7864	5.5824	5.3893	5.2064	5.033	4.8684	4.7122	4.5638	4.4226	4.2883	4.1604
8	7.6517	7.3255	7.0197	6.7327	6.4632	6.2098	5.9713	5.7466	5.5348	5.3349	5.1461	4.9676	4.7988	4.6389	4.4873
9	8.566	8.1622	7.7861	7.4353	7.1078	6.8017	6.5152	6.2469	5.9952	5.759	5.537	5.3282	5.1317	4.9464	4.7716
10	9.4713	8.9826	8.5302	8.1109	7.7217	7.3601	7.0236	6.7101	6.4177	6.1446	5.8892	5.6502	5.4262	5.2161	5.0188
11	10.3676	9.7868	9.2526	8.7605	8.3064	7.8869	7.4987	7.139	6.8052	6.4951	6.2065	5.9377	5.6869	5.4527	5.2337
12	11.2551	10.5753	9.954	9.3851	8.8633	8.3838	7.9427	7.5361	7.1607	6.8137	6.4924	6.1944	5.9176	5.6603	5.4206
13	12.1337	11.3484	10.635	9.9856	9.3936	8.8527	8.3577	7.9038	7.4869	7.1034	6.7499	6.4235	6.1218	5.8424	5.5831
14	13.0037	12.1062	11.2961	10.5631	9.8986	9.295	8.7455	8.2442	7.7862	7.3667	6.9819	6.6282	6.3025	6.0021	5.7245
15	13.8651	12.8493	11.9379	11.1184	10.3797	9.7122	9.1079	8.5595	8.0607	7.6061	7.1909	6.8109	6.4624	6.1422	5.8474
16	14.7179	13.5777	12.5611	11.6523	10.8378	10.1059	9.4466	8.8514	8.3126	7.8237	7.3792	6.974	6.6039	6.2651	5.9542
17	15.5623	14.2919	13.1661	12.1657	11.2741	10.4773	9.7632	9.1216	8.5436	8.0216	7.5488	7.1196	6.7291	6.3729	6.0472
18	16.3983	14.992	13.7535	12.6593	11.6896	10.8276	10.0591	9.3719	8.7556	8.2014	7.7016	7.2497	6.8399	6.4674	6.128
19	17.226	15.6785	14.3238	13.1339	12.0853	11.1581	10.3356	9.6036	8.9501	8.3649	7.8393	7.3658	6.938	6.5504	6.1982
20	18.0456	16.3514	14.8775	13.5903	12.4622	11.4699	10.594	9.8181	9.1285	8.5136	7.9633	7.4694	7.0248	6.6231	6.2593
21	18.857	17.0112	15.415	14.0292	12.8212	11.7641	10.8355	10.0168	9.2922	8.6487	8.0751	7.562	7.1016	6.687	6.3125
22	19.6604	17.658	15.9369	14.4511	13.163	12.0416	11.0612	10.2007	9.4424	8.7715	8.1757	7.6446	7.1695	6.7429	6.3587
23	20.4558	18.2922	16.4436	14.8568	13.4886	12.3034	11.2722	10.3711	9.5802	8.8832	8.2664	7.7184	7.2297	6.7921	6.3988
24	21.2434	18.9139	16.9355	15.247	13.7986	12.5504	11.4693	10.5288	9.7066	8.9847	8.3481	7.7843	7.2829	6.8351	6.4338
25	22.0232	19.5235	17.4131	15.6221	14.0939	12.7834	11.6536	10.6748	9.8226	9.077	8.4217	7.8431	7.33	6.8729	6.4641

续表

1 元年金现值系数表

期数	1%	2%	3%	4%	5%	6%	7%	8%	9%	10%	11%	12%	13%	14%	15%
26	22. 7952	20. 121	17. 8768	15. 9828	14. 3752	13. 0032	11. 8258	10. 81	9. 929	9. 1609	8. 4881	7. 8957	7. 3717	6. 9061	6. 4906
27	23. 5596	20. 7069	18. 327	16. 3296	14. 643	13. 2105	11. 9867	10. 9352	10. 0266	9. 2372	8. 5478	7. 9426	7. 4086	6. 9352	6. 5135
28	24. 3164	21. 2813	18. 7641	16. 6631	14. 8981	13. 4062	12. 1371	11. 0511	10. 1161	9. 3066	8. 6016	7. 9844	7. 4412	6. 9607	6. 5335
29	25. 0658	21. 8444	19. 1885	16. 9837	15. 1411	13. 5907	12. 2777	11. 1584	10. 1983	9. 3696	8. 6501	8. 0218	7. 4701	6. 983	6. 5509
30	25. 8077	22. 3965	19. 6004	17. 292	15. 3725	13. 7648	12. 409	11. 2578	10. 2737	9. 4269	8. 6938	8. 0552	7. 4957	7. 0027	6. 566
31	26. 5423	22. 9377	20. 0004	17. 5885	15. 5928	13. 9291	12. 5318	11. 3498	10. 3428	9. 479	8. 7331	8. 085	7. 5183	7. 0199	6. 5791
32	27. 2696	23. 4683	20. 3888	17. 8736	15. 8027	14. 084	12. 6466	11. 435	10. 4062	9. 5264	8. 7686	8. 1116	7. 5383	7. 035	6. 5905
33	27. 9897	23. 9886	20. 7658	18. 1476	16. 0025	14. 2302	12. 7538	11. 5139	10. 4644	9. 5694	8. 8005	8. 1354	7. 556	7. 0482	6. 6005
34	28. 7027	24. 4986	21. 1318	18. 4112	16. 1929	14. 3681	12. 854	11. 5869	10. 5178	9. 6086	8. 8293	8. 1566	7. 5717	7. 0599	6. 6091
35	29. 4086	24. 9986	21. 4872	18. 6646	16. 3742	14. 4982	12. 9477	11. 6546	10. 5668	9. 6442	8. 8552	8. 1755	7. 5856	7. 07	6. 6166
36	30. 1075	25. 4888	21. 8323	18. 9083	16. 5469	14. 621	13. 0352	11. 7172	10. 6118	9. 6765	8. 8786	8. 1924	7. 5979	7. 079	6. 6231
37	30. 7995	25. 9695	22. 1672	19. 1426	16. 7113	14. 7368	13. 117	11. 7752	10. 653	9. 7059	8. 8996	8. 2075	7. 6087	7. 0868	6. 6288
38	31. 4847	26. 4406	22. 4925	19. 3679	16. 8679	14. 846	13. 1935	11. 8289	10. 6908	9. 7327	8. 9186	8. 221	7. 6183	7. 0937	6. 6338
39	32. 163	26. 9026	22. 8082	19. 5845	17. 017	14. 9491	13. 2649	11. 8786	10. 7255	9. 757	8. 9357	8. 233	7. 6268	7. 0997	6. 638
40	32. 8347	27. 3555	23. 1148	19. 7928	17. 1591	15. 0463	13. 3317	11. 9246	10. 7574	9. 7791	8. 9511	8. 2438	7. 6344	7. 105	6. 6418
41	33. 4997	27. 7995	23. 4124	19. 9931	17. 2944	15. 138	13. 3941	11. 9672	10. 7866	9. 7991	8. 9649	8. 2534	7. 641	7. 1097	6. 645
42	34. 1581	28. 2348	23. 7014	20. 1856	17. 4232	15. 2245	13. 4524	12. 0067	10. 8134	9. 8174	8. 9774	8. 2619	7. 6469	7. 1138	6. 6478
43	34. 81	28. 6616	23. 9819	20. 3708	17. 5459	15. 3062	13. 507	12. 0432	10. 838	9. 834	8. 9886	8. 2696	7. 6522	7. 1173	6. 6503
44	35. 4555	29. 08	24. 2543	20. 5488	17. 6628	15. 3832	13. 5579	12. 0771	10. 8605	9. 8491	8. 9988	8. 2764	7. 6568	7. 1205	6. 6524
45	36. 0945	29. 4902	24. 5187	20. 72	17. 7741	15. 4558	13. 6055	12. 1084	10. 8812	9. 8628	9. 0079	8. 2825	7. 6609	7. 1232	6. 6543
46	36. 7272	29. 8923	24. 7754	20. 8847	17. 8801	15. 5244	13. 65	12. 1374	10. 9002	9. 8753	9. 0161	8. 288	7. 6645	7. 1256	6. 6559
47	37. 3537	30. 2866	25. 0247	21. 0429	17. 981	15. 589	13. 6916	12. 1643	10. 9176	9. 8866	9. 0235	8. 2928	7. 6677	7. 1277	6. 6573
48	37. 974	30. 6731	25. 2667	21. 1951	18. 0772	15. 65	13. 7305	12. 1891	10. 9336	9. 8969	9. 0302	8. 2972	7. 6705	7. 1296	6. 6585
49	38. 5881	31. 0521	25. 5017	21. 3415	18. 1687	15. 7076	13. 7668	12. 2122	10. 9482	9. 9063	9. 0362	8. 301	7. 673	7. 1312	6. 6596
50	39. 1961	31. 4236	25. 7298	21. 4822	18. 2559	15. 7619	13. 8007	12. 2335	10. 9617	9. 9148	9. 0417	8. 3045	7. 6752	7. 1327	6. 6605

续表

1 元年金现值系数表

期数	1%	2%	3%	4%	5%	6%	7%	8%	9%	10%	11%	12%	13%	14%	15%
51	39. 7981	31. 7878	25. 9512	21. 6175	18. 339	15. 8131	13. 8325	12. 2532	10. 974	9. 9226	9. 0465	8. 3076	7. 6772	7. 1339	6. 6613
52	40. 3942	32. 1449	26. 1662	21. 7476	18. 4181	15. 8614	13. 8621	12. 2715	10. 9853	9. 9296	9. 0509	8. 3103	7. 6789	7. 135	6. 662
53	40. 9844	32. 495	26. 375	21. 8727	18. 4934	15. 907	13. 8898	12. 2884	10. 9957	9. 936	9. 0549	8. 3128	7. 6805	7. 136	6. 6626
54	41. 5687	32. 8383	26. 5777	21. 993	18. 5651	15. 95	13. 9157	12. 3041	11. 0053	9. 9418	9. 0585	8. 315	7. 6818	7. 1368	6. 6631
55	42. 1472	33. 1748	26. 7744	22. 1086	18. 6335	15. 9905	13. 9399	12. 3186	11. 014	9. 9471	9. 0617	8. 317	7. 683	7. 1376	6. 6636
56	42. 72	33. 5047	26. 9655	22. 2198	18. 6985	16. 0288	13. 9626	12. 3321	11. 022	9. 9519	9. 0646	8. 3187	7. 6841	7. 1382	6. 664
57	43. 2871	33. 8281	27. 1509	22. 3267	18. 7605	16. 0649	13. 9837	12. 3445	11. 0294	9. 9563	9. 0672	8. 3203	7. 6851	7. 1388	6. 6644
58	43. 8486	34. 1452	27. 331	22. 4296	18. 8195	16. 099	14. 0035	12. 356	11. 0361	9. 9603	9. 0695	8. 3217	7. 6859	7. 1393	6. 6647
59	44. 4046	34. 4561	27. 5058	22. 5284	18. 8758	16. 1311	14. 0219	12. 3667	11. 0423	9. 9639	9. 0717	8. 3229	7. 6866	7. 1397	6. 6649
60	44. 955	34. 7609	27. 6756	22. 6235	18. 9293	16. 1614	14. 0392	12. 3766	11. 048	9. 9672	9. 0736	8. 324	7. 6873	7. 1401	6. 6651

1 元年金现值系数表

期数	16%	17%	18%	19%	20%	21%	22%	23%	24%	25%	26%	27%	28%	29%	30%
1	0. 8621	0. 8547	0. 8475	0. 8403	0. 8333	0. 8264	0. 8197	0. 813	0. 8065	0. 8	0. 7937	0. 7874	0. 7813	0. 7752	0. 7692
2	1. 6052	1. 5852	1. 5656	1. 5465	1. 5278	1. 5095	1. 4915	1. 474	1. 4568	1. 44	1. 4235	1. 4074	1. 3916	1. 3761	1. 3609
3	2. 2459	2. 2096	2. 1743	2. 1399	2. 1065	2. 0739	2. 0422	2. 0114	1. 9813	1. 952	1. 9234	1. 8956	1. 8684	1. 842	1. 8161
4	2. 7982	2. 7432	2. 6901	2. 6386	2. 5887	2. 5404	2. 4936	2. 4483	2. 4043	2. 3616	2. 3202	2. 28	2. 241	2. 2031	2. 1662
5	3. 2743	3. 1993	3. 1272	3. 0576	2. 9906	2. 926	2. 8636	2. 8035	2. 7454	2. 6893	2. 6351	2. 5827	2. 532	2. 483	2. 4356
6	3. 6847	3. 5892	3. 4976	3. 4098	3. 3255	3. 2446	3. 1669	3. 0923	3. 0205	2. 9514	2. 885	2. 821	2. 7594	2. 7	2. 6427
7	4. 0386	3. 9224	3. 8115	3. 7057	3. 6046	3. 5079	3. 4155	3. 327	3. 2423	3. 1611	3. 0833	3. 0087	2. 937	2. 8682	2. 8021
8	4. 3436	4. 2072	4. 0776	3. 9544	3. 8372	3. 7256	3. 6193	3. 5179	3. 4212	3. 3289	3. 2407	3. 1564	3. 0758	2. 9986	2. 9247
9	4. 6065	4. 4506	4. 303	4. 1633	4. 031	3. 9054	3. 7863	3. 6731	3. 5655	3. 4631	3. 3657	3. 2728	3. 1842	3. 0997	3. 019
10	4. 8332	4. 6586	4. 4941	4. 3389	4. 1925	4. 0541	3. 9232	3. 7993	3. 6819	3. 5705	3. 4648	3. 3644	3. 2689	3. 1781	3. 0915
11	5. 0286	4. 8364	4. 656	4. 4865	4. 3271	4. 1769	4. 0354	3. 9018	3. 7757	3. 6564	3. 5435	3. 4365	3. 3351	3. 2388	3. 1473

续表

1 元年金现值系数表

期数	16%	17%	18%	19%	20%	21%	22%	23%	24%	25%	26%	27%	28%	29%	30%
12	5.1971	4.9884	4.7932	4.6105	4.4392	4.2784	4.1274	3.9852	3.8514	3.7251	3.6059	3.4933	3.3868	3.2859	3.1903
13	5.3423	5.1183	4.9095	4.7147	4.5327	4.3624	4.2028	4.053	3.9124	3.7801	3.6555	3.5381	3.4272	3.3224	3.2233
14	5.4675	5.2293	5.0081	4.8023	4.6106	4.4317	4.2646	4.1082	3.9616	3.8241	3.6949	3.5733	3.4587	3.3507	3.2487
15	5.5755	5.3242	5.0916	4.8759	4.6755	4.489	4.3152	4.153	4.0013	3.8593	3.7261	3.601	3.4834	3.3726	3.2682
16	5.6685	5.4053	5.1624	4.9377	4.7296	4.5364	4.3567	4.1894	4.0333	3.8874	3.7509	3.6228	3.5026	3.3896	3.2832
17	5.7487	5.4746	5.2223	4.9897	4.7746	4.5755	4.3908	4.219	4.0591	3.9099	3.7705	3.64	3.5177	3.4028	3.2948
18	5.8178	5.5339	5.2732	5.0333	4.8122	4.6079	4.4187	4.2431	4.0799	3.9279	3.7861	3.6536	3.5294	3.413	3.3037
19	5.8775	5.5845	5.3162	5.07	4.8435	4.6346	4.4415	4.2627	4.0967	3.9424	3.7985	3.6642	3.5386	3.421	3.3105
20	5.9288	5.6278	5.3527	5.1009	4.8696	4.6567	4.4603	4.2786	4.1103	3.9539	3.8083	3.6726	3.5458	3.4271	3.3158
21	5.9731	5.6648	5.3837	5.1268	4.8913	4.675	4.4756	4.2916	4.1212	3.9631	3.8161	3.6792	3.5514	3.4319	3.3198
22	6.0113	5.6964	5.4099	5.1486	4.9094	4.69	4.4882	4.3021	4.13	3.9705	3.8223	3.6844	3.5558	3.4356	3.323
23	6.0442	5.7234	5.4321	5.1668	4.9245	4.7025	4.4985	4.3106	4.1371	3.9764	3.8273	3.6885	3.5592	3.4384	3.3254
24	6.0726	5.7465	5.4509	5.1822	4.9371	4.7128	4.507	4.3176	4.1428	3.9811	3.8312	3.6918	3.5619	3.4406	3.3272
25	6.0971	5.7662	5.4669	5.1951	4.9476	4.7213	4.5139	4.3232	4.1474	3.9849	3.8342	3.6943	3.564	3.4423	3.3286
26	6.1182	5.7831	5.4804	5.206	4.9563	4.7284	4.5196	4.3278	4.1511	3.9879	3.8367	3.6963	3.5656	3.4437	3.3297
27	6.1364	5.7975	5.4919	5.2151	4.9636	4.7342	4.5243	4.3316	4.1542	3.9903	3.8387	3.6979	3.5669	3.4447	3.3305
28	6.152	5.8099	5.5016	5.2228	4.9697	4.739	4.5281	4.3346	4.1566	3.9923	3.8402	3.6991	3.5679	3.4455	3.3312
29	6.1656	5.8204	5.5098	5.2292	4.9747	4.743	4.5312	4.3371	4.1585	3.9938	3.8414	3.7001	3.5687	3.4461	3.3317
30	6.1772	5.8294	5.5168	5.2347	4.9789	4.7463	4.5338	4.3391	4.1601	3.995	3.8424	3.7009	3.5693	3.4466	3.3321
31	6.1872	5.8371	5.5227	5.2392	4.9824	4.749	4.5359	4.3407	4.1614	3.996	3.8432	3.7015	3.5697	3.447	3.3324
32	6.1959	5.8437	5.5277	5.243	4.9854	4.7512	4.5376	4.3421	4.1624	3.9968	3.8438	3.7019	3.5701	3.4473	3.3326
33	6.2034	5.8493	5.532	5.2462	4.9878	4.7531	4.539	4.3431	4.1632	3.9975	3.8443	3.7023	3.5704	3.4475	3.3328
34	6.2098	5.8541	5.5356	5.2489	4.9898	4.7546	4.5402	4.344	4.1639	3.998	3.8447	3.7026	3.5706	3.4477	3.3329
35	6.2153	5.8582	5.5386	5.2512	4.9915	4.7559	4.5411	4.3447	4.1644	3.9984	3.845	3.7028	3.5708	3.4478	3.333
36	6.2201	5.8617	5.5412	5.2531	4.9929	4.7569	4.5419	4.3453	4.1649	3.9987	3.8452	3.703	3.5709	3.4479	3.3331

续表

1 元年金现值系数表

期数	16%	17%	18%	19%	20%	21%	22%	23%	24%	25%	26%	27%	28%	29%	30%
37	6. 2242	5. 8647	5. 5434	5. 2547	4. 9941	4. 7578	4. 5426	4. 3458	4. 1652	3. 999	3. 8454	3. 7032	3. 571	3. 448	3. 3331
38	6. 2278	5. 8673	5. 5452	5. 2561	4. 9951	4. 7585	4. 5431	4. 3462	4. 1655	3. 9992	3. 8456	3. 7033	3. 5711	3. 4481	3. 3332
39	6. 2309	5. 8695	5. 5468	5. 2572	4. 9959	4. 7591	4. 5435	4. 3465	4. 1657	3. 9993	3. 8457	3. 7034	3. 5712	3. 4481	3. 3332
40	6. 2335	5. 8713	5. 5482	5. 2582	4. 9966	4. 7596	4. 5439	4. 3467	4. 1659	3. 9995	3. 8458	3. 7034	3. 5712	3. 4481	3. 3332
41	6. 2358	5. 8729	5. 5493	5. 259	4. 9972	4. 76	4. 5441	4. 3469	4. 1661	3. 9996	3. 8459	3. 7035	3. 5713	3. 4482	3. 3333
42	6. 2377	5. 8743	5. 5502	5. 2596	4. 9976	4. 7603	4. 5444	4. 3471	4. 1662	3. 9997	3. 8459	3. 7035	3. 5713	3. 4482	3. 3333
43	6. 2394	5. 8755	5. 551	5. 2602	4. 998	4. 7606	4. 5446	4. 3472	4. 1663	3. 9997	3. 846	3. 7036	3. 5713	3. 4482	3. 3333
44	6. 2409	5. 8765	5. 5517	5. 2607	4. 9984	4. 7608	4. 5447	4. 3473	4. 1663	3. 9998	3. 846	3. 7036	3. 5714	3. 4482	3. 3333
45	6. 2421	5. 8773	5. 5523	5. 2611	4. 9986	4. 761	4. 5449	4. 3474	4. 1664	3. 9998	3. 846	3. 7036	3. 5714	3. 4482	3. 3333
46	6. 2432	5. 8781	5. 5528	5. 2614	4. 9989	4. 7612	4. 545	4. 3475	4. 1665	3. 9999	3. 8461	3. 7036	3. 5714	3. 4482	3. 3333
47	6. 2442	5. 8787	5. 5532	5. 2617	4. 9991	4. 7613	4. 5451	4. 3476	4. 1665	3. 9999	3. 8461	3. 7037	3. 5714	3. 4483	3. 3333
48	6. 245	5. 8792	5. 5536	5. 2619	4. 9992	4. 7614	4. 5451	4. 3476	4. 1665	3. 9999	3. 8461	3. 7037	3. 5714	3. 4483	3. 3333
49	6. 2457	5. 8797	5. 5539	5. 2621	4. 9993	4. 7615	4. 5452	4. 3477	4. 1666	3. 9999	3. 8461	3. 7037	3. 5714	3. 4483	3. 3333
50	6. 2463	5. 8801	5. 5541	5. 2623	4. 9995	4. 7616	4. 5452	4. 3477	4. 1666	3. 9999	3. 8461	3. 7037	3. 5714	3. 4483	3. 3333
51	6. 2468	5. 8804	5. 5544	5. 2624	4. 9995	4. 7616	4. 5453	4. 3477	4. 1666	4	3. 8461	3. 7037	3. 5714	3. 4483	3. 3333
52	6. 2472	5. 8807	5. 5545	5. 2625	4. 9996	4. 7617	4. 5453	4. 3477	4. 1666	4	3. 8461	3. 7037	3. 5714	3. 4483	3. 3333
53	6. 2476	5. 8809	5. 5547	5. 2626	4. 9997	4. 7617	4. 5453	4. 3478	4. 1666	4	3. 8461	3. 7037	3. 5714	3. 4483	3. 3333
54	6. 2479	5. 8811	5. 5548	5. 2627	4. 9997	4. 7617	4. 5454	4. 3478	4. 1666	4	3. 8461	3. 7037	3. 5714	3. 4483	3. 3333
55	6. 2482	5. 8813	5. 5549	5. 2628	4. 9998	4. 7618	4. 5454	4. 3478	4. 1666	4	3. 8461	3. 7037	3. 5714	3. 4483	3. 3333
56	6. 2485	5. 8815	5. 555	5. 2628	4. 9998	4. 7618	4. 5454	4. 3478	4. 1666	4	3. 8461	3. 7037	3. 5714	3. 4483	3. 3333
57	6. 2487	5. 8816	5. 5551	5. 2629	4. 9998	4. 7618	4. 5454	4. 3478	4. 1666	4	3. 8461	3. 7037	3. 5714	3. 4483	3. 3333
58	6. 2489	5. 8817	5. 5552	5. 2629	4. 9999	4. 7618	4. 5454	4. 3478	4. 1667	4	3. 8461	3. 7037	3. 5714	3. 4483	3. 3333
59	6. 249	5. 8818	5. 5552	5. 263	4. 9999	4. 7618	4. 5454	4. 3478	4. 1667	4	3. 8461	3. 7037	3. 5714	3. 4483	3. 3333
60	6. 2492	5. 8819	5. 5553	5. 263	4. 9999	4. 7619	4. 5454	4. 3478	4. 1667	4	3. 8462	3. 7037	3. 5714	3. 4483	3. 3333

附表 5：

标准正态分布曲线面积表

x	0	0.01	0.02	0.03	0.04	0.05	0.06	0.07	0.08	0.09
0	0.5000	0.5040	0.5080	0.5120	0.5160	0.5199	0.5239	0.5279	0.5319	0.5359
0.1	0.5398	0.5438	0.5478	0.5517	0.5557	0.5596	0.5636	0.5675	0.5714	0.5753
0.2	0.5793	0.5832	0.5871	0.5910	0.5948	0.5987	0.6026	0.6064	0.6103	0.6141
0.3	0.6179	0.6217	0.6255	0.6293	0.6331	0.6368	0.6406	0.6443	0.6480	0.6517
0.4	0.6554	0.6591	0.6628	0.6664	0.6700	0.6736	0.6772	0.6808	0.6844	0.6879
0.5	0.6915	0.6950	0.6985	0.7019	0.7054	0.7088	0.7123	0.7157	0.7190	0.7224
0.6	0.7257	0.7291	0.7324	0.7357	0.7389	0.7422	0.7454	0.7486	0.7517	0.7549
0.7	0.7580	0.7611	0.7642	0.7673	0.7704	0.7734	0.7764	0.7794	0.7823	0.7852
0.8	0.7881	0.7910	0.7939	0.7967	0.7995	0.8023	0.8051	0.8078	0.8106	0.8133
0.9	0.8159	0.8186	0.8212	0.8238	0.8264	0.8289	0.8315	0.8340	0.8365	0.8389
1	0.8413	0.8438	0.8461	0.8485	0.8508	0.8531	0.8554	0.8577	0.8599	0.8621
1.1	0.8643	0.8665	0.8686	0.8708	0.8729	0.8749	0.8770	0.8790	0.8810	0.8830
1.2	0.8849	0.8869	0.8888	0.8907	0.8925	0.8944	0.8962	0.8980	0.8997	0.9015
1.3	0.9032	0.9049	0.9066	0.9082	0.9099	0.9115	0.9131	0.9147	0.9162	0.9177
1.4	0.9192	0.9207	0.9222	0.9236	0.9251	0.9265	0.9279	0.9292	0.9306	0.9319
1.5	0.9332	0.9345	0.9357	0.9370	0.9382	0.9394	0.9406	0.9418	0.9429	0.9441
1.6	0.9452	0.9463	0.9474	0.9484	0.9495	0.9505	0.9515	0.9525	0.9535	0.9545
1.7	0.9554	0.9564	0.9573	0.9582	0.9591	0.9599	0.9608	0.9616	0.9625	0.9633
1.8	0.9641	0.9649	0.9656	0.9664	0.9671	0.9678	0.9686	0.9693	0.9699	0.9706
1.9	0.9713	0.9719	0.9726	0.9732	0.9738	0.9744	0.9750	0.9756	0.9761	0.9767
2	0.9772	0.9778	0.9783	0.9788	0.9793	0.9798	0.9803	0.9808	0.9812	0.9817
2.1	0.9821	0.9826	0.9830	0.9834	0.9838	0.9842	0.9846	0.9850	0.9854	0.9857
2.2	0.9861	0.9864	0.9868	0.9871	0.9875	0.9878	0.9881	0.9884	0.9887	0.9890
2.3	0.9893	0.9896	0.9898	0.9901	0.9904	0.9906	0.9909	0.9911	0.9913	0.9916
2.4	0.9918	0.9920	0.9922	0.9925	0.9927	0.9929	0.9931	0.9932	0.9934	0.9936
2.5	0.9938	0.9940	0.9941	0.9943	0.9945	0.9946	0.9948	0.9949	0.9951	0.9952
2.6	0.9953	0.9955	0.9956	0.9957	0.9959	0.9960	0.9961	0.9962	0.9963	0.9964
2.7	0.9965	0.9966	0.9967	0.9968	0.9969	0.9970	0.9971	0.9972	0.9973	0.9974
2.8	0.9974	0.9975	0.9976	0.9977	0.9977	0.9978	0.9979	0.9979	0.9980	0.9981
2.9	0.9981	0.9982	0.9982	0.9983	0.9984	0.9984	0.9985	0.9985	0.9986	0.9986
3	0.9987	0.9987	0.9987	0.9988	0.9988	0.9989	0.9989	0.9989	0.9990	0.9990

主要参考文献

韦德洪，贾莹丹，王莉，2023. 财务管理学概论［M］. 北京：中国财政经济出版社.

韦德洪，2011. 中国特色财务管理学科的构建：我的几点主张［J］. 会计之友（05中）：4－8.

韦德洪，杨海燕，2011. 论中国特色财务管理学科的构建［J］. 中国大学教学（10）：32－35.

韦德洪，陈势婷，杨海燕，2022. 对把会计划分为财务会计和管理会计的思考——兼论财务管理学科的构建［J］. 财会月刊（01）：74－82.

韦德洪，2012. 财务管理的“七·三论”和“一一·一二法则”［J］. 财会月刊（04中）：91－93.

韦德洪，2015. 财务决策学［M］. 北京：国防工业出版社.

何瑛，2021. 财务管理［M］. 北京：高等教育出版社.

林涛，郭晓梅，2021. 财务管理［M］. 北京：高等教育出版社.

刘淑莲，2019. 财务管理理论与实务［M］. 大连：东北财经大学出版社.

张新民，钱爱民，2023. 财务报表分析［M］. 北京：中国人民大学出版社.

马春爱，易彩，2017. 管理者过度自信对财务弹性的影响研究［J］. 会计研究（07）：75－81.

胡淑姣，卢智健，邵向霞，2021. 财务管理学［M］. 北京：清华大学出版社.

靳磊，2021. 财务管理［M］. 北京：高等教育出版社.

李恒兴，鲍钰，2014. 采购管理［M］. 第3版. 北京：北京理工大学出版社.

李跃升，2019. 成本管理会计与企业决策分析［M］. 北京：人民邮电出版社.

梁国平，徐新华，2017. 财务管理学［M］. 第2版. 北京：中国财政经济出版社.

柳荣，庞建云，2020. 采购管理与运营实践：成本控制＋采购谈判＋品质管理＋管理运营［M］. 北京：人民邮电出版社.

孙茂竹，姚岳，2019. 成本管理学［M］. 北京：中国人民大学出版社.

杨晓雁，2005. 供应链管理［M］. 上海：复旦大学出版社.

于富生，黎来芳，张敏，2015. 成本会计学（第七版）［M］. 北京：中国人民大学出版社.

张阿芬，郑姝敏，2022. 财务管理［M］. 北京：经济科学出版社.

中国注册会计师协会，2021. 财务成本管理［M］. 北京：中国财政经济出版社.

中央企业管理提升活动领导小组，2012. 企业采购管理辅导手册［M］. 北京：北京教育出版社.

邹娅玲，肖梅峻，2021. 财务管理［M］. 第1版. 重庆：重庆大学出版社.